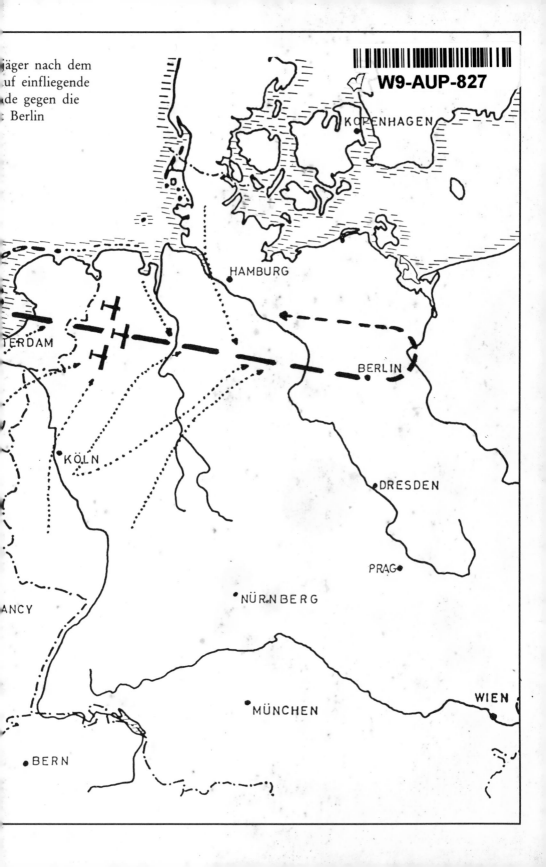

jäger nach dem
uf einfliegende
de gegen die
Berlin

W9-AUP-827

KOPENHAGEN

HAMBURG

BERLIN

TERDAM

KÖLN

DRESDEN

PRAG

NÜRNBERG

ANCY

WIEN

MÜNCHEN

BERN

HERRMANN · BEWEGTES LEBEN

HAJO HERRMANN

Bewegtes Leben
Kampf- und Jagdflieger 1935-1945

MOTORBUCH VERLAG STUTTGART

Einband und Schutzumschlag: Siegfried Horn.
Das Umschlagbild zeigt einen Verband He 111, aus dem Archiv des Verlages.

Bildquellen: v. Beust (1), KB Bittner (2), Bonn-Verkehrsamt (1), Dr. Born (2), Buhmann (2), Dr. Coburg (31), v. Dellmensingen (7), Dierich (5), Franken (1), KB Hebenstreit (4), Herrmann (33), Höhn (2), KB Krempl (3), KB Lange (1), Müller (3), Schaller-Kalide (4), Taylor (1).
Kartenskizzen: Dierich (4)

ISBN 3-613-01008-9

2. Auflage 1986
Copyright © by Motorbuch Verlag, Postfach 1370, 7000 Stuttgart 1.
Eine Abteilung des Buch- und Verlagshauses Paul Pietsch GmbH & Co. KG.
Sämtliche Rechte der Verbreitung, in jeglicher Form und Technik,
sind vorbehalten.
Satz und Druck: Rems-Druck, 7070 Schwäbisch Gmünd.
Bindung: Großbuchbinderei Josef Spinner, 7583 Ottersweier.
Printed in Germany.

Inhaltsverzeichnis

denkt der Generalluftzeugmeister, Generalfeldmarschall Milch? / Was denkt der Generalstabschef, Generaloberst Jeschonnek? / Was denkt Admiral Dönitz? / Versuch im Einsitzer / Meine kleine Privatarmee ohne Überstundenvergütung

8

Zu diesem Buch

Jede Zeit ist ein Rätsel, das erst die Zukunft löst.

Wer immer sich aus tiefer Verantwortung heraus mit den wirklichen Vorgängen beschäftigt, die das deutsche Volk politisch, militärisch, wirtschaftlich und moralisch in die Katastrophe von 1945 geführt haben, sollte sich ein offenes Ohr dafür bewahren, die Erkenntnisse von Zeitzeugen zu hören und in sich zu verarbeiten. Man lernt dadurch Wahres und Echtes vom Falschen und Trügerischen besser unterscheiden.

Historiker, Schriftsteller, Journalisten und Fernsehanstalten im In- und Ausland haben die integre, gewachsene Persönlichkeit von Hajo Herrmann schon längst erkannt und ihn seit Jahren um Auskünfte und Mitarbeit gebeten.

Das vorliegende Buch entstand aus einer Fülle von Erlebnissen und Erfahrungen, die der Autor in der hohen Reife seines Lebens abgeklärt erst etwa vierzig Jahre nach den Ereignissen aufgrund steten Drängens aufzuschreiben begann.

Der subjektive Charakter des Buches, der besonders in den packenden Schilderungen von Frontflügen unter die Haut geht und zudem viel Hintergründiges aufzeigt, macht die Lektüre so unerhört fesselnd.

Die Betrachtungen sind mehr als bloße Erinnerungen. In das Bemühen um Objektivität und Wahrhaftigkeit fließen Reflexionen des Autors ein, die die Schatten der Vergangenheit aufhellen helfen. Hierauf kommt es dem Verlag besonders an. Vor allem jüngere Leser erhalten einen ›Blick zurück – hinter die Kulissen‹ einer Zeit, die heutzutage gern allzu vordergründig und menschenleer abgehandelt wird. Es waren aber seinerzeit Menschen, die fast noch zu jung waren, um seelisch alle Eindrücke auf ihrem natürlich begrenzten

Erkenntnis- und Erfahrungshorizont verarbeiten zu können. Diese Generation mußte – eingebettet in den schicksalhaften Lauf der Dinge – zwangsläufig in sehr jungen Jahren reifen und Verantwortung übernehmen.

Dieses Buch soll keinesfalls der Verherrlichung des Krieges dienen; was die Beteiligten und Betroffenen erlebten, war furchtbar genug. Es soll aber Erlebtes in verständliche Zusammenhänge stellen, nackt und nichts beschönigend.

In dem Werk wird der eigene, auch geistige Standort eines Menschen offenbar, der als Offizier der Luftwaffe seine Pflicht – nichts als seine Pflicht – bis zum bitteren Ende zu erfüllen versuchte.

Nach dem Lesen dieses Buches wird wohl niemand einer ›frischfröhlichen‹ Kriegsstimmung verfallen. Denn ein Millionenheer Gefallener, Vermißter und Verkrüppelter macht mehr als betroffen und demütig.

Motorbuch Verlag

10

Vorwort

Buchstaben, Worte und Sätze sprudelten nicht aus mir heraus, als ich rund 40 Jahre nach den Ereignissen begann, sie aufzuschreiben. Die lange Frist verrät eher Zögern und die Scheu vor Mehrarbeit neben dem Beruflichen. So hatte ich mich darauf beschränkt, Historikern, Schriftstellern, Journalisten und sonst Interessierten Auskünfte zu geben, mal auf Tonband, mal schriftlich und häufiger in Dämmerstunden bei Wein und Pfeifenqualm, schöpfend aus meiner und meiner Kampfgefährten Erinnerung, aus meinen Kriegsaufzeichnungen, aus zahlreichen Fotografien und Filmen. Lange blieb ich es zufrieden, meinen Lebenslauf hier und da bruchstückhaft dargestellt zu finden. Doch schienen mir einige Begebenheiten in Einzelheiten und ihrem dramatischen Gehalt nicht voll zur Geltung gelangt zu sein. Meine besserwisserische Verdrossenheit war die Wunde, in die der Vorwurf traf, und der Aufruf, es besser zu machen. Die Ermunterung trieb mich zu Vollständigkeit und Wahrheit. Von da ab sprudelte es wirklich. Eine schroffe Gleichgültigkeit ließ mich über Lob und Tadel, die mir zuteil geworden waren oder die ich jetzt zu erwarten hätte, hinwegsehen. Was wir damals taten, sahen und zuverlässig hörten, war uns eigen. Was wir nicht taten, nicht sahen und zuverlässig nicht hörten, war nicht unser. So richtet der Richter, wenn er schuldig oder freizusprechen, manchmal sogar lobzusprechen hat. Sich hineinversetzen in Ort, Zeit und Umstände des Geschehens, in den Erkenntnis- und Erfahrungshorizont und in das innere Erlebnis des Handelnden – nur das kann die Richtschnur des nachzeichnenden Historikers sein, wenn er haltbare Lehre gewinnen will. Die Geschichte müsse auf »eigenen Füßen stehen«, erklärte der englische Schriftsteller Mailer anläßlich der Frankfurter Buchmesse 1983. So wollte auch ich verfahren: Die geschichtliche Wahrheit und meinen Lebensweg durch ein dramatisches Jahrzehnt deutscher Geschichte aufscheinen lassen, um Jüngeren das Erlebte, das große Wagnis – Leben oder Tod – eindringlich darzustellen. Aus dem Erschrecken und der Anteilnahme wird der Leser herauszutreten versuchen, nach dem Sinn zu fragen und, wenn möglich, eine Antwort zu finden. Ein Dichter läßt »Junge tote Soldaten« so sprechen: »Unser Tod ist nicht unser. Er ist euer, er wird bedeuten, was ihr daraus macht.«

Düsseldorf, im Frühjahr 1984

1. KAPITEL

Friedenszeit

1934 – 1936

Großbritannien und Frankreich, nach dem Ersten Weltkrieg mit deutschen Milliarden wiederhergestellt, bereichert um die ehemals deutschen Kolonien und Gebiete, gestatten uns eine Wehr von 100 000 Mann. Eine Luftwaffe dürfen wir nicht haben, auch keine Jagdwaffe. Im Osten erhebt die Sowjetunion, gestützt auf ein Millionenheer, Anspruch auf den Besitz der historischen Wahrheit – und will die Weltrevolution und Weltherrschaft.

Eines schönen Maientages im Jahre 1935 robbte ich als Schütze Nr. 1, vor der Nase mein leichtes Maschinengewehr, dieses bei aufgestützten Ellenbogen auf den Händen haltend, eine Anhöhe auf dem Truppenübungsplatz Döberitz hinauf, mehr auf märkischem Sand als auf märkischer Heide. Mein Stahlhelm auf dem Schädel wackelte den Kameraden meiner Gruppe voran, alle Fähnriche, alle mit dem Marschallstab im Tornister. Der Lehrgangsleiter in Potsdam-Eiche hatte uns eingeschärft, bei Herannahen der besichtigenden hohen Herren wie die Eidechsen zu huschen.

Da tauchte schon die Kavalkade auf dem Bergrücken auf, näherte sich uns im Schritt und hielt seitlich an. Unverdrossen, unvermindert, aber auch nicht beschleunigend, da auf Dauerleistung eingestellt, robbte ich weiter, schon um nicht hinterher von den anderen als übler Kriecher beschimpft zu werden.

»Halt«, rief einer der Herren. Ich blieb, wie befohlen, gefechtsmäßig liegen, Hacken hübsch flach am Sande, Blick geradeaus, weiterer Befehle harrend. »Sie, LMG-Schütze, es ist wohl etwas beschwerlich da unten, wie?« Ich drehte mich auf die Seite und blickte hoch, zunächst in die zornigen Augen des Lehrgangsleiters, des Majors. Unser Aufsichtsoffizier, Leutnant, der zu Fuß in unserem Angriffsabschnitt umhergeschweift war, trat in diesem Augenblick hinzu. Mit

13

einem eisigen Blick auf mich gab er dem Major Schützenhilfe. Laß sie, dachte ich bockbeinig. Ich baue keinen Türken.

Der dicke Herr hoch zu Roß, in der Uniform eines Generals der Infanterie, erwies sich als Menschenfreund. Er spaßte: »Wenn Ihnen das hier nicht liegt, dann können Sie zu mir kommen.«

Dabei sah er kurz zum Himmel auf.

Wie das, dachte ich. Hab ich den nicht schon gesehen? Ist das nicht Hermann Göring, der Luftfahrtminister aus der Wochenschau? Auf einmal glaubte ich, ihn zu erkennen. Wirklich, also doch! Schon früher hatte ich Schwierigkeiten gehabt, Menschen wiederzuerkennen, Damen mit neuen Hüten, geänderten Frisuren und gefärbten Haaren. Das hier aber war die Höhe! Ein Mann mal in Braun, mal in Grau-Blau, dann in Grau und gar im Jäger-Grün?

Nun, da ich die Zusammenhänge erkannt hatte, verstand ich auch die Frage.

»Jawohl, Herr General,« rief ich. »Sehr gern. Ich habe auch schon den Segelflugschein A gemacht, bin 31,5 Sekunden geflogen.« Ich legte Wert auf die 1,5 Sekunden, die ich über das Prüfungssoll von 30 Sekunden geschafft hatte.

Da lachte Göring laut, und pflichtschuldig schlossen sich die übrigen Herren an, mit einiger Verzögerung auch mein Lehrgangsleiter und der Leutnant.

»Na«, sagte der General, »dann bleiben wir also zusammen.« Er ließ seine Blicke, wohlgefällig nickend, über die liegende Reihe bis zum letzten Mann gleiten, murmelte dem Lehrgangsleiter und seinen Begleitern etwas zu, woraufhin irgend jemand zu kritzeln anfing und dann das Kommando erschallte: »Weitermachen!«

Die Vorstellung, daß ich acht Jahre später mit diesem Mann manchmal stundenlang an einem Tisch in tiefernstem Gespräch sitzen würde, an dessen Schluß er sagte, »dann machen Sie es so«, war mir mindestens ebenso fern wie der Andromedanebel von unserer Erde.

Nun aber hieß es weitermachen.

Weiter also – märkische Heide, märkischer Sand, sind des Märkers Freude – robben, robben.

Der Leutnant war mir künftighin gram. Seine Stimmung verfiel sichtbar, sobald er mich sah. Sie verschlimmerte sich, als wir eines Tages am leichten Minenwerfer exerzierten. Vom Abprotzen bis zum Abfeuern waren schätzungsweise zehn Tempi auszuführen, wie es in der Dienstvorschrift niedergelegt war. Als unsere Werferbedienung die Übung ein halbes dutzendmal erfolgreich hinter sich gebracht

hatte, hielt ich die Zeit für gekommen, eine Vereinfachung vorzuschlagen, eine Abkürzung auf die halbe Zahl der Tempi. Der Leutnant, sehr gefaßt, widersprach. Ich setzte jedoch nach und wollte die
Neuerung sogleich durchprobieren. Als er sich versteifte, wartete ich
mit meinen neuesten kriegsgeschichtlichen Erkenntnissen auf: Der
General von Steuben habe den Amerikanern das friderizianische
Gefechtsexerzieren beibringen wollen, aber der General Washington
habe ihm bedeutet, seine Unabhängigkeitskämpfer seien von Haus
aus Farmer und Trapper; ihnen müsse es viel einfacher gemacht
werden.

Hinter mir schnaubte ein Roß. Es war das des Lehrgangsleiters und
hieß ›Stern‹. Ich hatte es, nachdem ich zum Tetenreiter avanciert war,
gelegentlich bewegen dürfen, eine wahre Wonne gegen den hohen
Wurf meines ›Sirius‹. ›Stern‹ war inzwischen dicht herangekommen
und schnupperte, jegliche Distanz des Herrn zum Untergebenen
verleugnend, an meiner Rocktasche. Ich hatte ihm immer reichlich
Zuckriges mitgebracht. Der Mann vom hohen Roß ließ sich, dieses
zügelnd, also vernehmen: »Nun üben Sie eine Woche am Minenwerfer, und schon wollen Sie es besser wissen. Wir sind keine Trapper.
Wenn Sie es jemals zu einer Kompanie bringen sollten und drei
Herbstmanöver mitgemacht haben, können Sie auf dem Dienstweg
einen schriftlichen Vorschlag einreichen. Sie können doch nicht mit
Ihrem ersten besten Einfall die Truppe verrückt machen.«

Er wendete sein Pferd, hielt aber inne und schob nach, was ihm
offenbar sehr am Herzen lag: »Die Männer, die die Vorschrift
gemacht haben, haben vier Jahre Weltkriegserfahrung hinter sich.
Denken Sie darüber nach!«

Sprach's und kitzelte ›Stern‹ die Flanken und trabte davon. Ich war
zwar nicht der Meinung, daß Fähnriche, die binnen kurzem Oberfähnriche sein könnten, Truppe sind, die man durch einen zarten
Vorschlag verrückt machen könnte, doch brauchte ich auch nicht
überrascht zu sein, daß die Kriegsschule meine Beurteilung mit den
Worten zierte:

>... neigt zu Kritik und Besserwissen, weshalb er beaufsichtigt
und scharf angefaßt werden muß.<

Ich war sehr bedrückt. Meine Absicht war doch nur die beste. Man
hält wohl besser meistens den Schnabel. Ich wollte unter keinen
Umständen die Hamburgische Landespolizei, die mich hierher geschickt hatte, enttäuschen. Sie war ein strammer militärischer Haufen, nach dem 1. Weltkrieg durch den ›roten‹ Oberst Danner vor-

trefflich ausgebildet und mit schweren Maschinengewehren und leichten Minenwerfern ausgestattet. Auf dem dortigen Auswahllehrgang war ich, hinter dem Fahnenjunker von Bock und Pollach, Sproß einer alten Soldatenfamilie, als Nummer zwei benotet worden, und der Gedanke durchzufallen war mir entsetzlich.

In diese meine miese Stimmung platzte die Aufforderung, mich mit einem erklecklichen Teil der Fähnriche in der Charité in Berlin zur fliegerärztlichen Untersuchung zu melden. Also dampfte ich mit dem Magdeburger Personenzug von der Station Wildpark über Potsdam, Zehlendorf zum Anhalter Bahnhof. Die Frage des Arztes, »wie viele täglich?« konnte ich stolz mit »Nichtraucher« beantworten.

Anschließend hatte ich mich am Savigny-Platz bei einem Spezialisten einzufinden, der mich auf einen Elektrostuhl schnallte und mich mit diesem in schwindelnde Rotation brachte. Plötzlich Stopp. Da soll ein Mensch Zeitung lesen können. »Erkennen Sie immer noch nicht? Sie müssen!« Ich stierte in Weiß und Schwarz, zu Grau vermischt.

Endlich, mehr geraten als gesehen: »Lokalanzeiger«. »Na ja,« sagte der Doktor, und er füllte einen Fragebogen aus, den ich nicht sehen durfte. Meine Frage ging an seinem Ohr vorbei.

So erfuhr ich überhaupt nichts über die mir innewohnenden Fähigkeiten oder Unfähigkeiten. Ich machte auf der Kriegsschule meine Prüfungsarbeiten, hatte im Fach Taktik den Angriffsschwerpunkt des verstärkten Bataillons richtig auf den linken Flügel gelegt und landete nicht auf der Verlustliste. Erstaunlich war, woher die neugebackenen Oberfähnriche so schnell ihre Achselstücke hatten und den Schleppsäbel. Unsere Hörsaal- und Sandkastensiege feierten wir sogleich im Kasino unter dem Riesengemälde ›The Germans to the front‹, der von unseren Vätern aus dem Boxeraufstand heimgebrachten Ruhmesleuchte.

Im Juni/Juli 1935 dampfte ich nach Hamburg zurück, in die Kaserne der alten 76er an der Bundesstraße, wo wir in Kürze Infanterieregiment 46 und 47 werden sollten. Als Leutnant zog ich stolz mit meinem schweren Maschinengewehrzug in die Fischbecker Heide, um Ende Juli zwei Wochen Urlaub in Kiel zu nehmen.

Das Telegramm, das mich in Kiel erreichte und meinen Urlaub abkürzte, las ich mit zwei heitren Augen. Denn es rief mich zu den Fahnen, die mit den draufgestickten Adlern den Lüften und den Winden verschrieben und verschworen waren.

Kurz und knapp hieß es: »Versetzt zur Luftwaffe. Dienstantritt auf der Flugzeugführerschule Kitzingen am Main am 1. August 1935.«

Also steckte mir meine Mutter als Geburtstagsgeschenk ein Kistchen Kieler Sprotten zu, und mit einem mittleren Koffer und frohgemut schlängelte ich mich per Eisenbahn durch deutsches Mittelgebirge an den Main.

Hier erfuhr ich erstmals, wer von unserem Haufen in Potsdam durch ärztliche Prüfung hindurchgekommen war – ganze 34 stramme Leutnante, wir Hamburger sieben, in feldgrauer Reithose, graugrünem Rock, mit langen Säbeln, alles schöne teure Sachen, die wir in Kürze außer Dienst zu stellen hatten; zu beschaffen war eine fliegergraue Uniform. Das Leben wurde teuer.

Meine Sprotten fielen der gesamten Stubenbesatzung von vier Leutnants zum Opfer und brachten mir ein Glas Boxbeutel ein, der einem ungeübten Norddeutschen nur mißfallen konnte.

Am 2. August waren wir in sechs Fluggruppen eingeteilt und wurden an die Flugzeuge des Typs He 72 ›Kadett‹ zur Einweisung herangeführt.

Am 3. August saß ich als erster meiner Gruppe hinter meinem schwäbischen Fluglehrer, Ernst Hetzel aus Hechingen am Hohenzollern, in dem kleinen Doppeldecker D-EZOP, der sehr zügig über die Piste huschte, sich erhob und über die rot leuchtenden Äpfel der Wiesengärten dahin- und aufwärtsschwebte, nach Osten, auf den Steigerwald zu. Frisch war die Luft dieses Augustmorgens. Mein Gott, gibt es Schöneres?

Vorsichtig fühlte ich am Gashebel und am Steuer mit, wie der Hetzel es machte. Der flog die Mainschleifen recht tief aus, und einmal zischte er im Messerflug durch eine Pappelreihe, daß ich glaubte, die Zweige hätten uns gestreift. So durchgewirbelt, sollte ich mit dem Arm die Richtung zum Flugplatz angeben.

Am 13. August stieg der Feldwebel Hetzel aus der Maschine aus und sagte: »Flieg los!« Das war wie der Blitz aus heiterem Himmel. Mir war übel zumute. Ich hatte geglaubt, noch eine Weile ruhiger Verantwortungslosigkeit genießen zu können. Die Kameraden waren von dem Ereignis nicht minder bewegt. Sollte da wirklich einer von uns schon reif sein? Zögernd schob ich die ›Pulle‹ rein. Rollen, rollen. Abheben. Oben war ich. Das ging also.

Nun Kurve, nochmals Kurve, Iphofen, rechts der Schwanberg, einkurven zum Endanflug, Gas raus. Zu hoch – also slippen. Das konnte Hetzel in Vollendung. Nun dachte ich, slippe tüchtig, daß denen unten bange wird. 3 Minuten Alleinflug hatte ich hinter mir.

Ich fühlte mich herrlich, legte das Flugzeug gerade. Die Landung klappte.

Karl Hülshoff, späterer Fernnachtjäger, war am nächsten Tag dran. Er sagte, er würde mich noch einholen. »Warte mal erst ab, was beim Kunstflug los ist.«

Bald schwirrten 34 Fliegerleutnante in alle Himmelsrichtungen, auf strenge Anordnung einzeln, damit sie das Navigieren erlernten. Manchmal aber sammelten sie sich nach dem Start außerhalb der Sichtweite des Platzes und gingen in Schwärmen auf die Reise. Einigkeit macht stark im Zurechtfinden, denn ein Dutzend Augen sehen mehr als zwei, und Einigkeit macht auch Spaß, denn es läßt sich hier und da ein flotter Kurvenkampf einrichten, wenn nicht gerade der Höhenschreiber, der stinkige Denunziant, mit von der Partie ist.

Daß in den Schulflugzeugen Kugel und Wendezeiger eingebaut waren, stellte die ebenso gefährliche wie sündhafte Aufforderung dar, sich im Blindflug zu versuchen, der vor Vollendung des entsprechenden Ausbildungsabschnittes verboten war, ohne Funk sowieso. Bei Antritt meines nächsten Überlandfluges stellte ich fest, daß aus meiner D-EZOP der Wendezeiger ausgebaut worden war. Hetzel meinte, das sei in meinem Interesse und zu meiner Sicherheit geschehen, denn ich sei, unbestritten, laut Barograph und Wetterkarte, wieder einmal über den Wolken geflogen; ich hätte ihn beschwindelt, denn große Wolkenlöcher und Bodensicht habe es überhaupt nicht gegeben.

Nächster Überlandflug – Berlin. Der Thüringer Wald war prompt zu. Die Wolken haben sich schneller herangeschoben als vorhergesagt.

Gewohntes Bild: Ein Schwarm von Doppeldeckern schwirrt vor den Südhängen herum wie die Fliegen an der Fensterscheibe. Kein Durchkommen. Ich wette, kein einziger macht den Umweg durchs Werratal, zumal die Wolken weiter westlich noch tiefer reichen sollen. Schon sehe ich, wie einer nach dem andern nach oben zieht, verschwindet, zum Hüpfer über den Rennsteig. Alle werden später melden: Thüringer Wald knapp frei, mit Bodensicht überflogen. Zum Rückflug am selben Tage von Berlin nach Kitzingen wird's natürlich nicht reichen – zu der Thüringer Wald, weil die Kameraden über Nacht bleiben wollen, der ›Zigeunerkeller‹ lockt. Ich soll das mickrige Schäflein sein, das als einziges nach Kitzingen zurückblökt?

Schon hänge ich in den Wolken, Kurs Nord-Ost: Berlin! Der Fahrtmesser, der Höhenmesser zeigt an. Gut soweit! Und die Fluglage? Da ist doch der schwimmende Führerkompaß, fast so gut wie die Kugel, die Querlage zu erkennen, oder wie ein künstlicher Horizont. Und welch willkommene Hilfe leistet mir der Wind, der mir von links an die Nase bläst, zeigt er doch, daß ich links hänge oder gar schmiere. Schnell Knüppel nach rechts! Schon 2000 m habe ich. Bläst's von rechts, dann Knüppel links! Ha, Sonne! Aber wo steht sie bloß? Ich sehe auf den Kompaß, der sich beruhigt. Nach Westen fliege ich, nach Nord-Osten soll ich; der ›Kringel‹ hätte krummer sein können.

Auf zur Reichshauptstadt, spähen nach dem Wolkenloch vom Dienst.

Dunkle Wolkentäler sind in das weiße Meer eingebettet, aber verhüllt bleiben Feld, Wald und Fluß. Endlich, durch den fasrigen Schleier der Delle ahne, erkenne ich Ecken und Kanten, Gebilde von Menschenhand, schwach noch, abgedunkelt, unter mir wegziehend. Und ich lasse sie, denn schon leuchtet es, voraus, hellgrün und besonnt zu mir herauf. Gas raus und ein Liedchen trällernd hinunter, über die buhnengespickte Elbe hinweg, willkommener Schmaus für jeden ausgehungerten Navigateur.

Am Ku-Damm war's urgemütlich, das Frühstück bei den lieben Verwandten nahrhaft und die Standpauke Ernst Hetzels dröhnend vor Verzweiflung. Fast wäre der Barograph draufgegangen. Nachdem ich jedoch meinen Freistil-Blindflug erläutert hatte, zeigte sich mein Lehrer einsichtsvoll und mild. Hoffnungslos, Wahnsinn, ablehnend jede künftige Verantwortung, so klang es tonlos von seinen Lippen. Aber er wolle mich vor dem Schlimmsten bewahren. Gut so, Ernschtle, ich bin doch dein Paradepferdchen. Erhalte es dir. Er guckte böse, wenn ich schwäbelte.

Der Wendezeiger wurde wieder eingebaut.

Zu meinem größten Erstaunen hatte ich meinen Fluglehrer dahin gebracht, wohin ich ihn eigentlich gar nicht haben wollte.

Kunstflug! Karl Hülshoff hatte mich nicht eingeholt. Tage später kam er erstmals, ›bleich und übelriechend‹, vom ersten Versuch wieder runter. Er hielt bei der Kurbelei nicht dicht. »Bilde dir nicht ein, daß ich es nicht schaffe. Du scheinst dich zu freuen, was?«

»Ich bin lieber der Erste als der Zweite. Karl, du nicht auch?«

Tag für Tag ging er wieder hoch, und er bändigte allmählich seinen Magen, seine Nerven, stur wie nur einer aus dem Revier sein kann. Sein Aufholen gab mir die Spritze, es unserem Trenkle, Fluglehrer einer anderen Sechsergruppe und Kunstflugmeister, nachzutun: Looping vorwärts, nicht wie er, mit Rückenflugvergaser, sondern ohne. Der Blutandrang zum Kopf, das Hervorquellen der Augäpfel, das Stechen darin waren widerwärtige Gefühle. Aber das Motto war: Überwindung des selbstverschuldeten Leidens. Wieviel sanfter flogen sich die gesteuerten Rollen in dem kurzen, untersetzen Brummer Arado 64, auf der Strecke von Iphofen bis nach Schweinfurt und wieder zurück, eine Rolle nach der anderen, mal drei linke, mal drei rechte. Es mußte doch zu schaffen sein, links wie rechts gleich sicher zu werden. Ich wollte keine Schokoladenseite dulden. Die schwache Seite ärgerte mich. Als Rechtshänder und -füßler hatte ich mich beim Fußball stur trotzig auf mein linkes Bein verlegt und mich als Linksaußen in den Jugendmannschaften von Holstein-Kiel hochgedient. Im freiwilligen Arbeitsdienst, am Watt der Nordseeküste, habe ich 1932 den Spaten abwechselnd mit der linken und der rechten Hand geführt. Also Rolle rechts, Steilkurve rechts, Turn rechts müssen so gut gehen wie andersrum. Bei unseren ›Luftkampfübungen‹ hatte ich bemerkt, daß man mit ›rechts‹ nicht schlecht fuhr.

Unsere B 2-Ausbildung näherte sich gegen Weihnachten dem Ende. Die W 33, W 34, He 46, He 45, ›Albatros‹, L 101 und L 102 hatten wir bewegt. Wir mußten uns entscheiden, wohin wir wollten: Zu den Jägern, den Bombern, den Transportern oder den Aufklärern. Hetzel, kleiner Imperator, hatte gesagt: »Du wirst Jäger.« Der Kunstflieger Trenkle, der mit in der Prüfungskommission gewesen war, pflichtete bei. Dann sah ich Udet bei einem Flugtag in Bamberg. Dessen Kunststücke rissen meine Begeisterung auf den Höhepunkt.

Als es nun in Kitzingen zu einem Ende kommen sollte, ließ sich unser Gruppenleiter, Herr Pütz, der 1917/18 zusammen mit Ritter von Greim als Infanterieflieger ein hartes Brot und viel weiches Blei genossen hatte, in kleinem Kreise vernehmen: Die Jägerei sei ganz schön, bei Sonnenschein; im ›Dreck‹ sei man aber als Jäger hilflos. Wollten wir mit einem Doppeldecker He 51, mit der damals die Frontverbände ausgestattet waren, am Wochenende einen Überlandflug machen oder sonst ein kleines Flugzeug aus dem Stall ziehen, kämen wir nicht rechtzeitig zurück, des Wetters wegen, wenn wir überhaupt ans Ziel gekommen wären. Ganz anders sei es aber bei der Kampffliegerei. Da bekämen wir eine ordentliche Blindflugausbildung, könnten zum Wochenende starten, wann wir wollten, und zurück zum Dienst kämen wir auch rechtzeitig, könnten einen Koffer mit Zivilanzug und Badesachen mitnehmen, Mantel, Hut; dann kämen wir hin und würden pünktlich landen und die Bräute brauchten nicht zu warten oder enttäuscht nach Hause zu gehen.

Ich sah vor meinem geistigen Auge ein Fräulein Braut, schlank, blond, das Haar am Hinterkopf zu einer Acht gewunden, auf mich sehnsüchtig warten. Für den Fall, daß irgendwann einmal eine Holde mit mir vorliebnehmen sollte, wäre es in der Tat taktisch gut getan, wetterunabhängig zu sein, blindflugtauglich und erfahren auf großen Maschinen.

Mehr Traum als Überlegung gab den Ausschlag: Schicksal in Gestalt eines eitlen, lustigen Kobolds.

Als die ersten zarten Schneeflocken auf das Frankenland hernieder-schwebten, unsere Ausbildung sich ihrem Ende näherte, überraschte uns fliegerisch Halbwüchsige der Kommandeur der Schule mit der aufregenden Mitteilung, daß zwei von uns zum Opernball nach Berlin fliegen dürften, und ich Glückspilz nahm in einer W 34 Platz, die der Adjutant der Schule steuerte. Da Karl Hülshoff in Treue festblieb, flog Georg Reiß mit.

Es war aufregend, das erste Mal im großen Fliegerfrack, mit breiten silbernen Streifen an der Hose, einen Taxifahrer zu beauftragen, uns beide vom Brandenburger Tor 200 m bis zur Oper Unter den Linden vorzufahren. Denn so hatte es auf der Einladungskarte gestanden: Vorfahrt oder Anfahrt. Der Taxifahrer am Pariser Platz hatte uns verächtlich angesehen, denn wir sahen Hotelportiers zum Verwech-seln ähnlich. »Zur Opa-a-a, die paa Schritte? Wat woll'n se denn da?«

Unser Adjutant war schon da, rückte aber unverkennbar auf Abstand, indem er sich zu seinen Jahrgangskameraden gesellte, die allesamt das Flugzeugführerabzeichen am Frack trugen, worum wir sie beneideten. Dann hob Clemens Krauß den Taktstock zur Ouver-türe der ›Fledermaus‹, und das Ballett der Oper wogte in Weiß, selbst älteste Exzellenzen in Verzückung versetzend, über die zu einer großen Fläche mit dem Parkett vereinigte Bühne.

Links, in einer der Seitenlogen, saß Göring als Schutzherr der Veranstaltung neben Emmy, deren Schönheit und Charme jeder zu erliegen schien, sowohl der Botschafter Frankreichs, Herr François-Poncet, wie der Polens, Herr Lipski, und all die anderen akkreditier-ten, prächtig uniformierten Militärattachés aus fernen Landen.

Besonders genau sah ich mir den französischen Botschafter an. Frankreich interessierte mich. Von den strategischen Künsten der Franzosen hatte ich eine hohe Meinung, nachdem ich Clausewitz' Anmerkung über Napoleon und andere Heerführer gelesen hatte. Napoleons Ansprache an seine Soldaten im Angesicht der Pyramiden konnte ich auswendig. Hochachtung mischte sich mit Neugier. Seit der Kriegsschule war ich auch entschlossen, den französischen Militärdolmetscher zu machen. Mein Französischlehrer hätte das nicht für möglich gehalten.

Dann aber war der Tanz freigegeben für die Gäste, und mein Georg Reiß drehte sich sogleich im Walzer mit einem schönen Fräulein, der Prinzessin Wied, mit der er sich anschließend sogar noch Briefe schrieb. Ich wagte mich an eine der niedlichen Ballettdamen heran, die über mich und meine Verbeugung verwundert schien, dann aber fröhlich mit mir entschwebte – oder ich mit ihr. Als ich mich nach dem Tanz nach Reiß umsah, nahm mich ein älterer, befrackter Luftwaffenoffizier, mit Kriegsauszeichnungen doppelreihig geschmückt, am Arm: Ich hätte soeben mit einer Ballettratte getanzt, das sei ungebührlich, solange geladene Damen sitzendschmachtend nach Tänzern Ausschau hielten; nach Mitternacht sei die Lage eine andere, versetzte er freundlich.

Ballettratte klingt nicht schön, dachte ich, sie war doch sehr lieb, die kleine berlinernde Ratte.

In diese strengen Bräuche eingeweiht, schritt ich zur richtigen Tat: Da saß sie, die berühmte, durch viele Filmstreifen vertraute Marianne Hoppe, sie saß und hörte nicht auf zu sitzen, selbst beim 10. und 20. Takt noch, und keiner der Herren am Tische, Victor de Kowa unter ihnen, bat sie zum Tanz. Ich handelte weisungsgemäß, in strammer Haltung und mich leicht verneigend. Bei den Herren gewahrte ich nur erstaunte Blicke, bei ihr eine kleine Verlegenheit, aber sie erhob sich. Wie war sie schlank, und wie konnte sie tanzen. Was ich auch sagte, sie fand es lustig, sie lachte manchmal, sah mich inniglich an, so daß ich zu hoffen begann, ich könnte wagen, ihr eine spätere Verabredung vorzuschlagen. Dann aber bedachte ich, daß es bei einer Schauspielerin mit der Echtheit der Gefühle und Äußerungen seine Besonderheiten habe. Prompt mußte es raus: Wie es käme, daß Freud und Leid in jedem ihrer Filme so echt aussähen. Es könne doch nur einmal echt sein und echt aussehen, besonders in der Liebe. Da lachte sie herzhaft und meinte, dies sei das Kompliment des Abends.

Ich fand, daß ich mich hervorragend geschlagen hatte. Ich würde es meinen Eltern schreiben.

Wie tröstlich ist es, die Nachsicht freundlicher, gut erzogener Menschen nicht immer spüren zu müssen.

So verging die rauschende Ballnacht wie im Fluge, und da wir wohlweislich einen Tisch nicht genommen und Wein nicht zu bestellen hatten, kam uns diese Tatsache im wahrsten Sinn des Wortes billig zu stehen. Zurück aus diesem Saal voll Pracht und Herrlichkeit an den Main, wo es nach den letzten Flügen ans Packen ging.

Auf zur C-Schule!

So gingen wir, eine immer hochgestimmte, gezwungenermaßen Weißwurst und Kraut essende Gemeinschaft, mittlerweile weinerfahren, auseinander, 33 Leutnants, nachdem wir einen prächtigen Kameraden, den Leutnant Lübke, bei Herzogenaurach in einer Kurbelei verloren hatten. Wir hatten abwechselnd an seinem Sarg Wache gestanden und das erste Mal die Hand des Schicksals wie auf unserer eigenen Schulter gefühlt.

Viele dicke Junkers-Maschinen standen auf dem Fliegerhorst Gablingen, hart nördlich von Augsburg, für die Schulung der Kampffliegeranwärter bereit. Hülshoff war dabei. Trotz Kälte und Schnee machten wir unsere Platzrunden, harrten am Start, bis wir an der Reihe waren, die Hände tief im Pelz vergraben, anders als der Leutnant Horten, der hier zu uns, einem kleinen Teil der Kitzinger, gestoßen war und unentwegt mit blauen Fingern einen Rechenschieber bewegte. Nicht viel später brachte er sein erstes Nur-Flügel-Flugzeug in die Lüfte.

Wenige Wochen vergingen, da verlegte man uns hinauf nach Ludwigslust in Mecklenburg, auf die dortige Fliegerschule zur Vervollständigung unserer C-Ausbildung. Diese war noch nicht beendet, als wir, vollkommen überrascht, auf Frontverbände verteilt werden sollten. Major Fruhner, Kommandeur, dem ein Übelwollender oder ein Spaßvogel einen hier nicht auszusprechenden Beinamen angeklebt hatte, fragte uns nach Standortwünschen. Ich glaubte, strategisch richtig zu liegen, wenn ich den Mittelpunkt des Reichsgebietes wählte, um von hier aus, nach Clausewitz'schen Grundsätzen, in exzentrischen Stößen gleich schnell an die schönsten Stellen der Peripherie zu gelangen. So fand ich den Fliegerhorst Merseburg heraus.

Major Fruhner meinte, meine Überlegung sei grundsätzlich richtig, doch röche es dort unangenehm nach Chemie, von den Leuna-Werken her. Hier, dicht an meinem gekürten Mittelpunkt, sähe er das schöne alte Nordhausen am Harz, die Goldene Aue, Kyffhäuser, Barbarossa, dort höre er das Hirschebrüllen im Harz und das Keifen der Brockenhexen. Schon sah und hörte ich das alles, roch die Tannenwälder, und Nordhausen wurde mein Lebensmittelpunkt in den nächsten Jahren. Fruhner ersparte meiner empfindlichen Nase die Chemie und pflanzte mich ins grüne Herz Deutschlands ein.

Wieder einmal rollten mich die Räder der Reichsbahn an eine neue Wirkungsstätte, über Halle an der Saale, wo Karl Hülshoff sich von mir in Richtung Erfurt-Bindersleben trennte. Wir waren einem und demselben Geschwader zugewiesen, das später, zu Ehren des abgestürzten Generalstabschefs in Kampfgeschwader ›General Wever‹ Nr. 4 umgetauft wurde. Über Eisleben, Sangerhausen fuhr ich ein in die Goldene Aue und hindurch bis Nordhausen mit dem in immer greifbarer Nähe befindlichen Nordhäuser Korn und dem weltberühmten Kautabak ›Hanewacker‹.

Und der Fliegerhorst . . .? Er war ziemlich wüst und leer, versprach aber nach näherem Hinsehen, in einigen Monaten wohnlich zu werden. Daher wurden wir vorerst privat in Nordhausen einquartiert. Ich hatte mich in der Töpferstraße 1a, einem krummen Gäßchen, bei der Familie Binder zu melden, ganz in der Nähe des Kornmarktes, in dessen Mitte das Standbild des Reformators zwischen mittelalterlichem Fachwerk und gründerzeitlichem Stuck, dem ehrwürdigen Rathaus und dem Hotel ›Römischer Kaiser‹ leidlich aufgehoben war. Unzeitgemäß und fortschrittlich war nur die Straßenbahn, die in reichlich bemessenen Zeitabständen vom Markt quietschend in die Hauptstraße einbog.

Nur bald wieder raus aus der Straße quetschender Enge, dachte ich, als ich mich in der kopfsteingepflasterten, ohne Bürgersteig versehenen, leicht ansteigenden Häuserschlucht auf die Hausnummer 1a vortastete. Doch erwies sich das mir zugeteilte Quartier als ein glücklicher, überaus nahrhafter Zufallstreffer. Die Familie Binder senior und junior unterhielten um die Ecke ein Feinkostgeschäft, in welchem es alles gab, was Luxusgeschäfte in Großstädten zu bieten hatten. Zum Frühstück und zum Abendessen brauchte ich im Geschäft nur mit dem Finger zu deuten, um mich wenig später bei Tisch am Gewünschten gesittet laben zu können. Auch war ich von meinen Wirten ausdrücklich ermächtigt worden, zu Abend ein oder zwei notleidende Kameraden mitzubringen, deren kärgliches Dasein beiläufig zu erwähnen ich nicht verfehlt hatte.

Diese wohltuend soldatenfreundliche Gesinnung führte der Uhrmachermeister Gentzel nebenan, Vizefeldwebel und Grabenkämpfer bis 1918, auf das schlechte Gewissen der Nordhäuser zurück: Sie hätten Ende der zwanziger Jahre den Reichspräsidenten, Generalfeldmarschall von Hindenburg, nicht in ihren Mauern empfangen wollen, anläßlich der 1000-Jahr-Feier der Freien und Reichsstadt, wie ich mich zu erinnern glaube. Nun wollten sie wiedergutmachen; eine

Garnison zu haben, sei schließlich auch ein Geschäft.

Wie dem auch gewesen sein mag, ich genoß Speis und Trank; zu diesem war nur wegen des Whiskys eine Einschränkung zu machen: Er schmeckte miserabel; er war nämlich deutsch-autarkes Erzeugnis und sparte Devisen.

Auf dem Fliegerhorst weideten die Schafe noch zwischen unseren Unterkünften, dicke Lastautos verschmierten die Betonstraßen mit Lehm und Löß, und das Rollfeld mit der schwach befestigten Grasnarbe bedurfte der Schonung. Da erging plötzlich der Befehl, unsere Ju 52, unsere damaligen Kampfflugzeuge, mit Exerzierbomben zu beladen – hoch und runter, hoch und runter.

Der Ernstfall stand vor der Tür. Die Wehrhoheit über die entmilitarisierte Zone im Westen war wiederhergestellt worden. Wehrmachtverbände waren dorthin entsandt worden. Mein Staffelkapitän, Major Graf Luckner, alter Weltkriegskämpfer, ließ sich nichts anmerken, gab ruhige, sachliche Befehle. Ich dachte nur, hoffentlich würde er nicht gewahr, daß ich noch nicht meinen C-Schein hätte, die Ju 52 nicht alleine fliegen dürfe, von der fehlenden Blindflug-B-Qualifikation ganz zu schweigen. Ich wollte schließlich dabeisein, wenn es losging.

Was hätte das gegeben, wenn die Franzosen marschiert wären! Später, im Jahre 1938, erzählte mir General von Kühlenthal, unser Militärattaché in Paris, daß die Franzosen in sieben Tagen in Mainz hätten sein wollen und seiner Meinung nach auch hätten sein können, wenn die Regierung den Startschuß dazu gegeben hätte. Sie hatte nicht, und wir konnten aufhören, Exerzierbomben zu laden und zu entladen und in Bereitschaft zu sein. Wir fuhren fort, die Grasnarbe zu schonen und der Binderschen Feinkost zuzusprechen, im Dienst immer wieder Theorie zu schlucken. Der Zustand war entsetzlich, weil er des vernünftigen Tuns ermangelte.

Major Graf Luckner, Kapitän der 8. Staffel, wußte im Auftrage des Kommandeurs uns junge Offiziere nicht anders zu beschäftigen, als uns auf dem Dachboden eines als Unterkunft vorgesehenen Gebäudes Präsentiergriffe mit dem Luftwaffenschwert üben zu lassen. Schwert und der gewohnte Degen wichen in der Bauart zwar erheblich voneinander ab, doch konnte uns das Ritual nicht in dem Maße begeistern wie das Leben des Seeteufels, Vetter unseres Chefs. Aber der feierliche Einzug in Nordhausen wollte gut vorbereitet und geübt sein.

In diesen Stumpfsinn fegte wie ein frischer Wind meine kommandoweise Versetzung für drei Monate nach Berlin-Tempelhof zu harter und gründlicher Strecken- und Blindflugausbildung. Karl Hülshoff, vom gleichen Wind dahin getragen, kam wieder mit der dunklen Drohung, daß er mich jetzt kriegte.

In der Nürnberger Straße, nicht weit vom U-Bahnhof gleichen Namens, mieteten wir uns bei einem emigrierten zaristischen Oberst a. D. ein Doppelzimmer. Karl heftete das Foto einer Oberprimanerin, seiner Braut aus Oberhausen, an die Wand, während ich, nach Karls und landläufiger Meinung ein bevölkerungspolitischer Blindgänger, immer noch nicht mit dergleichen aufwarten konnte.

Nun aber wurden wir, nach Anreise mit der U-Bahn, Nacht für Nacht ab Tempelhof nach Hamburg, Köln, Stuttgart, München-Oberwiesenfeld, Nürnberg, Leipzig, Danzig und Königsberg/Ostpreußen in Marsch gesetzt, durch die Mühle gedreht, bei schäbigster Beleuchtung, in Anpassung an den Ernstfall, wie der Kapitän meinte, auf die Instrumente starrend. Adrett und schlank sahen wir aus in unseren blauen zweireihigen Anzügen, die der polnischen Kontrolle in Danzig nicht auffallen konnten. Ich glaube mich zu erinnern, daß mein Konfirmationsanzug zu neuem Ansehen kam.

Das Unternehmen, dem wir in Tempelhof eingegliedert waren und das in einer der vielen Hallen untergebracht war, hieß zur Tarnung ›RB-Strecke‹, Reichs-Bahn-Strecke, war von Hauptmann Pohle geführt, der kurz nach Beginn des Krieges beim Angriff auf den Firth of Forth in Gefangenschaft geriet. Dieser Offizier zog einen Flugbetrieb äußerster Genauigkeit und Zuverlässigkeit auf, eine Organisation vom Zuschnitt der Reichs-Bahn oder Reichs-Post, eine Knochenmühle für die Lehrlinge, die es zu ertüchtigen und auszubilden galt. Rudi Kiel, ebenfalls vom Geschwader ›General Wever‹, Hülshoff und ich saßen nächtlings mit Ablösung am Steuer, überwacht von Flugkapitän Böhner, einem ehemaligen wackeren Unteroffizier und Weltkriegspiloten, der zur Lufthansa, später zur RB-Strecke gestoßen war. Wer nicht am Steuer saß, drehte den Peilrahmen, rechnete, zeichnete oder versuchte, was verpönt war, durch Blick aus dem Fenster den Schein einer Kleinstadt auszumachen oder ließ sich vom dicken Funker Suppa eine Extra-Fremdpeilung holen.

Aber damit war es nicht genug. Waren wir in Königsberg-Devau gelandet, flogen wir nach kurzer Rast hinter dem Blindflug-Vorhang in niedriger Höhe, bei bockigstem Wetter, der Übung wegen, über die ostpreußischen Seen und Wälder, um nach Sonnenuntergang via

Danzig über das endlose, dunkle, kaum von einzelnen Lichtchen getupfte Pommern nach Berlin zurückzukehren. Das war harte, körperlich-geistige Arbeit, nicht minder als feldmarschmäßiges Robben durch Sand und Heide. Wir schliefen wie tot.

Ausfall wegen Wetters hat es in den Monaten April bis Juni nicht gegeben. Nachts wurde bei QBI (Schlechtwetterbedingungen) nach dem ZZ-Verfahren gelandet, auf einigen Plätzen, insbesondere in Berlin, auch nach dem UKW-Lorenz-Verfahren. Für uns waren es anspannende, aufregende, aber auch berauschende Erlebnisse, über Neukölln auf dem Strahl anzufliegen, Höhe verlierend, allmählich die Lichterdämmerung der Großstadt in dem Wolkendunst um uns herum wahrzunehmen: immer heller, noch heller, weg das Gas in 50 m Höhe, wenn das Haupteinflugzeichen grün flimmerte und flötete – raus waren wir aus dem hellen Wabern, voraus Straßenlampen, Randbefeuerung, rote Hindernisbefeuerung, Schornsteine und Kirchtürme links und rechts neben uns, ja, über uns. Und da die Landebahn. Ein herrliches Gefühl nach Stunden in der ›Waschküche‹.

Wir wurden langsam richtige Flieger.

Nach vier bis sechs Wochen übernahm uns Oberleutnant Giseke als Lehrer. Einerseits verschaffte er uns weitere theoretische Grundlagen und verpaßte uns, während wir knüppelten, mathematische Aufgaben, andererseits belohnte er uns für sauberes Blindfliegen, indem er uns nach getaner Arbeit in die ›Savarin-Bar‹ in der Budapester Straße einlud, wo er sich selbst an den Flügel setzte und uns, wie er sagte, den kulturellen Absturz von Mozart bis Peter Igelhoff im Zeit-Tonraffer vorführte. Auf dem Lampenschirm des ›Savarin‹ haben wir uns verewigt, heute noch, etwas vergilbt und durch zwei nachfolgende Generationen überlagert, an bekannter Stätte in Bad Godesberg zu sehen.

Nicht eines Nachts, sondern eines Tages war es soweit: Alleinflug mit der großen Kiste. Start morgens etwa zwischen 9 und 10 Uhr. Ich näherte mich stolz dem silberglänzenden Vogel, einem Prachtstück von Ju 52, Kennzeichen D-ADYL, und betrachtete staunend die geschnürten Pakete von Berliner Zeitungen, die aus einem LKW an Bord genommen wurden. Der dicke Suppa saß schon drin und wünschte fröhlich guten Morgen, als gäbe es heute nichts Besonderes. Als ich saß und zu ihm durch die Tür zurückblickte, an seine Kinder dachte, als der Bordmechaniker dann das Trimmrad drehte, stand es plötzlich vor mir, was man den Ernst des Lebens nennt.

Wir rollten ab, Startrichtung West. Ich sah den Gasometer von Schöneberg im Dunst voraus. Die Bedeckung war geschlossen, Hochnebel, der von etwa 100 m bis auf 500 m hinaufreichte. Es waren also Anfängerbedingungen.

Gas gegeben, rollen, rollen, rollen, abheben. Der Mechaniker dreht die Klappen langsam rein. Ich nehme das Gas leicht zurück, und drin bin ich, in den Wolken.

Da setzt es Schlag auf Schlag. Vertikalböen hämmern mal auf die linke, mal auf die rechte Fläche, mal von oben, mal von unten. Die Kugel saust trotz Flüssigkeitsdämpfung von einer Ecke in die andere, der künstliche Horizont schaukelt und der Wendezeiger wackelt wie ein Lämmerschwanz vom linken an den rechten Anschlag. Das ist die Sonne, die die Brühe von oben zum Kochen bringt. Ich rudere und trete um mein, um unser Leben. Säße er nur dort rechts neben mir, mein alter Kapitän, gelassen, schmunzelnd, oder der pfiffige Giesecke, mit den Händen den Schlipsknoten straffend. Aber Leere dort, und Verlassenheit in mir. Ich denke, ich schaffe es nicht. Den Instrumenten glaube ich nicht mehr. Ich fühle, ich schmiere ab. Nein, das darfst du nicht denken. Schmeiß deine Gefühle in die Ecke, wie du's gelernt hast. Mach es mechanisch: Kugel links – Verwindung rechts; Variometer sinkt – ziehe! Die Anwendung des Gelernten ist eine Qual, geht gegen den Strich. Die Überwindung ist lausig schwer. Nur raus aus dem Dreck, durch nach oben, in den blauen Himmel, in die Sonne.

Das dauert noch. Und plötzlich ist der Spuk vorbei. Eine seltsame, wunderbare Ruhe ist in mir. Alles fließt aus dem Unbewußten. Ich balanciere die Kugel, richte den Horizont ein, bringe den Wendezeiger auf Vordermann, und auch die Steiganzeige entgeht meinem Auge nicht, auch nicht der Fahrtmesser.

Was war eigentlich los mit mir. Ich weiß es nicht. Jetzt kurve ich gelassen von West auf Südwest, Richtung Schkeuditz, den Flughafen Halle-Leipzig, wo der erste Teil der Fracht gelöscht werden soll. Ich steige weiter. Mein Blick streift das Gesicht des Mechanikers. Der sieht gelangweilt auf die Triebwerküberwachung. Sollte es möglich sein, daß er nichts von dem Chaos, das mich überfiel, bemerkt hat?

Ich beeile mich nicht, nach oben durchzuziehen. Gemächlich steige ich, genieße meine Sicherheit, meine schwer errungene oder geschenkte.

Wie gelernt bin ich auf dem Ultrakurzwellenstrahl im Direktanflug auf Schkeuditz, lande, lösche, starte weiter nach Dresden, dann nach

Breslau und mit Leergewicht zurück nach Berlin.

Ich habe später in Wesendorf, in der Lüneburger Heide, die Prüfung als Blindfluglehrer gemacht und mir geschworen, alle meine Schüler mit allen Tricks und allen eingelegten Schwierigkeiten und Schrecken über diese erste große und tödliche Krise, die seelischen Wackelkontakte, hinwegzubringen, sie auf das Gefühl vorzubereiten, niemanden neben sich zu wissen, der rettend eingreifen könnte. Und wenn es noch so wackelte, so habe ich mich vom Doppelsteuer entfernt, mich nach hinten gesetzt und getan, als schliefe ich. Die nervliche Last alleiniger Verantwortung für Menschenleben ist nicht ein Problem, das allein auf die Fliegerei beschränkt ist, aber hier häufig und drastisch hervortritt. Die Urangst der alleinstehenden Kreatur steckt darin. Bei manch einem mag ruhiger Gleichstrom durch die Nervendrähtchen fließen, gegen Strahlungen der Außenwelt durch dickes Fell isoliert. Dieses Fell hatte ich jedenfalls nicht. Ich war schlecht auf mich vorbereitet. Meinen Schülern sollte das nicht widerfahren. Ich steigerte meine Anforderungen an sie bis zu einem Punkt, an welchem sie nur noch einen Wunsch hatten: Weg von diesem schrecklichen Kerl, nur alleine fliegen!

Nach dem dreimonatigen Kopf-an-Kopf-Rennen mit Karl Hülshoff, in der Luft und auf der U-Bahn Nürnberger Platz – Tempelhof, kehrten wir zu unserem Geschwader zurück; ich an die Fleischtöpfe der Binderschen Feinkosthandlung. Doch allmählich wurden die Offiziersheime ›Scharnhorst‹ und ›Gneisenau‹ wohnlich, und es galt, sich mit dem Leutnantsgehalt von 200 Reichsmark, von denen rund 100 Reichsmark für Verpflegung und für Abzahlung der Uniform abgingen, einzurichten. Die Fliegerzulage von rund 100 Reichsmark stand mir nach etwa elf Monaten Flugpraxis und mangels abgeschlossener Ausbildung noch nicht zu.

Der Flugbetrieb mit unserem Behelfsbomber Ju 52 war zu meiner Enttäuschung immer noch stark eingeschränkt. Flüche halfen nichts. Trost und Freude fand ich im Kreise neuer Kameraden in der Staffel, und der Sommer war herrlich und die Landschaft reich an Schönheit, an Zeugen der Vergangenheit und freundlichen Kurorten, und manchmal stand auch ein kleiner Doppeldecker zur Verfügung, fliegerischen Gelüsten zu frönen.

Im Juli 1936 flog ich das erste Mal im Staffel- und Gruppenverbande mit der Ju 52. Eine Einsatzhafenübung (E-Hafen) stand heran. Als letzte Staffel startete unsere 9. unter Führung von Major Dr. Wolff, ich als einer der beiden letzten Kettenhunde. Ziel war der E-Hafen

Wenigenlupnitz, ein Dörfchen in der Nähe von Eisenach. Der Platz war unvollkommen ausgestattet, aus der Luft schwer erkennbar, wenn nicht ein Landekreuz ausgelegen hätte.

Das durch die Kommandeurmaschine eingeleitete Landemanöver verführte mich zu einer Regelwidrigkeit, die mir zum Verhängnis wurde, mich aber gleichzeitig auf eine neue, nie geahnte Bahn führte.

Nachdem der Kommandeur, Major Maaß als Beobachter in der Stabsmaschine, den Platz überflogen hatte, setzte er ihn immer weiter und weiter fort. Ich beobachtete mit Verdruß, daß er sehr weit in Richtung Gotha ausholte und immer noch keine Anstalten machte, zum Anflug einzubiegen. Sollte das etwa ein kriegsmäßiges Lande-verfahren sein, wenn alles darauf ankam, schnell und in kurzen Abständen mit den Flugzeugen herunter zu kommen, im Ernstfall womöglich mit dem letzten Tropfen Schnaps? Den Quatsch machst du nicht mit, sagte ich mir, fuhr, als ich das Landekreuz querab hatte, die Klappen aus, nahm Gas weg, slippte in der Kurve herunter, und schon saß ich, rollte ich und stellte ab, wohin mich ein Mechaniker gewinkt hatte. Ich stand schon neben meiner Maschine, als der Kommandeur mit gelockertem Anhang in der Ferne auftauchte und langsam herankeuchte. Im stolzen Bewußtsein, die Landung der Gruppe nicht im geringsten verzögert, eher etwas abgekürzt zu haben – ich brauchte die Reihe ja nicht zu verlängern – erwartete ich die Bummelanten, jede Minute als Bestätigung meines mitdenkenden Gehorsams genießend.

Langsam kleckerten die ›Mühlen‹ herunter, verteilten sich, stellten ab, und Ruhe breitete sich bei einiger gedämpfter Beschäftigung aus.

Die Zeit verging. Ich blickte umher im Kreise, hinauf zur Wart-burg. Da knatterte auf dem Krade Oberleutnant Diekötter, auch in Nordhausen Flugleiter, an mich heran und erklärte, daß ich zum Kommandeur kommen solle; er werde mich höchstwahrscheinlich bestrafen.

Ich setzte mich beklommen in Bewegung. Ein wenig eigenmächtig war ich wohl gewesen. Aber ich werde es schon erklären können.

Ich ging auf das Bauernhaus am Platzrand zu, das als Werkstatt und Lagerraum eingerichtet war, und bemerkte unter einem prächti-gen alten Baum neben dem Hause einen Tisch, vor dessen Breitseite mein Kommandeur saß, an einer der schmalen Seiten mein Staffelka-pitän. Ich wurde gebeten, am Tisch seitlich Platz zu nehmen.

Der Kommandeur erklärte, daß ich kürzlich sein Mißfallen erregt hätte, als ich mit dem ›Stieglitz‹ in Nordhausen einen Kavalierstart

30

vorgeführt hätte. Ich erwiderte darauf nichts, wußte es aber besser: Es herrschte an dem Tage ein starker Wind, der den Eindruck eines steil hochgezogenen Starts hervorrufen konnte. Gesehen hatte es nur der Flugleiter, der mich jungen Hasen darob anfuhr.

Der Kommandeur fuhr in ruhigem Tone fort: Meine heutige Indisziplin zwinge ihn leider, Maßnahmen zu ergreifen.

Er machte eine mir endlos erscheinende Pause, zog seine Stirn in Falten und schlug einen Aktendeckel auf. Er entnahm ein Papier, mehr breit als lang, das, wie ich erkannte, einige wenige Zeilen enthielt. Er nahm es in beide Hände, sah mich an und erklärte, daß ich alles das, was ich jetzt hören und was ich selbst darauf sagen würde, geheim zu halten hätte unter Androhung der Bestimmungen des Militärstrafgesetzbuches.

Mein Gott, was wollen die mit dir machen! Ich spürte eine leise Schwäche in den Kniekehlen.

»Unterschreiben Sie das!«

Ich las und unterschrieb. Der Kommandeur steckte das Papier wieder in seine Mappe. Dann begann er: »Der General Franco ist an die Reichsregierung herangetreten und hat um Hilfe gebeten.«

Ich dachte, ich sei nicht bei Verstand. Wer ist General Franco? Nach einer knappen, aber deutlichen Schilderung der Lage in Spanien fragte der Kommandeur: »Wollen Sie hin oder wollen Sie nicht?«

Das klang nach Androhung der Maßnahme im Gefolge der soeben verübten ›fliegerischen Unzucht‹. Dieses Spanien mußte eine miese Sache sein. Die wollen dich abschieben, dachte ich. Meine Befürchtung verfinsterte sich noch, als der Kommandeur hinzufügte, daß ich dazu aus der Luftwaffe entlassen werden würde.

Hilfe, wie kam ich da hinein und wie komme ich heraus! Zaghaft wandte ich ein, daß ich doch erst die Blindfluglehrerprüfung machen sollte; zu dem Kurs in Wesendorf würde ich lieber gehen.

Major Dr. Wolff griff ein: Da könne ich doch noch immer hingehen, die Spaniensache dauere höchstens sechs Wochen, das Ausscheiden sei reine Formsache, hinterher würde ich in der Staffel weitermachen, als sei nichts geschehen – unter strenger Geheimhaltung natürlich. Jeder würde sich darum reißen, ein solches Kommando anzutreten.

Meinem Kapitän glaubte ich es schon eher, druckste aber noch etwas herum, und sagte schließlich, ohne die Dinge zu Ende zu denken: Jawohl.

»Na endlich«, seufzte mein Kommandeur.

Ich durfte mir die Besatzung zu der abenteuerlichen Unternehmung aussuchen. Es war meine Besatzung: Feldwebel Hillebrand als Funker, Unteroffizier Eibisch als Bordmechaniker und Unteroffizier Wutkowski als erster Wart. Ein Beobachter war nicht vorgesehen. Ich sollte ja nur Franco-Soldaten von Marokko nach Spanien über die Meerenge fliegen.

Sodann beschrieb der Kommandeur einen Zettel, an dem vorbeizusehen ich mich redlich bemühte. Als er ausgeschrieben hatte, lehnte er sich zurück, hielt das Papier hoch und verlas daraus, daß der Leutnant Hajo Herrmann wegen fliegerischer Indisziplin mit dem Entzug der Fliegerzulage in Höhe von 50 Reichsmark gemaßregelt werde. Obwohl meine Fliegerzulage, die erste meiner militärischen Laufbahn, bereits fest eingeplant war, freute ich mich über die Maßen, selbstverständlich ohne dies zu zeigen, vielmehr leichte Zerknirschung vortäuschend. Denn nun erkannte ich, daß Spanien nicht so etwas war wie die Hölle von Cayenne, in der die Franzosen ihre militärischen Sünder zu braten pflegten, sondern, wenn nicht eine himmlische, so doch eine unbefleckte Unternehmung.

Ich beanstandete diese Maßnahme ›vom Fleck weg‹ nicht im geringsten, obwohl der Kommandeur gegen die uns immer eingeschärfte Regel verstoßen hatte, jeden Eingriff erst einmal zu überschlafen.

Gott sei Dank! Ich hatte es hinter mir.

Die Sache war eilig. Ich sollte Fliegerkombination und Gepäck aus meinem Flugzeug holen und mich mit dem Kommandeur im PKW nach Nordhausen zurückbegeben. So schaute ich mich noch einmal in der Gegend um, die ich kaum kennengelernt hatte, hinauf zur Wartburg und in den dunkelnden Himmel, in dem nur noch der holde Abendstern fehlte. Doch Dämm'rung deckt' die Lande, als wir davonfuhren, wobei ich die leicht verstörten Blicke meiner Kameraden im Nacken fühlte. Viele lange Monate haben sie mich bedauert.

Meine Besatzung, verwirrt und noch ahnungslos, folgte uns in einem zweiten PKW.

Am nächsten Morgen wurden wir allesamt zum Kommandeur bestellt, der uns nochmals vergatterte und die restlichen schriftlichen Erklärungen einsammelte. Meine Besatzung, die von keinem schlechten Gewissen beschwert war, strahlte vor Freude.

Der Kommandeur erläuterte generalstabsmäßig alle Einzelheiten: daß wir unter anderem zur Tarnung in Spanien – dort wimmle es von Beobachtern – landesübliche Kleidung tragen würden, schneeweiße Hosen und Hemden und eine ebensolche Schirmmütze, denn es

32

Unter der Kokarde der
Landespolizei Hamburg,
Geländeübung im Sachsenwald.

Sommer 1935, nach Aufhebung
der Tarnung, als Leutnant bei der
Infanterie.

Als Flugschüler und jetzt Leutnant
in der Luftwaffe in Kitzingen/Main,
August 1935.

Flugzeugführerlehrgang Kitzingen vor einer W 34. Unter der Propellernabe der Lehrgangsleiter, Major Weller,
Flugzeugführer im 1. Weltkrieg. Links am Bildrand Karl Hülshoff, hintere Reihe rechts Rudi Kiel. Als Jäger später
erfolgreich: Willi Gäth (in der 2. Reihe rechts) und Rolf Pingel (1. Reihe, 4. von rechts). Verfasser (Mitte oben).

Major Maaß und Major Graf Luckner schreiten die Front auf dem Kornmarkt von Nordhausen ab, Frühjahr 1936.

Blick aus meinem Leutnantszimmer auf die ›Baustelle Flugplatz‹.

Blick von Norden über die Meerenge von Gibraltar (›Die Säulen des Herkules‹) auf den Ceuta-Felsen.

He 111 der ›Pedros‹ in Burgos.

Francos Soldaten, hart
und genügsam, mehr in
Multi- denn in Uniform,
beim Vormarsch an die
Front.

Stolzer kommt Francos
marokkanische
Leibwache daher (auf
dem Plaza Mayor von
Salamanca).

Ju 52-Bomber mit
ausgefahrenem
Beobachterstand (›Topf‹)
über Spanien.

Auf beiden Tragflächen zwei starr eingebaute, nach vorne schießende MG zur Abwehr der mehr und mehr von vorn angreifenden sowjetischen ›Rata‹. Eine Idee des Hauptmann Krafft v. Dellmensingen.

An der Bilbao-Front im Norden, April 1937. Bombenangriff gegen die fast uneinnehmbaren, ausgebauten feindlichen Stellungen an den Hängen im Bildhintergrund, sichtbar an den hellen Linien.

gelte, Deutschlands Einmischung nicht sichtbar werden zu lassen. Major Maaß war ein sehr ernster Mann, aber ich glaube doch, daß er gelacht hätte, uns erstmals aus dem Hotel ›Christina‹ in Sevilla hervortreten zu sehen, von der Menge jubelnd mit ›Viva Alemana‹ gefeiert. Die spanischen Männer waren alle schwarz gekleidet.

Nun hatte ich noch die peinliche Frage vorzubringen, wie es denn mit dem Geld sei, wovon wir leben sollten, da wir ja entlassen seien. Der Kommandeur beruhigte uns: Das Gehalt liefe weiter, und fügte mit dem Zwischenruf, »fast hätte ich es vergessen«, hinzu, daß es außerdem 800 – in Worten: achthundert – Reichsmark gäbe, monatlich. Und ein Flugzeugführer bekäme noch etwas mehr.

Ein Hochgefühl breitete sich aus, soweit dies noch möglich war, und allein Wutkowski, Berliner, verlieh dem wörtlich-mundartlich Ausdruck, so daß der Kommandeur das Gesicht verzog.

Noch am gleichen Tage rollten wir, mitteleuropäisch-zivil verkleidet, nach Berlin, zum Geschwader ›Richthofen‹ nach Döberitz, wo der Adjutant, Oberleutnant von Rettberg, uns registrierte und uns als Teilnehmer der Reisegesellschaft ›Union‹ deklarierte, die in Hamburg verschifft werden sollte.

Die Teilnehmer der Reisegesellschaft erweckten Vertrauen. Da waren etwa zehn Transporterbesatzungen, durchweg Kampfflieger, ebensoviele Jagdflieger und einiges Bodenpersonal. Aus meinem Geschwader, aus Gotha, war Graf Hoyos als Beobachter, sonst der Oberleutnant von Moreau und Leutnant Oskar Schmidt, Beobachter, vertreten; von den Jägern die Oberleutnante Eberhard, Trautloft, Strümpell, Henrici, von Houwald, Hefter, Knüppel und andere. Führer war Major von Scheele, als alter Gran-Chaco-Kämpe und Siedler drüben auf der Südhalbkugel, des Spanischen kundig und daher prädestiniert für Iberien. Er kam wie ich aus der Nordhäuser Gruppe, hatte sich als Reaktivierter im Stabe redlich gemüht, in der straffen Organisation unter unserem Kommandeur mitzuhalten, mußte aber allzuhäufig auf die Frage nach schriftlichen Anordnungen, die er hätte treffen sollen, antworten: »Alles mündlich befohlen, Herr Maaß«, wobei er die rechte Hand, mehr Faust als gestreckt, an das Fliegerschiffchen legte und die Beine holperig zusammenstellte. Er vermied es, selbstbewußt, den Gleichrangigen mit »Herr Major« anzureden, wie es die Staffelkapitäns-Majore taten. Konnte der Kommandeur dies noch schlucken, so war ihm doch die Willkür auf den Tischen der Schreibstuben und der Stäbe ebenso unerträglich wie die Kapriolen der Flugzeugführer in den Lüften.

Bevor von Scheele und ich uns in Döberitz trafen, wußten wir nichts voneinander. Im Zuge höchster Geheimhaltung hatten wir getrennt marschieren müssen. Als wir uns in der Reisegesellschaft ›Union‹ entdeckten, freute sich die eine Persona non grata an der anderen, da die Gemeinschaft der Unseligen Bande schmiedet wie jede andere. Bestätigt fanden wir einander, was wir geahnt hatten: ›abgeschoben‹ – mit dem Trostpflaster – ›1000 Reichsmark‹.

2. KAPITEL

Spanien
1936—1937

Der Sowjetkommunismus droht, sich in Spanien festzusetzen und auszu-
dehnen. Er wird unterstützt durch die Volksfrontregierung in Frankreich,
durch Kommunistenfreiwillige aus vielen Ländern, General Franco ruft
Deutsche zur Hilfe, ebenfalls Italiener, die von der Eroberung Abessiniens
in Spanien anlanden. Die europäischen Mächte vereinbaren ›Nichteinmischung‹, die jedoch nicht klappt. Der Bürgerkrieg in Spanien tobt von
1936 bis Anfang 1939.

In den frühen Morgenstunden des 1. August 1936 machte die
›Usaramo‹ von der Hamburg-Süd die Leinen los, und die Reisegesellschaft ›Union‹ nahm elbabwärts ihr erstes Bordfrühstück mit Hafer-
brei ein, den ich als meinen Geburtstagskuchen betrachtete. Hinter
uns ließen wir Helgoland, passierten den Kanal, Kap Finisterre,
erreichten den Breitenkreis von Lissabon, auf welchem uns ein
deutscher Zerstörer per Leine eine geheime Botschaft zukommen
ließ. Bis dahin wußte der Kapitän nicht, wohin die Reise ging. Er
mutmaßte, mit argwöhnischem Blick auf die schweren Kisten und die
sonderbaren, auf Flugzeuge hindeutenden Einzelteile, daß wir Kamerun oder Togo im Handstreich nehmen sollten. Aber nun lautete die
Marschrichtung Cadiz. Die Stadt erhob sich, sanft schimmernd,
märchenhaft aus der Morgendämmerung. Dann dehnte sie sich, unter
den Strahlen der Sonne, breit und blendend weiß vor unseren Augen.
Wir liefen ein.

Am Kai festgemacht, wurde die ›Usaramo‹ sogleich entladen. Die
Schiffe der Hamburg-Süd, die sonst kleine, meist schlecht ausgestat-
tete Häfen in Afrika anliefen, waren mit Ladebäumen vorn und
achtern versehen, und mittels dieser wurden auch die verdächtig
schweren Kisten gelöscht, in einem Fall auf sehr gründliche Weise:

39

Die Kiste rutschte aus der Schlaufe, schmetterte berstend auf das Pflaster, und inmitten der Trümmer lag, rundbäuchig und glatt-grau gestrichen, in monumentaler Ganzheit eine 250-kg-Bombe! Und wie vom Sturm zerstoben war die Schar Hunderter von Neugierigen, während ich, mit einer Walther-Pistole am Fallreep zur Wahrung von Ruhe, Sicherheit und Ordnung eingeteilt, mutig ausharrte, denn ich wußte, daß nichts passieren konnte: Der Zünder war nicht eingeschraubt, wie er auch nie auf Transporten eingeschraubt sein durfte.

Meine Besatzung, die mit mir am Kai Dienst tat, bedeckte rasch mit den Holzsplittern die politische Blöße, die sich das Deutsche Reich soeben gegeben hatte. Verzichten mußte ich dabei auf den Beistand des Funkers Hillebrand, der von einem entsetzten Spanier ins Wasser gerempelt worden war. Da war er kopfüber mit der Nase auf einen dort herumschwimmenden Holzsplitter, keine zehn Zentimeter lang, gestoßen, was ihn für viele Tage ziemlich unansehnlich machte, ihm aber auch die Aussicht auf die Umwelt erschwerte. Ein Pechvogel! Schon auf der Eisenbahnfahrt war er bei Eisleben mit dem Gesäß durch das Lokusfenster geraten, und ich hatte nur durch Übernahme der persönlichen Haftung die Geheimhaltung vor dem Schaffner retten können.

Also Bomben, nicht nur Transporte, wie der Kommandeur gesagt hatte. Entweder hat er mir nicht alles gesagt, oder man hatte ihm nicht alles gesagt. Bomben! Das prickelte. Wie vertrug sich das alles aber mit Hitlers Rede, die er zur Eröffnung der Olympiade 1936 in Berlin gehalten hatte. Kein deutscher Soldat sei in Spanien, und keiner käme dahin. Oskar Schmidt, Beobachter aus unserem Thüringer Geschwader, meinte, das sei ein tolles Stück. Aber – waren wir nicht aus der Wehrmacht entlassen? Stand nicht in meinem Paß ›Kaufmann‹?

Ungerührt von Zwiespältigkeiten freuten wir uns auf eine bewegte Zukunft.

Diese Zukunft erschauten Oskar Schmidt und ich am nächsten Tag aus dem Bullauge unserer Kabine: Da erhob sich eine Fontäne nach der anderen aus dem Hafenbecken, und Detonationen ballerten gegen die Bordwand. Raus und sehen! Ein einsamer Doppeldecker vom Typ Breguet warf ein Bömbchen nach dem anderen, versuchte offenbar, unser Schiff mit seiner Ladung zu treffen. Unsere Jagdflieger wurden ganz unruhig. Sie hätten am liebsten die großen Holzkisten aufgemacht und ihre Flugzeuge zusammengesetzt. Start weg vom Kai! Hitze heizt Ungeduld an.

Am nächsten Tag klopften die Detonationen nicht in Begleitung von Flugzeuggebrumm an unsere Kabine, sondern von Geschützdonner. Die Rotspanier, im Besitz der Flotte, hatten einen Panzerkreuzer hierher in Marsch gesetzt, der über die Stadt hinweg, in Richtung auf unseren Kai Breitseiten feuerte. Es war Planschießen – ohne Sicht, dementsprechend ungenau.

»Kein Zweifel«, sagte Schmidt, »man trachtet uns nach dem Leben.« Es war meine erste Begegnung mit dem Krieg. Wie abenteuerlich, einfach begann es, wie himmelstürmend setzte es sich fort, und wie bitter war das Ende.

Weiter rollten wir der Zukunft entgegen, in einem langen Güterzug Richtung Sevilla, zum Hitzepol Europas in diesen ersten Augusttagen des Jahres 1936. Ein oder zwei Salonwagen mit verstaubtem Plüsch waren dem Zug angehängt, und wir schmorten darin, bis auch die Achse eines Güterwagens durchgeschmort war und das ›Ganze Halt‹ geblasen werden mußte. Gnadenlos der Aufenthalt in der baumlosen, an ausgetrockeneten Viehweiden reichen Ebene des Guadalquivir. In meine kochende Seele senkte sich damals ein Wort, das auf unsere Fragen immer wiederkehrte: ›Manana‹, das mich in nicht allzu ferner Zukunft einmal überkochen lassen wird.

In Sevilla bezog ich im Hotel ›Christina‹ das Zimmer Nr. 125, ›ciento veinte cinquo‹ – wie ich alsbald fließend aufzusagen verstand, wenn ich nach meinem Schlüssel fragte. Die Badewanne hielt ich ständig mit kaltem Wasser gefüllt, in welches ich mich nachts mehrmals hineinbegab, um der Hitze zu entkommen.

Dann aber ging's los, täglich hinüber nach Tetuan, von dort mehrmals nach Jerez de la Frontera, eine Strecke von 40–45 Minuten. Ein Schlauch war das. Ich steigerte meine Zuladung allmählich von 20 bewaffneten Soldaten auf 40. Wenn ich abrollte zum Start, murmelten die ›Moros‹ im Chor ihre Gebete, was mich anfänglich sehr erschreckte.

Die schweren Frachten rasch auf Höhe zu bringen, halfen mir die böigen Aufwinde am Atlasgebirge. Mit 20 bis 30 m in der Sekunde schwebte ich mit flatternden Flügelenden auf Höhe. Die Höhe war nötig. In der Straße von Gibraltar patrouillierten die rotspanischen Kriegsschiffe, die uns häufig unter Feuer nahmen. Einmal waren sie erfolgreich. Volltreffer! Mehrere Soldaten wurden nicht unerheblich verletzt. Großes Geschrei hinter mir.

Künftig ließ ich Steinbrocken, Eisenstangen und ähnliches Gerümpel zuladen und an der Ausgangstür bereitlegen, und über der Straße beförderte der spanische Zugführer, wenn ich Zeichen gab, mit Fußtritt das Zeug hinaus. Die wenig aerodynamischen Gegenstände verursachten zwar mangels Treffgenauigkeit selten Schaden, aber infolge ihres ohrenbetäubenden Georgels ausreichend Schrecken. Der half uns weiter.

Nach dem ersten Flug am Morgen, Landung und Löschung der Ladung in Jerez de la Frontera, lud uns Herr Gonzalez, ein wahrer Grande und Besitzer eines schloßartigen, palmenumgebenen Prachtbaues, zum Frühstück ein, zu welchem er seinen eigenen herrlichen und weltberühmten Sherry reichen ließ. Seine Frau, Engländerin, hatte häufig Verwandtschaft von zu Hause zu Besuch, und ein männlicher Sproß interessierte sich, ohne seinen Liegestuhl zu verlassen, für unseren Landebetrieb und die zahlreichen ›Moros‹, die aus den Ju 52 herausquollen und sogleich in Busse gestopft und an die Front nördlich Sevilla verfrachtet wurden. Da gab es nichts mehr geheimzuhalten.

Das fand ich zum Überfluß bestätigt, als ich eines Tages auf Geheiß des spanischen Flugplatzkommandanten in Tetuan einen Franzosen als Fluggast an Bord zu nehmen hatte, einen Grafen de Pierrefeu. Ich bat ihn höflich, auf dem Überflug vorne rechts in der Kabine zu sitzen, denn das Gedränge hinten mochte er ersichtlich nicht, und so trat ich den letzten Flug des Tages wie üblich nach Sevilla an. Es war bereits dunkel. Mein Funker war nicht an Bord. Er war entbehrlich, wurde vielmehr in der Funkstation in Sevilla benötigt. Die Flugstrecke nach Sevilla, etwa 60 Minuten, war leicht zu bewältigen. Der Wind war immer der gleiche.

Nachdem wir das beleuchtete Gibraltar passiert hatten, bat mich der Graf, das zweite Steuer übernehmen zu dürfen. Ich erlaubte es. Und siehe da, er flog eine saubere Naht, kannte die Kompaßfehler, pendelte sich rasch auf den Kurs ein. Er beherrschte das Handwerk. Meiner Frage kam er zuvor: Er sei im Weltkrieg Flieger gewesen. Aha! So, so. Dann aber fiel mir ein, daß es dies Handwerk in dieser Form im Kriege noch gar nicht gegeben habe. Sollte das auch so ein verkappter Reisender sein wie ich?

In Sevilla lud mich der Graf zum Essen ins ›Hotel de Paris‹ ein, und vorsichtig umkreisten wir bei der Einvernahme der verschiedenen Gänge die Kernfrage – ist er oder ist er nicht? Gut, Sie sind Kaufmann! Olala. Und ich versicherte ihm, daß ich nicht glauben könne, daß er Offizier sei. Jeder schwindelte das Seine. Verstehen will er auch nur das Seine. Aber alle Welt weiß die Wahrheit.

Mir wurde als zweiter Flugzeugführer ein spanischer Marineoffizier beigegeben, der den Instrumentenflug erlernen sollte. Er erwies sich als gelehriger Schüler. Im übrigen hatte ich auch hohe Gäste, Generale der Fremdenlegion und anderer Truppenteile, Minister oder auch deren Ehefrauen mitzunehmen. Das brachte mir auch eine Begegnung mit General Franco ein. Major von Scheele stellte mich vor.

Major von Scheele, dem der Geschäftsführer der HISMA (Compania Hispano-Marroqui de Transportes), Herr Bernhardt, entweder ständig zur Seite oder sogar vorstand, stellte mir aus heiterem Himmel eine neue, zusätzliche Aufgabe. Beide hatten festgestellt, daß ich mich mit meinem spanischen Copiloten französisch verständigen konnte, was man seinerzeit übrigens als Bestandteil der allgemeinen Bildung voraussetzte. Beide ernannten mich daher zum Ausbildungsleiter in Sachen Flakartillerie. Aus dem Bauch der ›Usaramo‹ waren nämlich 20 2-cm-Flakgeschütze ans Tageslicht gehoben worden, die den Spaniern übergeben werden sollten. Diese waren jedoch mit der Waffe nicht vertraut, ebensowenig wie ich. In Berlin hatte man insofern vorausgedacht, als man einen Unteroffizier der Flak, getarnt als Mechaniker, mit verschifft hatte, der neben technischen Kenntnissen nur der deutschen Sprache mächtig war. Zunächst begann meine Ausbildung. Nach meinem letzten abendlichen Transportflug übte ich mit meinem Unteroffizier das Auseinandernehmen und Zusammensetzen der Kanone, erforschte das Zielgerät und setzte mich eines frühen Morgens daran, einen Felsbrocken am Steilhang des Rio Guadalquivir – über den Fluß hinweg – aufs Korn zu nehmen.

Alsbald fühlte ich mich stark genug, die Spanier – wiederum nachts in der Halle bei drückender Hitze – zu unterrichten. Es mögen 40 bis 50 Offiziere von Heer und Marine gewesen sein. Auseinandernehmen, Zusammenbauen, bis jeder einzelne nach Tagen einmal drangekommen war. Ich dachte sehnsuchtsvoll an meine Badewanne mit kaltem Wasser.

Meine Frage, was die 40 bis 50 Offiziere mit den 20 Kanonen sollten, beschieden von Scheele und Bernhardt dahin, daß weitere Waffen kämen.

Mangels motorisierter Fahrzeuge, an die die Kanonen anzuhängen oder darauf zu verladen wären, erregte ich den Appetit meiner Schüler auf Pferde, die man den Artilleristen samt Protzen wegnehmen könnte. Das Ersuchen erregte zwar den Unwillen des Artilleriekommandeurs, aber mit der Nachhilfe des Generals Kindelan, Generalstabschef der spanischen Luftwaffe, kam die Sache voran.

Zu Schießübungen besorgte ich einige Papier-Heißluftballone, die ich über den Fluß driften ließ. Das Schießen war den Spaniern eine wahre Gaudi, besonders dann, wenn ein Volltreffer erzielt wurde. Bedenken wegen mangelnder Sicherheit hatte niemand.

Als ich mit den Spaniern zusammen das Exerzierreglement hinreichend durchgefeilt, Auffahren der Batterie zu vier Geschützen, Staubaufwirbeln und Abprotzen genügend geübt war, den spanischen Drang zu großartiger Darstellung immer angemessen berücksichtigt hatte – kaum durfte ich noch erwähnen, daß es sich um deutsche Geschütze handelte –, da ereilte mich der Schlußpfiff. Ausbildung beendet, Geschütze an die Front.

Jeweils zwei oder vier Rohre wurden nach Cordoba, Granada, Toledo und nach Burgos in Marsch gesetzt, und ich wurde zu einem kleinen ›Generalinspekteur‹ gemacht, der reihum zu fliegen hatte, um nach dem Rechten zu sehen. Das Dasein wuchs sich zu regelrechter, schweißtreibender Arbeit aus, hatte ich doch nebenbei meine 1000 Soldaten über die Meerenge geschafft, und immer weitere Wüstensöhne tauchten auf, die nach Spanien strebten.

Als ich mich des Abends verschwitzt und verstaubt zu meinen Flakschülern begeben wollte, um mich zu verabschieden, raste ein Fahrer auf mich zu und überreichte mir einen Zettel, auf dem geschrieben stand: »Heute abend Fiesta de la Raza, Alkazar in Sevilla. Habe keine Zeit. Herrmann und Dr. Fischbach vertreten mich. Vorher Waschen, Rasieren. Bester Anzug. gez von Scheele.«

Der Abschied von den Fliegern und Marinern war kein richtiger. Wir wußten, wir würden uns an anderen Plätzen wiedersehen.

So sauste ich los. Gegessen hatte ich, wie üblich, während meiner letzten Landpause in Tetuan, einen Sherry getrunken und von den im Offizierskasino immer bereitstehenden Chinin-Tabletten eine genommen, gegen die Malaria. Nun schritt ich zusammen mit unserem Doktor, er mit Säbelhieben verzierter, ich mit glatt rasierter Kinderbacke, beide hell-sommerlich gekleidet, durch das Portal, um sogleich zu entdecken, daß die Herren im Frack erschienen waren, die Damen in zauberhaften langen Gewändern, mehr Folklore als modisch-europäisch, mit hohen Kämmen im Haupthaar, kostbarste Kopftücher darübergelegt. Das Bild der geladenen Gäste, im Palmengarten wandelnd, an kühlespendenden bengalisch leuchtenden Fontänen vorbei, unter einem tiefstehenden großen goldgelben Mond war nichts anderes als ein Märchen aus Tausendundeiner Nacht.

Um Mitternacht dämmerte ein anderes gediegenes und bewegendes Schauspiel auf: Inmitten der ›Salle de los Ambajadores‹, unter einer Kuppel herrlicher rückstrahlender Mosaiken hatte der Groß-Wesir von Marokko im weißen Burnus neben dem Minister Queipo de Llano auf einem Thronsessel Platz genommen, während die hohen Gäste, im Halbkreis stehend, des Tänzerpaares harrten. Dieses suchend, gewahrte ich den hellen, die Spanier aber milde stimmenden Schandfleck, den Sommeranzug Dr. Fischbachs im Rund der würdigen Granden und edlen Dame. Ich, nicht weniger unangepaßt, war in die hintere Reihe getreten und fand mich plötzlich neben einer zierlichen Gestalt, einem allerliebsten jungen Fräulein in andalusischer Tracht, eine im buchstäblichen Sinne des Wortes alleinstehende junge Dame. Ganz undenkbar hier! Nur Ehefrauen und Töchter, an den Senor streng angebunden, bestimmten das Bild. Also wird sie die Tänzerin sein. Wie ich mich ein wenig an den Schatten gewöhnt hatte, bemerkte ich, daß die Schöne die Lippen bewegte, während sie ihre langbewimperten Lider senkte und schloß – lange. Weiß Gott, sie betete. Als die Guitarren anschlugen, blickte sie auf und nach oben, inständig, und bekreuzigte sich. Dann ein leichtes Knacken ihrer Kastagnetten – schon sprang sie leichtfüßig davon, schlängelte sich durch die Reihen der Gäste und eilte vor die goldenen Sessel, wo im gleichen Augenblick ihr Tänzer mit kühler Gebärde, wie vom Himmel gesandt, erschien und sich aufs Knie niederließ, neben ihr. Ein Bild, demutvoll und stolz. Doch Leidenschaft, Wildheit, Feuer sprangen auf und sprühten, als die Guitarren voll das Thema schlugen. Die Kleine, zuerst eine wahre haßerfüllte, grausame Carmen, Verachtung versprühend, wandelte sich plötzlich in die geneigte Geliebte, ohne eine gewisse Strenge, ohne zuviel Gefühl preiszugeben.

Ich hatte mich, um nichts von diesem Abenteuer zu verlieren, längst nach vorn geschoben und die von den Gastgebern verziehene Ungebühr meiner Kleidung vergessen. Mein Applaus ging über die gemessenen Bezeugungen der Damen und Herren merklich hinaus. Wahrlich, es war nicht wunderbar, es war ein Wunder, das dachte ich noch, als ich nach Mitternacht durch die noch immer Wärme ausstrahlenden Häuserzeilen zu meinem Hotel zurückschlenderte.

In der Frühe des nächsten Tages meldete ich dem Major den Verlauf. Ich fand bestätigt, was der Doktor gemeint hatte. Von Scheele sagte es offen heraus: Er habe nicht dorthin gewollt; er lehne das Förmliche ab. Nach dem Weltkrieg habe er sich schwer in

Südamerika mühen müssen. Ich solle nur seine Hände ansehen.

Er streckte sie mir hin. Ich war gerührt, fühlte mich durch die kameradschaftliche Offenheit des Älteren geehrt. Ich mochte den alten Kämpen.

Ich mußte es anerkennen: Der harte, vierschrötige, mittelgroße, etwas untersetzte Pflanzertyp konnte sich nicht in die spanische Etikette zwingen. Ich hingegen bejahte diese nutzlosen, aber schönen Formen. Sie waren auch interessant, sie waren da, wo bei uns nichts oder kaum etwas vorhanden oder spürbar ist. Wäre ich vom Schicksal so gestaucht worden wie der Major, vielleicht dächte ich so wie er.

Meine vielseitige und den Tag ausfüllende Tätigkeit hatte einen Schönheitsfehler: Ich wurde nicht in die Staffel der ›Pedros y Pablos‹ aufgenommen, die der Oberleutnant von Moreau befehligte. Diese Staffel, bei den Spaniern berühmt und beliebt, entlastete die Belagerten in Toledo und warf auch dringend benötigte Verpflegung und Munition in den Alkazar.

Als ich eines Abends mit der letzten Fracht in Sevilla landete, ordnete von Scheele an, daß das Flugzeug sofort zum Bombenwerfen hergerichtet werden sollte. Ich hätte mich am nächsten Tag für einen besonderen Einsatz bereitzuhalten.

Am nächsten Morgen erfuhr ich Näheres von der deutschen Funkstation, die von verkappten deutschen Marineoffizieren im höchsten Stockwerk des Hotels ›Christina‹ betrieben wurde. Von dort wurden die Schiffs- und Flottenbewegungen auf beiden Meeren aufmerksam verfolgt. Die jüngste Meldung besagte, daß ein großer Teil der rotspanischen Flotte aus dem Atlantik ins Mittelmeer einlaufen sollte, um Mitternacht die Straße von Gibraltar passierend. Ein Seeflugzeug He 59, zweimotorig, mit deutscher Besatzung wurde daraufhin ausgeschickt, dazu ein Flugboot eines mir unbekannten Typs, das von einem Norweger geflogen wurde, der sich ebenfalls als Freiwilliger zu Franco gesellt hatte.

Derweil beide Flugzeuge den Atlantik in südlicher Richtung absuchten, ging ich mit meiner aufgerüsteten Ju 52 in Bereitschaft. Als Gelegenheitsbeobachter war ein Seeflieger, Oberleutnant Storp, zu mir geschickt worden, der aus einer He 60, einem einmotorigen Wasserflugzeug – ›Pantinenflieger‹ sagten wir dazu, aus- und zu mir in die Ju 52, erstmals in seinem Leben, eingestiegen war. Storp hatte sich bei unserer kleinen ›Seekriegsleitung‹ im Hotel ›Christina‹ arbeitslos gemeldet, da ihm tags zuvor bei einem Tiefangriff auf den Flugplatz von Malaga einige Treffer zugefügt worden waren. Wider

Erwarten war seine Überraschung mißglückt; einer der Rotspanier raffte sich aus seiner Siesta auf und durchlöcherte mit einigen Bleikugeln den Schwimmer des Flugzeugs, das sich aus seinem Zuständigkeitsbereich ›See‹ höchst unbotmäßig entfernt und sich frecherweise über Land begeben hatte. Die Schlagseite des Flugzeugs nach der Landung ließ Storp schnell den sandigen Strand gewinnen. Ein wilder Mann, mit dem ich nun zu großer Seeschlacht auslaufen sollte.

Anfang Oktober, bei beachtlicher Hitze, starte ich um 14.30 Uhr mit der Ju 52 und mit sechs 250-kg-Bomben im Bauch. Mit Sonnenuntergang plus 30 Minuten sollten wir unbedingt in Sevilla zurück sein.

Kurs Südwest. Eine Stunde verging, die zweite näherte sich ihrem Ende. Storp machte sich an einer Seekarte zu schaffen, belästigte mich mit Planquadraten und Seemeilen. Die Maße waren damals noch nicht einmal in der eigenen Wehrmacht abgestimmt.

»Was ist los, Hillebrand?« Der drückte die Kopfhörer dicht an die Ohren, machte ein bedeutsames, dann sorgenvolles und schließlich hilflos verlegenes Gesicht. Immer dasselbe mit dem Kerl.

Wir näherten uns der Umkehrmarke, als Hillebrand freudestrahlend in den Führerraum stürzte und triumphierend auf seiner Löschtafel ein paar Zeilen vorwies: Planquadrat, Kurs der Flotte Nord, mittlere Fahrt.

Bei näherem Hinsehen erkannte Storp, daß wir beträchtlich über den heiklen Punkt hinaus fliegen müßten. Rückkehr nach Sevilla wäre ausgeschlossen, aber auch die spanische Küste kaum zu erreichen. Mit dem letzten Tropfen Sprit nach Spanisch-Marokko? Hier hatten wir Französisch-Marokko querab. Von dort her kamen die Schiffe, waren auf den Werften von Casablanca von den sich angeblich nicht einmischenden Franzosen überholt worden.

Wir berieten: Vielleicht fahren die Schiffe schneller, vielleicht war ihr Standort auch nördlicher als angegeben. Die Sonne stand schon tief, also schnell ran. Vielleicht funken die Seeaufklärer noch eine genauere Botschaft.

Storp ist Feuer und Flamme. Er saust die Leiter runter in den Topf der Ju 52, mißt mit dem Bombenvisier rasch die Abtrift, und rauf trappelt er wieder, und hochgekurbelt wird der Topf, der schädliche Widerstand. 10 km/h können entscheidend sein, ob wir landen oder notwassern werden. Ich fummle an den Gashebeln. Wir müssen sparen.

Die Aufklärer geben nochmals Standort, dann melden sie sich ab nach Hause. Die haben es gut! Obendrein können sie auf dem Wasser übernachten und am andern Tag versorgt werden.

Endlich tauchen die Grauen aus dem Blau des Meeres und dem Blaßblau des Horizontes auf.

Unsere Marschhöhe von 1000 m schien mir zum Angriff zu gewagt. Storp wollte Tiefangriff machen, quer zur Bordwand – Verfahren ›Steckrübe‹. Er wollte es dem Oberleutnant von Moreau und dem Grafen Hoyos nachmachen. Diese hatten in einem morgendlichen Dämmerangriff den Schlachtkreuzer ›Jaime I‹ mit einer 250-kg-Bombe gefechtsunfähig gemacht. Wir aber hätten sechs Bomben zur Verfügung! Das heißt sechs Schiffe. –

Ich fühle, mit dem Kerl werde ich zu Hackfleisch gemacht. Hier wird kein Überraschungsangriff gefahren. Hier, auf offener See, bei weiter Sicht, kämen wir mit der lahmen ›Tante Ju‹ über die Wellenkämme angerollt gegen einen Gegner, der längst durch die Aufklärer gewarnt worden ist. Er würde uns mit einer einzigen Breitseite zerfetzen.

Schließlich zog Storp mit, auf 1500 m Höhe. Ich war ganz bei der Sache, als ich von vorn auf die Kiellinie der Schiffe zuflog. Storp ließ den Topf herab und sich selbst in ihn hinein mit dem Versprechen, je Bombe ein Schiff zu erledigen.

Also ran! Die Schiffe verschwanden hinter und unter dem Mittelmotor der Ju 52, und ich war auf das Einsteuern des Beobachters angewiesen, das er mittels eines mit dem Seitensteuer verbundenen Hebels bewirkte. Diese Intervention aus dem Untergrund war mir mehr als unsympathisch, schienen sich doch meine Seitensteuerpedale plötzlich selbständig zu machen. Ich hatte noch nie in meinem bisherigen fliegerischen Leben eine richtige Bombe fallen lassen, noch weniger in Zusammenarbeit mit einem kundigen Beobachter, für den ich Storp hielt. Aber es mußte mit dieser Art der Zusammenarbeit ja wohl seine Richtigkeit haben.

Bald flitzten die ersten dicken Leuchtspuren vor meiner Nase hoch, doch Storp hebelte das Flugzeug weiter auf Kurs, als wäre nichts los.

Da macht das Flugzeug einen kleinen Hüpfer – die erste Bombe ist raus. Nach der dritten Bombe funkt es so wild um mich herum – wir müssen mitten über dem Verband sein –, daß ich nach links ins Seitensteuer trete, um mich abzusetzen. Aber mit Bärenkraft steuert Storp dagegen. Er will mich auf Kurs halten.

Wahnsinn ist das! Wir wollen mal sehen, ob nicht meine durch

48

harte Gepäckmärsche gestählten Infanteristenoberschenkel seinen Bizeps knacken können. Dazu helfe ich mit dem Querruder nach. Steilkurve jetzt. Ab!

Das Zwischenergebnis: Drei Bomben – dreimal daneben. Aber wir haben ja noch drei. Wieder Kriegsrat. Ich erkläre, daß ich das so nicht mitmache. Beim nächsten Anflug will ich mindestens 3000 m Höhe haben. Weder Fallschirme noch Schwimmwesten haben wir mit. Wir flogen immer so auf den Transporten. Das Hemd, das ich trage, ist weiß und kurzarmig, und weiß sind auch die Shorts. Die Haifische können gleich ans blanke Fleisch.

Storp sagt, aus 3000 m träfe er nichts. Wir wählen 2500 m.

Hillebrand hat kurz vor dem ersten Bombenwurf Funkerlaubnis erhalten. In Sevilla weiß man jetzt Bescheid, natürlich auch darüber, daß wir gegen ausdrücklichen Befehl gehandelt haben. Man wird uns tadeln, wenn es schiefgeht, wenn's klappt, braucht man uns nicht einmal zu loben. »Na ja, nochmal gut gegangen«. Die Höheren haben es nicht leicht.

Der zweite Anflug ist schlimmer als der erste. Denn jetzt greift die schwere Flak mit vollen Salven ein, von allen Schiffen gleichzeitig. Ich sehe es blitzen und dicken Abschußqualm. Dann sieht nur noch Storp. Ich stiere auf die Instrumente, und wenn Storp verbessert, sind meine Beine voller Mitgefühl und Verständnis. Die Extremitäten haben sich selbständig gemacht.

Wupp, wupp, wupp – raus waren die drei Dickleiber. Nun aber ab.

Da macht es zu guter Letzt klick, und ein ansehnlicher Flaksplitter klemmt sich in die Kühlrippen meines Hornet-Motors unmittelbar vor mir, und bis zum Einbruch der Nacht muß ich immer wieder auf dieses von Menschenhand gefertigte und geschleuderte Stück Metall hinsehen. Wie klein ist der Schritt, mit dem man diese Welt verläßt.

Kein Schiff ist getroffen worden, obgleich die Rotspanier stur geradeaus gefahren waren. Kümmerlich, diese unsere ›Seeschlacht im Atlantik‹.

Meine Wut auf den mir so unerwartet zugelaufenen Bombenstrategen stellte ich einstweilen zurück. Vorerst mußten wir uns an einem gemeinsamen Strick an Land ziehen, an Bord der geduldigen ›Tante Ju‹, der man im Laufe ihres friedfertigen Lebens im Dienst an der eiligen Menschheit so schwere heiße Fracht aufgepackt hatte. Arme Tante, daß ich dich ins Männergetümmel peitschen mußte .

Den sanften Wind, der uns nach Süden geschoben hatte, versuchten wir in Meeresnähe zu unterlaufen. Den Feinhöhenmesser stellten wir nach, um in der Dunkelheit Abstand halten zu können. So ging es hinein in die Straße von Gibraltar, hart an Ceuta vorbei, und hinein in den Platz von Tetuan, wobei Eibisch die Hand am Pumpschwengel des Falltanks hatte, auf dem Sprung, den letzten kargen Lebenssaft einzuspritzen.

Es hat geklappt. Unsere Führung hat von Sevilla hierher gefunkt. Telefonkabel hatten die Rotspanier gekappt. Zum Anschweben stand ein Autoscheinwerfer bereit, quer zur Landerichtung, am Platzrand.

Im Hotel ›Nacional‹ in Tetuan ereilte uns am nächsten Vormittag neuer Spruch: Den Schiffen, die die Straße nachts passiert hatten, nach Osten zu folgen, vor allem, U-Boote unschädlich zu machen.

Das ist kurz zu berichten: sechs Bomben, alle auf einmal aus niedriger Höhe auf ein in der Nachhut schwimmendes, wegtauchendes U-Boot geworfen, und Trümmer und Öl waren sein Ende. Es war ein leichter und daher kein rechter Erfolg. Es war ein trauriger. Hätte der Ausguck nur besser aufgepaßt, nur fünf Sekunden früher hinausgesehen, wären wir die Genarrten gewesen.

Das Ganze ereignete sich um die Mittagszeit zwischen Malaga und Almeria. Der Aufforderung Storps, den ihm wohlbekannten Flugplatz von Malaga anzusteuern und mit unseren zwei MG's, er im Topf und Eibisch im Heck, einen Besuch abzustatten, konnte ich widerstehen.

Am gleichen Nachmittag, einem Sonntag, ging unsere gesamte Besatzung auf Einladung der Spanier zum Stierkampf in die Arena von Sevilla. Ich saß unweit Francos Propagandachef, Queipo de Llano, der sich allabendlich in den Lautsprechern vernehmen ließ.

Neun Stiere traten auf, davon drei zu Ehren Alemanas, drei zu Ehren Italias und drei zu Ehren Espanas.

Mich interessierten vor allem die Gesichter der schönen, anmutigen, in andalusischer Tracht gekleideten jungen Mädchen und Frauen. Sie strahlten vor Begeisterung und schienen nur noch schöner, wenn sie den Torero den Speer oder den Degen kunstgerecht ins Genick des Stieres stoßen sahen.

Wieder Transporte. Ich näherte mich der Zahl von 2000 Soldaten, Geschütze und Munition nicht eingerechnet. Zwischendurch Flakinspektion in Cordoba, wo ich nicht verfehlte, die Moschee mit 800 verschiedenen Säulen staunend zu betrachten.

Ein anderes Mal startete ich hinauf nach Burgos, zusammen mit Oberleutnant Eberhardt, dem Jagdflieger. Er übernahm das Steuer, was ich als Dienstjüngerer ihm nicht verwehren konnte. Er war auf einer ähnlichen Inspektionsreise wie ich. In Burgos machte ich dem spanischen Artillerieregimentskommandeur, dem die Kanonen zugeordnet worden waren, meinen Besuch und nahm ein paar Tage an verschiedenen Übungen teil. Hierbei kam es zu einem betrüblichen Ereignis.

Es fiel einigen Spaniern offenbar schwer, Zeiten und Verabredungen einzuhalten oder das Versprochene zu erledigen. Dies war Gegenstand eines Gesprächs zu Mittag im ›Hotel de Paris‹ – so hieß dies auch hier –, wobei ich über diesen Zustand klagte und wobei auch einige kräftige Worte über meine Lippen gekommen sind. Diese hörte ein in Zivil gekleideter Spanier, der, was äußerst ungewöhnlich war, Deutsch verstand und sich in seinem Nationalstolz verletzt fühlte. Er setzte einen Bericht an die zuständige Behörde ab. Diese Zusammenhänge erfuhr ich, als ich eines Tages während meiner weiteren Transporte und Inspektionen zu Major von Scheele gebeten wurde. Er eröffnete mir, daß der Chef des spanischen Luftwaffengeneralstabs, General Kindelan, verlangt habe, daß ich Spanien sofort verließe. Da ich den Sachverhalt nicht bestreiten konnte, bemühte ich mich, meine Fassungslosigkeit zu verbergen. Wie ein geprügelter Hund würde ich also meinem Herrn und Kommandeur in Nordhausen zu Füßen kriechen.

Als von Scheele sagte, daß mein Ersatzmann in Deutschland schon angefordert sei, hätte ich am liebsten geheult. Ich empfand diesen Schlag schlimmer als einen Schuß durch den Bauch.

Weisungsgemäß wich ich jeder Begegnung mit spanischen Offizieren und Mannschaften aus. Bei Eintreffen des Ersatzmanns sollte ich verschwinden.

Dann war er da, der Oberleutnant Freiherr von Beust, der mich mit seiner strahlenden Laune in noch tiefere Täler stürzte. Ich hatte ihn einzuweisen. Aber einer von uns war zuviel an Bord. Er jedoch meinte, der Platz reiche für uns beide. So legte er sich ins Zeug, dem Stabe des großen nachrückenden deutschen Kontingents, genannt ›Legion Condor‹, meinen Fall darzulegen. Die zuhörenden Herren waren der Reihe nach der Major Balke, der Oberstleutnant von Richthofen und schließlich der General Sperrle. Die Anhörungen zogen sich Wochen hin, während ich mich in voller Deckung hielt. Nachdem aber die genannten Herren selbst einige Erfahrungen zu machen Gelegenheit hatten, wurde mir bescheinigt, daß ich den Sachverhalt in Burgos zwar zutreffend umrissen, doch in der Form daneben getroffen hätte. Ich sollte mich zum General Mola begeben, der die Nordfront befehligte, und mich in gehöriger Form entschuldigen. Man habe mich schon angekündigt, mich nebenbei als Flakinspekteur als unentbehrlich bezeichnet, man habe mich auch hoch gepriesen, was alles natürlich durchaus nicht zutreffend sei, ich solle mir das nur nicht einbilden. Weiterhin habe man dem General Mola gesagt, ich sei ausersehen, dem Oberst i.G. Warlimont zugeordnet zu werden, der von Berlin gekommen sei, die Front zu besichtigen. Das Letztere war zutreffend. Sofort nach meiner Rückkehr vom General sollte ich die Reise an die Front antreten.

Die Herren hatten nicht unfreundlich mit mir gesprochen. So faßte ich Mut und den sofortigen Entschluß, meine Ansprache an den General Mola niederzuschreiben und auswendig zu lernen. Der auf Französisch verfaßte Text ist leider bei einem Luftangriff in Nordhausen später verbrannt. Fast sämtliche deutschen Offiziere sprachen mit den Spaniern französisch, und auch der General Mola sollte perfekt in der Sprache sein.

Ich büffelte, bis der Text saß. Schöne Wendungen waren darin, so wie die Spanier sie lieben.

Irgendwo zwischen Valladolid und dem Tajo muß das Hauptquartier des Generals gewesen sein. Dort wurde ich mit allem Zeremoniell empfangen und dem General vorgeführt.

Er stand auf – oh Schreck, der Mann ist fast zwei Meter groß! Warum hat mich keiner darauf vorbereitet. Eine große Brille hat er auf. »Bonjour, Monsieur le Général«, hob ich an.

»Buenas tardes«, erwiderte er.

Als ich versuchte, mich der ersten drei Worte meiner Rede zu erinnern, fuhr er mit tiefem schwarzen Baß und ziemlich laut auf Französisch fort, ich möge ihm erklären, wie er mit den paar Geschützen, die ich (!) ihm geliefert hätte, die vielen russischen Jäger abschießen sollte. Diese machten es der Truppe an der Front schwer. »Schaffen Sie mir 100 Stück davon«. Die Waffe sei wunderbar, leicht zu bedienen, alle sagen es. »Ich danke Ihnen.«

Ich dachte nur, halt dein Gesicht schön glatt und gerade. Wenn das kein Pardon ist, will ich Meier heißen. Der will von einer Entschuldigung nichts mehr wissen.

Ich erklärte, daß ich sofort dem General und dem Stab in Salamanca das Nötige vortragen würde.

Von Beust hatte Recht. In Spanien blieb Platz für uns beide.

Mit dem Oberst i.G. Warlimont und anderen Herren aus Berlin fuhr ich von Salamanca, dem damaligen Hauptquartier Francos, über gewundene Straßen durch und über die Sierra de Gredos nach Toledo, das inzwischen genommen worden war. Die großartigen, standfesten Kämpfer vom Alkazar waren zu guter Letzt entsetzt worden. Leichen lagen noch unter den Trümmern. Aber auch überall, auf der Vormarschstraße der Fancotruppen, der Rückzuglinie der Rotspanier, sah ich Menschen im Elend, erschlagen, Blut auf Kirchentreppen.

Madrid lag vor uns. Wir waren bis Carabanchel Bajo, in einer Geschützstelle vorwärts eines Dorfes, angelangt. Die ›Roten‹ fuhren einen Panzerangriff. Das erste Mal sah ich Sowjet-Panzer. Sie rollten auf- und niederstampfend auf uns zu, blieben von Zeit zu Zeit stehen, um aus ihren Kanonen zu feuern. Sie rückten weiter vor. Wieder Halt – wieder Feuer. In dem Dorf hinter uns schlugen die Granaten ein. Die Herren vom Heer nahmen Deckung. Ich fand die Sache höchst sonderbar, beinah unwirklich. Soll das der Krieg sein, von dem unsere Väter uns so viel erzählt haben?

Oberst Warlimont rief mir zu: »Nehmen Sie gefälligst Deckung. Der Krieg ist kein Kinderspiel. Ziehen Sie vor allem Ihren hellen Staubmantel aus.«

Die Panzer kamen bedenklich nahe. Ich sah mir die spanischen Artilleristen an, fragte mich, ob sie die Sache machen würden. Ich hatte Zweifel. Ich fühlte mich hilflos. Hier hast du nichts zu sagen, hast nicht einmal eine Waffe. Du bist fremdem Willen oder fremder Untätigkeit rettungslos ausgeliefert. Saudummes Gefühl. Also: »Rückwärts, Don Rodrigo«.

Das dachten auch die Herren aus Berlin, die ja nicht zu kämpfen, sondern Eindrücke zu sammeln und nach Hause zu melden gekommen waren.

Wir wichen an einen ruhigeren Frontabschnitt aus, an dem wir uns im Schutze einer deutschen 8,8-cm-Flakbatterie unter der Führung von Oberleutnant Aldinger wußten. Dessen Kanonen waren vielfach im Erdkampf beschäftigt. Zu meiner Freude traf ich hier zwei junge Deutsche wieder, die mit meiner Hilfe aus der spanischen Fremdenlegion desertiert waren. Zu oft hatte es dort Prügel gesetzt. Oberleutnant Aldinger hatte sie rasch und unauffällig auf zwei neu erfundene Planstellen gesetzt. Das hätten die Spanier wissen sollen! Ich wäre endgültig gefeuert worden.

Die ›Legion Condor‹ war jetzt einsatzbereit. Ich wurde als bereits alter Spanienkämpfer der 1. Staffel unter Oberleutnant von Knauer zugeteilt. Major Fuchs war Kommandeur der Gruppe, genannt K 88.

Von Granada und Melilla im spanischen Marokko flogen wir Nachtangriffe auf Cartagena, wo die Sowjets in der Hauptsache Kriegsgerät anlandeten, während unsere zur Überwachung der Nichteinmischung bestellten Kriegsschiffe unter Führung von Admiral von Fischl uns mit Scheinwerfern freundlich den Weg zum Angriffsziel winkten. Um die Teilnahme an einem dieser Angriffe hatte sich auch Freund Storp bemüht, um nächtliches Bombardieren kennenzulernen. Hinterher meinte er, daß das viele helle Blitzen die Sache unnötigerweise gefährlicher erscheinen ließe als eine Tagesunternehmung.

Da wir anschließend nach dem Norden verlegten, mußte ich von Storp Abschied nehmen, der weiterhin die Meeresenge und -weite mit seinem ›Pantinenflugzeug‹ zu überwachen hatte. In der Nähe von Salamanca, auf den nahegelegenen Plätzen San Fernando und Encinas, richteten wir uns ein, um Tages- und Nachtangriffe auf die Frontstellungen vor Madrid, auf Flughäfen und auf Eisenbahnknotenpunkte im Hinterland zu fliegen. Mein Beobachter wurde der frisch aus Deutschland nachgeschobene Leutnant, jetzt Teniente Röbling aus Berlin. Nun hatte ich eine volle Besatzung und war planmäßiger Bomber. Meine Stellungen als Flakinspekteur und Truppentransporteur verwaisten.

Unsere Tageseinsätze im engen Gruppenverband und unter Begleitung unserer und italienischer Jäger, der He 51 und der Cr 42, hatten es in sich. Die ›Roten‹, vielfach Sowjets, hielten sich, wenn wir mit den Ju 52 langsam herandampften, bis zur letzten Minute zurück, um dann mit ihren giftgrünen ›Rata‹ aus der Tiefe hervorzuschießen. Und Munition hatten sie von der modernsten Art: Phosphor-, Brand- und Leuchtspurgeschosse. Diesen hatten wir lediglich die dünnen, ungeschützten Duralwandungen unserer Krafstoffbehälter entgegenzusetzen, und ich habe manchen meiner Kameraden wie in einem glühenden Ball in die Tiefe fahren sehen.

Von weiter nördlich gelegenen Plätzen sollten wir abspringen, um wichtige Ziele in Bilbao und die Öllager von Santander anzugreifen. Ich wurde vorausgeschickt, die Flugplätze von Leon und Burgos zu erkunden und für den Nachteinsatz vorzubereiten.

Nachdem ich festgestellt hatte, daß in Burgos nur ein paar Funzeln zur Verfügung standen, bemühte ich mich beim Bürgermeister um die Glühbirnen der Straßenlaternen, um die Fassungen und genügend Kabel. Als er im Brustton »manana« getönt hatte, war ich sofort entschlossen, weitere Lichtquellen zu erschließen. Ich hatte inzwi-

schen entdeckt, daß die Kathedrale von Burgos aus vielen Ecken und
Enden von großen Scheinwerfern umgeben war, die den Bau anstrahlen sollten. Diese hielt ich für entbehrlich, was ich auch dem hohen
kirchlichen Würdenträger vortrug und immer wieder betonte, daß
wir von Burgos aus gegen die atheistischen Sowjets und die ebenso
atheistischen Kommunisten starten müßten. Ein paar dieser herrlichen Scheinwerfer wurden mir übergeben, und ich konnte den Platz
nachtflugklar melden.

Bei einem Tagangriff auf Bilbao wurde die Besatzung eines Leutnants Herrmann, mit mir gleichen Namens, abgeschossen und geriet
in Gefangenschaft. Die Rotspanier strahlten es aus, die Franzosen
übertrugen es auf Deutsch von Straßburg aus, und meine armen
Eltern, die andächtig am Empfänger lauschten, um das Neueste aus
Spanien zu hören, waren erschüttert. Schon längst war ihnen mein
Verschwinden spanisch vorgekommen.

Diesen Hergang erzählte mir General Wilberg, der von seinem
Sonderstab ›W‹ in Berlin nach Spanien gekommen war: Mein Vater
habe ihn um eine sofortige Audienz gebeten. Einen klaren Bescheid
habe er aber ihm nicht geben können. So mußte ich auf Befehl des
Generals mich sofort an seinen Tisch setzen und einen Brief mit
Datum und Uhrzeit schreiben und ausdrücklich versichern, daß ich
bei bester Gesundheit und freier Bewegungsmöglichkeit sei. Diesen
Brief steckte General Wilberg ein, der am gleichen Tage über Rom
nach Berlin zurückflog.

Der Winter kam ins hoch gelegene Kastilien. Auf dem Flugplatz
San Fernando versanken unsere Ju 52 im aufgeweichten Boden. Wir
waren zu kriegerischer Untätigkeit verdammt, ein Umstand, der
keinen deutschen Offizier und Einheitsführer hindern könnte, Arbeit
zu beschaffen. Mein Los war es, in der Universität Salamanca die
spanische Geschichte zu erforschen und einen nach Möglichkeit
glänzenden Vortrag vor der Staffel zu halten.

Die sechs Wochen, die mir Major Maaß in Nordhausen als Reisedauer verheißen hatte, waren längst vorüber. Hätte ich mit längerem
Aufenthalt gerechnet, hätte ich den Spaniern von Anfang an besser
zugehört, mich nicht ins Französische gerettet. Aber im Laufe der
Zeit war mir die Sprache, zunächst als Dauerfeuer erschienen, nicht
mehr auf den Nerv gegangen, sondern in mein lateinisch geschultes
Sprachzentrum. Ich begann, gelegentlich eine Zeitung zu studieren,
die Radionachrichten mitzuhören und die verschiedenen Hymnen zu
enträtseln, die die Militärkapellen in jeder besseren Ortschaft zum

Ende des allgemeinen Bummels, genannt Correo, aufspielten – drei oder vier spanische, dann die deutsche und italienische, alle im Stehen anzuhören. Sie schienen schön und bilderreich.

Über das Hören hinaus konnte ich mich längst in der Küche unserer Hacienda in San Fernando bezüglich hart- oder weichgekochter Eier, Oliven in Öl und sonstiger Köstlichkeiten hervorragend verständlich machen. Leidlich war es schon mit meinen Geschützen und mit der Fliegerei gegangen. Mein Co-Capitano hatte mir viele Erkenntnisse auf dem französichen Tablett serviert. Aber in Bereichen darüber und außerhalb brach bei mir das große Schweigen an.

In der Universität geriet ich an einen jungen Gelehrten, der überaus deutlich, nicht einmal sehr langsam sprach. Da war ein Satz wie der andere. Ein bilderreiches Relief zog an meinen Augen vorbei. Mir war, was er sagte, auf einmal so klar, wie wenn Julius Caesar persönlich mir den Beginn seines Gallischen Krieges, den vor Jahren auswendig gelernten und nie zu vergessenden, vorlesen würde. Die Sprache des jungen Mannes, das Kastilische, fand ich großartig, klassisch, charaktervoll. An diesen Leuten muß was dran sein. Ich freute mich jetzt auf das Studieren der Geschichte, bei dem mir der Gelehrte täglich half.

Unser bescheidenes, kaum gutsherrlich zu nennendes Dasein draußen in San Fernando, dreißig Kilometer westlich von Salamanca, ließ mich nicht mehr neidvoll spüren, daß die dritte Staffel unserer Gruppe unter der Führung des draufgängerischen Hauptmanns Eberhard Krafft von Dellmensingen die Etage eines Prachthotels in der Stadt erobert hatte und sich täglich entlang der klassischen Fassaden der Plaza Mayor ergehen konnte, um den prunkvollen Aufzug der marokkanischen Leibwache des Caudillo zu bestaunen. Hatte ich, widerborstig, sehr unwillig, den Anstoß meines Kapitäns zur Forschungsarbeit empfunden, so war doch mein Erlebnis eine Bereicherung. Verflixt nochmal, irgendwie bin ich noch ein Kindskopf, daß ich die Mühsal sah und nicht die Früchte. Langsam kam ich dahinter. Selbst mit dem größten Mist, der dir dienstlich aufgepackt wird, läßt sich irgend etwas düngen.

Weihnachten 1936 in der Fremde, Weihnachten im Kriege. –

Ein Tannenbaum mußte her, aber es fehlte der stille verschneite deutsche Winterwald. Durch die Lust am Abenteuer und Männerstreit wuchs ein zartes Pflänzlein hoch, wollte ans Licht und an sein Recht. Heimweh und Friedenssehnsucht brachen durch, und Erinnerungen aus Kindheitstagen zogen auf. Doch ohne Tannenbaum geht keine deutsche Weihnacht. Einer erinnerte sich eines kleinen Gebirgsstädtchens, in dessen Mitte, in einer ärmlichen Grünanlage, ein unserem Tannenbaum ähnliches Gewächs vor sich hin kümmerte. Plötzlich erinnerten sich viele mit. Zu keiner Dienstverrichtung hätte man sich einen größeren Eifer wünschen können als zu dieser heimlichen nächtlichen Ausgrabung. Da hatten wir unseren Lichterbaum, der später ebenso heimlich wieder eingegraben wurde – unter dem heimlichen Zuschauen eines finsteren Mannes der Guardia Civil, der plötzlich aus der Deckung hervortrat. Selten wohl hat ein Polizist auf dieser Welt so dumm, so irre aus den Augen geschaut, wie dieser: Den Baum geliehen?

Am Nachmittag des Heiligen Abends fuhren wir nach Salamanca, um uns einen deutschen Spielfilm anzusehen. Sein Titel »Leise flehen meine Lieder« – spanisch: Vuelan mis canciones – mit Martha Eggert stimmte schon ein auf Haus und Hof, Heimat und Herzensbräute, so daß zum Schluß und auf der Heimfahrt mancher windelweich und still im Bus saß. Unser Tannenbaum leuchtete uns entgegen, als wir zurückkehrten. Später sangen wir »Stille Nacht«.

Aus dem Schlamm von San Fernando verlegten wir, bis auf ein paar Liter Benzin ausgepumpt und nur mit dem Flugzeugführer am Steuer, nach Encinas, und sofort folgte Einsatz auf Einsatz. Im enggeschlossenen Gruppenverband flogen wir, jede Ju 52 mit zusätzlichen nach vorn und zur Seite gerichteten Maschinengewehren ausgerüstet, auf Flugplätze und Stellungen um Madrid. Gefürchtet waren die ›Rata‹, die giftgrünen Tiefdecker mit dickem Motor, die in allerletzter Minute starteten und aus der Tiefe heranzischten. Obwohl unsere Jäger sich mit Bravour auf ihresgleichen stürzten, konnte sich doch die eine oder andere sowjetgesteuerte ›Rata‹ an uns heranmachen. Technisch waren sich die feindlichen Brüder durchaus nicht gleich, denn unsere Doppeldecker konnten nicht mithalten, weder die deutschen noch die italienischen. Einer der giftigen Brummer vollführte einmal vor meinen Augen einen Aufschwung und raste in der Rükkenlage dem Verband entgegen, mich unverkennbar aufs Korn nehmen. Da klapperte es um mich wie von leeren Milchkannen. Und – au weh! Mich hat's an der Hand erwischt. Als der Schreck verflogen war, bemerkte ich, daß der mittlere der Gashebel mit Wucht in meine Hand geschlagen hatte, in Leerlaufstellung zurückgedrückt war. Die ›Rata‹ hatte offenbar das Gasgestänge durcheinandergebracht und den Rumpf mehrfach durchlöchert. Niemand war sonst angekratzt. Die

Wolke von Schwefel oder Phosphor verzog, und wir landeten glatt, so daß wir den optischen Befund Roeblings aus dem Topf bestätigt fanden, daß die Reifen heilgeblieben waren.

Im April meinte Staffelkapitän von Knauer, es sei an der Zeit, daß ich als Veteran der Legion auf Urlaub ginge. Mir als Leutnant wurde nach Dienstvorschrift meine Erholung nach Tagen zugemessen, die Samstage als Diensttage gerechnet. Ich verschnürte meine Sachen, übergab sie dem Spieß und kam auf irgendeine Weise nach Sevilla, Ende und Anfang der Kurierstrecke Berlin—Rom—Sevilla und zurück. Bedient wurde sie auch von meinem alten Blindfluglehrer bei der ›RB-Strecke‹ in Tempelhof, Oberleutnant Giseke, den ich, en revanche für ›Savarin‹ (letzteres von ihm nasal gesprochen) – mit spanischen Köstlichkeiten traktieren durfte. Ich ›verdiente‹ ja so viel mehr als er.

Wir starteten im Morgengrauen auf der Tablada, flogen in angemessenem Abstand über das Gebirge an Malaga vorbei, dann tief aufs Mittelmeer hinunter, nach Kursänderung ostwärts.

Ich sah aus den hinteren Fenstern auf den spröden, gezackten Gebirgsrücken über der Uferlinie. Wie leblos das alles! Aber welch ein Leben dahinter, welche Leidenschaften, Freud' und Haß, höchster Mut und größte Lässigkeit! Hinter diesen schroffen Bergen, welch eine erlebnisreiche Welt. Gibt es etwas wie allgemeine Menschenliebe, so haben die Spanier sie mir ein wenig bewußt gemacht.

Tiefer und tiefer sank der Grat der Berge auf den Horizont. Matter und milder schimmerte er noch durch den Dunst, bis er sich in ihm verlor.

3. KAPITEL

Heimkehr in die Goldene Aue
1937 — 1939

Das Selbstbestimmungsrecht der Völker wird nach der Abstimmung an der Saar ein zweites Mal in Österreich Wirklichkeit. Es wird das ›Großdeutsche Reich‹. Die Sudetenlande kommen hinzu. Die britische Opposition schürt Stimmung gegen Deutschland. Die Tschechoslowakei, 1918/19 von den Siegermächten des Ersten Weltkrieges aus Völkerschaften der österreich-ungarischen Monarchie als neuer Staat geschaffen, zerfällt in die Tschechei und in die Slowakei. Die Tschechei unterwirft sich dem Deutschen Reich als Protektorat. England garantiert Polens Bestand gegen einen deutschen Angriff. Deutscher Vorschlag zur Lösung des Danzig-Korridor-Problems – freie Wahlen. Es kommt nicht zu Verhandlungen.

Seltsam kühl spürte ich die Heimat, als ich in Tempelhof aus der Ju 52 herauskletterte. In der U-Bahn schienen mir die Menschen geradezu sonntäglich gekleidet, wenn ich an die zerschlissenen Anzüge der Spanier, besonders an ihr erbärmliches Schuhzeug zurückdachte. Und wie anders sind doch Benehmen und Sprechweise deiner Landsleute. Um über sich selbst etwas zu erfahren, muß man nicht nur im fremden Land gewesen sein, sondern mit den Menschen gearbeitet haben. Hat man mit ihnen oder gar gegen sie gekämpft, dann erst wird das Bild vollständig. Der Historiker mag es aus den Büchern besser wissen.

General Wilberg im Reichsluftfahrtministerium vergatterte mich, daß ich mich pünktlich bei ihm zum Rückflug zu melden hätte. Weiterhin sei ›Funkstille‹ zu wahren über das, was in Spanien geschah.

Aber die Kameraden in Nordhausen wußten es besser. Der der Reisegesellschaft ›Union‹ nachfolgende Aufbruch der ›Legion Condor‹ war nicht als Antritt einer Erholungsreise zu tarnen. Ob ich denn vom Skifahren käme und ob man in der Schweiz ›si, si‹ und ›caramba‹ sagte, wollten sie wissen. Es war ein Affentheater. Mein Feinkosthändler Binder konnte mir den neuesten Frontverlauf in Spanien mitteilen, den ihm der Sender Straßburg ins Haus gebracht hatte.

Nachdem sich auch meine Eltern von meiner leibhaftigen Erscheinung vergewissert hatten, meldete ich mich beim General Wilberg zurück, äußerst pünktlich, da ich befürchtete, daß sonst ein Ersatzmann bemüht werden würde. Die Kameraden warteten sehnsüchtig auf Abruf.

Im Sonderstab ›W‹ wurde mir eine Flugkarte für die Strecke Travemünde–Lissabon in die Hand gedrückt – ich sei Fluggast in einem Flugboot. – Nicht schlecht. Von Lissabon sollte ich per Eisenbahn über die portugiesisch-spanische Grenze Richtung Ciudad Rodrigo nach Salamanca zurückkehren. Start am nächsten Tag. Zuvor sollte ich mich beim General Keßelring, damals Generalstabschef, melden und ihm über meine Erfahrungen in Spanien kurz berichten.

Nachdem ich zehn Minuten vorgetragen hatte, trat ein Offizier ein, den ich von dem Flugtag in Bamberg her nur zu gut kannte, von vielen Fotografien außerdem – Udet.

Dann ging das Fragen erst richtig los. Es mag eine Stunde gedauert haben.

Keßelring fragte, ob ich gern wieder hinunter wolle. Ich bejahte das eifrig, und auf die Frage, wieso, warum, führte ich aus, daß ich dort unten fliegerische und taktische Erfahrungen weiterhin würde sammeln können, die ich in Nordhausen bislang nicht hätte erwerben und auch in Zukunft würde nicht erwerben können.

Daraufhin wurde nachgebohrt. Ich machte meinem Gram über die mir in Nordhausen auferlegte fliegerische Askese Luft, indem ich vorbrachte, daß ich in der gesamten Zeit von März bis Juli 1936, von den drei Monaten ›RB-Strecke‹ abgesehen, ganze vier Stunden und zwölf Minuten geflogen hätte. Unter solchen Umständen wäre ich lieber in Spanien. Dann bestätigte ich nochmals ausdrücklich: Vier Stunden und zwölf Minuten. Meine Zeiten waren vollkommen richtig in meinem Flugbuch aufgeschrieben, und ich hatte sie auch richtig addiert, was für einen jungen, flugbegeisterten und auf schmale Kost gesetzten Flugzeugführer eine Selbstverständlichkeit war.

In diesem Augenblick ahnte ich nur verschwommen, daß meine kleine Flugzeit in der Brust des Generalstabschefs einen fürchterlichen Groll erregte, den er anderen Leuten als Donner zu Gehör bringen würde, und daß diese Leute mich mit schweren Hagelböen anblasen würden. Im übrigen, was kümmerte es mich, wer hier zu Hause vor- oder aufgeknüpft werden würde, ich flöge in den sonnigen Süden.

Keßelring hatte sich einige Notizen gemacht. Das Gemurmel zwischen ihm und Udet war schwer verständlich. Dann erklärte der Generalstabschef, ich sollte meine Erfahrungen in Nordhausen wirken lassen. Es wäre ja auch meine Meinung, daß dort einiges geschehen müsse. In Spanien müßten jetzt andere lernen.

Meine Flugkarte gab ich dem General Wilberg zurück. Aus der Traum, als Fluggast nach Lissabon zu kommen, zurück zum Haufen in der Gefahr erprobter Kameraden.

Meine taktischen und fliegerischen Erfahrungen durfte ich in Nordhausen als ›Kettenhund‹ eines jungen, kriegsunerfahrenen Leutnants anwenden, der mir als Ausbildungsleiter und technischer Offizier vorstand. Leider war ich nicht in meine alte Staffel zurückversetzt worden. Mein neuer Staffelkapitän, Major Maier, rügte mich, wenn ich ihm nicht die Flügeltür zur Staffelunterkunft geöffnet hielt, wenn er mir fünfzig Schritte nachfolgte. Meine nach geraumer Zeit geäußerte Bitte, gelegentlich auch eine Kette führen zu dürfen, beschied mein Kapitän dahin, daß ich ›Kettenhund‹ zu sein habe; ich wäre einer, den man an die Kette legen müsse.

Weiterhin mußte ich meine spanischen Erfahrungen nutzbringend auf der Staffelbekleidungskammer mit Socken- und Unterhosenzählen einsetzen und fand mich auffallend oft als Offizier vom Wachdienst im Horst oder zu Kurierfahrten nach Gotha eingeteilt, wohin ich per Bummelbahn reisen mußte, um einen verschlossenen Metallkoffer mit Geheimsachen dem Geschwaderadjutanten auszuhändigen. Es schien sich etwas zusammenzubrauen, wobei auch die in meiner Beurteilung ausgesprochene Empfehlung, mich »zu beaufsichtigen und scharf anzufassen« am Werk gewesen sein muß.

Ich fühlte mich grauenhaft elend, mit diesem Mist überhäuft zu werden und dachte nur, vielleicht wirst du doch einmal Staffelkapitän, da könnte es nicht schaden, einiges über den Innendienst zu wissen.

Nachdem der Flugleiter meine Flugzeit des Vorjahres im Hauptbuch nachgeprüft und mit meinem Flugbuch verglichen hatte, wobei sich volle Übereinstimmung ergab, wußte ich, woher der Wind wehte. Der Flugleiter konnte sich nicht verkneifen, auf meine fliegerische Indisziplin von Wenigenlupnitz hinzuweisen. Ich wurde also als Vorbestrafter angesehen, gleichzeitig aber als ein zu Unrecht Begünstigter, wenn ich in einem prächtigen hellgrünen BMW, in Eisenach gebaut, durch den Fliegerhorst fuhr, oder meinen Staffelka-pitän oder den Flugleiter sonntags auf der Steigung von Netzkater nach Braunlage—Harzburg überholte und sie mit ihrem Zweitakter-DKW oder Adler-Triumph hinter mir ließ. Mein schönes Auto, ein Dorn im Auge meines Kapitäns, war mir besondere Lust, die ich mir für 4950 Reichsmark spanischer Herkunft vom Nordhäuser Händler Gebhard erkauft hatte, der mir auch den Führerschein – unter Anrechnung spanischer Schwarzfahrten – nach rund zwei Stunden Fahrzeit verschaffte.

Ein kleiner Lichtblick war auch das neue Kampfflugzeug, die Ju 86, etwas besser bewaffnet, schneller als die Ju 52, mit beschußsiche-ren Kraftstofftanks und dem Jumo-205-Diesel ausgestattet, demzu-folge von größerer Reichweite. Doch schon in den nächsten Flug-stunden rüttelte es schaurig ausgerechnet beim Blindflug in einem der Motore – Bruch organischer Teile. Mit Mühe kam ich in Cottbus heil herunter.

Die nächste Motorpanne hätte mir den Hals brechen können: Beim Start zu Schießübungen vom Flugplatz Westerland auf Sylt fiel der linke Motor in etwa einhundert Meter Höhe aus. Ich kurvte aus meiner bereits eingeleiteten Linkskurve regelwidrig, aber zweckdien-lich nach links weiter, ging auf Gegenkurs, nach Queranflug in 30 Meter Höhe einkurvend, keine fünf Meter über den Zaun hinweg – und hingelegt war eine Rutschspur von etwa 150 Metern: Der Scha-den an den Kühlern gering. Diese und die Propeller ausgewechselt, war das Flugzeug wieder klar. Wenn einer an dieser butterweichen Landung zweifeln sollte, der Funker zweifelte nicht: Er hatte sich nach dem Abheben zum Schießen losgeschnallt und ist nicht einmal hingefallen.

Weniger Glück im Unglück brachte mir die Ju 86 kurz darauf.

In Nordhausen erschienen zur Besichtigung der Truppe der Höhe-re Fliegerkommandeur aus Dresden, General Wimmer, und unser Geschwaderkommodore, Oberst Förster, aus Gotha. Als sich die Inspektion, die staffelweise sehr ins einzelne ging, ihrem Ende näher-te, trat Adjutant Roth auf mich zu, um knapp zu winken: »Zum Kommandeur«. Dieser stand mit beiden hohen Herren an einer Ju 86 abseits von Zuhörern. Die Herren redeten offen über Spanien. Dar-über freute ich mich in der Hoffnung, glänzen zu können. Ich wurde aufgefordert, aus meinen Kriegserfahrungen heraus die Ju 52 mit der

Ju 86 zu vergleichen. An dieser habe ich allerlei gelobt, mußte aber mein doppeltes Mißgeschick mit dem Motor erwähnen; ich sei in Spanien weit über tausend Stunden mit der Ju 52 geflogen, und nichts Vergleichbares, keine Störung habe sich ereignet, obwohl wir einmal von Tanger her bezogenes, ganz schlechtes, übelriechendes Benzin hätten tanken müssen. Hier zu Hause hätte ich mir innerhalb von dreißig Flugstunden fast zweimal den Hals gebrochen. Der Motor tauge nichts, sei nicht truppenreif.

Ich wußte, während ich mich so ereiferte, nicht, daß der Höhere Fliegerkommandeur als früherer Chef des technischen Amtes gerade die Entwicklung und den Bau dieses ›Rohölers‹ mit Kraft betrieben hatte.

Ich wurde überaus freundlich gebeten, weiter zu erzählen. Mir fiel die nähere Ausschmückung meiner Unfälle nicht schwer. Alle drei hörten aufmerksam zu.

Zum Schluß ging Oberst Förster auf mein Gespräch mit dem Generalstabschef der Luftwaffe ein, in Sonderheit auf meine vier Stunden und zwölf Minuten Flugzeit. Ich wurde von ihm und dem Höheren Fliegerkommandeur streng getadelt. Ich hätte keinen Überblick, mein Urteil sei unreif.

Nach diesem K.o.-Schlag fühlte ich nicht mehr die weiteren Hiebe und Stiche. Ich fand mich zur Sau gemacht. Anders war mein Zustand nicht zu beschreiben. Dann hörte ich Oberst Förster mit erhobener Stimme, die mir noch heute in den Ohren klingt, sagen: »Sie haben Ihrem Geschwader einen schlechten Dienst erwiesen.«

Damit war ich entlassen zu weiteren niederen Diensten.

Ich war niedergeschmettert. Fühlten sich die Herren zu Unrecht vom Generalstabschef getadelt? Hatten sie versucht, sich ihm gegenüber zu rechtfertigen? Ich wollte ja gern einsehen, daß meine kritischen Worte in Berlin nicht berechtigt waren. Nein, ich erfuhr nichts von den Gründen der fliegerischen Quarantäne im Frühjahr 1936.

Nicht, daß meine Trostlosigkeit sich nicht zum Trotz hätte ermannen können: Mittags fuhr ich in meinem BMW, bereits in Zivil, vor der Staffelunterkunft vor, um meine Post abzuholen und dem Offizier z.b.V. mitzuteilen, daß ich außer den zugewiesenen Mützen auch noch die Knobelbecher gezählt und die Listen für richtig befunden hätte. Er möge dies dem Staffelkapitän melden.

Nachdem einige Zeit vergangen war, bestellte mich der Staffelkapitän im Dienstanzug und erklärte, ich hätte mich in fünfzehn Minuten beim Kommandeur zu melden.

Alle Zeichen standen gegen mich. Wie soll der Mensch da leben. Ich hatte auch nur Nerven.

Der Kommandeur rauchte Zigarre, wie meistens. Ich meldete mich gehorsamst und wie befohlen zur Stelle.

Major Maaß beugte sich über einen Fernschreibtext, aus dem er vorlas oder frei mitteilte: Der Leutnant Herrmann sei anzuhalten, unter Bezug auf die Vorsprache beim Generalstabschef in Berlin einen Erfahrungsbericht über die Übung ›Rügen‹ handschriftlich niederzulegen; der Bericht sei als Chefsache zu behandeln; sie sei dem Chef des Generalstabes verschlossen zu übergeben; der Leutnant Herrmann sei zu der Arbeit drei Wochen lang von jedem anderem Dienst zu befreien.

Der Kommandeur entließ mich mit der Weisung, sofort anzufangen.

Da ich mir nicht denken konnte, daß der Generalstabschef nach mündlichem Erstvortrag nur Belangloses in zweiter Lesung genießen wollte, kam ich zu dem Schluß, daß er meinen Bericht verwerten wollte. Seine damaligen Notizen waren offenbar zu knapp.

Also ran, kleiner Militärschriftsteller, ran im Wonnemonat Mai, derweil die Kameraden vor dem Hause ›Scharnhorst‹ abends riefen: »Komm runter, wir brauchen dein Auto!«

Aber damit war nichts. Für mich hatte der Ernst des Lebens begonnen. Ich schrieb und schrieb, über das Lufttransportwesen, das Flakinspektionswesen, die Bomberei, über den Jagdschutz, über die Spanier und die Italiener.

Einige Tage vor Ablauf meiner Frist kam ein Befehl aus Berlin, ich hätte eine Zweitschrift meines Berichtes zu verfassen. Da mir ohnehin der Schweiß von der Stirn und die Finger herunterlief, so daß mir mein Federhalter entglitt, bat ich den Kommandeur, mir einen Schreibgehilfen zuzuordnen, der in meiner Dienstwohnung Blatt für Blatt abschreiben könnte. Nachdem höhere Bestätigung eingeholt worden war, wurde mir Oberleutnant Martin Kästner als notorischer Schönschreiber zugeteilt, und ich hatte endlich jemanden, mit dem ich auch über die Sache sprechen konnte. Er war genauso zur Geheimhaltung verpflichtet wie auch ich.

Schließlich lieferte ich mit Kästner zusammen das Werk ab, wobei ich versicherte, Entwurf und Notizen verbrannt zu haben.

Mein Staffelkapitän wußte offenbar nicht, was er von meiner seltsamen Befreiung halten sollte. Indessen war eine kleine Änderung spürbar. Ich brauchte jetzt im Navigationsunterricht nicht mehr auf der Schulbank mit den anderen Besatzungen zu sitzen, wenn der leitende Offizier am Katheder stand. Ich durfte sogar aushilfsweise selbst unterrichten, doch ganz ohne die muffigen Nebentätigkeiten ging es nicht ab.

Meine allgemeine dienstliche Lage war so zu beschreiben: Im Wasser schwebend, Nasenlöcher knapp über der Oberfläche.

Ein Werkzeugkasten fiel eines Tages vom Himmel aus der oder durch die Bodenklappe der Ju 86. Das schlimmste war, daß Werkzeugkästen überhaupt nicht an Bord genommen werden durften.

Was ging mich die Sache an? Ich war harmloser Fußgänger auf der Plattform vor unserer Halle, als der höllische Lärm von oben kam. Aber ich hatte falsch gedacht: Die Spur, wie könnte es anders sein, führte zu mir, denn ich hatte das Flugzeug kurz zuvor auf der Strecke Sangerhausen/Artern zur Eichung des Fahrtmessers geflogen. Also könnte doch der Leutnant Herrmann derjenige gewesen sein, der seine Kommandantenpflichten so gröblich zum Nachteil des Staates durch Zerstörung von Eigentum und unter Gefährdung von Menschenleben verletzt hätte.

Es schien, als habe sich der wirkliche Sünder reingewaschen. Aber nach einigen Tagen hieß es abermals: Im Dienstanzug zum Kommandeur. Ich war's schon so gewohnt.

Wieder rauchte Major Bruno Maaß seine Zigarre, und wieder hatte er ein Fernschreiben vor sich, das er offensichtlich ganz und gar wörtlich vorlas: Absender, Chef des Generalstabes Berlin. Der Kommandeur der Gruppe werde gebeten, dem Leutnant Herrmann das Nachfolgende in geeigneter Form mitzuteilen.

In meinen Langschäftigen zum Dienstanzug stand ich grundsätzlich mit kalten Füßen. Immer lag etwas gegen mich vor. Noch nie hatte man mich in der Luftwaffe zu einer Belobigung oder Beförderung vorgeladen. Nun aber schmolz meine Erfrierung wie unter einem heißen steifen Grog dahin. Es erwärmte mich von innen her und beflügelte alle meine Geister zu noch schöneren Taten, als ich von der besonderen Freude vernahm, die der Chef des Generalstabs an dem Bericht gehabt hätte, und er mir schließlich ein reifes Urteil bescheinigte.

Das ging so die ganze Seite herunter. . .

Ich war entlassen, ohne Aussprache, ohne persönlichen Glückwunsch.

Ich fragte mich, wie mein Kommandeur diese seine Pflicht, mir das Fernschreiben vorzulesen, empfunden haben mag, nachdem mir seine

Vorgesetzten Unreife um die Ohren gehauen hatten. Er war damals schweigsam geblieben, obwohl ihn meine geringe Flugzeit am meisten hätte treffen müssen.

Nach Wochen erhielt ich einen Brief mit dem Aufdruck: ›Der Kommandeur‹. Ich wurde abends zu ihm und seiner Frau zu einem Umtrunk gebeten. Niemand sonst war eingeladen. Gesprochen wurde über das Vorgefallene nicht. Das verbat sich schon wegen der Anwesenheit der Dame des Hauses, einer Deutschen aus Siebenbürgen, die ein anregendes, freundliches und humorvolles Gespräch zu steuern wußte. Mir schien die Einladung zu zeigen, daß der Kommandeur mir nicht gram war, daß er mich hoffähig machen und meinen allzu strengen Staffelkapitän augenscheinlich in die Schranken weisen wollte.

Bald wurde Major Maaß als Kommandeur abgelöst. Zu seinem Abschied erklang aus der Empore im Kasino das letzte Mal seine Lieblingsweise, des Großen Kurfürsten Reitermarsch. Ich dachte nach und versuchte, meinen Vorgesetzten zu verstehen. Ich fand auf einmal, daß ich ihn verraten hatte in Berlin. Zurück nach Spanien, das war mein überwiegend selbstsüchtiger Grund. Wenn ich der Sache dienen, sie durch fliegerische Übungen hätte voranbringen wollen, warum habe ich damals nicht mein verdammtes Maul aufgemacht, laut, nicht nur murrend. Und wenn ich es genau bedachte, während oben die Kesselpauken schmetterten, so hatte ich es doch gerade ihm zu verdanken, daß ich nach Spanien gekommen war. Abgeschoben damals, bei eintausend Reichsmark im Monat zusätzlich?

Vorgesetzter zu sein, muß manchmal schwer und enttäuschend sein. Aber Untergebener zu sein, sich auszukennen mit dem Gemütsleben der Höheren, das ist auch ein Kreuz.

Nun gut, das Leben, vor allem der Dienst geht weiter. Ich trug die Nase etwas höher, aber mit einer gewissen Nachdenklichkeit.

Endlich, unter meinem neuen Kapitän Martin Schumann, der von der ›RB-Strecke‹ Tempelhof zu uns gekommen war, ging das Fliegen erst richtig los. Ich wurde technischer Offizier und machte die fliegerische Weiterbildung, wobei Freund Hanke kräftig mithalf, während Freund Schroeder hinter dem Kapitän den z.b.V.-Sessel einnahm, was ihm bei einem einige Monate besseren Offizierpatent durchaus zustand. Anciennität wurde selbst in kleinsten Stufungen als Rechtsordnung allseits anerkannt. Der über den Kapitänen schwebende Kommandeur hieß nun Major Wilhelm Evers, für den ich bei meinen Kreuz- und Quer- und Ausbildungsflügen nach der Camelzigarette, der suspekten, devisenschädlichen zu forschen hatte, eine werbekräftige Tatsache, hinter welcher sich der Mann mit dem Loch in der Sohle schamhaft verstecken müßte.

Seit Spanien, insbesondere seit meinen Abenteuern mit dem ›wilden‹ Storp, aber auch angeregt durch die vielen Streitgespräche zwischen Beobachtern und Flugzeugführern nach dem Einsatz, wollte ich mich vergewissern, wie man mit einer Bombe trifft. Denn ich sah nicht ein, mich als Luftkutscher in Gefahr zu begeben, wenn der Beobachter die Bombenreihe neben das Ziel setzen würde.

Also auf zu dem von den Flugzeugführern allgemein, aber auch anfangs von mir häufig geschmähten Beruf des Kampfbeobachters. Funken, Tasten, Tempo sechzig, war nach zwei Fehlstarts geschafft. Die Fotografie aus dem offenen Heckstand, dem für einen Flugzeugführer ungewohnten Hoch- und Frischluftstand, brachte vom Verschiebebahnhof Sangerhausen, einmal senkrecht, einmal schräg, ganz leidliche Bilder, während das Schießen auf den Schleppsack geradezu Spaß machte. Aber mit dem Bombenwerfen klappte es nicht recht. Unsäglich wackelte das aus Drähten bestehende Zielkreuz über den Boden dahin. So sah die Sache also aus, wenn ich selbst am Steuer saß. Die Lehre daraus war: Der Flugzeugführer ist zu fünfzig Prozent an Gewinn und Verlust des Einsatzes beteiligt.

Ich legte die Prüfung vor verschiedenen Offiziersspezialisten ab und war nun ein rundum einsetzbarer Fliegeroffizier. ›Weder-noch‹ wurden die genannt, die sich vom Beobachter den Flugzeugführerschein mehr erschlichen als erflogen hatten, wie die Zunft der altgedienten Gashebelakrobaten hämisch meinte. Das entsprechende Abzeichen, ›Weder-noch‹ genannt, zierte nun auch meinen Waffenrock in der Höhe der untersten Rippe. Ich taufte es ›Sowohl-als-auch‹.

Ich ließ aber keineswegs aus dem Auge, mich als Flugzeugführer zu verbessern, und so gelangte ich in das trostlose, aber heiß ersehnte Wesendorf in der Lüneburger Heide, die berühmte Blindflugschule für angehende Lehrer. Der meinige, Oberleutnant Fischer, der damals sein schönes Landeverfahren entwickelt hatte, ging hart mit mir um. Zum Prüfungsflug startete ich bei knapp 100 Meter Sicht. Ein PKW hatte uns an den Start gelotst.

Große Arbeit erwartete mich danach in Nordhausen. Neue Flugzeugführer, über die Sollstärke der Staffel hinaus, waren eingetroffen und mußten Tag und Nacht bewegt werden. Demnächst sollte eine Zellteilung vor sich gehen: Eine neue Gruppe in Liegnitz war aufzustellen.

Daneben hatte mein Interesse an den Franzosen nicht nachgelassen. Ich steuerte die Dolmetscherprüfung an, da ich hierin meine neun Jahre Schulfranzösisch in beruflichen Nutzen umsetzen konnte. Mich an den Posten eines Luftattachés in Paris heranzurobben, habe ich wohl niemandem erzählt. Zunächst robbte ich an französischer Druckerschwärze entlang, indem ich den per Postzustellung abonnierten ›Le Matin‹ statt des ›Nordhäuser Generalanzeiger‹ studierte. Ein Studienrat, der die ›Zwölfender‹ aufs Berufsleben vorbereitete, verabfolgte mir mündlichen und schriftlichen Unterricht regelmäßig in der Mittagspause, in der ich mich freimachen konnte, und in einer Baracke, die einem Brutkasten nicht unähnlich war, im Winter aber Eisbeine machte.

Monsieur Dubois, der mir im Verein mit deutschen Herren im Reichsluftfahrtministerium in Berlin die mündliche Prüfung abnahm – die schriftliche Arbeit hatte ich in Klausur in Nordhausen gefertigt –, ließ mich einen Artikel aus einer französischen Militärzeitschrift übersetzen. Er handelte von der dichten französischen Ballonsperre zwischen der Schweizer Grenze und dem Ärmelkanal. Er gipfelte in der Behauptung, daß Angreifer aus dem Osten die Sperre nicht würden übersteigen können. In der anschließenden Diskussion darüber bemerkte ich, daß dann auch die Franzosen nicht nach Deutschland eindringen könnten. Er fragte pfiffig zurück, ob ich nicht wüßte, daß die französischen Flugzeuge eine viel größere Gipfelhöhe hätten.

Ich kam beglückt nach Nordhausen zurück und wurde an diesem Ort, erstmals, regelrecht beglückwünscht.

Das ermutigte mich, nach einer neuen Nebenbeschäftigung Ausschau zu halten. Glücklicherweise flatterte aus Berlin ein Preisausschreiben herein, das mir unser z.b.V.-Offizier Schroeder sogleich unter die Nase hielt: »So wie ich dich kenne, kannst du die Tinte nicht halten.« Hanke glaubte das ebenfalls.

Das Thema war verlockend. Es lautete:

- *Wie beurteilt der Verfasser die Aussichten des Kampfes gegen die feindliche Luftwaffe?*
- *Wie ist der Kampf am wirksamsten zu führen?*
- *Welche Voraussetzungen und Vorbereitungen organisatorischer, technischer und taktischer Art sind zur Erzielung einer schnellen Wirkung erforderlich?*

Das ist ja großartig, fand ich. Da kannst du als Kampfflieger – Flugzeugführer und Beobachter – als Flakartillerist und sogar noch aus den Erfahrungen mit eigenen und feindlichen Jägern etwas bringen. Das Transportwesen könnte man hineinpacken und die Verbesserung der Bodenorganisation, vor allem der Nachtbefeuerung.

Daß die Bomber zur Niederkämpfung der feindlichen Luftwaffe bestimmt waren, zur Luftverteidigung also, war, wie wir aus unseren Planspielen wußten, selbstverständlich.

Rund 150 Seiten brachte ich zustande. Wo nur ein Schreibstubenmann müßig herumsaß, hatte ich ihn sogleich beim Schlips. Aber auch sanftere Mittel standen mir zur Verfügung: Angebot einer Teilnahme an Wochenendausbildungsflügen, die ich ja auch zwanglos über den Wohnsitz der Großmutter oder der Braut des Schreibers einrichten konnte, oder eine Flasche Nordhäuser Korn, oder als letztes und billigstes Mittel – äußerst höfliches Verhalten.

Als das Opus fertig war, hatte ich nur noch mein selbstgewähltes Codewort draufzusetzen. Denn die Schiedsrichter sollten zunächst ohne Ansehen der Person, des Dienstgrades und der Dienststellung des Wettkämpfers entscheiden. Nachfolgend sollte aber eins nach dem anderen enthüllt und die entscheidende letzte Bewertung gefunden werden. So hat es mir mein späterer Kommandeur, Major Neudörffer, der in der Kommission saß, erzählt.

Ich wählte das Stichwort ›Varus‹, den Namen des wenig siegreichen römischen Feldherrn, nachdem ich Arminius, obwohl siegreich und namensverwandt, verworfen hatte – aus Klugheit. Ich dachte, so protzig kannst du den Herren nicht kommen.

Die Herren berieten unerträglich lange, doch eines Tages rief mich der Kommandeur zu sich und teilte mir mit, daß ich den dritten Preis bekommen hätte. »Ein bißchen dünn«, meinte er. Ich meinte es auch.

Ich meinte es vor allem deshalb, weil ich glaubte, den Gutachtern in der Verpackung meiner 150 Seiten ein ganz besonderes Bonbon offeriert zu haben, eine epochemachende Erfindung: Ein durch Wolken verdecktes Ziel zu treffen. Bei den Zementbombenflügen an der Fahner Höhe hatte es mich in höchstem Maße verdrossen, wenn das Bombenkreuz, zunächst noch sichtbar, von herandriftenden Haufenwolken oder Schleiern zugedeckt und ich gezwungen wurde, 1/4 Stunde nach der anderen herumzutrödeln, ehe das Ziel wieder frei wurde und ich die nächste Bombe werfen konnte. Ob ich als Beobachter oder als Flugzeugführer flog, die Sache war gleich ärgerlich, für mich, meine Besatzung und die nachfolgende, die erst anfliegen durfte, wenn ich per Funk ›Ende‹ gemeldet hatte. Die Wut über die verlorene Zeit kann ebenso schöpferisch wirken wie die »Wut über den verlorenen Groschen« (Beethoven). So erleuchteten mich plötzlich meine früheren Minenwerferübungen von Potsdam: Ja, richtig, schossen wir nicht auch damals irgendwohin, ohne dieses Irgendwo zu sehen, aus einer Mulde heraus, einen Bergrücken vor der Nase? Rückwärts-Einschnitt hieß das. Mit ein paar Punkten im Gelände hinter dem Werfer und einer Karte konnte man doch treffen! Also, mit Blick auf Gotha oder Weimar oder was sonst unten sichtbar war, werde ich die Fahner Höhe treffen. Ein bißchen verrückt fand das der Sicherungsoffizier, zog aber die Konsequenz, verschwand in seinem Spitzhut von Beton, anstatt nebenstehend mit dem Glas das Flugzeug zu beobachten. Sowieso gab es nichts zu sehen, nur zu hören, wenn die ›Zebo‹ runterorgelte.

So klackerte es ganz schön um das Kreuz herum, und auf der Wurftafel, in der Staffelunterkunft ausgehängt, war ich keineswegs in die Nähe des Schützenkönigs aufgerückt, doch sagte ich mir, nicht jedes Ziel messe nur 100 m im Durchmesser. Das Miese und Ungenaue an der Sache indessen verdrängte ich durch eine umwerfende Erkenntnis, ebenso Abfallprodukt des Einfalles wie neuartig: Wir fliegen im Verband über den Wolken unser Angriffsziel an, machen in Ruhe unsere Rückwärtspeilungen, und die Flak sieht uns nicht und trifft uns nicht. Bedecke deinen Himmel, Zeus, konnte ich frohlokken. Ich war sehr aufgeregt, als ich die Sache zu Ende bedachte und in die vom Oberbefehlshaber gestellte Aufgabe hineinschrieb, denn, so meinte ich, die Sache könne kriegsentscheidend sein, wenn es dahin käme.

Kurze Zeit darauf brachte mich ein pfiffiger Franzose um meinen Erfinderstolz und Deutschland um ein militärisches Geheimnis. Camille Rougeron beschrieb in einem dicken Wälzer, den ich mir sofort gekauft hatte, einen Modellangriff französischer Flugzeuge auf oberitalienische, wolkenverdeckte Ziele, wobei er Montblanc, Matterhorn und ähnliche Riesen anvisierte, allerdings nicht, wie nach meinem Verfahren, mit Hilfe des wackligen Kompasses und zweier Punkte, sondern ohne Kompaß durch Anschneiden dreier Fixpunkte, was über große Sichtweiten viel genauer war.

Das Buch »L' Aviation de Bombardement« war älter als meine Ausarbeitung! – Aus der Erfindertraum! Ich tröstete mich damit, daß Monsieur Rougeron Marine-Chefingenieur war, vom Fach her verpflichtet, genauer zu sein als ein ganz normaler Fliegerleutnant.

70

Morbleu! Fast hatte ich übersehen, daß ein Seemann seine Nase in Fliegerangelegenheiten gesteckt hatte. Ich fand das nachahmenswert.

Doch ganz aus war der Erfindertraum noch nicht. Für den Fall, daß bei geschlossener Bewölkung Sichtmarken nicht zur Verfügung stünden, hatte ich dem über den Wolken fliegenden Bombergros einen Artillerie-Beobachter untergeordnet, der Parterre mitzufliegen und die Lage von farbigen Probebomben nach oben zu melden hatte. Die oben sollten mit Hilfe dieses nach unten ausgefahrenen Sehrohres den richtigen Kurs zum Ziel einschlagen.

Auch dieses Verfahren, das ich Gott sei Dank bei Monsieur Rougeron nicht dargestellt fand, hielt ich für sehr wichtig, weil die Flak so gut wie ausgeschaltet wäre und die feindlichen Jäger durch den dicken Dreck kaum hochkommen könnten.

Na ja, dachte ich, die Prämie ist angesichts der Qualität meiner Erfindung ziemlich dünn, aber vielleicht will man ihre Bedeutung nicht durch eine hohe Prämie hervorheben; vielleicht sind unsere Oberen dabei, entsprechende Pläne auszuhecken, bessere noch, als die des Herrn Franzosen und die des Herrn Leutnant.

Immerhin verhalf mir der kleine Erfolg zu der Prämie von 150 Reichsmark, die Major Evers aus irgendeinem Kapitel seines Haushaltes um weitere 150 Reichsmark aufstockte – für dienstlich förderliche Zwecke, fügte er hinzu. Einen solchen Zweck erblickte ich in einer Reise nach Paris, Ende 1938. Obendrein hatte mich der dortige Militärattaché, General von Kühlenthal, zu einem Besuch eingeladen, als ich im Winter zuvor in Davos auf seltsame Weise mit seiner Familie zusammengestoßen war; zu Silvester nämlich, im Hotel ›Belvedere‹, sprengte ich, im Smoking, Marke Deutscher Wald, daherkommend, mit einer brennenden Zigarette, eigens zu diesem Zweck in Betrieb genommen – ich war Nichtraucher – die prallen, bunten, über dem Tisch schwankenden Ballone in die Luft, daß sich Frau Gemahlin und Töchter entsetzten. Unbekümmert bat ich, Platz nehmen zu dürfen – der Befrackte mit Stuhl stand hinter mir bereit – was mir auf französisch gestattet wurde und mir Anlaß war, mich für einen Glücksspilz zu halten, da sich die Möglichkeit sprachlicher Übungen bot. Ich sagte, es sei hier ›merveilleux‹ und einiges dazu, worauf der Herr von soigniertem Äußeren in erlesenem Deutsch meinte, ich müßte wohl noch etwas üben! Es war noch vor Mitternacht, und ich freute mich ziemlich ausgelassen über die Leutseligkeit des älteren Herrn. Mit den Töchtern, beide vollfranzösische Dolmetscherinnen, fuhr ich anderentags per Lift nach Strela hinauf, und ich, nicht ganz so elegant wie die beiden, wieder ab.

Einen Ansteuerungspunkt im fremden Land zu haben, ist mindestens die halbe Sicherheit. Ich hatte außer dem Attaché noch einen zweiten. Herr Stöhr aus Leipzig, großer Kammgarnspinner, war Reserveoffizier in der Nordhäuser Gruppe. Wir waren einige Male zusammen geflogen. Er nannte mir in Paris einen französischen Geschäftsfreund, der ihm Schafwolle aus Algerien lieferte und bei dem ich mich mit freundlichen Grüßen von ihm melden sollte. Diese Adresse war die andere Hälfte meiner Sicherheit. Nichts konnte mehr schiefgehen.

Sowohl der General, der erst nach Tagen in Davos sein Inkognito gelüftet hatte, wie auch der Wollhändler schrieben mir zurück, daß ich herzlich willkommen sei. So fuhr ich los, ohne etwas von dem Mordanschlag auf den deutschen Botschaftsrat in Paris gehört zu haben. Nur vom Hörensagen bekam ich mit, daß in Nordhausen viele Fensterscheiben am Tag meiner Abfahrt geklirrt hätten. Ich hielt diesen Streich für einen üblen örtlichen Exzeß.

In der französischen Eisenbahn, Holzklasse, hinter Forbach, saß ich bald mit vielen Soldaten zusammen, die auf Urlaub fuhren. Sie waren freundlich zu mir, boten mir von ihrem Brot, Käse und Wein an, und ich forschte in den jungen Gesichtern, wo nun das Feindliche des harten Weltkrieggegners zu finden sei. Es war nicht da.

In Paris meldete ich mich zunächst beim französischen Stadtkommandanten, der mich französisch sprechen ließ, während er mir in bestem Deutsch antwortete.

Auf den Straßen herrschte Aufregung über die gewalttätige Antwort auf den Mordanschlag. Ich war verwirrt von den hektischen Stimmen der Franzosen, die von ihrer Bedrohung durch uns sprachen. Projektoren warfen die Landkarte Europas an Häuserwände. In Phasen wurde dargestellt, welche Länder wir bis 1942 erobert haben würden. Ich hielt das für pure Propaganda. Wir hatten doch unser Groß-Deutschland, nachdem wir mit den Österreichern und Sudetendeutschen vereint waren. Ich stand in der erregten Menge und versuchte aufzuschnappen, wie argumentiert wurde. Ich ging ins Kino und sah mir den Film an »Sind wir verteidigt?«. Den Franzosen wurde beruhigende Einsicht in die geheimnisvolle Verteidigungskraft der Maginotlinie gewährt. Ich las viele Zeitungen, besuchte auch Vorträge, einen des bekannten Politikers Herriot, der über das Thema »Napoleon in Ägypten« sprach, als ob es augenblicklich nichts Interessanteres gäbe, aber auch den Vortrag eines Jesuitenpaters zum Thema »Hitler, der deutsche Mohammed«. Ich fragte mich, was die Leute wollten. In Deutschland dachte doch niemand daran, die Franzosen zu überfallen! Der Attaché meinte, ich brauchte nicht nach Hause zu fahren, es geschehe nichts. Er mußte es wissen. Ebenso beruhigten mich meine französischen Protektoren. Sie luden mich zu sich zum Mittagessen ein oder in feinste Gaststätten im Faubourg St. Honoré, wobei ich mich darüber verwunderte, daß der Herr Gemahl seine Gemahlin ganz vornehm mit ›Sie‹ anredete. Eine aparte Französin, Lehrerin, die mir im Café ›Bagdad‹ den in Mode kommenden Lambeth-Walk beizubringen versuchte, trat ebenso für die deutsch-französische Verständigung ein, erwies sich dabei allerdings als feurige Imperialistin. Nur kein Streit in Europa, meinte sie, auf nach China – da sollten wir uns jeder einen Teil nehmen. »Voilà un bon morceau«. Das war ihre Devise.

Allmählich war das Thema des Kristallkrawalls abgenutzt. So gab auch der Attaché einen Empfang, auf welchem sich die hohen Militärs Europas, leise mit den Hacken klackend und mit angedeuteten Verbeugungen, begrüßten, freundlich lächelnd und an ihren Gläsern nippend gemächlich umeinander wandelten. Sie sahen alle ziemlich gleich aus, Charakterköpfe wie aus einer Familie, ähnlich in ihrer Haltung, im Haarschnitt und in der Sprechweise. Jeder trug, wie wenn sie alle von einer einzigen großen Nation wären, mit gleicher Würde seine Uniform, weniger unterschiedlich als die des Ulanen, des Kürassiers oder des Marineoffiziers zur Kaiserzeit. Jeder trug mit gleicher Gelassenheit seine Orden – die Orden des letzten Krieges – nicht zu glauben. Nicht zu glauben auch, daß diese Herren noch einmal aufeinander losgehen würden, weil sie sollten oder wollten. Die schönen Damen vollendeten die Harmonie im Staccato ihres Lachens oder im Glissando ihres Parlierens. Ich war glücklich, dabei zu sein, und sah eine helle Zukunft in einer Sphäre wie dieser vor mir.

Nachdem ich mit äußerster Wachsamkeit die internationale Luftfahrtausstellung durchstreift, den Eiffelturm bestiegen hatte – was der Vogel schaut, kann auch dem Flieger nützen – nachdem ich das Grab Napoleons besichtigt hatte, im übrigen alles, was der Durchschnittseuropäer zu sehen pflegt, verabschiedete ich mich von meinen Franzosen, die mir lieb geworden waren, und vom Attaché, der hoffte, bald zu Hause eine Heeresgruppe übernehmen zu können.

Die Bahnfahrt war lang und unterhaltsam. Nachdem mich der Schwall des Französischen in der ersten Woche in Atemnot gebracht hatte, wußte ich mich in der Folgezeit einigermaßen zu behaupten.

Doch war es eine Erleichterung, an der Grenze wieder deutsche Laute zu hören. Und höchste Zeit war es auch: Der letzte Franc, für den ich in Frankreich soviel mehr Kaffee oder Wein trinken konnte als bei uns, war verbraucht, nur ein paar deutsche Groschen waren meine eiserne Ration. Vom Bahnhof Nordhausen mußte ich meine Koffer im Fußmarsch zum Fliegerhorst schleppen.

Wieder auf in die Lüfte über dem größer gewordenen Deutschland. Die Heinkel 111E war der Vogel, der mich über die Ostsee nach Königsberg, um Helgoland und Borkum herum zum Großglockner und Venediger trug, durch Sonnenauf- und -untergänge, Mondscheinnächte und Sternenhimmel, Seite an Seite mit meinen Flugschülern, eifrigen und flinken, klobigen und brummigen, alles prächtige Kerle.

Eingestreut waren Unterrichtsstunden und Planspiele. An einem dieser nahm General Keßelring, inzwischen Chef der Luftflotte, mit hohen und höchsten Heeresoffizieren teil. In Theorie und Praxis hieß unser Thema: Erringung der Luftherrschaft durch Niederkämpfung der feindlichen Luftwaffe, der Bomber und Jagdflieger auf ihren Plätzen, damit unsere kämpfenden Erdtruppen unbehelligt blieben. Mit keinem Buchstaben, keinem Wort und keiner Dienstvorschrift wurden Wohnplätze der Zivilbevölkerung erwähnt. Männer, Frauen und Kinder als Ziele unserer Bomber – undenkbar. Bei dem besagten großen Planspiel führte Major Evers mich als ›Sondernummer‹ vor. Ich durfte von der Musikempore ein etwa 2 m breites und 5 m langes Plakat, an den Enden mit Latten versteift, entrollen und dem erstaunten und interessierten Publikum in eindrucksvollen Dimensionen darstellen, wie ich mir das Verbandsfliegen bei Wolkenwetterlagen vorstellte. Daß ich dabei nicht unwesentlich von dem offiziellen »Merkblatt über Führung von Kampfverbänden« abwich, hätte Oberst Förster ein weiteres Mal tief verdrossen, war er doch derjenige, der zuvor im Lehrgeschwader Greifswald die gedruckten Grundsätze hatte erarbeiten lassen. Nun aber saß an seiner Statt Oberst Dörstling, der genüßlich zuhörte, wie ich seinem Vorgänger am Zeuge flickte. Höchst bemerkenswert, äußerte er ein paar Mal hintereinander weg. Mehr als sein Lob, des soeben aus dem Generalstab zum Frontkommando Versetzten, galt mir das kritische Nachfragen des Generals Keßelring, auf das ich Rede und Antwort stehen mußte.

Daß des Generals Interesse nicht pure Freundlichkeit war, ging mir zwei Wochen später auf, als ich nach Berlin kommandiert wurde, meinen Vortrag zu wiederholen. Als ich in Staaken gelandet war, bestieg ich den wartenden Mercedes des Luftfahrtministeriums, neben Hauptmann Trautvetter platznehmend, der, von Greifswald kommend, an der gleichen Besprechung teilzunehmen hatte. Er war, wie ich erfuhr, derjenige, der unter Oberst Förster maßgeblich an der Erarbeitung der Richtlinien mitgewirkt hatte. Er fragte mich, was ich da für eine lange Rollen zwischen meinen Beinen, bei offenem Wagen, senkrecht und siegesgewiß, die Siegessäule umrundend, in die Höhe hielt, wobei der Fahrtwind darauf Flöte spielte. Neue Richtlinien? »Die schlagen Sie sich mal aus dem Kopf, mein Lieber.« Er klopfte mir, ganz und gar inkongruent, auf den Oberschenkel, sehr gütig, aber eindringlich. Um Weiterungen vorzubeugen, nahm ich in dem großen Besprechungsraum weitab von dem Hauptmann Platz, bis ich aufgefordert wurde, im Kreise der Rotbehosten meine Änderungen vorzutragen. Als ich nach ein paar Sätzen – der General Keßelring war nicht zugegen – meine Röhre abrollen wollte, winkten die Herren ab: Die Deckenhöhe reiche nicht aus, der Tisch sei zu klein, ich solle das Ding dalassen, markieren, und dann könne ich verschwinden. Nachdem ich bescheiden »Herrmann, Oberleutnant« auf die Rolle geschrieben hatte, fauchte Major Neudörffer, später kurzfristig mein Kriegskommandeur, ausgezeichnet mit dem goldenen Spanienkreuz mit Brillanten: »Quatsch! Nicht Ihren Namen, sondern Ihr Geschwader!«

Wo bleibt der Urheberrechtsschutz der Strategen?

Schnell zurück nach Nordhausen, mit kochenden Kühlern und kochender Seele.

Schon ein Jahr später mußte ich meine eigenen Verbesserungen als verbesserungsbedürftig erkennen.

Einige Tage nach dem Einmarsch der deutschen Truppen in Prag begann ich, mich über den Begriff ›Groß-Deutschland‹ zu wundern. Hatte uns die Vereinigung der Sudetenlande mit Begeisterung erfüllt, hatten wir bei unseren Paradetiefflügen über Eger, Marienbad, Karlsbad und so weiter die Massen winkender Menschen und ein wogendes Fahnenmeer auf den Straßen und Plätzen gesichtet, so wollte diesmal keine Stimmung aufkommen. Alles ging so schnell, kam so unerwartet. Ich kann mich nicht besinnen, daß wir in Nordhausen im März 1939 in Bereitschaft gegangen wären. Es blieb nur festzustellen, daß der Tscheche Dr. Hacha in Berlin einen Vertrag unter denselben Umständen unterschrieb wie Graf Brockdorff-Rantzau 1919 in Versailles. Schwäche wird bestraft, Stärke belohnt – diese harten Tatsachen, nicht hohe Prinzipien, schienen mir im Leben der Völker zu gelten. Gab es nur die Wahl zwischen Amboß und Hammer, wie Goethe gedichtet hat?

Prinzipienrein schien mir unser Anspruch auf die Lösung der Korridor- und Danzigfrage. Über deren Bevölkerung war aus Sieger-all-macht verfügt worden. Eine neue Abstimmung wäre das mindeste, auf das man sich einigen müßte. Wer sie verhinderte, verriet nach Versailles ein zweites Mal das Selbstbestimmungsrecht der Völker.

Die Polen, unterstützt und aufgeputscht, verweigerten die friedliche Lösung. Der Wut, die ich über die Uneinsichtigkeit im Bauch hatte, entsprach meine heilige Überzeugung: Von unserem Recht. Ein Volk, das sich über die Zumutung von Versailles nicht empört hätte, wäre nicht würdig gewesen, meinte ich, Volk genannt zu werden und einen souveränen Staat zu haben. Jedes andere Volk hätte sich empört. Wollten wir nur eine Menschenansammlung sein?

War ich im Waffenrock, ohne das Wahlrecht ausüben zu dürfen, ein politischer Soldat? Was sonst! Wer als Wächter vor das Ganze gestellt ist, dessen Leben, Freiheit und Besitz zu schützen, das Geraubte wieder zu erstreiten, wessen Herz dafür schlägt, der trägt Politik, die nach außen gerichtet ist, in Krieg und Frieden.

Hin und her ging es in den letzten Augusttagen. Mussolini schaltete sich ein, und es war Hoffnung, daß die Großen in der Politik über das deutsche Anliegen würden verhandeln wollen. Wir erfuhren, daß sie nicht wollten. Also Aufrechterhaltung der Gewalt in der Verkleidung des in Versailles etablierten Rechts. Also stehen wir auf gegen die Gewalt.

So flog ich am 1. September 1939 in meiner He 111, an der Spitze einer Staffel unter meinem Staffelkapitän, Martin Schumann, mit meinen gleichgestimmten Kameraden über die deutsch-polnische Grenze. Der Krieg begann, in dem wir den ersten Schuß feuerten, die erste Bombe warfen, um Gewalt zu zerbrechen.

4. KAPITEL

Deutschland im Kriege
September 1939 – Februar 1941

Der deutsch-polnische Krieg dauert zunächst vom 1. September 1939, 4.35 Uhr, bis zum 3. September 1939, 11 Uhr. Zu diesem Zeitpunkt erklärt sich England als im Kriegszustand mit Deutschland befindlich. Die Franzosen ziehen nach. Die Sowjets marschieren am 17. September 1939 von Osten in Polen ein. November/Dezember 1939 greifen die Sowjets Finnland an. Die Westmächte planen, Deutschland von der Erzzufuhr aus Nordschweden über Narvik abzuschneiden. Deutscher und englisch-französischer Ansturm auf Norwegen. Deutschland kommt zuvor. Holland und Belgien werden besetzt, Frankreich zur Kapitulation gezwungen. Die Briten entweichen aus Dünkirchen.

Wir lagen während der letzten Augustwoche 1939 mit unserer Kampfgruppe III./KG 4 ›General Wever‹ in Langenau bei Breslau, auf einem Einsatzhafen, bereit, in Stundenfrist zu starten. Ein erster Anlauf wurde abgeblasen. Ich weiß nicht, ob er ernst gemeint war. Auch in den nächsten Tagen, nachdem Mussolini sich in die internationalen Verhandlungen eingeschaltet hatte, schien es, als ob die Kriegsgefahr gebannt werden könnte. Selbst beim Wecken am 1. September, etwa zwei Stunden nach Mitternacht, wußte keiner, daß die Würfel gefallen waren.

Der im Morgengrauen angesetzte Start wurde wegen Bodennebels verschoben. Erst um die Mittagszeit, bei noch leichtem Bodendunst, starteten etwa 30 He 111 aus dem Platz heraus, sammelten sich staffelweise oberhalb des Dunstes in einem strahlend blauen Himmel, um in einer weiten Kurve auf Ostkurs einzudrehen und langsam zu steigen.

Alles läßt sich aus der Luft ausmachen, Feld, Wald, Wiesen, Ortschaften, Flüsse, Straßen, nicht aber im allgemeinen die Linien, um die die Menschen so hitzig streiten – die politischen Grenzen. Hier aber war sie zu sehen, die deutsch-polnische Grenze, ihr Verlauf aus der Höhe fast auf den Meter genau zu erkennen. Die Straße, zunächst noch geteert oder gepflastert, nahm plötzlich eine andere, hellere Farbe an, wie von Sand und Schotter, und ebenso kam das Bächlein, bei uns begradigt, in vielen Schleifen in seinem Urzustand daher. Auch die Wiesen, auf unserer Seite durch schmale Gräben entwässert und eingezäunt, schienen drüben weitläufiger, mit Buschwerk bestanden.

Wir waren über Polen. Der geschichtlichen Stunde war ich mir tief bewußt. Hier stand nicht Spanien auf dem Spiel. Es ging um uns selbst. Wir waren es, die die Zukunft herausforderten, wir waren die, die sich nicht fügen wollten. Von jetzt war es Schicksal. Dem wollte ich mich fügen.

Wir luden unsere Bombenfrachten auf eine Bahnlinie nördlich Biala, im Raume Krakau ab. Die Hohe Tatra, sich in majestätischer Erhabenheit über den Dunst erhebend, war stumme Zeugin des tosenden und grollenden Menschenstreits.

Der nächste Tag sah uns gegen Mittag in Staffelkolonne im Hochangriff auf den Flugplatz Deblin an der Weichsel. In der Erwartung, einen Strom zu sichten wie Oder oder Elbe, in einem ausgebautem Bett dahinfließend, mit Buhnen bewehrt, überraschte die sich in Arme verlaufende Breite, Inseln aus Sand und Geröll, die hell in der Sonne leuchteten.

Am selben Tage griffen wir am späten Nachmittag abermals den Flugplatz Deblin an, auf dem eine Offizierschule untergebracht war. Die Flak schoß nicht schlecht, hinauf in unsere Höhe von 5500 Metern, doch energischer und todesmutiger gingen die Jäger mit dem Muster PZL gegen uns vor. Einer der Kühnen schoß mir im Angriff von vorn den linken Motor zuschanden, so daß ich mich im Einmotorenflug heimwärts hungern mußte. Die Kettenhunde verlangsamten ebenfalls und boten mir Deckung bis zur späten Landung.

Achtzehn Angriffe waren es, die ich gegen Polen flog, gegen rein militärische Ziele, Verschiebebahnhöfe, Bahnlinien, marschierende Truppen, Flugplätze, feindliche Stellungen und ein einziges Mal gegen die Verteidiger von Warschau, die sich nicht ergeben wollten.

Tief hat sich in meine Erinnerung das gewaltige Schlachtengemälde eingeprägt, das Blitzen und Feuern der Kanonen, die brennenden Dörfer, eine Vernichtungswalze, die sich täglich fortschreitend von Norden, Westen und Süden her auf Polens Mitte zu bewegte. Kein

Feldherrenhügel wird jemals zuvor den Überblick gewährt haben, den wir aus Tausenden von Metern Höhe über das Schlachtfeld Polen hatten.

Eine Besatzung, die des Oberfeldwebel Deckert, hatten wir beim Angriff auf den Kutno-Kessel verloren. Ihn und seine Besatzung und sein Flugzeug zerriß ein Flakvolltreffer zwanzig Meter neben mir. Freund Hanke handelte sich an der Lysa Gora einen Flaktreffer ein, der ihm das Höhensteuer lahmlegte. Mit großem Krach schlug seine Maschine auf dem Flugplatz Langenau auf, aber mit heilen Knochen krochen er und seine Besatzung aus den Trümmern heraus.

Nach unserem letzten Einsatz fuhren wir nach Breslau. Vor dem Rathaus, auf dem Markt, wimmelte es von zuversichtlichen oder freudig erregten Menschen. Hanke und ich, das EK 2 am Bande im Knopfloch baumelnd, waren hoch gestimmt, wie es die Menschen 1813 an dieser Stelle gewesen sein mögen, als der Preußenkönig den Aufruf an sein Volk verkündete. Zutiefst gerührt waren wir, als ein altes Mütterchen mit zwei kleinen Blumensträußchen auf uns zueilte und mit piepsiger Stimme rief: »Heil, Ihr Helden.« Sie hatte Tränen in den Augen, als sie zu uns hoch sah. Ihren Mann hatte sie im ersten Krieg verloren. Da standen wir beide, äußerst ungelenke Helden, mit je einem Sträußchen in der Hand. Ich sah mir den Orden, der an dieser Stelle gestiftet und seitdem von Hunderttausenden von Frontsoldaten vieler Generationen getragen worden war, abermals, aber besonders nachdenklich an. Er blieb mein schönster, erinnerungsreichster Orden.

Noch im September verlegten wir zurück nach Nordhausen, dann nach Bracht bei Marburg an der Lahn, bereit, die Engländer und Franzosen abzuwehren, die uns am 3. September den Krieg erklärt hatten. Doch alles blieb ruhig, und wir verlegten nach Vechta/ Oldenburg, sodann nach Barth an der Ostsee, um von der He 111 auf die Ju 88 umzurüsten und umzuschulen. Dies wurde in Lüneburg fortgesetzt. Es galt, diesen modernen, schnellen, für gefährlich gehaltenen Vogel im Nachtflug zu erproben, zunächst in Platzrunden. Ich schlug vor, sofort auf lange Strecke zu gehen, auf einen Fünf- bis Sechs-Stundenflug, damit man sich in der Luft an das Monstrum gewöhne. Dann sei die Landung gefahrloser. Wenn es doch einen Bruch gäbe, habe man wenigstens etwas an Erfahrungen sammeln können.

Und so geschah es. Ich machte mich auf die Reise nach Pillau in Ostpreußen, flog von dort über die Ostsee um Bornholm herum zurück nach Lüneburg, um nach einer Dreisprunglandung, aber ohne Knacks, auszurollen und einigermaßen zufrieden auszusteigen.

Am 8. April 1940 verlegten wir, zum Einsatz noch mit der He 111 ausgerüstet, nach Westerland auf Sylt in der Annahme, unser Ziel sei Scapa Flow. Doch ich staunte nicht schlecht, als mein Staffelkapitän, jetzt Hauptmann Erich Bloedorn, nachts um zwei Uhr verkündete, daß Norwegen unser Ziel sei.

Wir starteten bei Hochnebel in finsterer Nacht, nahmen Kurs Nord-West auf die Nordsee, um alsbald nach Norden parallel zur dänischen Küste zu fliegen und Kristiansand in Südnorwegen anzusteuern. Bei Hellwerden zielwärts sollten die in dichtem Abstand nachfolgenden Flugzeuge zum Staffelverband aufschließen, so daß wir den Angriff auf die der Stadt vorgelagerte Inselfestung mit einem Bombenteppich belegen könnten.

Mit einigen Flugzeugen gelang das Sammeln. In strahlender Bläue lag der Skagerrak unter uns, dahinter ansteigend die verschneiten Berge, eine Götterwelt vor dem roten Morgenhimmel. Aber dort unten tobte der Krieg der Menschen: Unsere Schnellboote rasten im Zickzack in den Fjord hinein und verbreiteten künstliche Nebelschwaden, um einen unserer Truppentransporter zu decken, der schwere Schlagseite zeigte.

Schon lagen die ersten Flaksalven vor unseren Kanzeln. Oberfeldwebel Laska, mein Beobachter, stellte weisungsgemäß den kürzesten Bombenabstand ein, wie es auch den anderen befohlen war. Und nun ran!

Die Vollsichtkanzel der He 111P bot prächtigen Blick voraus und nach schräg unten. Ich sah die Geschütze aus der Festung feuern, zu uns hinauf und auf die Schnellboote, die schäumend tiefer in den fast spiegelglatten Fjord hineinwedelten. Die Führung hatte sich einen anderen möglichen Empfang vorgestellt: An Bord hatten wir Behältnisse, die, über dem Ziel abzuwerfen, in einiger Höhe platzen und einen Konfettiregen von Flugblättern freigeben sollten, auf denen zur Übergabe aufgefordert wurde. Nichts war es damit.

Wir brummen voran im Anflug. Mit einem Flugzeugführer- und einem Beobachterauge hielt ich die Maschine ruhig. Laska sprach ruhig. Ich verbesserte. Jetzt rutschten die Bomben. In Sekundenschnelle waren sie raus.

Laska hielt die Bomben, die in einer langen Himmelsleiter abwärtsrauschten, im Auge, bis sie sich als Punkte verflüchtigten. Die ungewisse Spanne bis zum Wiedersichtbarwerden in den Detonationen, des Erfolges oder Mißerfolges, zerrt an den Nerven.

»Mittendrin, auch die anderen Bombenreihen«, rief Laska, und ich freute mich, mit mir Kapitän Bloedorn, der neben mir sitzt. Was sich unten ereignete, konnte ich nicht mehr sehen. Es ist senkrecht unter uns.

»Sauerei«, rief Laska, »da wirft einer weiter.« Eine Schlafmütze hatte nicht zehn Meter Bombenabstand eingestellt, sondern hundert Meter, und so kleckerte er mit seinen Bomben über die Festung hinweg, durchs Wasser hindurch und haut mit zwei Bomben in die Stadt hinein – trotzt eingeschärften strengsten Befehls, Wohnhäuser unbedingt zu schonen. Bloedorn war verzweifelt: »Raus mit den Flugblättern«, brüllte er. Was das jetzt noch sollte, wo die Bomben längst unten waren, war mir ein Rätsel. Wo unten Wohnhäuser brannten, wird man die Aufforderung zu friedlicher Übergabe als Hohn empfinden. Der Abwurf war eine Kurzschlußhandlung. Aber Funker und Mechaniker freuten sich, den sperrigen Ballast loszuwerden.

Ein Aberwitz der Kriegsgeschichte: Die Schlafmütze zwang die Festung, die unseren Sturm eisern überstanden hatte, zu kapitulieren. Aus Furcht vor weiteren Abwürfen hatte der Bürgermeister den Festungskommandanten aufgefordert, den Kampf einzustellen.

Für das Unglück fühlte ich mich mitverantwortlich. Der Beobachteroffizier war neu zu unserer Staffel gekommen, und ich hatte mich darauf beschränkt, den Befehl ›zehn Meter Abstand‹ zu verkünden, doch hatte ich den Neuling nicht darauf überprüft, ob er auch mit geschlossenen Augen den kleinsten und größten Abstand, gewissermaßen im Schlaf einstellen konnte. Ich tröstete mich damit, daß die Aufregung des jungen Offiziers die entscheidende Ursache war.

Der Sachverhalt wurde binnen kurzem bekannt, auch dem, der die erfolgreiche Fehlleistung vollbracht hatte. Als der aber mit dem Spruch aufwartete, der Erfolg sei entscheidend, mindestens das Eiserne Kreuz sei fällig, da lief mein Staffelkapitän rot-bläulich an und explodierte in Flüchen, deren ich mich nicht genau erinnere.

Am Nachmittag des gleichen Tages wurde der zweite Einsatz geflogen, diesmal auf Kasernen am Stadtrand von Oslo. Er verlief nach Plan.

Zurück flogen wir tief durch den Oslo-Fjord, und als wir eine bewaldete Schäre übersprangen, krachte es: Auf unserem Kreuzer ›Blücher‹ müssen die Artilleristen höllisch auf Draht gewesen sein. Zu spät erkannten wir unser Kriegsschiff und sie das eigene Flugzeug.

Beim Landeanflug in Lüneburg, es war bereits dämmerig, stellte sich heraus, daß der Flaktreffer das Fahrwerk beschädigt hatte. Es klemmte. Kapitän und Beobachter und Mechaniker bemühten sich und ächzten wohl eine gute halbe Stunde, bis endlich die Handkurbel ansprach und die drei entweder hinfielen oder sich die Köpfe stießen. Das Fahrwerk war raus, die Landung ging glatt.

Am folgenden Tage sollte den Engländern, die inzwischen an verschiedenen Punkten im mittleren Norwegen an Land gegangen waren und von dort aus vorstießen, zugesetzt werden, wozu wir auf den Flugplatz Oslo-Fornebu mit Bombenlast zu verlegen hatten, da Abwurfmunition dort noch nicht vorrätig war. Die Abmessungen des Platzes waren uns nicht bekanntgegeben worden, so daß ich als Führer der Kapitänsmaschine damit rechnen konnte, daß die Landebahn reichte. Aber sie reichte nicht.

Schon beim ersten Überflug konnte ich feststellen, daß die längere Bahn durch eine Anzahl ineinandergekrachter Flugzeuge verkürzt worden war, und zwar an beiden Enden. Ich kreiste, beobachtete, und entschloß mich, die kürzere hindernisfreie Bahn zu wählen. Ich setzte mit fast sträflich ausgehungerter Fahrt, über den Fjord anfliegend, unmittelbar hinter der Platzgrenze zu meiner großen Freude auf und rollte, rollte und rollte. Die Bremsen schafften wenig. Schon war das Ende des Platzes, an dem ein Hohlweg entlanglief, in Sicht. Schrecklich stieg jetzt das Gefühl der Ohnmacht in mir auf, ich sah, daß nichts mehr zu retten war – zum Heulen. Meine schöne He 111P krachte hinunter. Ich war starr. Wie abwesend gewahrte ich meine Besatzung draußen vor der Kanzel, winkend rufend. Alle schrien: »Raus, der Kahn kann explodieren.«

Mir wär's recht gewesen. So muß wohl dem Kapitän zumute sein, der mit seinem Schiff untergehen will. Da spricht kein Pflicht-, Scham- oder Ehrgefühl, nur das naturhafte dumpfe Bewußtsein des Unterlegenen, der den Gnadenstreich des allmächtigen Schicksals als Erlösung annimmt.

Ich schaltete langsam die Zündung aus, schnallte mich los und kroch durch den Rumpf an den Bomben vorbei aus dem himmelwärts ragenden Heck hinaus.

Der schwarze Tag setzte sich in jammervollem Geschehen fort.

Ju 52-Transporter schwebten ununterbrochen heran, krachten ineinander, und Soldaten stürzten in wildem Durcheinander heraus. Eine Ju 52 kippte aus geringer Höhe ab in den Wald, stand Kopf und begann zu brennen. Während ringsum noch geschossen wurde, bemühten wir uns um die Rettung der Soldaten. Da explodierte im Inneren Granatwerfermunition. Ein Knall folgte dem anderen. Eine blonde Norwegerin in Skihosen, die zur Hilfe herangekommen war, begann zu weinen. Schon brannten die Tannen ringsum. Die Hitze brannte durch die Uniform bis auf die Haut. Wir wichen zurück. In der Ohnmacht verpufft nutzlos die Kraft der Verzweiflung.

Da landete die G 38 ›Hindenburg‹, Großflugzeug der Lufthansa, nicht aber, um die bitter benötigte Verstärkung zu bringen, sondern die Musikkapelle der Fliegerhorstkommandantur Staaken, Trommler, Bläser, Tambourmajor. Diese stellten sich vor dem Flughafengebäude auf und schmetterten Militärmärsche, und unter Paukenschlägen krachten Werte von Hunderttausenden von Mark zu Schrott.

Stunden später setzte sich vom Flughafen aus ein Spähtrupp in Marsch, in geräumigen Abstand dazu eine Marschkolonne, gefolgt von der Musikkapelle mit ›Preußens Gloria‹ und wir dahinter mit den aus den Flugzeugen ausgebauten Maschinengewehren und mit entsicherten Pistolen. In den Bergen knatterten Schüsse. Oslo fiel am gleichen Tage.

Die Planung war keine Generalstabsarbeit. Internationale Flughäfen werden mit allen ihren Maßen veröffentlicht. Warum bekam ich keinen Plan? Welche Ausrollstrecke mein Flugzeug braucht, wußte ich. Dann wußte es auch der Generalstab. Kannte der Generalstab die Maße des Platzes, was anzunehmen ist, hat er sich ein übles Stück geleistet. Mein Flugzeug mit Tausenden von Arbeitsstunden war hinüber. Weitere Flugzeuge waren zerstört, Menschen dem Tod in den Rachen geworfen. Richtig zwar: Es war ein strategischer Überfall, und die Geheimhaltung sollte gewahrt bleiben. Aber sie sollte den Gegner treffen, nicht uns.

Der mangelnden Aufklärung war am Tage zuvor auch die ›Blücher‹ zum Opfer gefallen, kurz nachdem sie uns beschossen hatte. Sie hatte bei langsamer Fahrt ihre volle Breitseite einer im Fjord verbunkerten Torpedostellung geboten, an einem Platz, den im Laufe des Jahres Hunderte von Frachtern, darunter auch viele Deutsche, passierten.

Die nachfolgenden Einsätze bis hinauf nach Stavanger, Bergen, Andalsnes wurden daher nicht von hier, sondern von Aalburg in Dänemark aus geflogen. Die Engländer wurden vertrieben. Norwegen war besetzt.

Im Morgengrauen des 10. Mai des Jahres 1940 starteten wir in Delmenhorst, nahmen im Tiefflug Kurs über die Ostfriesischen Inseln auf die Nordsee hinaus, änderten nach Westen, später nach

Südwesten abknickend, parallel zur holländischen Küste. Scharf auf dreitausend Meter ansteigend, steuerten wir im rechten Winkel auf die Küste zu, auf den knapp hinter den Dünen liegenden Flugplatz Bergen on Zee. Unsere Staffel war jetzt mit Ju 88 voll ausgerüstet. Wir griffen im Sturz aus dreitausend Meter Höhe an.

Die Überraschung klappte. Die holländischen Jäger konnten uns nicht mehr abfangen, und wir machten uns ungeschoren aus dem Staube.

Ein Flugzeug der Staffel mit vier Mann Besatzung war beim Start abgestürzt. Alle waren tot. Die Nacht war sehr dunkel und die Starthilfe ärmlich, dem empfindlicheren Flugzeugtyp nicht angepaßt. Der Ausbau der Bodenorganisation hinkte der Flugzeugentwicklung nach. Das war der Beginn des Westfeldzuges.

In rascher Folge zielten unsere Angriffe auf Schiffstransporte vor Ostende, Dünkirchen, Calais, mit dem vorläufigen Höhepunkt am 20. Mai 1940 vor Dünkirchen, das die Engländer räumten. An diesem Tage, etwa um 23 Uhr, bemerkte ich bei Vollmond einen großen Frachter, der aus dem Hafen Dünkirchen mit Kurs Nord auslief. Ich zögerte mit dem Sturzangriff, bei welchem ich nach dem Abfangen über den scheinwerfer- und flakgeschützten Kessel der Engländer geraten wäre. Nachdem ich etwa eine halbe Stunde gewartet und mich wegen anderer Schiffsbewegungen vergewissert hatte, war der Transporter ausgelaufen und drehte parallel zur Küste auf Ostkurs, wohl in der Absicht, eine von Minen gesäuberte Fahrrinne einzuhalten, um später nach Dover nördlich zu laufen.

Jetzt entschloß ich mich zu dem Fehler, den Storp mir in Spanien vorexerziert hatte: Mit jeder meiner vier Bomben zu 250 Kilogramm wollte ich je einen Dampfer treffen. Denn deren gab es mehrere, die noch an der Pier lagen. Ein weiterer machte gerade los.

Fertig zum Angriff, quer zur Längsachse des Schiffes, gegen den Mond. Das Schiff ist gut zu sehen. Zündung ein, Sturz, Druck auf den Knopf – abfangen. Heckschütze meldet zehn Meter zu kurz.

Ich ziehe wieder hoch, wieder Sturz: zwanzig Meter zu weit. Mein Beobachter, ein Neuer zum Anlernen, Feldwebel, kluger Kopf, aber Miesmacher, meinte, er hätte es ja gleich gesagt, und schlug vor, wenigstens die letzten zwei Bomben auf einmal zu werfen, um einen Erfolg mit nach Hause zu bringen. Beim erneuten Höheholen war ich fast entschlossen, dies zu tun, aber dann mäkelte mein Feldwebel weiter an mir herum, daß ich die Wut kriegte und sagte: »Nee, ich schmeiße einzeln.« Etwas Spielleidenschaft kam hinzu. Aber ein

Kleines Vexierbild: In weißem ›Tarnanzug‹ der Verfasser mit Oskar Schmidt, dem Unverwüstlichen, unter Palmen.

Er sollte mich verdrängen, wollte aber nicht: Oberleutnant Hans Henning Frhr. von Beust.

Als Leutnant, nach Rückkehr aus Spanien, vor einer Ju 86, dem neuen, aber bereits kränkelnden Bomber, in Nordhausen, Sommer 1937.

1. Reihe (v. l. n. r.): 1 . ., 2 Schirrmacher, 3 . ., 4 . ., 5 Leythäuser, 6 . ., 7 Major Lampe, 8 Major Evers, 9 Oberst Fiebig, 10 Hans Geißler, 11 Edi Jacob, 12 Heinz Sommer, 13 . ., 14 Hennings, 15 Waldemar Jung, 16 . .

2. Reihe (v. r. n. l.): 17 Rohloff, 18 Rautenberg, 19 Martin Kästner, 20 Hptm. d. Res. Schürz, 21 Vogel, 22 Range, 23 . ., 24 . ., 25 . ., 26 Dr. Hahn, 27 . ., 28 Corpus, 29 . ., 30 Siegfrid Geißler, 31 Henkelhausen, 32 Kamphausen, 33 . ., 34 Zecher, 35 Diekötter, 36 Deichmann, 37 Hptm. v. Hofmann, 38 Hptm. Alewegen, 39 Major Maier, 40 Knauth, 41 Hptm. Schumann, 42 Hptm. Kolberg, 43 Hptm. Hemmer, 44 Köppen, 45 Krull, 46 Stärke, 47 Kleemann, 48 Jungwirt, 49 . ., 50 von Werthern, 51 Schacht, 52 . ., 53 Lossow, 54 . ., 55 Jordan, 56 Wagner, 57 Nietzsche, 58 Köhne, 59 v. Kalckreuth, 60 Haarnagel, 61 Allwang

3 Reihe (v. l. n. r.): 62 Wiebe, 63 . ., 64 Graubner, 65 . ., 66 Gottschalk, 67 . ., 68 Schwanhäuser, 69 Heinz Schröder, 70 Podbielski, 71 Hajo Herrmann, 72 . ., 73 . ., 74 Schlenkhoff, 75 Dr. Klaus Born, 76 Hermann Kühl, 77 Richter, 78 Hptm. Krohmer, 79 Pannenborg, 80 . ., 81 Kell, 82 Jacob Schmidt (Ulm), 83 Willis, 84 . ., 85 Roth, 86 Afflerbach, 87 . ., 88 Haß (Holstein), 89 . ., 90 . ., 91 Stallbaum

Stabsoffiziere und Hauptleute sind mit ihren damaligen Dienstgraden angegeben, alle übrigen ohne Grade – Irrtum vorbehalten

Luft- und Truppenparade über der Ost-West-Achse von Berlin zu Ehren des Prinzregenten Paul von Jugoslawien.

Lt. Gerhard Schroeder und der Verfasser vor der Offiziersunterkunft ›Haus Scharnhorst‹ in Nordhausen.

Oberst Fiebig, Kommodore des KG ›General Wever‹ Nr. 4, im Gespräch mit Luftflottenchef General Felmy (rechts).

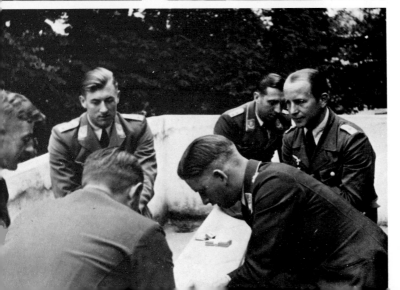

Im August 1939 im Quartier auf Schloß Langenau bei Breslau. V. l. hinten: Oblt. Hans Hanke, Hptm. Martin Schumann, Oblt. Köhne; vorne rechts der Verfasser.

**Die 9./KG 4 am
1. September 1939
auf Feindflug im
Polenfeldzug.**

Die Bomben fallen.

bißchen Verstand war doch dabei. Denn einmal hatte ich seit Spanien mehr Erfahrungen gesammelt, als Storp und ich zusammen damals hatten, und zweitens hatte ich ja mit zwei Würfen mein Ziel eingegabelt und konnte mit einem Treffer rechnen.

Ich stürzte hinab, und die Bombe traf. Ich sah es gleich. Es blitzte von unten hoch.

Wie ich wiederum hochzog, bemerkte ich ein kleines Feuer auf Deck, welches mich veranlaßte zu erwägen, ob ich nicht noch die letzte Bombe nachsetzen sollte. Doch nach zehn Minuten hatte sich das Feuer über die ganze Schiffslänge und Breite ausgedehnt. Der Dampfer war verloren. Wir sahen hinunter auf zur Hilfe herankommende Korvetten, Barkassen und konnten nur annehmen, daß die Soldaten in Massen über Bord sprangen.

Ich habe die Tonnage des Schiffes mit 8000 Tonnen angegeben. Sie wurden von anderen auf 10 000 geschätzt.

Auf einen zweiten, kleineren Frachter, den ich bereits ins Auge gefaßt hatte, setzte ich, noch tiefer stürzend, die vierte Bombe. Der Frachter brannte nicht, er sank.

Weiterhin waren die Einschiffungshäfen Le Havre, Cherbourg und Brest unsere Ziele, doch blieb Dünkirchen der kritische Punkt. Dort ereilte mich das Schicksal am 31. Mai 1940 nachmittags. Wir waren im großen Gefechtsverband von Schiphol aus, nahe Amsterdam, gestartet, um über Belgien hinweg den Kessel von Dünkirchen von Landseite her anzugreifen, insbesondere die an den Kais und den behelfsmäßigen Piers versammelten Schiffe, Boote und die Truppen. Da meine Maschine vor dem Start ausgefallen war, hatte ich ein Ersatzflugzeug genommen, das zu testen keine Zeit war.

Schon von weitem markierte sich Dünkirchen durch eine riesige Rauchwolke, die aus den brennenden Öltanks am Hafen aufstieg und sich in der Höhe mit einer schmalen Wolkenbank vermischte. Dieses seltsame Gebilde sollte für mich Bedeutung gewinnen.

Unsere Jagd- und Zerstörerbegleitung hielt uns feindliche Jäger fern, und so hielt ich guten Mutes mit der Staffel meine Position im Verband.

Wir kommen an die Abkipplinie. Flak. Ab und in die Tiefe gehen die Vordermänner. Jetzt ziehe ich den Bremshebel, aber die Bremse fährt nicht aus. Ich rausche mit wilder Fahrt hinab, an den Vordermännern vorbei. Der Fahrtwind zischt in höchsten Tönen um die Kanzel. Der Vogel zittert. Ich rüttle an der Bremse – nichts. So geht's nicht weiter. Ich fange ab im langen Bogen, damit das Flugzeug nicht abmontiert. Ich ziehe hoch. Die anderen fallen wie Steine hinter mir in die Tiefe, und unten rasseln ihre Bomben. Aber ich hänge mutterseelenallein mit meiner Besatzung am Firmament. Schnell hinterher, versuch es aufs neue. Da sind die nächsten Pötte in Ufernähe. Plötzlich fegt die Silhouette einer ›Hurricane‹ vorbei, noch eine. Auf zum rettenden Dunstgebilde. Drin bin ich. Stinkt. Schwupp, ich bin oben raus. Wieder hinein, unten wieder heraus. Dünn ist das Räucherwerk. Da peitscht eine Geschoßgarbe durchs Gehäuse. Drähte zittern mir aus dem Instrumentenbrett entgegen. Bombennotwurf? Nein! Beide Motoren laufen ja. Rein in den Dunst. Oben aufpassen, nicht zu steil durchsteigen. Sonst schnappen sie zu. Ein anderer sonderbarer Vogel ist zur Stelle. Eine französische Dewoitine? Sowas Ähnliches habe ich in Spanien gesehen. Wendig ist das Biest. Ich aber auch. Untertauchen, nicht zu tief. Da krachts wieder. Du Schreck, der linke Motor ist weg. Der Funker schreit, der Bolaschütze stöhnt. Dunkelbraun ziehe ich eine Rauchfahne hinter mir her, falle steil nach unten, die Jäger lassen ab, sind sparsam mit der Munition oder edel. Ich weiß nicht recht, was tun. Bei den Tommys am Strand landen? Nein. Dann denke ich plötzlich: »alles schietegal«, gehe noch steiler abwärts, im aufgezwungenen Leerlauf links, im gekürten rechts, auf ein dicht unter der Küste ankerndes mittleres Transportschiff zu, löse aus, zehn Meter darüber weg, alle Bomben zu weit.

Nun gebe ich aber meinem Schrottflugzeug einseitig Gas und will weg. Da sind aber die ›Hurricane‹, an der Nase geführt und wutentbrannt, zur Stelle. Noch ein Knall, aber die eine hat's nicht geschafft, war zu schnell, zischt über uns hinweg. Jede Sekunde ist kostbar. Immer ostwärts, weg vom Kessel, von wo die MG-Garben ins Wasser plätschern. Bei uns schießt keiner mehr. Die hinten haben volle Deckung genommen. Ich mache mich dünn hinter meinem Panzer. Da kommt der Fangschuß. Es kracht, wo weiß ich nicht. Wasser bricht durch die morsche Kanzel, daß mir der Atem stockt. Mein mäkelnder Feldwebel hat das Dach gerade noch rechtzeitig abgeworfen. Ich bin unter Wasser. Was suche ich hier. Raus!

Ich reiße alles kaputt, Schwimmweste, Kombination, aber ich bin raus und stehe, sage und schreibe, den Kopf über Wasser auf dem Rücken des Flugzeugs, und drei weitere Köpfe ragen neben mir aus dem Wasser. Von Land her grollt Geschützdonner.

Wir beide vorn sind unverletzt, die Hintermänner haben Blei- und Glasspritzer ins Gesicht und an die Hände bekommen. Wir machen uns fertig zum Landgang, hangeln uns vom Flugzeug herunter und schweben, paddelnd auf das Flache, robben in die sanfte Brandung und nehmen Witterung. Ein deutscher Stahlhelm taucht zwischen den Gräsern auf. Kerl, laß dich umarmen.

Geschafft. Das war Feindflug Nr. 40 in diesem Kriege, das halbe Hundert spanischer nicht gerechnet.

Mit dem 17. Juni 1940 waren die Einsätze gegen Ziele auf und an europäischem Festland beendet. Ich war inzwischen zum Staffelführer ernannt worden, Major Bloedorn zum Gruppenkommandeur.

Als neue Aufträge waren uns kriegswichtige und militärische Ziele an der englischen Ostküste zugewiesen worden, die Ölraffinerien von Thameshaven und die Stickstoffwerke in Billingham. Wir griffen sie bei Vollmond im Sturz an mit der strengen Weisung, entweder mit Bomben heimzukehren oder Schiffsziele zu suchen, wenn das Hauptziel nicht eindeutig auszumachen wäre. Ich flog jeweils voraus und gab den Angriff erst frei, nachdem ich das Ziel klar erkannte und im Sturz eine oder zwei Benzolbomben hineingesetzt hatte.

Von besonderer Schwierigkeit war ein Angriff auf die äußerst kriegswichtigen Vickers-Armstrong-Werke in Newcastle-on-Tyne. Da der Mond inzwischen auf die Hälfte geschrumpft und die Ostküste von mehrschichtigen Wolken zugedeckt war, meinte ich, den Streich bei Tage unter Ausnutzung des Wolkenschutzes führen zu können. Wir verlegten dazu in das Oldenburgische, nach Bad Zwischenahn, von wo wir nach gründlicher Besprechung in lockerer Ordnung bei prächtigem Sonnenschein und tiefblauer See Richtung Nordwesten ausflogen. Ab Mitte Nordsee hatten wir bei vollständiger Funkstille unsere Gipfelhöhe erreicht, von hohen Cirren leicht beschattet. Wir näherten uns der kritischen Zone, in welcher uns die ›Hurricane‹ und ›Spitfire‹ abfangen könnten. In der Ferne gewahrte ich zu unserem Glück die ersten Wolkenbänke in mittlerer Höhe, zunächst dünn, dann aber auf einhundert bis dreihundert Meter Mächtigkeit anschwellend, den Himmel aber nur halb bedeckend.

Bald aber haben wir genügend Masse unter uns. Wenn jetzt die schwarzen, sich schnell bewegenden und anwachsenden Punkte über dem Grau oder unter den die Sonne bereits verfinsternden Cirren auftauchen, dann nichts als hinunter ins Gewölk, da nehme sich ein jeder seine Wolke und kurve darin herum, schaue mal nach oben, mal nach unten heraus, ob die Luft inzwischen rein wäre. Nach meiner Erfahrung mit dem dürftigen Tarnnetz vor Dünkirchen würde ich mich hier für meine Besatzung und meine Staffel geradezu wohl und geborgen fühlen.

Der Meteorologe hat recht: Die Wolkenschicht, die unter uns zu einem ebenen Fußboden zusammenwächst, und die glatte Decke in doppelter Kirchturmhöhe über uns zaubern den Eindruck einer riesigen Halle, einer Walhalla. So habe ich mir diese als Junge immer vorgestellt, wenn mein Vater, den Blick in die Höhe gerichtet, von einem zur Großen Armee Abberufenen sprach, als eine Halle mit vielen, vielen Betten, in denen die Helden schliefen und wo Wotan mit Spieß und einem Auge Wache stand. Die Riesen-Halle ist heute leer von Bildern, und auch leer von Menschen, Gott sei Dank.

Wie freut sich das Kampffliegerherz, nicht Zielscheibe sein zu müssen für jeden Anfängerjäger mit dicken Kanonen, hier kann man mit kaltem Blut und blindfliegerischem Verstand der großkalibrigen Überlegenheit ein Schnippchen schlagen. Sieh da, da kommen sie, zu zweit, alle Wetter, ich hätte nicht gedacht, ihnen hier in der oberen Etage zu begegnen. Meine Kumpel, weit links und rechts rückwärts hinter mir, tauchen weg. Ich warte noch ein wenig. Noch können sie nicht schießen, müssen erst in Position kommen. Nun aber weg! Die knirschen jetzt mit den Zähnen. Ich falle mit hoher Fahrt, hinein in die Wolken! Höhe jetzt 2300 Meter, 2000 Meter – raus bin ich, und die Wolkendecke scheint nach oben zu entschweben. Vor mir die Küste, herrliches Land, bläulich-grünlich, fast abendliche Beleuchtung gegen 17 Uhr jetzt. Da in der Ferne Newcastle. Das reicht zur Orientierung. Wieder hoch und hinein.

Ein bißchen in der Zwischenschicht bei 2500 Meter verschnaufen und nachdenken. Aber da oben ist auch einer meiner Widersacher, er sieht mich, kurvt ein, mit voller Pulle, und schwarz hängt ihm die Fahne aus dem Auspuff nach. Ich spüre, daß er es eilig hat. Er will mich haben, bevor ich tauche. Nee, nee Junge, so schnell nicht, vor allem heute nicht. Der Funker meldet laufend, aber ich verdrehe mir selbst den Kopf, will mit eigenen Augen sehen, bis zur letzten Sekunde warten. Ich muß ans Ziel kommen. In der nächsten Sekunde wird er sich in meine Kiellinie eingepaßt haben, mit hängenden Lefzen heranjagen. Der Funker schreit: »Er kommt.« Ich sehe es selbst. Runter geht's wieder ins Erdgeschoß.

Da wird es mulmig. In 1800 Metern komme ich aus der Wolkendecke heraus, die dicken ekeligen Ungeheuer von Sperrballonen schweben an mir, unter mir vorbei. Pfui Teufel, wenn einige dieser Quallen in den Wolken schweben. Plötzlich durchsägt der Draht die Fläche, und man weiß nicht woher und wieso. Aber der steife Wind drückt sie heute flach wie der Strom die Schlingpflanzen. Außerdem,

92

wo die Jäger fliegen, muß die Höhenluft rein sein.

Ich fliege den Tyne hinauf, das Zielgebiet voraus. Die Schnellfeuer-flak nimmt mich trotz der Ballone aufs Korn. Die knallen sie mit ab, wenn's sein muß. Ich mache Berg- und Talfahrt um die Wolkenunter-grenze – mal rein, mal raus. Nur für kurze Zeit können sie mich von unten sehen.

Ich drücke den Funksprechknopf: »An alle. Herumgurken außer-halb.« Der englische Übersetzer-Horcher wird den Kopf schütteln.

Derweil die Besatzungen, in freiem Gelände weiterer Befehle har-rend, herumkurven, sehe ich westlich der Stadt nach dem Rechten. Sturz- oder steiler Gleitangriff wäre Wahnsinn. Beim Aufstieg von Bodennähe bis zu den Wolken würden sie uns niedermetzeln. Läge die Untergrenze bei vierhundert bis fünfhundert Meter, hätte man es machen können.

Also Horizontalangriff aus den Wolken und entlang der Unter-grenze. Auch das wird bitter.

Nun aber erst die Windbestimmung. Die Rauchfahnen der Schorn-steine geben den Bodenwind, somit einen Anhalt. Wir brauchen den Höhenwind. Ihn zu ermitteln, ist eine üble Beschäftigung. Ich muß raus aus der Deckung, damit der Beobachter messen kann. Später müssen wir auf die Minute und Sekunde genau aus den Wolken herauskommen, ein paar Sekunden korrigieren, zielen, werfen und wieder hinauf und hinein. Aber hier, jetzt sind wir die Winderflieger. Volle Minuten messen wir unter den Wolken. Auf uns kommt es an. Und das Unheil lauert. Schwer sind die Jäger über dem vielfarbigen und vielgestaltigen Gelände auszumachen. Also, Himmelhunde, Ka-meraden, reißt die Augen auf! Ich tue das auch, während der Beob-achter mißt. Meine Blicke flackern zwischen Instrumenten und Ge-lände. Ich laufe heiß. Was bedeutet mir der Picten- und Scotenwall der Römer da unten. Touristenattraktion. Ich habe überhaupt keinen Blick mehr für die Landschaft. Der Beobachter soll endlich fertig werden.

Er ist fertig, endlich. Und, oh Wunder, keiner der schnellen Brummer hat sich sehen lassen. Möglich, daß unser Herumorgeln in der Landschaft die Verteidiger verwirrt hat. Was sollen diese auch davon halten, wenn hier und da eine Ju 88 aus der Falltür hervor-schaut und ruckzuck wieder weg ist. Sicherlich haben auch die englischen Jäger zur Verwirrung der Luftlage ihren Beitrag geleistet.

Ich gebe die Wurfwerte an die Besatzungen durch, alle bezogen auf die Angriffsrichtung von Ost nach West, am River Tyne entlang, an welchem sich das Werk als recht schmales Handtuch hinzieht.

Ablaufpunkt auf Ostkurs passiert, Stoppuhr gedrückt, hinein in die Wolkendecke, eisern Kurs gehalten. Unten horcht und lauert alles an den Waffen, richten sie Kaugummi kauend vorsorglich mit, und die Jäger hängen irgendwo unter oder über uns. So recht können die Engländer noch nicht wissen, was wir veranstalten, zu seltsam muß ihnen der wilde Reigen erschienen sein. Jetzt tönt ihnen das Gebrumm aus östlicher Richtung in den Ohren.

Die letzten Sekunden ticken dahin. Hinunter jetzt. Die letzten Wolkenfetzen fegen an mir vorbei. Da der Tyne, und daran, wie auf dem Luftbild, das Werksgelände. Wieder die fetten, stumpfsinnigen Ungetüme. Nun aber sausen die ›Bügeleisen‹ an uns vorbei, verschwinden in den Wolken.

Jetzt geht's zum Schwur. Kein Fackeln und kein Wackeln mehr. Wirkung geht vor Deckung. Ich nehme die Kiste fest in die Hand. Beobachter, wird's bald, schmeiß runter die Dinger. Mach schon, mach schon, scheißegal, ob du am Anfang oder am Ende triffst.

Der hat 'ne lange Leitung und die Ruhe weg, das Auge an der Optik nämlich. Er ahnt nicht, was links und rechts und rundum los ist. Er findet in seinem kleinen Blickwinkel die Welt in relativer Ordnung.

Endlich gehen die Dinger ab.

Ich reiße den Vogel erbarmungslos in die Kurve und in die Höhe, daß mein Unterkiefer bleischwer wird. Den Wolken sei Dank. Eingehüllt bin ich. Hole tief Luft. Setze mich ab nach Süden, um von dort weiter zu sehen. Jetzt brennt die Sorge, wie es die anderen schaffen. Aber ich hab's ihnen gepredigt: Nie flach an der Wolkenuntergrenze kleben, da wird man gesehen, bevor man selbst sieht, nur mit Caracho die Grenze durchstoßen, wenn die Zeit da ist, kurz vor dem Ziel.

Nun leicht geworden, nähere ich mich von Süden dem Kampffeld, um zu sehen und zu stören. Ich schaue kurz raus. Da vorn ist was los, da kokelt es an mehreren Stellen vom Boden her, nicht aus den Schornsteinen. Jetzt gerade kracht's wieder hinein, schnell zurück ins Versteck, steil hinauf in die Zwischenschicht. Über dem Hafen brumme ich mit vollen Touren herum, Gas raus und wieder rein, rufe meine Besatzungen: »Hänge oben. Macht's gut.« Leutnant Weinreich rumort mit. Er hat Talent, andere Leute feinsinnig zu ärgern. Eben hat er breit ostpreußisch mitgeteilt, er flöge jetzt nach Edinburgh.

Die schwere Flak versucht sich mit einigen Schreckschüssen. Wie aus dem Nichts sind plötzlich schwärzliche Tupfer in den Raum gesetzt. Sie zeigen, daß ich richtig bin.

Noch einige Minuten orgele ich durch den Raum, brumme, heule auf, knattere mit dem Auspuff, verröchelnd. Dann aber die Gase voll reingeschoben und ab, heimwärts.

Die Wolken hatten sich, wie vorhergesagt, weiter auf See hinausgeschoben. Ich hielt mich so lange bedeckt, bis die Küste Englands weit hinter mir lag.

Alle waren von Newcastle heil zurückgekehrt. Kaum zu glauben. Die dortige englische Luftverteidigung hat sich in ihrem ersten Einsatz gut geschlagen. Respekt. Das Glück hatten wir. Wirklich? Als wir beinahe fröhlich unsere Gefechtsberichte schrieben, erschien ein Mann in einer Uniform, die weder ich noch einer meiner Kameraden je gesehen hatte: Ein Kriegsgerichtsrat! Was wollte der?

Er wollte mich sprechen, aber allein.

Er erklärte, nach Mitteilung des Führerhauptquartiers hätten deutsche Flugzeuge heute, etwa um 17 Uhr, einen Terrorangriff auf die Zivilbevölkerung von Newcastle durchgeführt. Er sagte, er sei vom Kommandierenden General des IX. Fliegerkorps beauftragt, die Schuldigen festzustellen. Er habe jeden einzelnen Flugzeugführer zu befragen, was er getroffen habe.

Ich erklärte, mit Mühe meinen Zorn unterdrückend, daß er mit meiner Befragung anfangen könne. Ich möchte sogleich bekennen, daß ich nicht wüßte, was ich getroffen hätte. Keine meiner Besatzungen wisse, was sie getroffen habe. Ich hätte ausdrücklich verboten, nach dem Abwurf lange hinterherzuschauen, wo die Dinger explodierten. Ob er wisse, wie lange die Dinger brauchten, um aus 2000 Meter Höhe den Erdboden zu erreichen.

Nein, das wisse er nicht.

Ich sagte, das dauere 20,7 Sekunden. Ich führte ihm anhand meiner Sekundenuhr vor, was 20,7 Sekunden seien, und knatterte ihm mit meiner Zunge ein kleines Maschinengewehrfeuer vor. Ja, meinte ich, so wie er schon nach der ersten Sekunde Deckung nehmen würde, so haben wir es getan. Hinein in die Wolken.

Der Kriegsgerichtsrat war verzweifelt: Der Kommandierende müsse aber dem Führerhauptquartier die Trefferlage melden. Ich empfahl zu melden, daß alle Besatzungen beim Wurf genau abgekommen seien – Ziel in der Marke. Das übrige müsse der Fernaufklärer feststellen. Wenn Fehlwürfe festzustellen seien, müsse der Krieg zukünftig im Saale stattfinden.

Gerügt wurde ich vom Fliegerkorps dafür, daß ich die Besatzungen dem Verhör entzogen hätte, ferner für mein respektloses Verhalten und widersinnigerweise dafür, daß ich nicht gewußt hätte, was ich getroffen habe, mit mir die ganze Staffel.

Der Kommandeur, Major Bloedorn, hatte mir befohlen, einen eingehenden Bericht abzufassen. Ein Papier wie dieses, dem ein politischer Hautgout anhaftet, kriegt plötzlich Beine und sehr schnell klettert es die Dienstleiter hinauf, und auch der Fernaufklärer war schnell drüben beim nächsten Sonnenschein, und dabei kam es raus: Von einer Viererreihe lagen zwei Bombentrichter knapp außerhalb des Fabrikgeländes und hatten Schaden an ein oder zwei Privathäusern angerichtet. Raus kam nicht, wer es war. Der es war, hatte mir sofort zusammen mit seinem Beobachter schuldbewußt gemeldet, sie seien seitlich vom Kurs aus den Wolken gestoßen und hätten fast diagonal zum Werkgelände abgeworfen, na ja, da müsse es passiert sein. Schlimm für mich: Den Flugzeugführer hatte ich vor dem Kriege im Blindflug, den Beobachter im Bombenwerfen ausgebildet.

Ein anderes Papier kam später, sehr viel langsamer, die Dienstleiter heruntergestiegen, landete schließlich bei mir. Darauf stand zu lesen, daß wir es recht gut gemacht hätten. Ich speziell solle einige Verbände in Holland und Belgien aufsuchen und über das Modell eines Tagangriffs bei Wolkendeckung berichten. Unterschrieben war das Papier vom Generalfeldmarschall Keßelring.

Die Reihe später nachfolgender Luftmineneinsätze gegen Häfen und Fahrrinnen durfte ich einmal durch einen Angriff auf einen Geleitzug an der Ostküste bei Flamborough-Head unterbrechen. In schneidigem Tiefangriff, beinahe am Mast eines Dampfers hängenbleibend, warf ich alle vier Bomben daneben und war so zerknirscht, daß ich am Nachmittag desselben Tages, meines Geburtstages, unter Verzicht auf Kaffee und Kuchen den gleichen Geleitzug weiter südlich, jetzt bei Great Yarmouth, nochmals angriff, bei geringer Wolkenhöhe herauszischend, werfend, hineinziehend, ohne die Wirkung gesehen zu haben. Von der Seite aus gebührendem Abstand beobachteten wir, ob nicht einer aus dem Geleit fehlte – wir hatten zuvor abgezählt – oder ob nicht wenigstens einer schlappmachte oder Schlagseite zeigte. Nichts dergleichen. Zwar entwickelte sich auf einem Dampfer dunkler Qualm, aber der besagte nichts. Die Engländer rührten nicht selten in riesigen Bratpfannen oder Kochtöpfen brennbares Zeug an, das sie nach Angriffen zu Täuschungszwecken entzündeten.

Auf den einzigen Jäger, der über den Wolken herumflog, wollte meine Besatzung noch nicht einmal aus völlig unbedenklicher Position schießen. Wir hatten alle genug. Ein schlechter Tag, ein ganz schwarzer.

Die Besatzung des Oberleutnant Hans Geisler aus Riesa aus der Nachbarstaffel ist von diesem Einsatz nicht zurückgekehrt. Andere Besatzungen haben beobachtet, daß die Engländer auf einigen Schiffen Sperrballone hochgelassen hatten. Mein Erschrecken hinterher war gelinde. Niederschmetternd, gemessen an dem hohen Einsatz, war das Ergebnis. Für den Angriff aus flachem Gleitwinkel waren wir nicht mit dem rechten Zielgerät bestückt. Schon vor einigen Wochen hatte ich in Schiphol mit Herren von der Firma Zeiß-Jena an dem Modell eines Zielgerätes experimentiert, welches die Schätzung des Auges durch einzugebende Daten ersetzen sollte. Nur zu leicht ging die Bombe in ihrer gestreckten Bahn fehl. Übungsflüge mit Zementbomben hatten noch kein befriedigendes Ergebnis erbracht, und so schrieb ich einen Erfahrungsbericht, der auf dem Dienstweg nach oben befördert wurde.

Der ganze Monat August war bestimmt von Angriffen auf wichtige militärische Ziele, Schiffe, an der Küste gelegene kriegswichtige Anlagen, Häfen wie Plymouth, die zu verminen eine überaus schwierige navigatorische und gefährliche Unternehmung darstellte, da in geringer Höhe und bei langsamer Fahrt abgeworfen werden mußte, wobei ich einmal mit einem Sperrballon nähere Bekanntschaft machte. Weiterhin galt das strikte Gebot, Wohnplätze zu schonen, wenn diese im Gefahrenbereich lägen, eine Auflage, die immer wieder den Unmut der Besatzungen hervorrief. Denn wir waren allabendlich Zeugen der Einflüge in Richtung Ruhrgebiet und hörten von betroffenen Verwandten und Bekannten, daß sich unsere Gegner bezüglich eines sauberen Abwurfes keine spürbaren Beschränkungen auferlegten. Allerorten stürzten Wohnhäuser zusammen, und es gab Tote und Verletzte.

So begannen Anfang September 1940 die Angriffe auf London. Mein erster Feindflug, Nr. 69 in diesem Kriege, führte mich in der Nacht vom 7. auf den 8. September zunächst auf die India-Docks, die große Themseschleife im Ostteil Londons. Erst allmählich wurden die Angriffe, da die Engländer von ihrer breiten Streuung nicht abließen, auf das gesamte Stadtgebiet Londons ausgedehnt. Ich war überzeugt, daß wir zuvor alles getan hatten, den Krieg als Streit der Kämpfenden, nicht als wahlloses Töten von Frauen und Kindern zu führen. Aber die Empörung über den britischen Terrorkrieg – nur als solcher wurde er empfunden – schwemmte mit der Zeit unsere Bedenken fort, Gleiches mit Gleichem zu vergelten, um die Rückkehr zu geregelter Kriegsführung zu erzwingen. Das war die oft verkündete Parole der oberen und obersten Führung, an deren Aufrichtigkeit zu zweifeln ich nach den persönlich gemachten bitteren Erfahrungen keine Veranlassung hatte.

So hatte ich am 18. Oktober 1940 bereits 21 Vergeltungsangriffe allein auf London notiert, als ich am gleichen Tage beim Start in der Dämmerung, mit zwei Bomben zu je 1000 kg beladen, einen kapitalen Bruch hinlegte. Der linke Reifen war von Bombensplittern zerschlitzt worden, die von der Startbahn nach einem vorangegangenen Abwurf eines englischen Störflugzeuges nicht gekehrt worden waren. Außerhalb des Platzes, die Motoren hier und da verstreut, lag der Trümmerhaufen, die beiden mächtigen Bomben, noch in letzter Sekunde von meinem Bombenschützen Baumgartner ausgeklinkt, nicht weit davon, während ein Mann der Besatzung im Salto-Mortale aus dem Blech herausgeschleudert wurde und die übrige Besatzung in demselben verklemmt blieb. Ich wurde aus dem Gewirr herausgezerrt und soll »weiterstarten« geplappert haben. Zum Bewußtsein gelangte ich erst im kühlen Operationssaal in dem ›Wilhelmina-Gasthüis‹ in Amsterdam, als ich jemanden fragen hörte, ob ich was merkte, und als ich den Weißgekleideten in meinen großen Zeh kneifen sah. Der Schreck ging tief – Lähmung? Der Arzt sprach und kniff ruhig weiter, bis ich sagte: »Au«, von ihm quittiert mit »sehr gut«.

Zwei meiner Besatzung lagen neben mir auf Rollbetten, der vierte stand mit Kopfverband zu meinen Häupten. Alle hatten meine Rückkehr in die Welt der Tatsachen mit Spannung verfolgt.

So lag ich mit einem angebrochenen, einem angerissenen Lendenwirbel und einer Gehirnerschütterung, die linke Hand leicht von Blech zerschnitten, in einem Einzelzimmer des Krankenhauses, um am nächsten Tag nach einem tiefen Schlaf zu erwachen und unseren Truppenarzt Dr. Coburg neben mir mehr an der Stimme als optisch wahrzunehmen. Zunächst heulte ich fürchterlich und sehr naß, wieso, wußte ich nicht. Mittlerweile faßte ich meine Umgebung näher ins Auge und bemerkte an der Nachttischlampe eine sonderbare Erscheinung. Das sei das Ritterkreuz, das ich drei Tage vor meinem Bruch vom Reichsmarschall persönlich erhalten hätte, erläuterte Dr. Coburg. Ich wußte es nicht mehr.

Nach drei Wochen kerzengeraden angestrengten Liegens besuchte mich Hauptmann Gaggy Metzenthin, Kapitän der Nachbarstaffel. Nachdem er von den letzten Einsätzen berichtet hatte, ertönten die Sirenen. Metzenthin löschte das Licht im Zimmer und zog die Verdunklungsjalousien hoch: Die Dächer von Amsterdam erstrahlten im hellsten Licht einiger Leuchtbomben, die ein englischer Flieger abgeworfen hatte. Wie verschneit schien die Stadt. Nach einigen Sekunden krachte es ohrenbetäubend, daß die Wände buchstäblich wackelten. Volltreffer in unser mit einem großen roten Kreuz bemaltes Krankenhaus. Geschrei und Laufschritte auf den Fluren, Türengeklapper. Metzenthin, mit dem ich mich nicht duzte, schrie: »Ich rette dich.« Schon sauste er raus und holte ein Rollbett, stellte es längsseits und wälzte mich vorsichtig darauf, und ab rauschte er mit mir über die Flure. Sämtliche Fahrstühle waren belagert. Durch geborstene Fensterscheiben drang auch von außen Geschrei und Gewimmer hinauf in unser Stockwerk. Es gab zahlreiche Tote und Verwundete.

Metzenthin karrte mich suchend umher, bis wir das Zwecklose einsahen. Da waren auch die Leuchtbomben erloschen.

Die Empörung der Patienten und des holländischen Pflegepersonals war verständlich, aber unberechtigt. Ich mußte ehrlicherweise eine Absicht des Engländers verneinen. Niemals kann ein Bombenflieger bei Nacht aus 5000 Meter Höhe trotz Leuchtbomben ein rotes Kreuz auf einem Dach erkennen, und niemals wird er vorsätzlich dieses Kreuz aufs Korn nehmen, weder im besetzten Gebiet noch im Reich. In der mehrere Quadratkilometer messenden beleuchteten Fläche vermag er nur markante Flächen und Linien auszumachen. Kriegswichtige Ziele gab es zahlreiche rundherum, Fabriken, Kanäle, Schleusen. Wie sollte sich ein einzelner Bombenflieger – um einen solchen handelte es sich hier – fühlen, wie anders als ein Würstchen, vom Scheinwerfer geblendet, von der Flak behämmert, von Nachtjägern bedroht, nach einem von seiner Führung aufgegebenem Ziel suchend, es nicht findend oder verwechselnd. Das Verschulden trifft die militärische oder politische Führung.

Weitere drei Wochen verbrachte ich im Luftwaffenlazarett Berlin am Olympia-Stadion und hatte dort Gelegenheit, mich aus der Zwangsunterbringung im Keller davonstehlend, einen regelrechten Terrorangriff auf Berlin zu erleben. Die Bomben fielen auf die ganze Stadt verstreut. Meine Verwandten und Kameraden wußten am nächsten Tag eingehend davon zu berichten.

Ende November 1940 war meine Heilung mit allerlei Kuren und Schwimmtraining im wesentlichen abgeschlossen. Die noch vorgesehenen zehn Tage glaubte ich mir sparen zu können und forderte telefonisch meine Abholung an. Ich entwischte von einem Spaziergang auf dem Flur, wobei mir der Adjutant unserer Gruppe, Oberleutnant Sommer, der mit einer Ju 52 erschienen war, kameradschaftliche Hilfe leistete. In Staaken übernahm ich das Steuer und blieb eingedenk der ärztlichen Warnung, daß ich in Zukunft heftige Belastungen in scharfen Kurven zu meiden hätte.

Als ich in Schiphol landete, hatte meine Staffel ihre Vorbereitungen zu einem weiteren Angriff auf London beendet und sollte in einer Stunde an den Start rollen. In diesem Augenblick fiel es mir sehr schwer, die Erinnerung an meine letzte unglückliche Unternehmung zu unterdrücken und mir vorzustellen, ich säße jetzt am Steuer, um in dieselbe Richtung wie damals loszurollen. Aber würde ich heute nicht starten, würde es mir einen Tag später noch schwerer fallen. Also jetzt sofort! Voran mit Krampf und Härte! Ich schickte den Flugzeugführer fort, übernahm dessen Besatzung, kletterte mit ihr hinein, tastete die Hebel und Knöpfe, und los ging es.

Wenn ich jemals Schwierigkeiten hatte, den eigenen Schweinehund niederzuknüppeln, so war es in diesem Fall. Nach dem Einsatz war der Krampf gelöst. Ruhig und gelassen, müde aber glücklich, meldete ich mich beim Kommandeur via London als geheilt zurück.

In den verflossenen Herbstwochen 1940 war unsere, meine alte III./KG 4 ›General Wever‹ aus dem Verband dieses Geschwaders ausgegliedert und als III. Gruppe in das Adlergeschwader KG 30, das schon vor uns mit Ju 88 ausgerüstet war, überführt worden. Mein Kommandeur, Major Bloedorn, wurde Kommodore des KG 30, und an seine Stelle trat Major Arved Crüger, ein hervorragender Flieger, ein umsichtiger Führer und vor allem ein gütiger Mann, dem ich herzlich zugetan war. Er führte locker, formlos, aber durch sein Beispiel in bestimmter und verpflichtender Weise.

Aus diesem Schema sollte ich alsbald ausbrechen. Man frage nicht wie. Hübsch manierlich hätte ich mich an meinen Auftrag gehalten, wenn mir nicht mein Bordschütze, seinerzeit Unteroffizier Stiefelhagen aus Engelskirchen bei Köln, einen so empfindlichen Rippenstoß versetzt hätte, daß die Kiste im Handumdrehen ihre eigenen Wege flog.

Auftragsgemäß hatte ich, bei allgemeiner Schlechtwetterlage, die englische Ostküste und den Schiffahrtsweg davor abzusuchen, geeignete Wolkenuntergrenzen, Sichtweiten und passende Ziele festzustellen und zu melden, damit die in Schiphol grimmig und beladen bereitstehende Gruppe sich dahin stürzen könnte. Also klapperte ich unter dem Gewicht dieser verantwortungsvollen Aufgabe und vorsorglich mitgenommener zehn 50-kg-Bomben die Küste, Hafeneinfahrten, Bojen und Watten ab, duckte mich unter den regennassen Wolken immer tiefer auf die graue See und starrte mir durch den Dunst die Augen aus dem Kopf, immer bereit, einen Haken seewärts zu schlagen, wenn es überraschend von einer Mole her funkte. Es war ein schweres, gefährliches Geschäft aufzuklären, wo das Wetter nicht mithalf. Von der Themse bis hinauf nach New Castle nur graues Einerlei, in welchem Meer und Wolken ineinanderflossen. Hier und da ein Fischkutter oder ein Vorpostenboot, das unseren Flugweg meldete. Knatterte es mit seinem Maschinengewehr hinter uns her, etwa ohne Leuchtspur, heimtückisch? Wir wußten's nicht. Glauben wir, daß nichts ist. Staunen werden wir später, zu Hause, über die Löcher.

Manchmal mimten unsere Boote hier im trüben. Dieses Mal jedoch war kein einziges gemeldet, das mit Fischertarnnetz ausgefahren wäre, einen deutschen Agenten hinüberzuschaffen. Welch ein Einsatz, nachts in Gummistiefeln durch die Watten an Land zu stapfen, einige mitgebrachte Fische vorzuweisen, und sich zur Not als Holländer oder Däne mit entsprechenden Papieren auszugeben!

Heute also höchste Achtung auf alles, was unter Segel und mit Diesel auf den Wellen schaukelte. Achtung aber auch vor dem dürftigen Minenräumer auf dem schmalen Zwangsweg der Geleitzüge. Er ist ein frecher Hund, der nicht nur bellt, sondern auch beißt und dabei weiß, daß ich ihn mit der Bombe nicht treffe, wenn ich ihn überhaupt nach dem Einkurven zu fassen kriege. Eher verabreicht er mir überraschend aus der Flanke eine Salve. Nein, wir sind zu Besserem da, lassen wir die kleinen Fische. Man wartet auf unsere fetten Meldungen.

Ein Blick hinein ins Land, um von hinten in die kleinen Häfen zu schauen. Hier fliegt sich's besser, läßt sich was erkennen, Wege, Fachwerkhäuser, Kühe mit dem Achtersteven gegen den Wind, eine Bimmelbahn, ein Radfahrer, der uns winkt, uns vielleicht für eine ›Blenheim‹ hält – etwas entwürdigend, nicht für voll genommen zu werden. Kerl, das seid nicht ihr, das sind wir! Wo bleibt eure Luftherrschaft?

Zurück, raus auf See, an die geräumigeren Häfen, die Münder, die

die Frachten aus Kanada, Australien zerkauen und den großen Mägen London, Birmingham, Leeds zupumpen. Nichts ist. Nichts – das ist auch ein Ergebnis. Fürchterlich wär's, die Gruppe in diesen Sumpf zu locken.

Also kehrtgemacht, aber nicht geradenwegs nach Hause, sondern entlang des Schiffahrtsweges, des Tag und Nacht von Minensuchern geräumten. Vielleicht wäre doch inzwischen, weiter südlich, die Sicht besser. Vielleicht sähe man dies oder das, einen kleinen Geleitzug gar?

Nein, es hebt sich nicht der Dunst, und Fettes wird nicht sichtbar, und wie die Hoffnung mit der geographischen Breite abnimmt, steigt die Wut im Balg: Dieses England, Abhängsel Europas, schwimmt nicht nur in grauer Brühe, sondern dämmert auch im Dunst, unter triefender Watte. Ich habe die Nase voll, und in Gegend Ipswich sage ich: Ab die Post, Kurs Heimat, womit ich Amsterdam-Schiphol meine. Um diesen Entschluß zu verdeutlichen, greife ich nach der Schokolade in meiner Knietasche.

Die Hand zuckt zurück. Was hat da mein Engelskirchener getönt? Er murrt weiter: »De schönen Bomben! Nun sind wir solange jeflogen, und nu einfach nach Hause?«

Der Mann hat die ganze Zeit in der Bola auf dem Bauch gelegen, hat die Schnauze immer noch nicht voll, jedes Seezeichen festgestellt und abgelesen, die Leuchttürme, die Wäsche auf der Leine, den Radfahrer, die Flak auf dem Kai und immer darauf gewartet, daß wir wenigstens unsere 10 Bömbchen irgendwie anbringen würden.

Oh Schmach und Schande, mein Bordmechaniker tritt mir ins Kreuz, in die Rippen, das mir, dem Kommandanten und Staffelkapitän!

Ich schnaube vor Wut. Jetzt werdet ihr was erleben! Schon bin ich auf Westkurs, steige mit voller Leistung, hinein in den Dreck, in die Zwischenschicht, peile durch Löcher. Thameshaven scheint durch, sehr bekannt. Weiter westwärts. Minuten später wieder ein Stück Themse.

Etwa nach London?

Wohin denn sonst. Groß genug. Das treffen wir in jedem Fall.

Mal ist's unten zu, mal offen. Dicke Wolkenfetzen ziehen tief über das Gelände, über Schornsteine, Wiesen und Wälder. Das haben wir ja selbst parterre erlebt. Viel Spaß, ihr Jagdflieger da unten. Wer will, mag aufsteigen und – aussteigen! Die Flak? Sie wird ihr bestes tun, wie bei Nacht, wird mit ihrem Geballere Eindruck machen, unten versteht sich, nicht uns hier oben.

Eimerweise gießt es jetzt und bockt. Hindurch. Durch die Regenschleier döst das Häusergrau herauf. London. Ja, ganz einfach, ich will London bombardieren, allein, auf eigene Faust, weil mein Bordmechaniker mich für eine Memme gehalten hat. Und es muß ordentlich dick kommen für ihn. Der Kerl muß merken, was er sich angetan hat. Auch mir soll's recht sein. Der Schimpf muß abgewaschen werden. Hier und da sehen wir Flakwolken. Die meisten vermischen sich mit Dunst und Wasser.

Ich schlängle mich weiter. Jetzt müssen wir über der City sein. Schmetz löst die erste Bombe. Wir lassen uns Zeit bis zur zweiten. Wenn die Engländer über Berlin bei Nacht erscheinen, warum nicht wir bei Tage über London? Ein bißchen stören. Dritte Bombe. Wir sind immer noch richtig. Da sind die vielen Rechtecke im Häusermeer. Vierte Bombe. Ich sage zu Stiefelhagen: »Wenn es Ihnen zu langweilig wird, versuchen Sie, einen Ballon abzuschießen.« Er furzt ein paarmal kurz hinten raus, aber ohne rechte Begeisterung. Die Dinger sind mindestens 1000 m tiefer. Fünfte Bombe. Immer noch kein Jäger. Wie sollte der auch. Auf Brennstoff muß ich achtgeben. Sechste Bombe. Ich fühle mich augenblicklich so wohl, daß ich meine Schokolade in der Knietasche breche und kaue. Siebente Bombe. Ich frage Stiefelhagen, ob er auch Hunger hätte. Nein, er wollte lieber aufpassen, vielleicht käme doch ein Jäger. Aha, denke ich, ihm ist doch einigermaßen mulmig. Achte Bombe. Ich frage Schmetz, welches Wetter wir wohl heute Nacht hätten. Wenn's so bliebe, könnten wir vielleicht ins Kino gehen. Neunte Bombe . . . Zehnte Bombe.

Die Londoner waren eineinhalb Stunden im Keller und in der U-Bahn. Die deutschen Horchfunker rätselten. Sie wähnten, die Engländer beschössen ein eigenes Flugzeug. Keine deutsche Kommandostelle wußte etwas von einem Angriff auf London. Auch Major Crüger hatte nein gesagt. Erst als er den Hörer aufgelegt hatte, dämmerte es ihm: Sollten die Kerle wirklich . . .?

Zu Stiefelhagen sagte ich nach der Landung: »So'n Mist machen Sie nicht nochmal.«

Abends gingen wir zusammen ins Kino. Ich glaube, es war Cora Terry.

Wie Stiefelhagen anderentags zum Eisernen Kreuz 1. Klasse kam, wußte er selbst nicht. Zu bescheiden.

Als ich am 16. Februar 1941, nachts gegen 4 Uhr, zwei dicke Luftminen in die Hafeneinfahrt von Sunderland an der Ostküste senkte und die Flak wütend hinter mir herschoß, wußte ich nicht, daß ich für lange Zeit von England Abschied zu nehmen hätte, dessen Geographie mir ebenso vertraut geworden war wie die der Heimat. Vertraut geworden war mir auch der Feind, seine Härte und Tapferkeit, seine Listen und Tücken, aber auch seine gelegentlichen Schwächen und Schlafmützigkeiten, die vermutlich mit seinen Teepausen zusammenhingen. Ich hatte nicht feststellen können, daß wir uns in dem einen oder dem anderen merklich voneinander unterschieden. Ich für meine Person hatte niemals das Gefühl, den stolzen Söhnen Albions unterlegen zu sein. Allenfalls von ihrem Erfindungsreichtum hätte ich mir, so meinte ich, eine schmale Scheibe abschneiden können.

Gegen Mittag des nächsten Tages wurden wir Staffelkapitäne zum Kommandeur bestellt. Als wir die Besprechung verließen, war eine neue Seite im Schicksalsbuch des Krieges aufgeschlagen worden.

5. KAPITEL

Krieg im Mittelmeer
Februar – März 1941

Italien, das im Juni 1940 England und Frankreich den Krieg erklärt hatte und im Herbst gegen Griechenland und Ägypten offensiv geworden war, ist in Schwierigkeiten geraten. Die Engländer sind auf Kreta gelandet und bereiten sich vor, zum griechischen Festland überzusetzen. Die deutsche Wehrmacht muß helfen.

Vor uns in der Winter-Mittagssonne steigen die glitzernden schneebedeckten Alpen auf. Hinter uns liegen graue Tage und Nächte ewigen Einerleis im Luftkrieg gegen England: Minen in die Themse, in den Humber und Mersey, Bomben auf Industrie- und Hafenanlagen, unsere abendlichen Begegnungen mit den schweren viermotorigen Bombern der Briten über der Nordsee, gefährlicher noch befrachtet als wir. Hinter uns liegen Hollands flache Wiesen, Gewächshäuser, Kanäle und Straßen im Schneematsch.

Unsere Ju 88-Staffel klettert an diesem Februartag des Jahres 1941 mühsam auf Höhe. Unter unseren Flächen hängen zwar keine schwere Bomben, aerodynamisch geschnittenen Kalibers, sondern dicke, eckige Behälter, in welchen die nötige Ausrüstung für Einsätze im Süden verstaut ist. Dazu haben wir unseren Flugzeugwart als fünften Mann an Bord. Auch sonst ist viel Zeug in die Kanzel gequetscht. Zum Luftholen reicht's gerade.

So schwabbeln wir, durch die Gepäckbomben beidseitig gebremst, auf die Zentralalpen zu, um einige weiße Quellungen herum, schauen mal nach rechts, mal nach links, wo unsere Flugzeuge in lockerer Ordnung, ›Sauhaufen‹ genannt, in den Auf- und Abwinden wie Ballone hochgehen oder absaufen. Aber den scharfen Grat voraus behalten wir im Auge. Vorsicht vor dem Überziehen! Wer Not hat, über den Grat zu gelangen, muß zurückkurven, um Höhe zu holen.

Den Brenner haben wir passiert. Bald sind die letzten Höhen unter uns. Ich setze meine Scheinwerferbrille ab und schaue in die Tiefe. Da dehnt sich die schneefreie Poebene, das Italien, Land unserer Sehnsüchte. Lechfeld, unser Zwischenlandehafen, war noch tief verschneit. Hier Sonne und erstes und ewiges Grün. Wie müssen sich die Könige und ihre Mannen, wie müssen sich die Pilger im Mittelalter gesputet haben, den Schnee von ihren Kleidern zu schütteln, wie fröhlich müssen die Rosse gewiehert haben, als sie das frische Gras schnupperten.

Wir fliegen über Ravenna an der Ostküste entlang. An der Westküste stauen sich die Wolken.

Wir gehen auf 1000 Meter herab. Es wird wärmer. Die Heizung stellen wir ab. Gemütlich wird's drinnen in der Kanzel.

Sizilien ist unser Ziel. Dorthin werden wir auf höhere Weisung ›geworfen‹, die britische Flotte im Mittelmeer in Schach zu halten, die Geleitzüge zu stoppen, die von Gibraltar und Alexandria Malta versorgen, der italienischen Flotte Operationsfreiheit, unserem Afrika-Korps den Nachschub zu sichern.

Wir freuten uns auf den Wechsel, auf den Sonnenschein. Wir wollten den schwarzen Nachttarnanstrich unter der Fläche gegen das helle Blau wechseln, in den blauen Himmel fliegen.

Einstweilen rutschen wir gemächlich an der Naht des italienischen Stiefels abwärts, in Erwartung allerlei farbenprächtiger Bilder. Ein wenig sind wir auf diese vorbereitet. Einer unserer Beobachter – er fliegt als Kommandant in der 4D + ER 300 Meter rechts rückwärts von mir, Oberleutnant zur See Friedrich, der britische von italienischen Kriegsschiffen im Schlafe zu unterscheiden weiß und deshalb von der Marine zu uns kommandiert ist, hatte sich in Amsterdam einen Baedecker ergattert. Auch kannte er das Mittelmeer von Ausbildungsreisen her. Das wichtigste über Sizilien hatte er in seinen Unterrichtsstunden – Seekriegskunde und Handhabung des Oktanten – einfließen lassen. Da war vom altgriechischen Syrakus die Rede, von Archimedes, der mit seinem Hohlspiegel die Holzschiffe der Römer ansengelte, von den Normannen und den Staufern und selbst von Goethes Urpflanze. Ob wir wohl Zeit haben werden, einige Baedecker-Daten nachzuprüfen?

Wir sind schon weit südlich. Jetzt schneiden wir die Hacke ab und heften uns unter Italiens Stiefelsohle, bis zur Spitze hin. Dann kreuzt unser Haufen die Straße von Messina, folgt, zur Rechten den 3000 Meter hohen Ätna, der friedlich seine Fahne in den Wind hängt, der herrlichen Küste nach Süden. Mäßige Böen schaukeln uns.

Wir lassen Catania links liegen und halten landeinwärts, in die Ebene südlich des Ätna. Dort liegt das Dörfchen Gerbini, in dessen Nähe sich der angegebene Flugplatz, unser Ziel und künftiger Einsatzhafen, befindet.

Der Flugplatz ist eigentlich keiner. Ein Landegefilde nicht feststellbarer Ausdehnung haben wir vor uns, das nach Süden eine gewisse Begrenzung durch eine andere Art flacher Bewachsung erahnen läßt. Nirgendwo ist ein Zaun, Graben oder Feldweg auszumachen. Zum Ätna hin macht lockerer Baumbestand einen Rand noch weniger kenntlich. Hier ein paar Baumgruppen, dort eine dünne unregelmäßige Doppel- oder Dreierreihe mittelgroßer Bäume, dazwischen ein paar strohgedeckte weißgetünchte Hütten. Indem mir die ersten Zweifel aufkommen, ob diese Landschaft uns als Flugplatz bestimmt sei, entdeckt Krahn ein paar abgedeckte und getarnte Savoya-Bomber. »Ja, wo denn? Ach ja!«

Schimpf und Schande hätte es bedeutet, mit der Staffel in Sizilien auf Suche nach unserem Platz zu gehen. Ähnliches hat es schon gegeben bei Verlegungen und Pendeln von einem Kriegsschauplatz zum anderen.

Da entdecke ich auch einen mischfarbenen Windsack, der schlaff im Winde pendelt.

Wir umkreisen das Gelände, ein Flugzeug hinter dem anderen, und halten nach Abstellplätzen Ausschau. Unser Gebrumm erfüllt die Landschaft, rollt über die Dörfer, die Felder und Hänge und bricht sich am Ätna. Ade, Geheimhaltung. Was hier jedermann erfährt, wird auch nach Malta dringen, auch unser groß aufgemaltes Geschwaderkennzeichen 4D. Die Engländer zu Hause werden mit Befriedigung erfahren, daß sie des Nachts mehr Ruhe finden werden. Aber einstweilen ist es nur unsere 7. Staffel, nach dem Endbuchstaben unseres Kennzeichens ›R‹. Der dem R vorhergehende Buchstabe ist das Kennzeichen des einzelnen Flugzeugs. So lautet meines vollständig: 4D + AR.

Einer nach dem andern landet. Als letzter der fünf unserer Besatzung klettere ich aus der Junkers hinaus und fühle, wie ein milder Wind an Kopf und Nacken bläst. Es riecht nach Landwirtschaft und einer beigemischten Würze, die mir unbekannt ist.

Inzwischen sind alle Flugzeuge meiner Staffel gelandet, auch die beiden Transportmaschinen Ju 52, denen ein gehöriger Vorsprung gewährt worden ist. Ihnen entquellen unsere schwarzen Männer,

Warte und sonstige Techniker, die uns hier im sonnigen Süden in die Luft helfen sollen. Sie alle pumpen Luft in vollen Zügen und staunen hinauf zum Ätna: »Junge, Junge, ist das 'ne Abwechslung gegen das platte Holland!«

Inzwischen hat sich, von dem Gebrumm angelockt, eine Schwadron Eselreiter aus den Oliven- und Mandelhainen und zwischen den Kakteenhecken hervorgeschlängelt. Sie schleppen allerlei Nahrhaftes und Vitaminreiches heran, was unter einem Wirbel von Worten gegen Entbehrliches eingetauscht wird. So wechselt auch ein Eselein seinen Besitzer gegen ein Paar hochelegante Schnürstiefel vom Kurfürstendamm. Oberleutnant Hans Hanke aus Arnsberg im Sauerland, Ia der Gruppe und vorauskommandiert mit uns, hat sofort erkannt, daß vor Eintreffen unserer Flughafenbetriebskompanie und des Wagenparks der Vierbeiner das einzige Verkehrsmittel, dazu das bestgetarnteste sein werde. Er verhandelt. Kauf oder Miete ist die Frage. Lire haben wir nicht, denn auch die Verwaltung rückt erst einige Tage später an.

Eine der Hütten, zwei Kilometer von meinem Halteplatz entfernt, erweist sich aus horizontaler Sicht als etwas Besonderes. Es ist schmal, mit einem Obergeschoß versehen und einem Fenster darin. Der nicht weit entfernt stehende Windsack läßt mich schließen, daß das Gebäude eine militärische Zentrale sei. Nichts rührt sich jedoch. So muß ich mich auf die Reise machen.

Wie wär's mit einem Esel? Ich musterte einige der Grauen, was von deren Haltern voreilig als Kaufwunsch gedeutet wird. Vorerst erschrecke ich über die hohe, lange Zahl der Lire, die der Händler aufschreibt. Aber tüchtig wie er ist, sieht er tausend Auswege. Unter anderem interessiert ihn meine astronomische Armbanduhr, die vermutlich mehr als drei Esel wert ist.

Aber die Eselherde überzeugt mich nicht recht. Einer davon findet mein vorsichtiges Interesse. Doch scheint er ziemlich wackelig, was ich in aller Höflichkeit und schönstem Latein eines Tertianers zum Ausdruck bringe: »Asinus tuus labilis est.« Da faucht der Mann mit dem kohlrabenschwarzen Haar und tiefdunklen Augen mich an, daß ich zusammenzucke, aber doch mit gelinder Freude feststelle, daß die Verständigung mittels der toten Sprache klappt, deren Nutzen von den Lehrern so häufig und schlagend gepriesen, aber noch niemals bewiesen worden war. Der Mann breitet verzweifelt die Arme aus, wirft sie nach oben und springt plötzlich mit einem Satz auf den Esel, den ich schon in die Knie brechen sehe. Aber nichts dergleichen geschieht. Der Esel umrundet mich in wildesten Galoppsprüngen,

während der Reiter mich triumphierend und schreiend-singend an-
lacht.

Die Welt ist hier eine andere, denke ich. Für den Esel muß etwas
getan werden. Ich erkläre mich bereit, ihn probeweise zu übernehmen, womit die Ehre des Halters wiederhergestellt scheint. Jedenfalls
bin ich ihm absolut kreditwürdig. Kein Stück brauche ich als Pfand
herauszurücken. So reite ich hinüber zu dem Steinhaus. Das Gras ist
vom Regen noch etwas feucht, und hin und wieder pausiert mein
Esel, dessen Ohren kaum über das hochgewachsene Gras hinausragen. Er hat von unseren Männern während der Zirkusvorführung
bereits seinen Namen erhalten. Aus den vielen ›tutti‹ wurde ein ›Toto‹
gemacht, ein Name, den ich ihm auf meinem Ritt ohne sichtbaren
Erfolg ins Ohr raune. Nun stockt er, und ich muß absteigen und
anschieben. Großes Gelächter hinter mir. Ich nehme mein Tier am
Halfterband und schleppe es durch die Prärie. Das wäre sicherlich
kein Motiv für einen Kriegsberichterstatter gewesen, das er in die
›Berliner Illustrirte‹ hätte bringen können.

Das Steinhaus erweist sich zu meiner Freude als italienische Flug-
platz-Kommandantur. Sie ist besetzt mit einem Soldaten unbekannten Grades, den mein latein-französisches Stammeln sogleich veranlaßte, die Kurbel seines Telefonapparates mit Vehemenz zu drehen
und unzählige Male ›pronto‹ zu tönen. Der Soldat hat die Gestik
eines Feldmarschalles, wogegen ich mir ziemlich linkisch und verlassen vorkomme. Nachdem mir der Soldat mit gönnerhafter Gebärde,
um die ich ihn beneide, den Hörer dargeboten hat, meldet sich am
anderen Ende eine deutsche Stimme. Ich melde gehorsamst und mit
knurrendem Magen die erfolgreiche Landung und nehme, wie sollte
es anders sein, sogleich einen Befehl entgegen: Bomben und Brennstoff, die in Kürze angefahren werden, zu übernehmen und mich für
den nächsten Tag für einen Angriff zusammen mit dem dortigen
Lehrgeschwader 1, den Greifswaldern, bereitzuhalten. Meine Frage
nach Eindringtiefe, Bombenart, Zielart wird nicht beantwortet. »Der
Feind hört mit«, heißt es. An Zielen haben wir große Auswahl hier
im und am Mittelmeer, vom Flugzeugträger bis zur Kamel-Kara-
wane.

Ich führe meinen Esel, den ich im Hausflur auf Nummer sicher
gestellt hatte, sorgenvoll durch die Tür ins Freie und denke nur, wo
die mit ihren großen Angriffsplänen geblieben wären, wäre ich wegen
Wetters und des hohen Schnees in Lechfeld hängengeblieben. Ich
säße jetzt wohl bei einer Maß im ›Goldenen Löwen‹.

Wir sind dem Oberst Knust, Kommodore des Greifswalder Lehrgeschwaders 1, der in Catania thront, zur Verstärkung unterstellt worden. Die 8. und 9. Staffel und der Stabsschwarm unserer Gruppe stoßen in einigen Tagen zu uns.

Ich gab der Staffel das Ungenaue bekannt, ausreichend, einem emsigen Treiben, Organisieren und Improvisieren die Rahmenbedingungen zu setzen. Für die Aufnahme der gesamten Gruppe hatte Hanke Sorge zu tragen. Jetzt mußten wir alle ran mit unserem Latein.

Ich ernährte mich, auf einen angekündigten, dienstverpflichteten italienischen Taxifahrer wartend, von meiner Bordverpflegung: Studentenfutter, Dextroenergen-Tabletten und Schokolade, die meinem Esel, ihm offenbar zu bitter, nicht mundete. Ich überlegte mir, wie Toto sich zu meinem Berto-Ingo stellen würde, einem deutschen ausgewachsenen Schäferhund, der mit der Betriebskompanie über den Brenner anrollen würde. Mit Hankes und meinem Esel gab es Schwierigkeiten entgegengesetzter Art: Die beiden liebten sich heiß und innig, so daß wir sie erst einmal an langer Leine an je einem Mandelbaum festbinden mußten, daß sie sich gerade beschnuppern konnten, mit lang ausgereckten Hälsen. Nein, länger durften die Strippen nicht sein.

Sein zu spätes Kommen machte der Taximann Giacomo dadurch wett, daß er über die letzten hundert Meter des Trampelpfades mit Vollgas hinwegsauste, daß seine Landsleute mit Flüchen zur Seite spritzten, er aber, im Bewußtsein der strategischen Wichtigkeit seiner Mission, dreimal so laut zurücktrompetete und hupte. Zu jener Zeit und in diesem Landstrich hielten sich die Fußgänger, Esel und Ochsen noch für bevorrechtigte Verkehrsteilnehmer.

Ich stieg, Böses ahnend, ein. Bald befanden wir uns auf einer wundervollen Asphaltstraße, die den Sizilianer veranlaßte, das Gaspedal seines Fiat ›Topolino‹, eines kleinen, ebenso breiten wie langen vierrädrigen Fahrzeugs, voll durchzutreten und die Kurven hemmungslos zu schneiden. Sssst – da rauschte uns ein Ahnungsloser nur um wenige Zentimeter vorbei. Aber ihm und mir erging es nicht besser: Obgleich Giacomo sich in der Rechtskurve dicht an den Straßenrand hielt, wurden wir hart von gleichgesinnten Schneidigen bedrängt. Ich sehnte mich nach meinem Flugzeug. Was ist schon das Geballere der Flak gegen die Seelenqualen, die ich in diesem Blechkasten erleide. Und jedesmal, wenn es wieder ssst machte, sah mich Giacomo mit voller Kopfwendung strahlend an. Ich wollte aus der Haut fahren, aber ich tat es vor lauter Wohlerzogenheit nicht.

110

Ganz stolz, selbstbewußt und in Erwartung höchster Belobigung fuhr mich Giacomo vor dem Gefechtsstand vor. Noch weich in den Knien, nickte ich freundlich und sagte: »Fantastico!«

Der Gefechtsstand war in einer schmucken Villa auf leichter Anhöhe am Stadtrand eingerichtet, nicht weit vom Flugplatz Catania entfernt. Nach Süden sah man bis zum Kriegshafen Augusta, nach Norden bis Acireale, an der Küste davor der große Brocken, den der geblendete Riese Zyklop nach dem Lästermaul Odysseus geschleudert hatte. Schon damals neigte man zu Übertreibungen, was die Gefahr und die Leistung anging.

Oberst Knust, Kommodore des Geschwaders, empfing mich auf der Terrasse. »Ich freue mich, daß Sie da sind.«

Vorsichtig und vornehm fragte er. Ich sah ihm an, was er dachte: Was haben die mir für einen Kerl geschickt? Deutlicher ließ es sich der hinzutretende Hauptmann Joachim Helbig merken, dessen Ruhmestaten die Ätherwellen bis nach Holland getragen hatten. Er meinte sicherlich: »Natürlich haben wir es hier mit einer mittleren Flasche zu tun. Die guten Leute behält das Stammgeschwader immer selbst.«

Vor der Tatsache, daß die Greifswalder kurze Zeit vorher den britischen Flugzeugträger ›Illustrious‹ zum Wrack gebombt hatten, welches sich teils mit eigener, halber Kraft, teils mit fremder aus dem Mittelmeer ins Rote Meer davonschlich, mußte ich passen.

Meine Stimmung war die eines von seinem Landesvater verkauften Söldlings. Als solcher vermied ich es sorgfältig, mich ins rechte Licht zu setzen. Ich beschränkte mich auf gerade Haltung und entschied mich, aus den gestellten Fragen deutlichere Einschätzungen herauszuhören.

Der Kommodore kam zur Sache. »Morgen Mittag greift das Geschwader Malta an, den Flugplatz Luca. Sturzangriff. Ich würde Sie bitten, mit Ihrer Staffel daran teilzunehmen.« Und nach einer Pause fügte er hinzu: »Wenn es geht, wenn Sie und Ihre Leute sich bis dahin eingerichtet und ausgeschlafen haben. Betankung und Munitionierung wird bis dahin wohl geklappt haben.«

»Aha!« dachte ich, »jetzt werde ich auf Einsatzfreude oder Unwilligkeit gemustert.«

»Wir nehmen Sie in die Mitte der Formation,« erklärte der Oberst, und Helbig fügte hinzu: »Unmittelbar hinter dem Kommodore und mir.«

Da haben wir's, die fürchten, daß du ausbrichst, wenn die Luft dick wird. So ist das also, wie zu Hannibals Zeiten: Die Hilfsvölker werden von den Kerntruppen eingerahmt, damit sie auf Gedeih und Verderb mitziehen.

Helbig fügte hinzu: »Das ganze dauert mit Sammeln knapp zwei Stunden – eine nette kleine Sache, zur Gewöhnung ans Mittelmeer.«

Meine muffige Miene mußte dem Kommodore aufgefallen sein. Er fuhr fort: »Wohlgemerkt, wir lassen Sie nicht außen im Verband oder hinten fliegen. An den Rändern knabbern die ›Spitfire‹ und ›Hurricane‹ herum. Ich hoffe, wir bekommen etwas Jagdschutz mit.«

Vielleicht ohne Jagdschutz, durchfuhr es mich. Dann Gute Nacht, Marie.

Der Oberst drückte mir die Hand. »Ich habe veranlaßt, daß Ihnen das Nötige hinübergeschafft wird, auch etwas zu essen. Im übrigen: Auf Wiedersehen morgen um 13.15 Uhr in 5000 Meter Höhe über Kap Passero, Kurs Westspitze Insel Gozo.«

Meine Entschlossenheit zu hartem Einsatz stellte ich zunächst dadurch unter Beweis, daß ich einen mir zum Abschied angebotenen Sherry mit markiger Stimme zurückwies und auch die reichlichen Früchte verschmähte. Ich schritt, so fest wie möglich, die Treppe hinab, um meinen Giacomo zu suchen. Dessen Topolino fand ich vor einem Souterrain-Fenster der Villa abgestellt, aus welcher nahrhafte Dünste aufstiegen, ihn selbst bei galantem Diskurs mit einer Landsmännin in der Küche. Ich trat ein und steckte mir schnell eine übergroße Apfelsine in die Hosentasche, um dann zur Eile zu treiben, zum Auto hin. Ich hatte wenig Hoffnung, mit meinem ›Caro mio, molto lente, lentissime‹ Nervenschonendes zu bewirken. Ich hatte nur noch das Bestreben, mich am Leben zu halten, um am nächsten Tag einen überragenden Eindruck zu machen. Ich würde es denen schon zeigen! Die kochen auch nur mit Wasser! Kinderspiel, den Flugplatz zu treffen. Ein Flugzeug in der Boxe, das wäre schon etwas schwieriger. Aber die Startbahn, die unsere Staffel treffen soll, – das wäre doch gelacht. Über tausend Meter lang und fünfzig Meter breit.

Mein Giacomo raste los, und ich entschloß mich, meine Apfelsine scharf ins Auge zu fassen und sachgerecht zu entschalen, um mich über die Gefahren des Lebens hinwegzutäuschen. Manchmal hörte ich ein Sssst, aber ich konnte mich beherrschen, sah nicht auf, und ich irrte mich nicht: jetzt hatte auch mein Kleiner keine rechte Lust mehr, durch seine Künste zu glänzen. Meine zwangs-, nicht wohltemperierte Gleichgültigkeit machte ihn sanftmütig.

Am Flugplatz Gerbini war es inzwischen lebhaft zugegangen. Ich fand die Flugzeuge weit auseinandergezogen, den schwarzen Nachttarnanstrich abgewaschen, auch Ansätze zu Splittergräben und Posten aufgestellt. Der Rest hatte sich in eine entferntere versteckt liegende Baracke zurückgezogen, aus welcher es vergnügt in die abendliche Landschaft tönte. Donnerwetter, da gab's was zu essen. Die erste Gruppe des Lehrgeschwaders hatte eine Feldküche herübergeschickt. Vielen Dank, lieber Kommodore! Seltener Fall: Er hatte veranlaßt, bevor er versprach. Die einsatzmäßige Unterstellung, wie es in der Sprache der operativen Führung nüchtern heißt, bedeutet in der Regel eine Schmalspurbeziehung, eine Art von Vernunftehe zwischen Unterstellten und Befehlendem. Aber auch bei Unterstellten geht die Zuneigung durch den Magen.

In meiner Abwesenheit hatte der älteste Staffeloffizier, Oberleutnant zur See Friedrich, das Kommando. Zum Ausgang legte er die Fliegeruniform ab und seine Seeuniform an, treudeutsch und kaiserlich, immer voller Anekdoten von Tirpitz bis Raeder. Flieger wollen Soldaten sein? Der einzige und wahre Soldat ist der Seemann. Auf den Seglern schon, bevor die Preußen das Militär erfanden, war soldatischer Geist, Kameradschaft und Disziplin zu Hause, gleich, ob im Frieden oder im Kriege. Unterentwickelte Soldaten nannte er uns. Worte, wie links und rechts, piekten ihn wie Nadeln ins Trommelfell. Wenn er etwas aus dem Flugzeug sichtete, wenn er über holländische Straßen fuhr, wenn er sich zu Tisch setzte, ging es nur nach Backbord und Steuerbord. Daß man über See unmöglich nach Kilometern navigieren könnte, versuchte er uns vergeblich beizubringen: »Meinetwegen über Land nach Kilometern, Kilometersteinen, Eisenbahnen, Bahnhöfen mit Schildern oder ähnlichen Merkwürdigkeiten, aber auf See, bitte, nach Seemeilen. Die sind der runden Erde organisch auf den Leib gewachsen.«

»Haben die Herren mal was von thalassischem Denken gehört? Das Meer ist der Schoß der Erde. Da waren die Ursprünge: Krieg, Handel und Piraterie / dreieinig, sind sie nicht zu trennen. Das hat sonderbarerweise Goethe gesagt, die Landratte.«

Friedrich war zu uns kommandiert worden, weil er sich auf Betonnung von Fahrrinnen verstand, in die wir Minen zu werfen hatten, auf sonstige Seezeichen, Tidenhub, astronomische Navigation und Schiffstypen, und weil er uns hier unten in den zu erwartenden Seeschlachten die britischen und italienischen Kriegsschiffe auseinanderhalten sollte.

Daß dieser Seeoffizier außer einem Haufen von Bildung fast immer das Glas vor sich hertrug – bei dem Ausdruck ›Feld‹stecher schüttelte er sich – gelegentlich auch eine Ziehharmonika, zwischendurch an seiner glimmenden Rittmeester sog, das ließ ihn uns eigen, aber liebenswert erscheinen.

Aus dem im Rahmen der Wehrbetreuung für die Staffel beschafften Akkordeon ließ er den weiten Ozean aufrauschen, mischte Trauer darein um den Kameraden, der über Bord ging, und dazu eine Prise Heimweh: »Ja,« sagte er, »die Seemannslieder sind unsere Soldatenlieder bei der Marine. Wo sind Eure Fliegerlieder?«

Die Fliegerlieder der Luftwaffe waren Professorenkompositionen im Staatsauftrag. Da sangen wir lieber noch die alten Feldgrauen-Lieder »Lippe-Detmold, eine wunderschöne Stadt« und »Argonnerwald um Mitternacht«.

Zu Friedrichs Triumph mußten wir uns auch eingestehen, daß wir sogar bei der Marine eine Anleihe aufgenommen hatten, indem wir sangen »Denn wir fahren (fliegen) gegen Engelland«. Weiter gab er uns zu hören, wir seien noch nicht auf der Welt gewesen, als stolze Fregatten mit vollen Segeln auf Kaperfahrt gingen und Breitseiten schossen. Auch war nicht zu leugnen: Als Landsknechte mit Trommeln und Pfeifen und Fahnen in die Schlacht zogen, und wo nach dem großen Hauen und Stechen die Biwakfeuer flammten und die Weise erklang vom zerfetzten Wams von Büffelleder und vom Kreuzlein über'm tiefen dunklen Schacht, da bot der Schneider von Ulm mit seinem Flügelkleide erst eine mißglückte Zirkus-Nummer, versank in der Donau – ohne Sang und Klang.

So schloß er seine Predigt: Wir Flieger seien späte, zwar kühne aber kalte technische Ableger des Soldatentums, wir müßten älter und reifer werden. Punktum.

Ob solcher Abkanzelung von seiten eines Kommandierten-Gekauften erhob sich wildes Protestgeschrei: »Raus, haut ihn, zum Kommandanten einer Pinasse taugt er. Nichtschwimmer!« Aber unseren Seemann konnte das nicht erschüttern.

Mich amüsierten die Enthüllungen. In Kiel als Marinesoldatenkind in Kaiserzeit geboren und mit Jadewasser getauft, spürte ich noch nachträgliches Bedauern, daß die Marine mich nicht als Kadett vor 1933 eingestellt hatte, obwohl ich dankbar sein mußte, daß ich mit der unglücklichen ›Niobe‹ 1932 nicht mitzugehen brauchte. Mein Schmalspurwissen, das ich als Segler, Paddler und Ruderer in der Kieler Bucht und 1939 auf dem Marinekursus hatte speichern können, konnte ich mit Friedrichs thalassischem Wissen nur anreichern.

Manchmal spann er Seemannsgarn. Ob dies eins war, weiß ich nicht: In Singapur, da hätten sie bei einem Flottenbesuch die Engländer von der ›Rodney‹ in der Messe gehabt, bei viel Bamboos und Whiskys. Dabei hätten die jungen Lieutenantsboys der Royal Navy gemeint: »Jungs, ihr müßt bald wieder ein tüchtiges Arschvoll kriegen. Einer von uns ist zuviel auf dem Globus.« Und jetzt, meinte er, sollten wir uns nicht täuschen: Malta, der Flugzeugträger, ist nicht zu versenken; man muß ihn entern.

Friedrich hatte den Fußboden der Baracke in Planquadrate eingeteilt und jeder Besatzung eins zugewiesen. Der Platz war knapp, und keiner durfte über seinen Längen- und Breitenkreis hinwegschwojen.

Nach dem Essen war die Stimmung in dem Nachtlager so gut, daß an Schlafen nicht zu denken war. Mir war eine an der Wand aufgestellte Bank vorbehalten worden, die vier unrasierte Fliegergesichter von unten betrachteten.

Noch vor Mitternacht rollten brummige Lastwagen und Spezialfahrzeuge mit Bomben und Benzin heran. Die Heckschützen brachen mit den Warten auf, die Mühlen bis spätestens zwei Uhr nachts einsatzbereit zu machen.

Und es wurde geschuftet! Man hätte nur den Oberfeldwebel Lorenz, den breitschultrigen, blauäugigen und blonden Oberwerkmeister der 7. Staffel, sehen und hören sollen – wie ein Sklaventreiber, der, selbst Sklave, sich die Freiheit verdienen wollte, mit Tönen und Kraftausdrücken um sich warf, die nicht nur die höhere klavierspielende Tochter vor Entsetzen geschüttelt hätten. Jedes seiner Worte, seiner Flüche, waren Volltreffer in die menschliche Würde. Aber diesen Berserker liebten seine Leute. Wie das kam? Wenn seine Warte das Unwahrscheinliche in kürzester Frist bewältigt hatten, wenn sie die Bremsklötze wegnahmen und die überladenen Maschinen langsam, schwerfällig durchfedernd an den Start rollten, Aufstellung im Verband nahmen und dann losdonnerten, vollzählig, ohne eine lahme Ente zurückzulassen, dann leuchteten seine Augen: »Seht ihr, was da fliegt, das seid ihr. Ihr seid die Allerbesten.« Und da, wo so ein verfluchter schlapper Hund, so ein Fußkranker der Völkerwanderung die 250-kg-Bombe nicht vom Fleck rollen konnte, da legte sich das ›Pferd‹ Lorenz, wie er von Nordhausen am Harz her genannt wurde, selbst ins Geschirr, immer weiter fluchend, mit geschwollenen Adern, um nach getaner Arbeit zu bemerken: »Als ich so alt war wie ihr, da habe ich die Dinger an der Uhrkette getragen.«

Lorenz führte keine Befehle aus. Er tat nämlich immer das Doppelte, und wenn seine Männer vor Müdigkeit umfielen, ließ er sie schlafen und tat eigenhändig das Nötige. Wenn er ans Werk ging, glich er einem Ringkämpfer auf der Matte, der, leicht gekrümmt, mit offenen Fangarmen seinem Gegner auf den Leib rückt und dabei murmelt: »Ich werd's dir zeigen, Schweinehund«. Keine Feier war richtig, wenn nicht Lorenz dabei war. Wenn es keinen Klotz gibt, der sich selbst zum Besten halten kann, Lorenz konnte das. Wenn einer ihn auf thüringisch in Dialekt und Wortschatz nachahmte, brach ein tiefbrünstiges, ein überwältigendes Lachen aus seinem gewaltigen Brustkorb hervor. Dann konnte ihm der alte Obergefreite ohne jedes Risiko kräftig auf die Schulter hauen.

Wie es seiner Körperkraft, Stimmgewalt und Reichweite seiner Arme entsprach, war Lorenz keineswegs bescheiden. Er war vereinnahmend im weitesten Sinne. Er hatte es verstanden, die ihm Gleichgestellten, den Oberfeldwebel für Waffen und Bomben sowie den Funkoberfeldwebel allmählich unterzubuttern. Zunächst erbot er sich mir gegenüber, damals noch Technischer Offizier der Staffel, als Befehlsübermittler tätig zu werden. Das war mir angenehm, da ich nicht jedem einzelnen nachzulaufen brauchte und ich mich für den fliegerischen Einsatz vorbereiten konnte. Man kann sich vorstellen, was daraus wurde: Er vergatterte ›seine‹ Fachoberfeldwebel nicht minder unsanft als seine technischen Warte. Nachdem mir dies zu Ohren gekommen war, fragte ich Lorenz unter vier Augen, ob er auch die nötigen Fachkenntnisse habe. Er meinte, die Fachkenntnisse hätten ›seine‹ Leute, er wüßte nur, wie schnell man ein Funkgerät auswechseln und eine 1000-kg-Bombe hochhieven könnte. Ich war zufrieden. Ich dachte nicht daran, die Planstellenwirtschaft zu restaurieren.

Nach diesem Schema liefen bei uns die Dinge nunmehr in Sizilien.

Ich hörte hinaus in die Landschaft, hörte Stimmen der Warte in der Ferne und war zufrieden. Ich schlängelte mich an meine Bank, umwickelte meine Gasmaskendose mit meinem Uniformrock, schob das Paket unter meinen Nacken und deckte mich mit meiner Fliegerkombi zu. Für den Tag war es genug.

Ob mir der sonnenheiße Kasten von Baracke den Schlaf ausbrütete oder wildes Stimmengewirr draußen mich aufschreckte, darüber mir klar zu werden, war keine Zeit. Du bist in Sizilien, dachte ich. Heute soll es losgehen.

Die Tür war geschlossen, und die Sonne hatte durch eins der

Fenster meinen Hinterkopf bestrahlt. Ich richtete mich auf. Nur noch ein Dutzend Schlafender schnarchte auf dem Fußboden, ein Orchester ohne jedes Taktgefühl. War das eine Luft: Nur raus!

Draußen tobte der Kampf ums Dasein. Etliche Stiefelputzer lärmten und knufften sich und rempelten nach bester Fußballerart um Gunst und Aufträge unserer Flieger, denen noch der Marschboden Hollands an den Knobelbechern klebte. Da mir die Hitze des Wettbewerbs ungewöhnlich, ja sogar auf Tätlichkeiten hinauszulaufen schien, schritt ich dazwischen, war aber im Augenblick selbst hart umkämpft, wohl deshalb, weil meine Schaftstiefel wegen ihrer größeren Fläche ein einträgliches Geschäft zu verschaffen versprachen. Daß das Maschinengewehrfeuer von Worten und das Fuchteln der Arme in eine erbitterte Keilerei ausarten würden, fürchtete ich zu Unrecht, denn, wie seltsam, unversehens blitzte hier und da ein Lachen über die Gesichter. Ich mußte abermals feststellen, daß die Welt hier eine ganz andere sei.

Die Dienstbeflissenen ließen sich auch nicht durch meinen Ausruf »nulla lira« entmutigen. Sie wollten, sie brauchten Arbeit und gewährten mir großzügig ein ›domani pagare‹ und hofften wohl auch, mich als Dauerkunden zu werben. Ob die jemals zu ihrem Gelde kämen? Mich erwärmte der Gedanke, daß diese Burschen an meinem Überleben nicht den geringsten Zweifel hatten. Wie letzte Ölung wirken dagegen mitleidvolle trübsinnig-ernste Blicke, die einen ins Jenseits verabschieden.

Ich versöhnte meine beiden Wettbewerber auf salomonische Weise: Jeder kriegte die Hälfte, das heißt je ein Bein, wozu ich mich auf eine Kiste niederließ und der Bearbeitung harrte. Da hockten die beiden vor mir und wienerten auf sizilianisch, schielten gelegentlich auf die Glanzleistung des Konkurrenten, um sich noch heftiger ins Zeug zu legen.

Warum, fragte ich mich, kann man in Deutschland unangefochten mit schmutzigen Schuhen über die Straßen gehen, über den Jungfernstieg, über den Kudamm, über die Kö und und sich seelenruhig in einem Straßencafé niederlassen? Und warum stürzt man sich hier gerade auf die Fußbekleidung? Warum überfallen uns keine Barbiere oder Friseure? Wohl deshalb, weil die Kultur in der Fußbekleidung begann. Denn Schuhe zur Fortbewegung, zum Sammeln und zum Jagen waren das Nötigste, und erst zur Zierde kam das Feigenblatt, dann das Gewand, Krone und Herrschaft. Das gedieh mir zu voller Gewißheit, als ich, nach Vollendung des Werkes aufstehend, an mir herabsah: Geputztes Schuhwerk ist mehr als die Hälfte des Gesamteindrucks, Kultur genannt. Der Glanz des Sockels lädt zur Verschönerung des Übrigen ein. Ich nahm mir vor, meinen Rock zu bügeln und die im Gepäck verstaute lange Hose mit einer feuchten Zwischenlage nachts faltenlos zu schlafen, sobald mir ein Bett zur Verfügung stünde. Im übrigen schwor ich mir, in Zukunft häufiger auf den unteren Glanz bedacht zu sein.

Die oben erwähnte Herrschaft ließ nicht lange auf sich warten. Es nahte sich, im Bewußtsein, der Würde des Königs von Italien und des Kaisers von Äthiopien teilhaftig zu sein, der Bürgermeister des Ortes Paterno, am Südhange des Ätna gelegen, etwa zweihundert Meter über der Flugplatzebene, von hier aus einzusehen. Das Geschwader hatte den Standort für uns ausgehandelt. Zunächst verscheuchte der Bürgermeister die Schar der Händler, Stiefelputzer und Neugierigen, wie es ein römischer Ädil mit den frisch unterworfenen Sizilianern nach einem der Punischen Kriege nicht überzeugender hätte machen können. Wir waren beeindruckt. Dennoch: Wir waren im 20. Jahrhundert, und so zogen sich die Schwarzgelockten nur ein paar Schritte zurück, in neue Lauerstellung.

Der Bürgermeister trat zu uns, und augenblicks verwandelte sich römische Strenge in lächelnde romanische Höflichkeit. Weinreich und Friedrich zogen sich aus der Affäre, indem sie auf mich wiesen: »Capitano«.

Dem Schwall von Worten, die ich nicht verstand, fühlte ich mich nicht weniger hilflos ausgeliefert als einer wilden Brandung. Hier ringt man nach Luft, dort nach Worten, ohne sie zu finden, schwankt zwischen einem ungelenken Grinsen, Antwort auf einen Augenwitzesblitz, und bierernster Miene, Reverenz vor hoheitsvoller Geste. Selbstbewußt wie naiv fühlte sich unser Gastgeber verstanden und sprudelte weiter. Meine Güte, warum kommt der nicht auf den Gedanken, schön langsam zu sprechen, mit kleinem Wortschatz und in Kindersätzchen! Als wäre Rom noch der Mittelpunkt der Welt! Mein Lieber, Rom ist nur das Ende der Achse, das untere!

Nachdem Friedrich und Weinreich meine Katastrophe hinreichend genossen hatten, traten sie mir bei. Und es war verwunderlich, wie einem, der nicht angesprochen wird, die Worte einfallen, vor denen der andere stumm paßt oder nach denen er stotternd sucht.

So waren wir drei, noch vor runden zehn Jahren mit endlosen Vokabeln und Texten im Englischen, Französischen und in Latein geschunden, erfreut und überrascht, daß die Konferenz vom Flecke kam. Der Bürgermeister wies mit ausgestreckter Hand stolz auf den hellen Fleck in der verwitterten, zum Teil begrünten Lava: Das sei seine Stadt. Wir hielten diese Bezeichnung für arg übertrieben und sahen uns verstohlen an. Erschreckt wurden wir aber durch die Behauptung, die ›Stadt‹ habe 40 000 Einwohner. Oberleutnant Friedrich nahm sein Glas, beobachtete und schwieg. Sein Gesicht blieb unbewegt. Wir wußten noch nicht, daß in diesem Nest von 40 000 Seelen jedes Zimmer von vier bis sechs Personen bewohnt war. Viele solche Überraschungen lagen vor uns.

Vorsichtig tasteten wir uns an die heikle Frage heran, wo wir denn dort wohnen könnten, vielleicht in Privatquartieren. Oh nein! Sie kommen ins Kloster. Oh Schreck! Das hat uns noch gefehlt. So weit war es noch nie gekommen mit uns. In vergitterten Zellen schlafen? Morgens um 6 Uhr Messe? Oh nein! Ein Nonnenkloster ist es. Die Nonnen kochen für Sie und waschen die Wäsche.

Donnerwetter! Sind das Aussichten! Wir wünschten, das verdammte Malta läge hinter uns.

Während Weinreich den Bürgermeister an eins unserer beladenen Flugzeuge heranführte, zeigte mir Hanke die letzten Aufnahmen von Malta-Luca, die er soeben von einem reitenden Boten des Geschwaders in Empfang genommen hatte, dazu einen geschlossenen Umschlag »geheime Kommandosache«. Die Fotos sahen wir uns mit der Lupe genauestens an. In den Boxen standen wiederum Flugzeuge, nachdem der Bestand durch heftige Angriffe des Geschwaders zu einem erheblichen Teil zerstört worden war. Die Engländer schoben die Ersatzflugzeuge auf ihrem Träger ›Ark Royal‹, der in Gibraltar stationiert war, den halben Weg auf Malta zu, um sie die letzte Teilstrecke in der Luft zurücklegen zu lassen. Das war wohl auch über Nacht und gegen Morgen geschehen. Andere Flugzeuge seien womöglich nachts, über Frankreich hinwegfliegend, in Malta eingetroffen. Die neue Zielanweisung lautete: Boxen und Hallen wie Geschwaderstab.

Es war 10 Uhr geworden. Wenn wir um 13.15 Uhr über Kap Passero sein wollten, mußten wir spätestens 12.45 Uhr starten. Ich legte den Start auf 12.30 Uhr fest. Wir hatten zwar nicht voll getankt, doch war mir eine gewisse Reserve erwünscht, um nicht den Anschluß zu versäumen. Auch war es von Vorteil, sich ein wenig in der Gegend umzusehen. Möglicherweise könnte man Malta von der Südspitze Siziliens aus sehen.

Mir ist nicht mehr erinnerlich, wie es an jedem Morgen mit der

Verpflegung geklappt hat. Jedenfalls hat niemand gemeckert und gemeutert. Auch für die Esel war etwas Zuckriges da. Törichterweise hatten sie über Nacht ihre Leine um den Baum gewickelt, standen sich gegenüber, kurz angebunden. Toto spitzte nun die Ohren und sah mich erwartungsvoll an. Welch unergründbare Augen hast du, geistig Armer, Seelenvoller. Ich will dich kennenlernen. Du bist gekauft, mein Freund!

Hanke entschloß sich, dem Esel die Eselin folgen zu lassen – Miete wurde zu Kauf gemacht. Eine rosige Zukunft war ihnen sicher. Sie erhielten einen wundervollen farbigen, mit allegorischen Bildern verzierten sizilianischen Eselkarren, vor den sie sich gern spannen ließen, um Eßwaren, Wäsche oder leichtere Geräte zu befördern. Später, in Frankreich, sollten sie in einem schönen Schloßpark das Paradies auf Erden finden.

Nach der Flugbesprechung und noch vor dem Start mußte wegen unserer Unterbringung in Paterno Klarheit geschaffen werden. Jeden Tag konnten unsere Staffeln aus Holland einfallen. Ich bat Hanke, in der Zeit unserer Abwesenheit die Verhältnisse zu klären. Bevor ich die Staffel übernahm und den Posten des Technischen Offiziers (T. O.) abgab, hatte ich mit Lorenz in Nordhausen im Harz in erprobter Weise zusammengearbeitet. Dann, als Staffelkapitän, hatte ich ihn gefragt, wen er am liebsten als Technischen Offizier (T. O.) sehen würde. Nur Weinreich, meinte er, der spreche so ruhig und gelassen und rede am wenigsten drein und könne so schöne Ringelnatz-Gedichte hersagen und sie sogar singen – zur Ziehharmonika. Ja, auch das konnte und das wollte Weinreich, seinem Vater, Oberstudiendirektor, zum Trotz. So wurde Weinreich T. O. und hatte am Vorabend mit dem allertrübsinnigsten Augenaufschlag zitiert: »Und auf der Höhe von Sizilien/dachte Kuttel Daddeldu/an die traurigen Geschichten mit seinen Familien.«

Nach durchgeführter Flugbesprechung räkelten wir uns noch ein wenig sitzend oder liegend im Grase. Friedrich nannte das Gammeln. Da waren sie alle, die wackeren Kämpen, die über Polen, Norwegen, Holland, Belgien, Frankreich und England geflogen waren. Für die, die geblieben waren, kam auch Leutnant Kühnle, aus dem Mannschaftsstand aufgerückt, zur Staffel, ein breitschultriger mittelgroßer Mann mit rosigem Gesicht, der die gefahrenträchtigsten Aufträge nur mit strahlender Miene entgegennahm. Ihm war das angeboren, was die kalauernde Dienstvorschrift Nummer 1 anordnete: Der Soldat legt stets eine freudige Miene an den Tag.

Da war der Leutnant Saure, Beobachter, aus Bremen, wortkarg, immer gehorsam, unveränderbaren Gesichtsausdruckes, gleich, was ihm geboten wurde, Himmelfahrtskommando oder Sonderurlaub. Kein freudiger Glanz und keine mürrischen Blicke, nichts war zu spüren als reine Leistung, gleiches gutes Maß.

Da war der Feldwebel Mosbach, groß, stämmig, etwas untersetzt, ein erfahrener Flugzeugführer, geplagt von vielen jungen Beobachtern über der Fahner Höhe bei Gotha, unserem Zementbombenübungsplatz. Niemals verdrossen war er. Doch einmal kam er zu mir, es mag ein 13. und ein Freitag gewesen sein: Er könne heute nicht. Ich lachte ihm ins Gesicht. »Mann, Mosbach, wollen Sie denn Ihre Tante mir als Ersatzmann schicken.« Mosbach blieb kerzengerade vor mir stehen, wortlos. Erst da sah ich ihm aufmerksam in die Augen.

»Was ist mit Ihnen? Sind Sie krank?«

»Nein, ich bin nicht krank. Ich weiß aber, ich komme von diesem Einsatz nicht zurück.«

»Ich glaube, Sie sind total abgeflogen. Sie sollten in eine Ergänzungsgruppe gehen, um sich zu erholen.«

Aber das wollte er nicht. Er wollte bei dem Haufen bleiben.

Aber an jenem Tag konnte er nicht. So blieb er zurück. Niemand zog ihn deswegen auf. Es gab auch keine schlauen Nachahmer.

Wie ich zu dieser Entscheidung gekommen war, ob es überhaupt eine war, weiß ich nicht mehr. Sie sah mir ganz und gar nicht ähnlich. Möglich, daß Hanke wie schon manches Mal mit der passenden Bemerkung dazwischengefahren war: »Mach' keinen Mist!«

Wir erwarteten die letzte Windmeldung. Zwar zeigte uns die Rauchfahne am Ätna die Windrichtung in der Abkipphöhe zum Sturz – 3000 Meter – ziemlich genau an – über die kurze Strecke nach Malta waren keine wesentlichen Änderungen zu erwarten – doch benötigten wir dringender Windrichtung und -stärke um 1000 Meter über dem Meer, da in dieser Schicht dem Flugzeug und der Bombe der entscheidende Drall gegeben wurde. Bei achterlichem Wind wäre nur eine leichte Brise zu verkraften. Stärkerer Rückenwind würde uns aus einem 50- bis 60-Grad-Sturz in die Senkrechte drücken oder gar darüber hinaus. Dabei würden die Bomben nach dem Ausklinken die Propellerebene berühren.

Die Wettermeldung kam. Sie besagte, daß leichter Rückenwind aus Nordwest herrschte, daß keine Änderungen bis 14.00 Uhr eintreten würden. Nichtsdestoweniger hing der Erfolg vom richtigen Abkippen des Führerflugzeugs ab, von Helbigs Augenmaß, damit wir in Schlachtordnung auf das Ziel hinabstürzen, hindurch- und noch wohl formiert hinausrauschten, nicht zersplittert, bombenverkleckernd, als Hammelherde leichte Beute der Jäger, die unten, am Rückweg, getarnt, gegen den Boden kaum erkennbar, lauerten. Dort brauchten sie sich auch nicht mit unseren Geleitjägern zu früh einzulassen. Uns Bomber wollten sie abschießen. Dann verschwinden.

Schwierigkeiten und Finten wie diese hatten wir schon an anderen Fronten gemeistert und erlitten, und so war nicht mehr viel zu besprechen. Die Zündereinstellung der Bomben war nicht mehr ›mit Verzögerung‹, da im Rollfeld und in der Startbahn keine Trichter erzeugt werden sollten, sondern die Schaltung war oV, ›ohne Verzögerung‹, da gegen Flugzeuge in Boxen und Hallen Splitter die gewünschte und erforderliche Wirkung waren.

Erfreulich war, daß uns eine deutsche Jagdstaffel unter der Führung des Oberleutnants Müncheberg, der sich über Malta bereits den Respekt der ›Hurricane‹-Piloten verschafft hatte, begleiten sollte, zusätzlich eine italienische Jagdeinheit. Das machte zuversichtlich und locker und Stimmung zu Skatrunden quer durch die Besatzungen. Unteroffizier Knobling, Flugzeugführer in der Besatzung des Oberleutnants zur See Friedrich, fragte laut: »Ja, was machen wir dann, wenn unten eine Maschine herumrollt oder gar startet? Sollen wir dann mit Sturz hinterherkurven und draufwerfen?«

Die Frage war nicht dumm. Wir waren auf stehende Flugzeuge und Hallen zum Angriff festgelegt. An die rollenden, gerade die, die es auf uns abgesehen hatten, die giftigen Hornissen von ›Spitfire‹ und ›Hurricane‹, hatte keiner gedacht. Der so fragte, war ein Wiener, der die wildesten Wechselfälle des Krieges mit ebensoviel Meckersinn wie Intelligenz vorherzusehen und -zusagen bestrebt war und sich immer freute, wenn er seine Offiziere in Verlegenheit bringen konnte. Auf mich hatte er es vor allem abgesehen, nachdem ich ihm einmal zugemutet hatte, mit einer leichten Kopfverletzung am Feindflug teilzunehmen. »Ja mei, wo gibt's denn dös! Probieren's doch mol sölbst, mit dem Zeug von Verband um den Kopf unter die FT-Haube zu kommen.« Diese mußte man im Einsatz überstülpen, um Verbindung an Bord und von Bord zu Bord zu haben.

»Mein lieber Knobling«, erwiderte ich, wobei mich die anderen belustigt ansahen, »denken Sie mol sölbst nach: Wo kommen Sie hin, wenn unten eine ›Spitfire‹ startet und Sie drehen ihr nach, während wir auf befohlenem Kurs weiterstürzen. Sie kommen hoffnungslos ab

vom Verband, ein räudig Schäflein und wupps, sind Sie geschnappt.«
»Ja, ich hätt's ja auch nit g'mocht, aber ich wollt bloß wissen, ob Sie
es auch nicht g'mocht hätten.«

Unsere Jäger beherrschten mit ihrer kleinen Schar den Luftraum
über Malta, da die englischen Jäger vorzogen, unten zu bleiben, wenn
nicht die Greifswalder mit Bomben erschienen waren. Daher waren
gelegentlich kleine Bombereinheiten hinübergeschickt worden, als
Köder. Und wenn die ›Spitfire‹ anbissen, dann stürzten sich die
deutschen Jäger aus den Höhen und aus der Sonne auf die Kokarden.

Das war der Kampf um Malta, wie wir ihn aus den Erfahrungen der
Alteingesessenen erfuhren. In ein bis zwei Stunden werden wir die
Wirklichkeit erfahren.

Und sie kam näher. Brummig liefen die Motore warm. Satt und
melodisch wogten die Schallwellen, hin und wieder zu kräftiger
Volleistung aufbrausend, über das hohe, im leichten Winde schwan-
kende Gras zu uns herüber.

Die ersten Besatzungen waren schon zu den entfernt aufgestellten
Flugzeugen hin aufgebrochen. Alle Besatzungen mußten zehn Minuten vor Startzeit abrollbereit sitzen. Schmetz, mein Beobachter in der
4D + AR, ging, mit der Beobachtertasche im Langhang, zusammen
mit dem Bordfunker Krahn und dem Heckschützen Alles voraus.
Somit ging der Anlauf nach Plan und sehr gemütlich vonstatten. Ein
richtiger Kampfflieger berechnet auch für den Fußmarsch an sein
Flugzeug seine Grundgeschwindigkeit und somit den Zeitbedarf für
die Strecke, bis zu 2,5 Kilometer in unserem Falle. So lang war der
Platz, und über seine ganze Länge standen unsere Flugzeuge auseinandergezogen. Damit waren wir vorerst gegen vernichtende Bombenangriffe leidlich geschützt.

Ich winkte zum Abschied Oberleutnant Hanke zu. Wir duzten uns
seit unserer Zeit in Nordhausen am Harz, als wir, Staffelkameraden
im Geschwader ›General Wever‹ Nr. 4, unsere fröhliche Fliegerju-
gend zusammen verlebt hatten, als wir an Sonntagen mit der Harz-
querbahn nach Braunlage hinauffuhren oder später mit meinem
Sechszylindrigen in den Thüringer Wald nach Bad Friedrichroda oder
nach Weimar und wie die wundervollen Orte alle heißen. Mancherlei
Schlechtwetter – und technische Gefahren hatten wir gemeinsam
durchgestanden, im Blindflug Fläche an Fläche durch die Wolken, bei
Blitz und Hagelschlag. Geheimnisse hatten wir nicht voreinander.
Über die militärische Lage, soweit wir sie übersehen konnten, sprachen wir uns frei aus. Auch wenn wir Einsatzbefehle der Führung

schwer verständlich fanden, so fühlten wir uns immer durch die selbstgestellte Frage in die Schranken gewiesen, wie man es anders oder besser hätte machen können. Da mußten wir meist passen. So blieb keine andere Leitlinie als der simple Spruch: Befehl ist Befehl.

Hanke hatte mich damals, im September 1939, in Schrecken versetzt, als er mit der He 111 bei der Landung aus zehn Meter Höhe herunterklatschte. Neuerdings war er aus dem fliegerischen Einsatz zurückgestellt und als Ia des Gruppenstabes seßhaft gemacht worden, ›sesselhaftig‹ wie Weinreich, der Witzbold, es nannte: Dann bringen Sie mal, Hanke, die Weisungen der ›Vorrrsehung‹, die uns auf dem Dienstwege erreichen, in hübsche schriftliche Befehle.

Ich setzte mich über den inzwischen frisch ausgetrampelten Pfad zu meiner AR in Bewegung. Sie stand etwa zweihundert Meter entfernt. Alle Motore waren warmgelaufen und abgestellt. Ruhe herrschte weit und breit. Vogelgezwitscher und der Duft der Mandelblüten war in der Luft. Die Esel grasten friedlich.

Wir sitzen in Kombination, mit Schwimmweste, Fallschirm fest umgeschnallt, Rücken- und Sitzgurt festgezogen. Die Sauerstoffmaske hängt bereit. Schmetz hat Bleistifte, Zirkel, Rechenschieber und die Navigationstasche festgeklemmt. Die Schiebefenster links und rechts stehen noch offen bis zum Start, damit wir nicht braten. Mit dumpfem Schlag wird jetzt die Einstiegklappe geschlossen. Die Bordverständigung wird kurz probiert, dann abgeschaltet.

Etwa zehn Meter vor der Kanzel steht der 1. Wart, der Feldwebel Hans Buhmann aus Wörrstadt in Rheinhessen. Weiter entfernt bemerke ich den Oberfeldwebel Lorenz, der Blickverbindung zu allen seinen Warten hält.

Weit und breit herrscht Ruhe, auch unter uns vieren. Wir beobachten die Uhr. Unnütz zu denken, was in oder nach einer Stunde sein wird. Wir haben einen Auftrag zu erfüllen. Er läuft an, wenn der Zeiger der Uhr 12.24 Uhr durchläuft.

Es ist 12.24 Uhr. Ich rufe aus dem Fenster: »Vorne frei!«

»Vorne frei!« bestätigt Buhmann.

Ich lasse an, sehe, daß Lorenz nach allen Seiten mit den Armen winkt. Alle lassen an. Meine beiden Motoren laufen.

Unteroffizier Alles schiebt seinen Kopf vor und überprüft sämtliche Anzeigen.

Ich gebe Handzeichen: »Bremsklötze weg!« Dazu nehme ich das Gas auf Leerlauf, trete leicht die Bremsen, damit die Klötze nicht unter Druck stehen.

Buhmann bestätigt: »Bremsklötze weg«, und steht beiseite.

Jetzt geht alles schnell. Es ist 12.25 Uhr. Ich gebe kräftig Gas, rolle die Front der Flugzeuge ab. Eins nach dem andern setzt sich hinter mich. Wir sind zusammen neun.

Ich hole weit nach Osten an den ungefähren Platzrand aus, drehe ein nach Westen und stehe. Die Kettenhunde links und rechts schließen auf. Die 2. Kette stellt sich rechts rückwärts gestaffelt auf, weiter rechts rückwärts von ihr die 3. Kette.

Der Wind kommt von vorn rechts. Das erlaubt uns, von Kette zu Kette in kürzestem Abstand zu starten. Die Propellerböen der jeweils Voranstartenden werden nach links verweht, so daß die Nachstartenden durch Wirbel nicht belästigt werden.

Rechts von mir sind Friedrich und Knobling, links von mir Kratz, Leutnant Dr. Kratz, soeben von der Erprobungsstelle Rechlin zu uns gestoßen. Er soll das neue Zielgerät, die BZA, im Einsatz ausprobieren, das Ding mit der ›Krawatte‹, der laufenden Abkommarke. Er ist ganz wild, seine Entwicklung unter Beweis zu stellen. Wir übrigen haben das starre Revi. Zu dessen Handhabung braucht man mehr Hirn, zuviel Hirn, wie Kratz sagt.

Ich sehe weiter nach rechts zurück. Da stehen sie alle in stolzer Schlachtordnung. Weinreich als Führer der zweiten Kette; Piëch führt die dritte. Hinter ihnen im Propellerwind wellt sich das hohe Gras flach am Boden und glänzt in der Sonne.

Ich gebe meiner Kette Handzeichen, schiebe halbes Gas rein, beginne zu rollen. Das Beispiel ist Befehl. Nach wenigen Sekunden Vollgas. Das Verfahren ist bekannt. Alle ziehen nach.

Steuerrad nach vorn gedrückt, Kurs gehalten auf den Berggipfel in der Ferne. Achthundert Meter etwa sind durchrollt. Ich ziehe ein wenig. Die Räder werden entlastet. Die Propeller reißen die Last voran auf 180, 190, 200 km/h. Das reicht zum Abheben. Mit dieser Fahrt können die beiden 500-kg-Bomben, die beiden 250-kg-Bomben in die Luft gebracht werden. Die Mandel- und Olivenbäume kommen rasch näher. Ich ziehe durch. Das Flugzeug hängt weich, aber sicher in der Luft. Fahrwerk rein. Unteroffizier Alles blickt auf die Stabanzeige auf den Flächen, meldet »Fahrwerk ein«. Die zwei Schaugläser drinnen strahlen rot.

Die Baumkronen rauschen unter uns weg nach hinten. Geradeaus geht der Kurs. Gas ein wenig zurück. Rechts und links schweben meine Kettenhunde, leicht überhöhend, heran.

Krahn meldet: »Zweite Kette ist hoch . . . dritte Kette ist hoch.«

Ich bleibe weiter geradeaus, drossele auf Marschleistung, damit die letzten überhöhen können. Von Kette zu Kette ist der Abstand 500 bis 700 Meter. Nach etwa drei bis vier Kilometern kurve ich flach nach links, einmal, um den Bergen voraus auszuweichen, zum andern, um den Hintermännern Abschneiden und Aufschließen zu ermöglichen.

Wir sind auf Gegenkurs – ostwärts, fliegen in Kettenkolonne hochgestuft in 1200 Meter unterhalb der Ätnaspitze. Der Geschwaderstab in Catania muß uns wahrgenommen haben. Wir drehen in Linkskurve zurück nach Westen, haben den Ätna zu unserer Rechten, ziehen jetzt über 2000 Meter. Drehen nach Süden über unseren Flugplatz, wo wir unsere Männer wissen, die uns mit den Augen folgen. Wir erkennen die Südspitze Siziliens, Kap Passero, unseren Sammel- und Abflugpunkt. Vor der Zeit, bevor das Geschwader und unser Jagdschutz dort eintreffen, wollen wir uns zurückhalten. Die englischen Jäger haben überraschende Ausfälle gegen schwache Bomberverbände und Einzelflugzeuge unternommen, die sich an der Südküste Siziliens bewegten. Schmetz hat seine Hilfspunkte angepeilt, die wir überfliegen müssen, um zur befohlenen Zeit über dem Kap zu sein. Auf geradem Kurs von Catania müssen die Greifswalder herankommen. In ihren Kurs werden wir uns einfädeln.

Wir haben unsere Höhe erreicht. Die von Norden heranziehende Armada rechtzeitig zu erkennen, ist keine leichte Aufgabe. Zu unserer Höhe aufsteigend, wäre sie gegen das zerklüftete Gelände, die vielfältigen, durch Steinwälle abgegrenzten und bebauten Flächen schwer auszumachen. Alle Mann müssen Ausschau halten. Unsere Blicke schweifen nur flüchtig über den Ätna, den wir inzwischen überhöhen, zur Straße von Messina, nach Kalabrien hinüber. Wir dürfen uns nicht in die Ferne und in die Pracht von Himmel und Erde verlieren. Unsere Augen müssen jetzt Feinarbeit leisten, Felder, braune Berghöhen absuchen, ob sich nicht die Kameraden heranschieben.

»Da kommt was, aus 10 Uhr.«

Schmetz zeigt mit dem Kursdreieck nach links, leicht voraus.

Ich sperre die Augen auf. Nach einer Weile sehe ich sie, dunkle, längliche Körper, fast wie Striche, die sich wie ein lockerer Raster über den Untergrund schieben.

»Im Auge behalten!«

Heckschütze Alles steigt ab in die Bola.

Wir fliegen weiter auf Kollisionskurs, aber überhöhend. Die Ar-

126

mada schiebt sich heran. Die Striche werden dicker. Unsere Ketten hängen sauber hintereinander, fliegen in Kiellinie, eine Bezeichnung, die wir unserem Seemann zugestanden haben. Sonst hieße es ›Staffelkolonne‹. Mit Begriffen wie dwars zur Bezeichnung der breiteren Formation, etwa des Staffelkeils, zu arbeiten, haben wir strikt abgelehnt. Soweit blieb es schlicht bei rechts und links und links – rechts rückwärts gestaffelt.

Das Führungsflugzeug des Geschwaders zieht jetzt, etwa drei Kilometer voraus, nach Süden an uns vorbei. Die Formation hängt, deutlich sichtbar, noch mit großem Anstellwinkel steigend in der Luft. Vorsichtig kurve ich nach rechts ein, hänge bald, immer noch in Kiellinie und überhöhend, mit einigem Abstand hinter dem Stabsschwarm des Geschwaders. Links und rechts von uns steigen, noch gelockert, weitere Staffeln der Greifswalder hoch, beginnen uns zu überhöhen.

13.10 Uhr – Kap Passero, schräg unter uns voraus. Der Stab hat seine Höhe erreicht, wird schneller. Ich drücke leise nach, ohne die Gashebel zu rühren.

Wir haben aufgeschlossen, schieben über Kap Passero hinweg. Schmetz meldet es. Ich kann nicht steil nach unten sehen. Ich beobachte überhaupt nichts anderes mehr als das Führungsflugzeug des Geschwaders. Es scheint, daß Helbig stur seine Geschwindigkeit hält. Der erste muß immer der beste Verbandsflieger sein, höchst wachsam, die Geschwindigkeit haarscharf halten, auch die Höhe und den Kurs. Sonst geht hinten das große Schlingern los, das Gasreinschieben und -rausreißen, das Fluchen und allgemeine Unsicherheit vor dem Sturm. Kurz: Die ›Ziehharmonika‹.

Fünf Minuten sind wir über Kap Passero hinaus, auf dem Marsch zur Westspitze Gozo. Rings um uns liegen die Flugzeuge, Kreuzer der Lüfte, wie bei einer Parade. Nur leises unmerkliches Schieben und Schweben.

Wo bleiben die Jäger? Keiner hat sie gesehen. Das alte Lied: Der Bomber will seinen Beschützer möglichst längsseits haben, möglichst beiderseits. Das beruhigt. Aber die flotten Jäger sind ganz anderer Ansicht: Sie hängen sich hoch in den Himmel, daß man sie kaum als Punkt wahrnimmt, und gehen vorzugsweise in die Sonne, so daß sie gänzlich entschwinden. Hauptsache, wir sehen euch, sagen sie, und auch der Feind kommt aus der Sonne. Da kriegen wir ihn.

Na, schön. Ohne Glauben geht's nicht; strengen wir uns an, zu glauben.

Schmetz hat Kap Passero gestoppt und mißt die Abtrift. Bis Gozo wird er den Wind in der Höhe errechnet haben. Der Angriff soll uns nicht durcheinandergeraten. Weiter geht's mit Südwestkurs auf Gozo. Links voraus, in etwa 10 Uhr, erkenne ich Malta deutlich, die schartige Küstenlinie, die eingefrästen Hafeneinschnitte von La Valetta. Die See tief unter uns ist ruhig. Nur Schmetz kann durch sein Zielgerät einzelne Schaumkronen ausmachen. Kein Schiff ist weit und breit in Sicht. Ruhig brummen beide Motoren. Ich blicke nach links und rechts, drehe meinen Kopf nach hinten. Da sitzen unsere Männer unter Funkhaube und Atemmaske, zu Ungeheuern entstellt, aber mit einem Herzen voll Pflichtgefühl und Kameradschaft, ein bißchen bange vor dem Neuen. Ich muß ein wenig lachen, wenn ich zu Knobling hinübersehe. Wie wenig vertragen sich Wiener Charme und Plauderdialekt mit der grimmigen Verkleidung. Ich denke nur: Aber ich kenne dich!

Schmetz, immer bäuchlings, dreht sich auf die Seite und seinen Kopf zu mir hin, daß ihm die Atemmaske die Gesichtshaut verspannt. Ich möchte nicht wissen, wie schlitzäugig ich ihm vorkomme.

Schmetz hat den Wind aus Nordwest, mäßig, bestätigt gefunden. Das Geschwaderführungsflugzeug dreht jetzt langsam nach links, aus Südostkurs zum Angriff. Dicht hinter Gozo liegt Malta. Mittendrin erkennen wir den Flugplatz Luca. Auch der zweite Platz, dahinter rechts gelegen, Halfar, ist in Sicht.

Schmetz kommt aus seiner Liege hoch. Am Horizontalzielgerät hat er nichts mehr zu suchen. Im Sturz sitzt er neben mir, um den Sturzwinkel anzusagen, den er am Strahlenbündel auf der Seitenscheibe abliest.

»Bis jetzt sehe ich keinen starten«, stellt Schmetz fest. Uns war mitgeteilt worden, daß startende Jäger auf den dortigen Plätzen weithin sichtbare Staubwolken hochwirbeln würden.

Ungewiß bleibt, wo die Burschen hängen. Sie wissen ja nicht, ob wir stürzen oder von oben werfen. In diesem Falle müssen sie jetzt aus der Sonne herniederrauschen, denn anders, jetzt aus dem Start heraus, würden sie uns niemals mehr kriegen. Da hätten wir längst Malta hinter uns. Wissen sie aber, daß wir stürzen, dann lauern sie unten, Streife fliegend. Vorerst Blick nach oben. Alle Bordfunker haben ihre Sonnenschutzbrillen aufgesetzt und starren hinauf in das gleißende Licht, das Zwillings-MG eingerichtet, entsichert.

Wir schieben uns ans Ziel. Aus der Staffelkolonne bilden wir den

Keil. Wir sind Keil innerhalb des Geschwaderkeiles. Das sieht für den Engländer sowohl nach Sturz wie nach Horizontalangriff aus. Die Breite des Verbandes entspricht der Ausdehnung des Ziels am Boden. Wir haben darin unseren Abschnitt.

Immer noch keine Jäger zu sehen, weder freundliche noch feindliche. Ist das die Stille vor dem Sturm? Vielleicht bleiben die Jäger gänzlich am Boden, verkriechen sich in ihren Splitterschutzboxen, die hervorragend ausgebaut sein sollen. Passen sie also diesmal, auf günstigere Gelegenheiten hoffend?

Jetzt donnert mit Macht die schwere englische Flak herauf. Der Kommodore hängt mittendrin im Gewölk. Platzt er auseinander, ist es mit unserer Ordnung vorbei. Dann haben wir nach eigenem Ermessen zu stürzen. Ich folge auf 100 bis 150 Meter durch den hier kaum noch eisenhaltigen Dunst hindurch.

Der markiert den ›Spitfire‹ ihren Feind. Jetzt aber müssen sie kommen, wenn sie oben sind. Mir wird kribbelig. Unruhig beobachte ich meinen Vordermann. Ob Helbig durchhält, stur, geradeaus? Mal sehen, was an ihm dran ist. Ich mache mit. Der Film läuft. Immer noch kein Abkippen vorn. Das scheint verdammt steil zu werden. Mann, kipp' ab, damit wir die schwere Flak loswerden. Die kommt nicht mit, wenn wir stürzen.

Sie schießt jetzt aus Hunderten von Rohren, die aus dem ganzen Empire hierher geschafft zu sein scheinen, die Schlagader des Weltreichs zu schützen. Von überall her auf der Insel blitzt es. Ein Wespennest ist sie.

Ich sehe den Platz Luca durch die Kanzel steil unter mir. Mann, das geht schief.

Da kippt Helbig ab, mit ihm der ganze Stabsschwarm. Im Augenblick leuchten die hellblauen Bäuche der Flugzeuge auf. Kein Zögern! Eine Sekunde später fahre ich die Sturzflugbremse aus, gehe auf den Kopf, nehme das Gas auf geringe Leistung zurück. Mit halbem Auge nehme ich meine Kettenhunde neben mir wahr. Blick voraus: Ich hänge unmittelbar über Helbig, im Keil des Stabsschwarms. Dessen Flugzeuge rasen vor mir in die Tiefe, stehen aber, die Fläche wie schmale Striche, scheinbar unbeweglich über dem Zielgelände, wie auf das Luftbild gemalt. Immer nach! Zu den beiden Ketten rechts und links keinen Blick. Sie müssen ihren Platz halten. Sie werden ihn halten, wie in einer Übung.

Schmetz gibt an: Sturzwinkel 60°. Verdammt, nur nicht steiler werden.

Die Vordermänner machen jetzt sanfte Seitenverbesserungen, verschieben sich auf dem Luftbild.

Ihnen nach. Ihr Ziel ist auch unseres.

Da zischen die roten 4-cm-›Bügeleisen‹ der automatischen Flak durch den Verband. Kurzes Schlucken. Linkes Auge zu, rechts durchs Visier gepeilt. Die Boxe geradeaus ins Fadenkreuz genommen.

Immer noch nicht auf 1200 Meter, immer noch kein Hupton. Einzige Hoffnung ist die Zahl unserer Flugzeuge, die die Flak zersplittert.

Die Vordermänner hängen wieder ruhig vor uns, schweben gleichsam über unserem Ziel. Werft! Fangt ab, Leute!

Endlich! Vor und unter mir kommt Bewegung in den Verband. Wie von Raketen plötzlich angetrieben, saust der Stab, abfangend, aus dem Ziel heraus, kehrt mir blitzschnell seine Oberflächenseiten zu, die Balkenkreuze.

Auch für uns ist es soweit. Ich ziehe durch bis an den unteren Leuchtkreis meines Visiers. Der Hupton reißt ab, also achthundert Meter über Grund. Das Ziel ist klar. Noch ist keine Bombe des Stabsschwarmes detoniert. Ich drücke den Bombenknopf.

Hartes, automatisches Abfangen, Sturzflugbremse ein, und hinaus geht es aus dem Hexenkessel, hinter dem Stab her.

Während Schmetz das MG greift, um die lästige leichte Flak zu behämmern, ruft Unteroffizier Alles: »Mensch, wie das da hochgeht und explodiert, immer mehr, immer weiter.«

»Schnauze«, sage ich. »Paß auf die Flak und Jäger auf. Die lauern hier.«

Der Stabsschwarm dreht jetzt aus dem Südostkurs eine flache Kurve nach Norden, auf die See zu, so daß wir abschneiden und aufschließen können. Die Atemmasken haben wir runtergerissen. Ein paar Nachkleckernde schließen auf, die Staffel schiebt sich wieder zur Kolonne zusammen.

Vor uns, aus größter Höhe, fällt ein Flugzeug wie ein Stein vom Himmel, dahinter noch eins. Was ist das, wer ist das? Plötzlich qualmt der erste in hellem Rauch, dann schwärzlich. Einzelteile fallen. Das andere Flugzeug unterbricht den steilen Flug, fängt ab und entschwindet nach oben. Ein Fallschirm schwebt herab, Freund oder Feind, wir wissen es nicht.

Wir überfliegen, Fahrt aufholend, die flakgespickte Küste. Alle Mann bei den MG's. Aber dann, hinunter aufs Wasser, tief, auf ein bis zwei Meter, damit die ›Spitfire‹ nicht von unten angreifen können. So kann der Heckschütze oben beim Trommelwechsel helfen.

Wir wagen noch nicht zu glauben, daß die Sache überstanden ist. Zu glimpflich ging es ab bisher. Aber unsere Jäger kennen unseren Weg, und hoch oben haben sie eigentlich nichts mehr zu suchen. Aber zu gern machen sie freie Jagd. Sie sagen: Unsere Abschüsse zählen schon fürs nächste Mal, wenn ihr rübergeht.

Wir nähern uns Kap Passero. Da sollen auch die italienischen Jäger sichern. Den Engländern ist zuzutrauen, plötzlich aus einem Gebirgstal aufzutauchen und uns vor der Haustür fertigzumachen.

Kaum zu glauben, ungerupft donnern wir über unseren Flugplatz hinweg, nachdem wir uns vom Geschwader getrennt haben.

Der Geschichtsschreiber hat vermerkt, daß acht ›Wellington‹-Bomber zerstört und sieben weitere schwer beschädigt wurden. Der Platz war achtundvierzig Stunden außer Betrieb zu einer Zeit, als deutsch-italienischer Nachschub von Palermo nach Tripolis unterwegs war.

Um 15.03 Uhr sind wir gelandet.

Es hat hingehauen. Das hebt die Daseinsfreude und macht menschenfreundlich. Ich freute mich über meine Flieger. Sie sind nicht so übel, wie ich manchmal denke, wenn der ›dicke Hund‹ von Auftrag noch vor uns liegt. Da ist immer die Angst, daß einer schlappmacht, da ist immer Anlaß, einzuheizen und unerbittlich zu sein.

Aber ich will keinen Überschwang von Freude zeigen, will gelassen sein. Wer weiß, was der morgige Tag bringt. Also, Übermut dämpfen.

Hanke ist über Paterno von Catania zurück, hat keinen neuen Befehl in der Tasche. Unser Kommandeur, Arved Crüger, und der Rest der Gruppe sollen von Holland in drei bis vier Tagen hier erscheinen. Wir freuen uns auf unsere Kameraden, auf die Verwaltung, auf das Geld und bessere Bedienung.

Der Spieß hat für Verpflegung gesorgt: Ein Dutzend Apfelsinen pro Nase und Weißbrot, trocken. Er hat auch landwirtschaftliches Gerät beschafft. Wir müssen Splitterschutz haben, in den Boden hinein. Auch die Fliegenden müssen ran. Gegen Abend sollen wir nach Paterno aufbrechen.

Ich schlendere mit Hanke von Flugzeug zu Flugzeug. Hanke nimmt von jedem einzelnen die Gefechtsmeldung auf. Wenn Qualm und Staub sich über Luca verzogen haben, läßt das X. Fliegerkorps, dem das Geschwader unterstellt ist, einen Aufklärer in eisiger Höhe hinüberfliegen und fotografieren. Danach wird verglichen.

In unserem Gefilde entdecke ich hinter einer Kakteenhecke ein flaches, weiß getünchtes Landhaus, nicht bäuerlich, eher einem Bungalow ähnlich. Eine schlanke, schwarzgekleidete ältere Frau mit Kalabreser macht sich an einem Bäumchen zu schaffen. Meinen italienisch-französischen Gruß wehrt sie ab, heißt mich im gewählten k.u.k.-Deutsch willkommen, und bald weiß ich ihre ganze Geschichte: Österreichische Beamtentochter, verheiratet mit einem Italiener, in der 10. bis 13. Isonzoschlacht für Italien gefallen, ihr Bruder in der 10. bis 13. Isonzoschlacht gefallen für Österreich-Ungarn.

»Nun macht's ihr wieder die Kinderspiele, Mannsbilder ihr.«

Sie ist mindestens Gräfin, wenn nicht Herzogin, spricht italienisch und französisch, ist gebildet und belesen. Sie bittet mich hinein. Vom Garten geht es ebenerdig durch aufstehende Flügeltüren in einen mit Fliesen ausgelegten lichten, mit Pflanzen und Gemälden geschmückten Raum. Sie tritt voran. Ich sehe ihr langes schwarzes Kleid über den Staub des Gartens auf die Fliesen schleifen, was ich als unordentlich empfinde. Doch mag ich nicht denken, daß sie eine Schlampe sei. Zu klar, schroffherrisch sind Bewegungen und Sprache, und wie eine regierende Fürstin springt sie mit mir um.

»Da, schauen Sie sich das an.« Die Köpfe ihrer italienisch-deutschen Verwandtschaft in Öl. »Erzählen Sie mir, wie es Ihnen gegangen ist, Sie junges Blut. Kommen Sie, wenn Sie wollen, den Tee mach ich selbst, ein bißchen dünn jetzt. Und eine Kuh habe ich auch für frische Milch.«

Sie sah mich aufmerksam an. »Immer hübsch tapfer, wie? Und gewinnen wollt ihr den Krieg? Das schafft ihr nimmer!«

Das war mein Stichwort: »Und ob wir gewinnen werden. Dieses Mal ist es etwas ganz anderes als 1914/1918. Sehen Sie, wir sind hier auf Sizilien. Ich komme gerade von Malta.«

»Ja«, meinte sie witzelnd, »das weiß ich schon, habe gerade im BBC davon gehört. Da hörte ich Sie brummen, wie Sie zurückkamen.«

Sie nahm mich beim Arm. »Lieber Junge, mein Mann und mein Bruder, sehen Sie sich sie genau an. Die waren damals jung wie Sie heute. Und in dieser Jugendfrische brachten sie sich gegenseitig um.«

Wie aus dem Jenseits sah sie mich an, eine Kassandra, die uns schrecken will?

Ich habe keine Lust mehr, heute etwas anzupacken, Ich möchte allein sein und über das Rätsel, genannt Zukunft, nachdenken.

Aber vielleicht ist das zwecklos. Besser wäre, mir gäbe einer einen kräftigen Stoß, wiese mich auf eine Panne, eine Schweinerei hin, die sofort alle meine Geister zu wutschnaubender Tat auf den Plan riefe. Das klärt alle tiefgehenden Probleme, für die es ohnehin keine Lösung gibt.

»Zwei Flugzeuge unklar«, meldet Lorenz.

»Wieso«, schnaube ich.

In einschmeichelnd sachlichem Ton erklärte mir Lorenz, daß es sich um Flaktreffer handele, man wisse noch nicht, was an organischen Teilen beschädigt sei.

Ich begann zu rotieren. Mein Ehrgeiz war, die Flugzeuge bis zum nächsten Morgen klar zu haben. Weinreich bestätigte tonlos: »Jawohl.«

Der Herr Leutnant Weinreich hatte eine durchtriebene, feine Art, mit entsagungs- und nachsichtsvoller Miene zum Ausdruck zu bringen, daß er mein Ansinnen für Irrsinn hielt. Dieser junge Lümmel! Aber ihm ist nicht leicht beizukommen. Er laviert hart an der Grenze. Hol's der Teufel! Wenn ich eine Idee zu laut werde, dann schiebt er mir's spitz unter die Rippen. Dann singt er in der Terz, von hoch nach tief und von kurz auf lang sein ›Chawooohl‹, aber ich schlucke die Unbotmäßigkeit und denke, warte, Freundchen.

Ich will, daß an den Flugzeugen die Nacht durchgearbeitet wird. »Wie? Kein Vollmond? Her mit einer Reservebatterie. Zapft das Stromnetz irgendwo an, organisiert Kabel. Wo ist Lorenz?«

Hiobspost ist nicht mein Fall. Oder sie ist es im umgekehrten Sinne, zornig werden: Zufriedenheit kommt später. Nachdem ich alles gesagt habe, was mich erleichtert, fasse ich Toto um den Hals. Ich bin wieder mit der Schöpfung versöhnt.

Gegen Abend habe ich den Gefechtsbericht verfaßt. In die Startklarmeldung lasse ich schreiben, daß Weinreich es hört: »Alle Flugzeuge klar«, flüsterte aber zu Hanke: »Möglicherweise minus zwei.« Er soll es dem Kommodore erläutern.

Mein Giacomo ist zur Stelle, von ihm angeführt ein paar ähnliche Fahrzeuge billiger Bauart und ein klappriger Bus, dessen Motor auf dem letzten Loche pfeift. Durch die Sitzpolster lugen die Sprungfedern, einige Scheiben sind gesprungen oder fehlen. Dennoch, die Freude unserer Flieger ist grenzenlos, zumal der Fahrer vor Begeisterung jauchzend herausspringt, als träfe er nach langer Zeit alte Freunde wieder, als sei sein Stolz nicht im mindesten am tristen Zustande seines Vehikels zerbrochen.

Wir fahren mit Giacomo zu viert – Unteroffizier Alles bleibt zu technischen Arbeiten am Platz – über Wege, die diesen Namen nicht verdienen. Gestaucht und geschüttelt werden wir, bis wir am Rande von Paterno eine halbwegs befestigte Straße unter uns fühlen.

Vor uns ein Menschenauflauf am Marktplatz; Platz, Straße und Bürgersteig werden überschwemmt von einem Meer schwarz gekleideter Männer. Sie stehen in Gruppen und unterhalten sich offenbar sehr angeregt über einen wichtigen Vorfall, denn auf das gebieterische Gehupe von Giacomo zeigen die Herren weder Erregung noch Bewegung. Unsere Hupe heult im Dauerton. Giacomo schimpfte und schreit hinaus. Nichts rührt sich.

Aber dann geschieht das Unfaßliche: Giacomo fährt im Schrittempo die Nächststehenden an, drückt ihnen die Stoßstange in die Kniekehlen, sein Geschrei steigernd. Und siehe da, es kommt Bewegung in die Masse, sie öffnet sich, um sich hinter uns fluchend zu schließen. Aber weiter boxen wir uns vor – Himmel, sind das Zustände. Sie werden uns noch in Stücke reißen.

Wir sind durch. Auf der Straße vom Markt zum Kloster wird es luftiger. Wie wird es der Bus schaffen, wenn er nicht schon in der Landschaft zusammenbricht?

Der Spieß, der hier seit einigen Stunden gewartet hat, empfängt uns.

»Wo sind die Nonnen?«

Er macht ein langes Gesicht. »Unsichtbar«, sagt er bekümmert. »Alles geht per Durchreiche.« Eine sei lediglich in Sicht gekommen, habe sich bekreuzigt.

In einem kühlen weitläufigen Raum, wohl dem Refektorium, sind zweistöckige Betten aufgestellt. Sie bestehen aus hölzernen Gerüsten und straff gespanntem groben Leinentuch, welches als Liegefläche dient. Schlafen so etwa die armen Nonnen, fragen wir uns, ein ganzes Leben?

Unsere Flieger treffen ein. Nach kurzer Freude verdüstern sich die Gesichter. Noch böser wird es, als eine halbe Stunde später von kaum sichtbarer Hand Makkaroni in Blechnäpfen durchgereicht wird. Alle meinen, sie hätten nach diesem Tage Besseres verdient. Also gehen wir ein wenig bummeln. Um 10.00 Uhr abends soll Zapfenstreich sein. Wir wissen nicht, wann wir von hoher Hand aus unseren Bettgestellen gezerrt werden.

Mit der Frage, was die schwarzgekleideten Männer auf der Piazza wichtiges zu besprechen hätten, schlief ich ein. Mit derselben Frage erwachte ich. Von Giacomos Erklärungen hatte ich wenig verstanden.

Mich kümmerte nicht, ob es zum Frühstück Manna gäbe oder sonstige Köstlichkeiten. Mich trieb es hinaus aus den heiligen Hallen an die Flugzeuge. Der Spieß sollte mit den Besatzungen später nachkommen.

Es mag 9.00 Uhr, 9.30 Uhr gewesen sein, als mich Giacomo an den Marktplatz heranfuhr. Meine Güte! Da stehen wieder diese schwarzen Männer. Ich schnappe einige Brocken meines ewig gut gelaunten Fahrers auf. »Was, jeden Tag ist das so? Nur zum Erzählen? Warum sind die nicht in Afrika, Benghasi, Tobruk?«

Giacomo sagt, es seien nicht genügend Schuhe für die Soldaten da.

Ich erschrecke. Die sind in den Krieg eingetreten, ohne ihre Soldaten mit Schuhen ausrüsten zu können? Was wird sonst noch alles fehlen? Armes Deutschland, denke ich. Giacomo spielt wieder den Rammbock. Die Männer haben heute morgen Regenschirme aufgespannt, um sich gegen die Sonne zu schützen. Mein Ordnungssinn und Fleiß empören sich gegen das Nichtstun. Ich werde wütend und bissig und fluche. Der Zu- und Zusammenstand der Nichtstuer macht mich fassungslos. Das Ungewohnte, nie Geahnte, das Unerwartete, kurzum, das Andere haut mich um. Weit, sehr weit von mir ist die Vorstellung, daß dies ein Dauerzustand sei. Noch fern ist mir die Erfahrung, daß die nichtstuende, redende Masse noch in Tagen, in Wochen, von morgens bis abends auf der Piazza morgens zusammenströmt, sich am späten Abend verläuft, sich am nächsten Morgen zusammenballen würde. Unvorstellbar am heutigen Tage, daß in ferneren herrlichen Frühlingstagen, in den Morgenstunden wieder und wieder unsere Fahrzeuge die Untätigkeit, die Kohäsion der Verharrenden durchfurchen würden, damit wir uns zu schwersten Angriffen auf britische Flotteneinheiten, auf Malta aufschwingen könnten, um nach der Rückkehr vom Einsatz, nach Verlust bester Kameraden, dem Müßiggang und der schläfrigen Gleichgültigkeit ins Angesicht zu sehen. Die Männer hätten doch wenigstens in Schuhfabriken arbeiten können.

Ich beginne, mich mit meinen Minus-Pappenheimern in der Staffel zu versöhnen. Als emsige Ameisen erscheinen sie mir jetzt. Wo sucht man sich seinen Maßstab, bei diesen oder jenen, im Möglichen oder hoch oben, in der Aufgabe? Und wer stellt sie, und wer befindet über das Maß des Vollbrachten, sei es mit Tadel oder mit Orden? Es dämmert mir, daß einige hohe, meist unsichtbare Herren den vielen anderen die Norm festsetzen, und folgerichtig komme ich nicht umhin einzusehen, daß ich es in kleinerem Rahmen selbst bin, der sehr anmaßend das Soll bestimmt.

Auf dem Platz herrscht Ruhe. Hier und da ist ein Bauer mit Ochs und Esel zwischen den Bäumen und Kakteen in gemächlicher Bewegung. Weinreich schläft noch in der Baracke. Lorenz schält, am Flugzeug sitzend, gegen eine Bombenkiste gelehnt, eine Apfelsine mit öliger Hand. An dem Flugzeug wird gebastelt. Ich unterdrücke einen Fluch aus Furcht, zu ungerecht zu sein. Ich sage nur »Guten Morgen«. Dann lege ich mich zehn Meter entfernt ins Gras. Die Sonne wärmt kräftig. Mich überkommt allmählich das Gefühl, daß Zeit und Geduld das Erfolderliche bringen werden.

Nach einer Weile sagt Lorenz: »Herr Hauptmann haben heute seinen leutseligen Tag!« Diese Wendung hat er von Weinreich aufgeschnappt, der sie dann zu gebrauchen pflegt, wenn ich nichts zu beanstanden hatte. Natürlich ist es eine Frechheit von Lorenz. Mit ihr kommt mir aber der Verdacht, daß sich Lorenz auf hohem Rosse wähnt. Und richtig, er fährt fort: »Die beiden Mühlen sind in einer Stunde klar.« Er bemerkt nebenbei, daß er heute nacht noch ein Ersatzteil aus Catania geholt habe.

Das durchrieselt mich angenehm. Doch wortreiche Anerkennung war nie meine Sache. Ich selbst war ein undankbarer Empfänger von Lobsprüchen. An ihnen klebt zu 90 Prozent Lüge und Absicht. Mein Kommodore, Major Bloedorn, hatte mir einmal gesagt, nachdem er mich auf seine Weise gelobt hatte, »Sie brauchen mich doch nicht so anzusehen, als wollten Sie krummer Hund zu mir sagen.«

Lorenz und ich, wir kennen uns. Ich blinzle in den Himmel und sage nach einer Weile: »Sie sind wohl ziemlich müde jetzt, was?« Da ich keine Antwort erhalte, stütze ich mich ein wenig auf den Ellbogen auf und sehe rüber. Lorenz war, gegen die Kiste gelehnt, eingeschlafen.

Das Geklapper aus und im Flugzeug, die Wärme und der Lauf der Dinge zum glücklichen Ende lullen mich ein. Als ich auf die Uhr sehe, ist eine volle Stunde herum. Durch das Gras stapft Hanke herbei.

»Britischer mittlerer Flottenverband von Alexandria Kurs West. Richtung Benghasi. Hurtig, auf, auf!«

Unsere Staffel allein sollte den Angriff durchführen; abwarten, bis der Verband in unsere Reichweite käme, etwa bis Tobruk. In den Hafen dort würden die Schiffe vermutlich gegen Abend einlaufen,

Rückkehr vom Feindflug.

Meine He 111.

**Auf dem polnischen
Fliegerhorst Deblin
Schäden nach den
Angriffen vom 1. 9. 1939.**

Mein Flugzeugwart Buhmann vor ›seiner‹ He 111. Er hat die Technik fest im Griff.

Die He 111, das Geschwaderführungs- flugzeug 5J+DA, am 10. Mai 1940 nach Tiefangriff auf den Flugplatz Amsterdam-Schiphol mit 200 Treffern bauch- gelandet. Kommodore Oberst Fiebig gerät mit seiner Besatzung für fünf Tage in Gefangenschaft.

Oslo-Fornebu, 10. April 1940. Der Platz hat nicht gereicht – offensichtlich.

Oben links: Uffz. Knobling (rechts) mit seinem Beobachter, Oblt. z. S. Friedrich.

Rechts: Major Arved Crüger mit dem Verfasser in Schiphol.

GFM Keßelring besucht das Geschwader. V. l.: General Coeler, KG IX. Fliegerkorps, Oberst Czech, Keßelring, Major Crüger.

Holland, ein Fliegerland: Windmühlen zeigen Windrichtung- und stärke an.

Oben links: Mit Kameraden in Gilze-Rijen. V. l.: Röhricht, Richtering, Hanke, Schmidt, Crüger, Holler, Verfasser, Haase, Sommer, Dahlmann. Rechts: Entlassung aus dem ›Wilhelmina Gasthuis‹ in Amsterdam und in Tuchfühlung mit holländischen Krankenschwestern.

Mitte: Dieser Bruch verlief trotz allem am 19. Oktober 1940 noch glimpflich.

Unten: Vor dem Abtransport mit einer Ju 52 in das Luftwaffen-lazarett Berlin verlangt die Truppe noch ein Gruppenbild.

unter dem Küstenflakschutz bis zum Morgengrauen verweilen, um dann weiter nach Westen vorzustoßen, die italienische Flotte herauszufordern.

»Im Morgengrauen sollt ihr über Tobruk sein. Sturzangriff auf die Schiffe mit panzerbrechenden Bomben. Fein, was?«

So springen Fliegerkorps und Geschwader mit uns um. Zwei Tage hätten sie uns in Ruhe lassen können. Wir sind noch gar nicht richtig hier, leben aus dem Koffer sozusagen. Wieviele Male habe ich schon im Kriege gedacht, nun hast du es hinter dir, nun ist erst einmal Verschnaufpause. Nein, immer wieder traf dich die Befehlskeule im Genick. Ich bin jetzt abgebrüht. Ich habe mich selbst abgebrüht, indem ich mir im Vorhinein ausdenke, was zu tun wäre, um dem Gegner einzuheizen oder einem Befehl zuvorzukommen, der mir nicht schmeckt.

Angriff im Morgengrauen heißt Start in der Nacht. Ich bin bei der Sache. »Keine Stallaternen? Dann macht eine Reihe Kartoffelfeuer, meinetwegen Mais-, Tabak- oder Kakteenfeuer. Wir starten links oder rechts davon, je nach Wind. Klaut euch das Zeug zusammen. Die Stallaternen nützen sowieso nichts. Sie versaufen im Gras.«

Hanke sagt: »Du bist verrückt!«

Die panzerbrechenden Bomben PC 1400 sollten noch angefahren werden. Da die Hebewagen noch nicht über den Brenner angerollt waren, mußten die Bomben mit Flaschenzug vom Boden unter die Flächen gehievt werden. Dazu mußten alle ran, auch die fliegenden Besatzungen. Brennstoff war nachzutanken. Viel war nicht mehr drin nach dem Flug über die Alpen und nach Malta.

Um 19.00 Uhr soll die Flugbesprechung stattfinden. Dreißig Minuten Bereitschaft ist für 01.00 Uhr nachts vorgesehen.

Ich mache mich auf die Suche nach Leuchthilfen für den Start, der wieder nach Westen gehen wird. Einige PKW sollen mit ihren Scheinwerfern in Startrichtung die Olivenbäume anstrahlen, einige weiter außerhalb des Platzes, westlicher, ihre Lichtkegel auf den Boden werfen. Das erleichtert das räumliche Sehen nach dem Abheben. Vor allem aber brauche ich einen Senkrechtscheinwerfer, der als Richtfeuer beim Start dienen soll und an welchem zu wenden ist. Hinter ihm würden die Höhen beginnen. Kurs nach Tobruk ist Südost.

Es wird heißer. Ich esse eine Apfelsine nach der anderen. Die ausgeschlafenen Besatzungen kommen von Paterno herunter, ich rufe Oberleutnant zur See Friedrich.

»Achtung!« So meldet er sich, seinem Seemannsbrauch folgend, bei jedem Anruf.

Nachdem er ins Bild gesetzt ist, macht er sich ans Werk. Der Übergang von der astronomischen Dämmerung ins Büchsenlicht, die kurze, entscheidende Phase zwischen dem Noch-zu-Dunkel über dem Ziel und dem Schon-zu-Hell, um unbemerkt zu bleiben, muß mit höchster Genauigkeit bestimmt werden. Wir dürfen weder zu früh ankommen, im Dunkeln über dem Ziel herumsuchen, noch zu spät im Hellen eintreffen. Da werden uns die Jäger fertigmachen. Auf jenem Breitenkreis sind die Übergänge kurz.

Allein mit dem von der Wetterkarte übermittelten Wind über die lange Flugzeit zu rechnen, wäre verhängnisvoll. Der Wind könnte uns bremsen oder beschleunigen. Wir werden versuchen, den Rundfunksender Athen zu peilen, vielleicht auch einen Türken. Aber Nacht und Dämmerung spielen den unsichtbaren Wellen häufig übel mit.

Auch die astronomische Navigation scheidet aus. Wir haben zwar unter Friedrichs Anleitung auf unseren Englandflügen mit dem Oktanten zu hantieren gelernt, bei Nacht vor unseren Unterkünften so manches Sternenpaar geschossen. Schwarz schien uns die Kunst, fanden wir uns nach der Peilung manchesmal auf Grönland statt in Holland. Doch verbesserten wir uns allmählich auf wenige Meilen.

Der Himmel hätte uns auch hier geholfen, wenn seine Diener, die Astronomen, für diesen Teil des Globus die Tabellen angefertigt oder uns nachgeschickt hätten.

Was uns blieb, waren unsere Augen und unser sechster Sinn. Auf diese ultima ratio setzte Friedrich, wenn auch mit nachsichtigem Spott. Der Beobachter, Bombenschützen und der Bolamänner nahm er sich besonders an, weil diese in erster Linie die Augen draußen und unten hatten.

In der Zwischenzeit bin ich nach Catania geflitzt. Dem italienischen Flakkommandeur versuche ich klarzumachen, daß ich mindestens einen kräftigen Scheinwerfer als Starthilfe brauche. Der schmucke Offizier deutet mit tragischem Blick in Richtung Malta: Er fürchte, daß die ›Wellington‹-Bomber herüberkämen. Ich sage kühn, daß sie heute nacht nicht kommen würden; wir hätten sie alle gestern kaputtgemacht. Schließlich bin ich soweit. Ich muß aber mein Ehrenwort geben, daß ich die Scheinwerfer am nächsten Tag mit ungekürzter Kabellänge zurückschicken werde.

Ein Scheinwerfer kleinsten Kalibers rollt auf einem sonderbaren fahrbaren Untersatz heran. Giacomo vertäut das Anhängsel, und mit ›mille grazias‹ verabschiede ich mich, den Fahrer zu größter Vorsicht mahnend.

Ich bin sehr stolz auf meine Eroberung und freue mich, den Kameraden zu zeigen, daß eben alles geht, wenn man nur will.

»Was ist denn das für ein Mittelding zwischen Feldküche und Kochtopf?« fragt Weinreich. »Ach so, die bewußte Leuchtkerze!«

Man muß unter Fliegern Nerven haben.

Heute abend fahren die Besatzungen nicht hinauf nach Paterno. Abenteuerliche Nachtanfahrt auf holprigen Wegen und in klaprigen Fahrzeugen will ich nicht riskieren. Geschlafen werden soll wie in der ersten Nacht, wie die Sardinen in der Büchse. Einige haben sich im Bus eingerichtet, der heute unser Nachttaxi sein soll.

Die Stimmung in der Baracke war nach Sonnenuntergang so hervorragend, daß niemand ans Schlafen denken mochte. Noch in der Ferne hörte ich die Lachsalven, als ich mit Weinreich und Lorenz die Liegeplätze abging. Die letzten Panzerbrecher wurden hochgehievt, der Tankwagen knatterte von einem Flugzeug zum anderen.

Gegen Mitternacht brachte Hanke vom Geschwader die letzte Feind- und Wettermeldung. Vom Feind nichts Neues – kein Wunder, denn nachts ist es dunkel – und das Wetter ohne Änderung, Wind in 3000 bis 5000 Meter Nordwest mit mäßiger Stärke von 15 bis 20 km/h.

Jetzt war es in der Baracke ruhiger geworden. Wir drei setzten uns draußen auf ein paar Kisten und verzehrten Apfelsinen, das hiesige Volksnahrungsmittel. Ich fühlte mich ein wenig müde, aber nicht schläfrig. Hauptsache, wir kommen einigermaßen vom Boden weg in die Luft. Dann rollt alles planmäßig. Bis dahin und für das Aufwachen ist der Spieß verantwortlich. Um 01.15 Uhr muß alles raus aus der Sardinenbüchse.

»Aufstehen!« Ich blickte hinein in die Baracke, in deren Mitte zwei Laternen brennen. Ich sehe kleine Augen, verkniffene, lustlose Gesichter, höre Geschimpfe. »Tritt mich nicht, du Kamel.« – »Fresse«.

Der Bus beginnt zu knattern, fährt los. Ich gehe mit meiner Besatzung zu Fuß. Die Luft ist herrlich. Um 01.30 Uhr sind die Besatzungen an ihren Flugzeugen.

Um 01.45 Uhr sitzen wir. Wir wollen mit Scheinwerfer und Positionsbeleuchtung an den Start rollen. Der italienische Flugleiter soll rot schießen, wenn Angreifer von Malta aus nahen. Erst auf grün soll es weitergehen. Hanke sorgt für Abstimmung.

Unser Leuchtpfad, die Stallaternen, stehen in sauberer Reihe. Weinreich hat sogar eine Schneise mähen lassen. Schmal ist sie zwar, zu schmal für die Flugzeuge, doch haben wir wenigstens Sicht auf die Lampen und können die Richtung halten.

Wieder rolle ich die Linie ab, schiebe mich an den schweren Vögeln vorbei, und einer nach dem anderen wuchtet und federt hinter mir her.

Da geht auch der Dünnmann von Scheinwerfer senkrecht in die Höh', und ich denke, er ist besser als nichts. Besser machen sich die Autoscheinwerfer, die durch den Hain leuchten und Körperliches erkennen lassen.

Es ist bei der Startzeit 02.00 Uhr geblieben. Ich bin fertig zum Start, lasse sämtliche Lampen in der Kabine hell aufleuchten, winke mit der Rechten. Nach hinten winkt Krahn.

Licht aus. Die Phosphorstriche strahlen milde aber deutlich zurück.

Bremse treten – Gas halb – Gas dreiviertel – Bremse los! Vollgas! Ab!

Nach Umrundung der mageren Leuchtkerze werfe ich meinen Blick hinunter auf den Platz, wo ein rotes Backbordlicht nach dem anderen am Boden entlangfegt. Krahn zählt sie. Alle oben. Nach drei bis vier Minuten schalte ich die Positionslichter aus.

Der Marsch beginnt. Steigflug auf dreitausend Meter.

Wir blieben um dreitausend Meter, um die lästige Sauerstoffmaske entbehren zu können und um nicht unnötig zu frieren, dabei eine Hoch-Tief Staffelung von plus/minus dreihundert Meter haltend. Nach einer halben Stunde wurde ich hundemüde. Den ganzen Tag war ich auf dem weitläufigen Platz auf den Beinen. Handfestes gegessen hatte ich nicht. So überprüfte ich gemeinsam mit Schmetz Kurs und Kurssteuerung, schnallte mich, mit Fallschirm und Schwimmweste angetan, in Bauch- und Rückengurten fest, und in diesem Korsett gehalten, überließ ich Schmetz Steuer, Verantwortung und Umsicht. Eine halbe Stunde vor Eintreffen am Ziel wollte ich geweckt werden.

Ich schlief einen abgrundtiefen Schlaf. Weder das Gebrumm der Motore noch das Gerammel und Gefummel der Besatzung vermochten mich zu stören. Ich fühlte mich sicher und gut bewacht.

Bis zu unserem Ziel, Tobruk, hatten wir 1150 Kilometer zu fliegen, nach unserer Rechnung drei Stunden und fünfzehn Minuten.

Als ich geweckt wurde, blinzelte ich auf meine Instrumente und zu den Sternen. Hände und Füße waren eingeschlafen. Nachdem ich winzige gymnastische Übungen in meiner Umschlingung gemacht hatte, gab ich Gas, um Höhe zu holen, und setzte die Atemmaske auf.

Inzwischen hatte Schmetz navigiert. Funkfeuer und Rundfunksender standen nicht zur Verfügung oder waren zu fern, oder der Nachteffekt machte jede Peilung zum Rätsel. So bestand die ganze Navigation darin, daß wir mit dem von der sizilianischen Wetterwarte geschätzten Wind unseren Kurs eingestellt hatten und die automatische Steuerung die Durchführung besorgen ließen.

Der Rest hing von der Uhr ab.

Noch zehn Minuten. Wir starrten nach unten. Wir starrten nach rechts. Von dort mußte die afrikanische Küste im spitzen Winkel auf uns zukommen. Nichts war zu sehen. Ein undefinierbarer Abgrund zwischen Schwarz und Dunkelgrau gähnte uns an. Das Undefinierbare änderte sich zu neuem Undefinierbaren. Falsch zu glauben, daß unsere nächtliche Erde überall gleich ausschaut oder überhaupt nicht ausschaut. Das dämmrige Dunkel über dem Wattenmeer ist ein anderes als das über dem Nordmeer oder über England. Worauf das zartflimmernde Licht der Sterne unten fällt, auf Wasser, Wiese, Wald, Steppe, Wolken oder Dunst, das wird verschluckt oder in die Höhe zurückgeworfen. Millionen Sterne und manchmal kleine helle Planetenscheiben geben dem Nachtgewand unserer Erde die seltsamsten Muster und Tönungen, manchmal schwarz, manchmal grau, häßlich oder milde, bleibend oder fließend. Ahnungen sind es, die man empfängt, die der sechste Sinn seinen fünf nüchternen Geschwistern übersetzen muß.

Neu war uns das Anfliegen aus dem Dunkel südlicher Nacht gegen den kommenden Morgen.

Die Zeit war um. Da war etwas wie eine Linie, eine Form! Schmetz rief es. Aber es war nichts. Doch jetzt – wieder Formen. Sollten dies Wolkenfelder, Nebelbänke tief unter uns sein? Mich packte die Wut. Die Meteorologen hatten wolkenloses Wetter am Ziel prophezeit. Wie sollten wir bei diesem Wetter Schlachtschiffe aus großer Höhe erkennen und mit panzerbrechenden Bomben im Sturzflug treffen?

Einige Minuten waren wir bereits über das Ziel hinaus. Einen neuen Entschluß hatte ich noch nicht gefunden. Ich dachte an die Nachkommenden. Sie folgten dicht auf und sollten durch das Abwehrfeuer der Schlachtschiffe und der Küstenflak, womöglich durch Bombendetonationen auf die Ziele gelenkt werden.

Schnell wurde der astronomische Dämmerstreifen im Osten rot. Ich wurde unruhig und schrie: »Augen auf! Wer sieht die Küste?«

Mir wurde heiß bei dem Gedanken, daß der Angriff mißlingen könnte, daß wir gar in die Fänge der Jäger geraten sollten. Ich muß sehen. Meine Augen bohrten sich in das Dunkel. Nichts, dann ungewisse Reize auf der Netzhaut. Ich schloß die Augen, um sie langsam wieder zu öffnen und Abbilder aus der Tiefe einwirken zu lassen, so wie man vor der dunklen Bühne sitzt in Erwartung aufdämmernder großer Ereignisse. Nichts! Keine Küste war zu sehen. Aber da war was! Ein unmerkliches Wogen und Wabern. Schon färbte sich der Nebel unter uns bräunlich, ins Rote übergehend. Und jetzt sahen wir, alle auf einmal: Wüste, nichts als Wüste. Keine Küste war zu sehen, kein Meer, kein Nebel, keine Wolke.

Ich ließ funken: An alle – sofort Gegenkurs – Tiefflug.

Ein starker Wind hatte uns über das Ziel hinweggeschoben und uns nach Süden landeinwärts versetzt. Den alten Kurs auch nur eine Minute fortzusetzen, hätte uns die Rückkehr abschneiden können. Auch Kreuz- und Querflüge zur Zielsuche mußten aufgegeben werden. Die Abwehr hätte uns, da wir einzeln flogen, eine vernichtende Niederlage bereitet. Längst waren wir von den englischen Radarschirmen erfaßt, die uns bei Sonnenaufgang den ›Spitfire‹ zum Abschuß vorlegen würden. Sanftere Gegenwinde in Bodennähe mußten daher willkommen sein.

Also flogen wir jetzt mit Nordwestkurs dicht über den Sanddünen und Bodenwellen dahin, während die Sonne mittlerweile den unendlichen Bereich rötlich bestrahlte.

Nun war ich Nachhut und hoffte, daß die Flugzeuge der Staffel, leicht gestreut, irgendwo das britisch besetzte Gebiet durchstießen und auf das Meer hinaus gelangten.

Inzwischen machten wir uns Gedanken, wie wir die dicke Bombe nutzbringend und für den Feind schadenstiftend loswerden könnten. Es war nicht daran zu denken, später der Küste nachzufliegen, in jede Bucht oder gar in den Hafen von Benghasi hineinzuschauen und einen Nachschubdampfer oder ein Kriegsschiff aufzustöbern. Aus der Radardeckung am Boden aufzusteigen, schwerfällig Höhe zum Sturzangriff zu holen, dieser Plan wäre auf der Kriegsschule mit der Zensur ›mangelhaft‹ bedacht worden. Maßvolles Risiko hieß die Parole, Besatzung und Flugzeug für weitere, erfolgversprechende Einsätze aufsparen. Also schoben wir die Entscheidung in dem unguten Gefühl vor uns her, irgendwo die mit Flak und Jägern gespickte Küste mit unnützer Last zu überfliegen, spießrutenlaufend den Hals zu riskieren. Dabei war überhaupt noch nicht sicher, ob wir mitsamt dem kunstvoll gedrechselten Ding sizilianisches Gestade sichten, geschweige erreichen würden. Sollten wir mit der Bombe ein Loch in den Wüstensand bohren? Sollten wir sie in die See plumpsen lassen?

Der Entschluß, den wir nicht faßten, wurde aus uns heraus geschlagen wie der Funke aus einem Stein. »Jäger«, schrie Krahn, der Bordfunker.

Naja, dachte ich, jetzt ist es soweit. Geübt, Haltung zu zeigen, fragte ich: »Wie weit, wie hoch – Richtung?« Krahn hatte aber schon gemeldet: »Aus vier bis fünf – also von rechts hinten – zweitausend Meter höher.«

Krahn: »Kommen näher – Entfernung zwei Kilometer.« Ich drehte meinen Hals bis zum Verrenken. Da sah ich die Rotte. Sie flog Kurs auf uns zu, aber ohne auf uns zuzudrücken. Ziemlich nah an der Sonne standen sie. Aha, dachte ich, das soll ein Überraschungsangriff werden. Ich sah wieder voraus auf die Sanddünen, über die ich dahinfegte, dann wieder zurück zu den ›Hurricane‹.

Jetzt aber war der Augenblick gekommen, in welchem sie ansetzen mußten. Wir redeten leiser, je näher sie kamen. Herr des Himmels, murmelte ich, laß sie schlafen oder mach' uns unsichtbar. Wir hatten noch nicht einmal vor dem Start den Wüstentarnanstrich aufgetragen. Auch geisterte als Unglücksrabe der schwarze Schatten unseres Flugzeuges auf dem Wüstensand vor uns her. Ich zog den Kopf ein. Der Infanterist kann sich in einem Erdloch verkriechen, sich in die Ackerfurche werfen, unter einen Busch kringeln. Wir schwebten in einem Balkon aus Glas durch die Lüfte. Zielscheibe waren wir. Welch Häuflein Mensch waren wir. Die Zeit ist eine Schnecke. Ich wollte, es wäre Nacht.

Die ›Hurricane‹ sind genau über uns – nur nicht durchdrehen – jetzt sind sie ein wenig über uns hinweg. Sie fliegen nach links voraus – nach West. Sie haben uns nicht gesehen. Wir haben überlebt. Wir fragen nicht, für wie lange. Jede Minute Leben zählt.

Langsam verlieren sich die ›Hurricane‹ als schwarze Punkte in der Ferne. Wir halten uns weiter dicht am Boden.

Stilles Harren des Schlachtopfers auf den tödlichen Streich – das war es, was wir erlebten.

In neuer Hochspannung näherten wir uns der Cyrenaika, deren Berge sich in der Ferne erhoben.

147

Die Sonne heizte uns schon mächtig ein, als uns plötzlich rote Bügeleisen entgegenflogen – die Geschosse der automatischen 4-cm-Flak. Ehe ich mich versah, hatten der Bordfunker und der Beobachter aus ihren Zwillings-MG's schon ein paar hundert Schuß herausgejagt. Ich sah die Geschosse von einem Fahrzeug herüberflitzen, das einsam auf einem Höhenrücken im Sand fuhr, während anderes Unheimliches sich unter einer Staubwolke in der Senke tat. Ich schrie: »Bombe klar«, hob das Flugzeug leicht an und warf. Und während die Bombe schwebte, erkannte ich durch den Schleier Kamele, die Karawane angeführt von einem Jeep, der uns beherzt aufs Korn nahm. Ich riß eine Linkskurve, während wir aus allen Rohren weiterschossen, und da stieg, von unserer panzerbrechenden Bombe, die einem Schlachtschiff zugedacht war, eine riesige Sandsäule in die Höhe. Kamele, schwer bepackt, rasten wild durcheinander, während plötzlich aus drei, vier Ecken Leuchtspuren hinter uns herflitzten. Die Karawane hat sicherlich ihr Tagesziel nicht erreicht und die Munition gegen Rommel nicht nach vorne geschafft.

Wir aber mußten uns sputen, den ›Hurricane‹ nicht in die Arme zu laufen. Durch Funksprech eingewiesen, könnten sie im Handumdrehen zur Stelle sein. Wir machten daher nach kurzer Zeit einen Schlenker nach Süden und nahmen dann Westkurs in dem Bestreben, auf den nächstgelegenen Flugplatz hinter der deutsch-italienischen Front, spätestens aber in Tripolis zu landen. So viel war schiefgegangen und soweit hatten wir noch Glück, daß wir vermeiden wollten, irgendwo im Mittelmeer badenzugehen.

Und etwas ganz Menschliches kam hinzu. Wir hatten vor dem Start, im Hunger auf Vitamine, jeder zehn, fünfzehn oder zwanzig saftige Apfelsinen verzehrt, teilweise ausgepreßt, die jetzt aber ein natürliches Unbehagen verursachten. Eile war geboten. Ein kurzes Kommando wurde durch den Äther getastet, dann noch ein kleiner Haken geschlagen und bald schoben wir uns südlich von Benghasi auf die Küste zu, die wir tief überflogen. Bei leicht gekräuselter See gewannen wir Raum, um dann, scharf nach Süden, den Flughafen Syrte anzufliegen. Der Platz war in italienischem Besitz und lag nur wenige Kilometer hinter der Front.

Der Platz, in der Nähe der Via Balbia gelegen, war als Flugplatz nur daran erkennbar, daß irgendwo einige italienische Maschinen abgestellt waren. Es gab ein paar Palmen, im übrigen nur Sand. Selbst die vorzügliche Via Balbia war an vielen Stellen von Sand verweht.

Die Landung verschaffte mir das hoffnungslose Gefühl, mich zu überschlagen. Die Räder wollten nicht rollen; sie wurden im Sande gestoppt, so daß das Flugzeug, obwohl ich mit aller Kraft das Steuerrad gegen den Bauch zerrte, mehrfach eine Verbeugung machte, bis es dann stand.

Schwerfällig in den Gliedern, aber doch befreiten Gemütes stiegen wir die Leiter hinunter, stapften ein wenig im Sande und gewahrten einen italienischen Offizier, hoch zu Kamel, der sich vor unserem Flugzeug herabschwang und militärisch vorbildlich grüßte. Wir hatten die italienischen Fliegeroffiziere immer um ihre wunderbar geschnittenen Mützen beneidet. Sie sahen sportlich aus, modisch und doch männlich. Unsere Mützen waren einfach nicht auf der Höhe der Zeit.

Während der Italiener uns seinen Gruß erwies, winkten wir verlegen ab und zogen uns in den Schatten der Flächen zurück, stellten uns an das Fahrwerk und entleerten uns mit Seufzern der Erleichterung. Erleichtert war auch das Flugzeug, das ich wenig später, von frischem Seewind angeblasen, aus dieser Sandwüste befreien konnte. Nach Zwischenlandung und Auftanken in Tripolis gelangten wir nach Sizilien zurück.

In meinem Gefühl, nachhütender Schäfer meiner kleinen Herde gewesen zu sein, sah ich mich leider getäuscht. Die Besatzung des Leutnant Dr. Kratz war ausgebrochen, um die Gegend um Benghasi abzugrasen. Kratz wollte unbedingt die BZA, das neue Zielgerät, Kind seiner Erfinderleidenschaft, in der Welt der Tatsachen ausprobieren. So glitt er in schneidiger Fahrt auf ein im Hafen von Benghasi an der Pier liegendes großes Schiff, und dabei rissen ihn die Wölfe, aber nicht lebensgefährlich. Über seine Eltern erhielten wir Grüße aus Australien.

Endlich, unsere Gruppe ist da. Die Flugzeuge fallen ein im Horst, wie die Krähen zum Abend. Da rollen sie aus, die der 8. und der 9. Staffel, da der Kommandeur, alle auf ihre vorbereiteten Plätze. Werden sie staunen, riechen und sich strecken, strampeln und hüpfen, wenn sie herauskommen. Was werden wir ihnen alles erzählen und sie uns. Jetzt sind wir wieder beisammen. Alles wird besser gehen, die Verpflegung, der Nachschub, die Post.

Wo ist die Feldpost? Her damit! Die alte Nummer gilt noch – Bentheim, an der deutsch-holländischen Grenze. Bald kriegen wir eine neue, über Rom, Neapel oder so ähnlich. Und nun auf, Zahlmeister, hole uns die Lire!

Arved Crüger, mein Kommandeur, ist groß und prächtig anzusehen. Deshalb durfte er auch Ordonnanzoffizier bei Emmy Göring in Kampen auf Sylt sein, ihr den Bademantel nachtragen, wie wir scherzten, das Erfrischungsgetränk reichen, bis es ihn hinaustrieb an die Front. Abgesehen davon, daß er uns im Einsatz zu eiskalten doppelolympischen Höhen hinanführte, hatte ich nichts gegen ihn.

Hanke strich für seine Vorbereitung ein freundliches Lob ein. Der Nachrichtenoffizier, Oberleutnant Holler, hatte neue genauere Karten mitgebracht, Frequenzen von allen möglichen freundlichen und feindlichen Sendern. Aus der Ju 52 wurden Kisten voller Papiere, mit Fernschreibern und Schreibmaschinen, Telefonapparaten und Funkgeräte ausgeladen.

Apfelsinensaft war der Begrüßungstrunk. Wie die Kameraden tranken! Andächtig und mit Freude sahen wir sie schlucken. Aber wo ist mein Hund, Berto-Ingo, der stramme deutsche Schäferhund? Per Eisenbahn? Ich erfahre, daß er bei den Seefliegern in Schiphol in Pflege gegeben wurde. Seine Unterbringung im Waggon konnte nicht sichergestellt werden. Schade. So waren wir übrigen in Paterno im Kloster vereint, fröhlich und laut.

Aber schwere Einsätze auf Flottenverbände und Geleitzüge, auch gegen Malta, standen uns bevor. Bis an die Grenzen der Reichweite flogen wir in das Seegebiet südlich Kreta, nach Derna und nach Tobruk an der afrikanischen Küste. Wir erlebten die Briten als Seeleute erster Klasse, wie sie selbst mit ihren schwersten Einheiten, den Schlachtschiffen ›Barham‹, ›Warspite‹, ›Valiant‹ und ›Queen Elizabeth‹ kaltblütig Kurs im Verbande hielten bis zu dem Augenblick, in welchem wir im Sturz niederrauschten. Da legten sie hart Ruder, daß sie bedenklich krängten und in der Wende unseren schlanken panzerbrechenden Bomben meist entkamen. Wenn wir nach bewährter Erfahrung nach dem Sturzangriff aufs Wasser herunter drückten, um den vom Flugzeugträger ›Formidable‹ aufgestiegenen Jägern zu entkommen, erlebten wir, daß die schwere oder mittlere Schiffsartillerie hinter uns her und Sperrfontänen vor die Nase schoß. Gegen die Wassersäule zu klatschen bedeutete zu zerschellen und mit ihr in die Tiefe zu gehen.

Der Abwehrkampf gegen die Jäger erforderte das Letzte von den Besatzungen. In dichtem Keil flogen wir über das Wasser, Fläche an Fläche, die Garben hinausgejagt, daß die Läufe glühten. Die Jäger hielten sich auf maßvolle Schußentfernung. Sprühende Schaumkronen vor Augen, spürten die einmotorigen Flieger die Nässe schon zu deutlich, um den Nahkampf zu riskieren. In der Höhe kämpft es sich leichter und schneidiger. Notfalls gleitet der Jäger mit stehender Latte zum Träger zurück oder hat mindestens Zeit, sein Sprüchlein abzusetzen, damit der schnelle Zerstörer ihm zu Hilfe kommt und ihn herausfischt.

Bei diesen Angriffen hatten wir Verluste. Auch mein Leutnant Piëch wurde kurz nach dem Abfangen aus dem Sturzangriff von einem Jäger ereilt, schleppte sich aber, schwer getroffen und einmotorig, einige -zig Kilometer weiter. Zu zweit begleiteten wir ihn. Dann schnitt er flach vor unseren Augen schäumend unter und verschwand, um sogleich wieder aufzutauchen. Ich kurvte im Langsamflug herum und stellte zu meiner Erleichterung fest, daß die Besatzung das Schlauchboot flottmachte und sich hineinwälzte.

Da saßen nun die armen Kerle drin, wir oben im Trockenen, ohne sogleich helfen zu können, in einem Seegebiet, welches von eigenen Schiffen kaum befahren werden konnte.

Nur die genaueste Standortermittlung konnte der verzweifelten Besatzung Rettung bringen.

Ich entließ meinen Begleiter und flog mit Kurssteuerung und Stoppuhr nach Süden, um auf kürzestem Wege die afrikanische Küste zu erreichen. Heinrich Schmetz stellte die Abtrift und die Grundgeschwindigkeit fest. Wir verfügten, im Unterschied zu den übrigen Besatzungen, über das hervorragende Zielgerät Lotfe 7D.

Unseren Anlaufpunkt an der afrikanischen Küste konnte Schmetz genau ermitteln. Während er den Ort des Seenotfalles errechnete, flogen wir nach Benghasi, landeten dort und setzten sogleich unseren Funkspruch mit Standortangabe nach Sizilien, zum X. Fliegerkorps in Taormina ab. Der Stab hatte die Seenotstaffeln von Syrakus an der Strippe.

Nachdem wir in Benghasi nachgetankt hatten, flog ich nach der errechneten Stelle zurück, an der ich bei tiefstehender Sonne eintraf. Trotz schärfster Beobachtung gelang es uns nicht, das Schlauchboot zu sichten. Deshalb schien es mir auch verfehlt, an der errechneten Stelle Peilzeichen für das Seenotflugzeug zu geben. Mehrmals noch umkreiste ich die Stelle, aber unsere Suche blieb erfolglos. Niedergeschlagen kehrten wir nach Sizilien zurück.

Ebenso ging es dem Seenotflugzeug. Am anderen Tage jedoch schien der Retter vom Glück begünstigt. Er entdeckte an der bezeichneten Stelle das Schlauchboot, kurvte ein zum Landeflug, verlor es aber aus den Augen. Das Rettungsflugzeug rollte hin und her und umkreiste den Punkt, wiederum vergeblich. Erst beim nächsten

Anlauf am Nachmittag dieses Tages glückte die Rettungsaktion.

Nachdem wir unsere teilweise verwundeten schiff- und luftbrüchigen Kameraden jubelnd von Syrakus heimgeholt hatten, vernahmen wir das Unglaubliche. Wir Suchflugzeuge waren auf ein bis zwei Kilometer an das Schlauchboot herangekommen, ohne es zu bemerken oder um es wieder aus den Augen zu verlieren. Am seidenen Faden hing das Leben der vier deshalb, weil die im Schlauchboot befindliche Leuchtpistole versagte.

Ein Phänomen besonderer Art war festzustellen: Unsere Kameraden hatten unter der Sonneneinstrahlung fast den Verstand verloren. Bei Sonnenaufgang glaubten sie, die afrikanische Küste, etwa zweihundert Kilometer entfernt, sichten zu können.

Noch ein weiteres Mal verlor meine Staffel eine Besatzung mit vier Mann an Bord. Auch sie ging in das Schlauchboot. Unsere Suche war weit erfolgreicher, als wir angenommen hatten. Wir bargen fünf Mann. Der englische Jagdflieger saß mit drin. Bomber und Jäger hatten sich auf einen Knall gegenseitig abgeschossen.

Mit unseren Einsätzen sollte der britischen Flotte das Aufkreuzen im östlichen Mittelmeer zur Deckung der von Nordafrika abgezogenen und nach Kreta verschifften Truppen und des Nachschubs erschwert und der italienischen Flotte Spielraum gegeben werden. Nach unserem jeweiligen Einsatz zogen sich die mächtigen stählernen, waffenstarrenden und feuerspuckenden Kolosse nach Alexandria zurück, so daß wir Ruhepausen gewannen, unsere Motoren in Ordnung zu bringen und Schäden auszubessern. Wir selbst gewannen Muße, einen Blick in die blühende Landschaft und auf die Zeugnisse ältester europäischer Kultur zu werfen. Ich fand, daß das Versunkene und Verwitterte sich bedeutungsvoll belebte, betrachtete ich es aus der ungewissen Stimmung von Hoffnung und Abschied, die die harten Einsätze mit sich brachte. Wie viel naiver und flachstaunender hatte ich vor den Werken der Antike in Berlin oder Paris gestanden, um sogleich die Tagesneuigkeiten zu lesen und eine Tasse Kaffee zu trinken. Nichts war da von dem Gefühl, auf der langen Dünung der Jahrhunderte zu schaukeln.

Dennoch, unter dem heiteren Himmel Siziliens konnte die Freude am Dasein nicht versiegen. Überrascht wurden wir eines Tages durch das Auftreten einer Gruppe deutscher Künstler im Theater von Catania. Dem Kommandeur waren zwei Karten für die Ehrenloge zur Verfügung gestellt, nicht zuletzt wegen seiner namentlichen Erwähnung in einer Sondermeldung im deutschen Rundfunk. Aber er ordnete mich in seiner Vertretung dorthin ab, zusammen mit seinem Adjutanten, dem Oberleutnant Sommer. Es war eine reizende Aufführung, die ihre Krönung durch die in strahlender Schönheit auftretende, beliebte Filmschauspielerin Carola Höhn erfuhr. Während eines anschließenden Empfanges hatte ich Gelegenheit, der Künstlerin die besten Grüße meines Kommandeurs zu übermitteln, wobei ich keineswegs unterdrückte, daß er der Verursacher der jüngsten Sondermeldung gewesen sei, die Oberleutnant Sommer noch durch die Beschreibung des Angriffs auf den Flugzeugträger zu erläutern wußte. Es war kein Wunder, daß nordische weibliche Schönheit unter südlichem Himmel die Herzen der Flieger höher schlagen ließ, und so hatte sich auch der Jagdflieger Müncheberg, hoch dekoriert, als galanter Streiter um die Gunst der Dame erwiesen. Doch dieses Mal gewannen die Kampfflieger. Frau Carola zeigte sich gnädig und bereit, den tapferen Kommandeur der erfolgreichen Gruppe zu empfangen. Ich eilte, mein eigenes Interesse an der Zusammenkunft verbergend, zu meinem Kommandeur, ein Essen im kleinen Kreise vorzuschlagen. Aber dem Major fiel nichts Besseres ein, als ausgerechnet durch mich, mit einem Strauß roter Rosen und einem Brieflein daran, der Künstlerin seine Aufwartung machen zu lassen, die ich, postillon d'amour, in aller Form und gerader Haltung vollbrachte. Kein Essen im kleinen Kreis kam zustande, wohl ein Souper im Tête-à-tête auf einer blumenumrankten Terrasse von Taormina, unter Ausschluß sonstiger Leidender.

6. KAPITEL

Kurze Odyssee
6./7. April 1941

Militärputsch in Jugoslawien im März 1941. Das Land springt von seinem Vertrag mit Deutschland ab und schließt mit der Sowjetunion am 5. April einen Freundschaftsvertrag. Am 6. April 1941 deutscher Einmarsch in Jugoslawien. Das Land kapituliert am 17. April. Die Briten sind inzwischen auf dem Festland gelandet, werden aber bis zum 30. April von dort nach Kreta vertrieben. Einnahme von Kreta. Die deutsche Luftwaffe hat erheblich mitgewirkt.

Weise waren die Götter, den Menschen nicht wissen zu lassen, welches sein Schicksal sei, ob ihm der Tag Tod oder Triumph bescheide. Die Todesfurcht würde Tatkraft und Bewegung ebenso lähmen wie der gewisse Erfolg. So mischte das Orakel von Delphi Furcht und Hoffnung so geschickt in seinen Spruch, daß der Sterbliche, von Wunsch und Wahn betört, nur das wahrnahm, wonach sein Sinn stand.

Geschrieben wird das Jahr 1941, der Tag vom 6. auf den 7. April. Hätte ich an jenem Abend vor meinem Flug zu der Stätte, an welcher vor zweieinhalbtausend Jahren die Seeschlacht von Salamis geschlagen wurde, das Orakel befragt, so wäre mir wohl folgendes eröffnet worden: »Fremdling aus dem Norden, in dieser Nacht wirst du deinem Feinde eine tiefe Wunde schlagen. Fürchte die Strafe der Götter.«

Donnerwetter, hätte ich mir gesagt, die Verheißung lockt, doch ist die Warnung auch nicht leichtzunehmen. So sann ich, im Schatten der Olivenbäume am Fuße des Ätna, im italienischen Offizier-Liegestuhl der Ruhe pflegend. Wen treibt die Neugier auf das Morgen? Doch nur den, der sich mit einem fertigen Plan und mit dem Bilde des Erfolges trägt, dem guten oder bösen. So muß es immer gewesen sein.

Man verscheucht aus seinem Kopf die bösen Zeichen und stolpert munter in sein Schicksal.

Es war der Tag, an welchem deutsche Truppen in Nordgriechenland einmarschiert waren, um die von Albanien aus angreifenden Italiener zu unterstützen und die Engländer aus dem Land zu werfen. Unsere dritte Gruppe des Adlergeschwaders, die III./KG 30, lag immer noch auf einem Feldflugplatz in der Nähe von Gerbini, in der Ebene, die sich südlich des Ätna bis an die Küste von Catania erstreckt. Die Aufgabe, die unserer mit Ju 88 ausgerüsteten Gruppe gestellt war, bestand darin, die schmale Einfahrt in den Hafen von Piräus, in welchem die Engländer Truppen und Nachschub anlandeten, aus der Luft zu verminen. Durch die Minen versenkte Schiffe sollten die Ein- und Ausfahrt sperren. Unser Kommandeur, Arved Crüger, hatte die Flugzeuge mit jeweils zwei Luftminen beladen lassen, was mir als Kapitän der 7. Staffel etwas dürftig erschien. Ich hatte zuvor, auf der kurzen Rennstrecke nach Malta, meine Bombenzuladung in einer Reihe von Angriffen allmählich gesteigert, bis ich es unter gleichzeitiger Beschränkung des Kraftstoffvorrates auf eine Nutzlast – so nennt man die tödliche Fracht – von 3 Tonnen gebracht hatte. Also sagte ich mir, als ich gegen Abend unter meinem Olivenbaum saß und durch die wuchernden meterhohen Kakteen hindurch meine Flugzeuge warmlaufen hörte: Warum sollten wir nur 2 Minen am Fallschirm still herabschweben und im Wasser versinken lassen und uns, nach Hause eilend, mit der stillen Hoffnung zufriedengeben, daß irgendwann, Stunden oder Tage später, ein Dampfer durch unsere Minen in die Luft flog? Warum sollten wir uns um ein solches Schauspiel betrügen? Ich kurbelte an meinem Feldtelephon und murmelte leise aber bestimmt hinein: »Zusätzlich zwei Bomben zu 250 kg! Klar?« Antwort: »Jawohl, Herr Hauptmann!«

Der Kommandeur hatte solches nicht befohlen, aber auch nicht verboten. Die Flugstrecke zum Piräus beträgt in Luftlinie etwa 750 km, so daß wir für 1500 km Kraftstoff zu tanken hatten, gewiß nicht wenig. Doch war die Sache nach meiner Berechnung zu machen. So bestieg ich meinen in Belgien erbeuteten Packard, fuhr die weit auseinandergezogenen Flugzeuge ab, betrachtete die ansehnliche Zuladung und fand die Besatzungen guten Mutes. Anflug- und Angriffsplan sowie Abwurf der Minen waren den erfahrenen Flugzeugführern und Beobachtern klar. Nächtliche Sturzangriffe bei Mondschein hatten sie auf manchem Kriegsschauplatz erfolgreich durchgeführt.

Als Ausweichziele waren englische Schiffe in der Sudabucht an der

Nordküste Kretas angegeben, als Ausweichhafen für Notfälle Gaddura auf Rhodos, Insel des Dodekanes, dicht unter der türkischen Küste und italienischer Stützpunkt. Ich wünschte die Dunkelheit herbei, damit die aufgehängten Bomben nicht bemerkt würden. Denn ein wenig fürchtete ich, daß der Kommandeur den Liegeplatz seiner Staffel abfahren würde, um nach dem Rechten zu sehen.

So kam es. Und er kam zu früh. Er sah die Bomben unter den Flächen und meinte: »Hab ich mir's doch gedacht. Denn wenn ich mit dem Gedanken gespielt habe, dann sind die Kapitäne auch nicht weit davon. Aber, ich sage Ihnen, die Dinger kommen runter! Das Wetter kennen Sie: über Griechenland gestaute Quellbewölkung, hoch hinauf. Wir müssen drüber. Das geht nicht mit der Zuladung.«

Verdammt! Wieder einmal hatte man mich erwischt. Immer stand ich unter Beobachtung, seitdem ich mir gelegentlich eine Extratour erlaubt hatte. Der Kommandeur wartete.

Ich sagte zu meinem Oberwerkmeister, Oberfeldwebel Lorenz, der schon in Nordhausen am Harz technischen Dienst und Flugzeuge großartig in Schuß gehalten hatte: »Abladen.« Er knallte nicht wie sonst mit einem Schuß Begeisterung heraus: »Jawohl, Herr Hauptmann«, sondern quälte sich ein »Ooooch« aus der Kehle. Ebenso widerstrebend begannen seine Mannen zu gehorchen. Der Kommandeur sah mich gewinnend an, lachte noch und sagte, wobei er Gas gab: »In Zukunft bitte etwas freundlicher.«

Ich kam mir vor wie Klein-Herkules am Scheidewege: Wie war es in der Sage? Die edle Dame, genannt die ›Tugendhaftigkeit‹, wies mit erhabener Gebärde zu höheren Zielen, die andere, das aufgeputzte Weib ›Glückseligkeit‹ mit Namen, spielte mit der Hand in seiner Lockenpracht und kniff dem Herkules ein Auge.

Solche Weiche war mir nicht gestellt. Da stand ein Block von einem Mann im schwarzen und verschwitzten Drillich und mit Pranken voller Schwielen. In mir verstummte jede Regung: Ich tat und sagte nichts. Ich, Fuß auf der ersten Sprosse, sagte keinen Piep. Die zwei Seelen in meiner Brust vermischten und verdickten sich zu bleierner Entschlußlosigkeit. Langsam hob sich mein anderer Fuß zur nächsten Sprosse. Im Fuß, der eine Leiter spürt, muß ein Kletterurtrieb stecken, der nur eins kennt: Hinauf! Die Füße tragen und erheben das Gehirn, den kleinen Überbau. So brachte mich, ich weiß nicht was, auf meinen Sitz. Ich zog meine Fallschirmgurte über die Schwimmweste, schnallte mich an, ohne Lorenz anzusehen oder ihm ein Wort zuzurufen.

Es wurde dies die Nacht des Weichenstellers Lorenz, gebürtig in einem kleinen Nest am Fuße des Kyffhäusers in Thüringen.

Meine 7. Staffel startete vor der 8., nachdem tagsüber einige Frühlingsschauer durchgezogen waren. Es war ein klarer frischer Abend, wolkenlos. Im Abstand von ein bis eineinhalb Minuten starteten wir aus dem sehr großen, aber mit hohem Gras bewachsenen Platz heraus, in welchen einige Schneisen gemäht worden waren.

Zunächst, kurz vor Sonnenuntergang, flogen wir in geringer Höhe ostwärts, um nicht von Malta aus erfaßt und von ›Beaufighter‹ gejagt zu werden. Doch allmählich zogen wir nach Plan auf etwa 800 Meter Höhe, in welcher wir bis zur griechischen Küste verbleiben wollten.

Hier ist es angebracht, den Anflugplan zu erläutern. In der Einsatzbesprechung hatte der Kommandeur mit den Staffelkapitänen erörtert, ob man den Wolkenstau über Griechenland durchfliegen, überfliegen oder im Süden um das Kap Matapan herumfliegen sollte, um zum Piräus zu gelangen. Ich hatte zusätzlich die Frage aufgeworfen, ob man nicht unter den Wolken, deren Untergrenze etwa 800 Meter betragen sollte, in den Golf von Patras einfliegen und bis Korinth in dieser Höhe durchfliegen könnte. Dort sollte nach der Wetterprognose aufgerissene Bewölkung sein, weiter ostwärts klarer Himmel. Es war Halbmond. Dieser Weg schien aber dem Kommandeur zu unsicher, da die Sichtverhältnisse unterhalb der Wolken schwer abzuschätzen waren. Es sollte daher über den Wolken geflogen, höhere Quellungen auf direktem Weg nach Piräus umflogen werden, was bei der Mondhelle keine Schwierigkeiten zu machen versprach. Ich aber hatte zu bedenken, daß meine Maschinen, nach insgeheim gehegter Absicht, schwerer beladen sein würden als die der anderen Staffeln. Auch hatte ich für unsicher gehalten, hoch zu fliegen, da nach der Wettervorhersage, den letzten Meldungen und nach meiner Schätzung die Wolkenobergrenze über Griechenland so hoch liegen würde, daß man sie kaum würde übersteigen können. Durchfliegen hätte zu schlimmer Vereisung geführt. Denn nach der Wetterlage und Jahreszeit lag die Vereisungsgrenze bei 2000 Metern, einer Höhe, die man wegen der stattlichen Gipfel nördlich und südlich der Route nicht unterschreiten durfte. So meinte ich, zwischen der Insel Sakinthos zur Rechten und Ithaka und Kefallinia zur Linken in den Golf von Patras einfliegen zu können, allen Flugsicherheitsvorschriften zum Trotz. Meine Auffassung wurde vom Kommandeur verworfen. Ich dachte, warte nur ab!

Geringere Anflughöhen bevorzugte ich, wenn irgend möglich, aus weiteren Gründen: Einmal empfand ich die Sauerstoffmaske auf dem Gesicht keineswegs als das feuchtwarme Tuch eines Pariser Barbier-Virtuosen, zum anderen war es lästig, sich in subtropischen Breiten in Kombination und Pelzstiefel zu zwängen, beim Einstieg in die Maschine, spätestens aber beim Rollen und im Start ins Schwitzen zu geraten, ehe man seine 13,75 Tonnen hochgewuchtet hatte. Hoch oben angelangt, begann man, durchnäßt zu frösteln. Besser bleibt man an den Rundungen von Mutter Erde.

Das Unternehmen mußte mit einem klar auszumachenden Ansteuerungspunkt an der Küste, der Wegweiser sein würde, stehen und fallen. Nur so könnten wir uns bis Korinth durchschlängeln. Als guter Ablaufpunkt ließe sich die Südost-Spitze von Kefallinia, der nördlich des Golfes gelegenen Insel ausmachen, die ein jeder ansteuern sollte, um von dort seinen weiteren Kurs zu fliegen. Die Sache wäre nur dann gefährlich, wenn wir nicht haarscharf nach Plan navigieren würden.

Das alles hatten wir in Paterno, dem kleinen auf Lavaasche erbauten Städtchen am Hange des Ätna, bei schönstem Sonnenschein im Klostergarten, unter Oliven- und Mandelbäumen, vorbereitet, die Kurse und Zeiten aufgeschrieben, am Abend nochmals den Wind erfragt und eingerechnet, nach dem Abflug über See, solange es die Sichtverhältnisse zuließen, Abtrift und Geschwindigkeit gemessen, so daß wir guten Mutes sein konnten, unseren Ansteuerungspunkt zu erreichen.

Und wir erreichten ihn. Leutnant Schmetz, mein Beobachter, tags adler-, nachts eulenäugig, machte unseren Punkt nach kurzem Blick auf die Karte aus. »Das ist er.« Ich konnte nicht viel sehen, aber an Schmetz' Stimme hörte ich, daß es seine Richtigkeit hatte.

Hier an dieser Spitze schossen wir aus der Luft das verabredete, etwa 10 Sekunden brennende Leuchtsignal. Das sollte den Unsrigen, die im Abstand von 5 bis 7 Kilometer jeweils nachrückten, die Orientierung erleichtern. Zur Sicherheit schoß Schmetz ein weiteres Leuchtsignal, und ich setzte den Kurs gemäß Vorbereitung etwa Ostnordost, Richtung Araxos fort, einem spitzen, nach Nordwest weisenden Vorsprung des Peloponnes. Bordfunker Krahn meldete alsbald, daß unser Nachfolger, gerade achteraus, soeben seinerseits das Leuchtsignal gefeuert hatte. Und so war es auch verabredet: Jeder sollte an der Südostspitze von Kefallinia abfeuern, um dem Nächsten als Leuchte zu dienen – ein nächtlicher Laternenzug, den der wackere Ziegenhirt auf den Bergeshängen sicher mit Staunen wahrnahm.

Waren die Sichtverhältnisse an den Inseln noch günstig, die Wolken aufgelockert, so schlossen sie sich nach Osten immer mehr, so daß auch das Mondlicht kaum noch durchdrang. Nun galt es, nach Kurs auf Minute und Sekunde genau zu navigieren, keinen dunklen Gefühlen oder Schätzungen nachzugeben, alles der Kurssteuerung und der Uhr anzuvertrauen.

Das Kap von Araxos trat schemenhaft umbrandet aus dem Dunkel hervor. Hier war der zweite Punkt, an dem ein Leuchtsignal gefeuert werden solle. Schmetz tat's und gab sogleich den nächsten Kurs an, wobei er die Stoppuhr drückte.

Jetzt kam es drauf an. Mit der Erddrehung kroch uns die Nacht entgegen, und wir eilten in sie hinein. Finster wurde es. Kein Lichtschimmer aus menschlichen Behausungen wies uns auf Abstand und Kurs, kein Leuchtfeuer. Griechenland war im Krieg und in vollständiger Verdunkelung.

Der Schlauch wurde immer enger, bis auf etwa 3 Kilometer, während der Sekundenzeiger ablief bis zur nächsten Wende. Wieder Leuchtsignal, und siehe da – freudiger Ausruf von Krahn – achteraus gab der Nächste Signal und wiederum einer, der zweite und der dritte. »Schön sieht man das alles, und wie das Wasser glitzert«, meinte er. Nur Schmetz und ich, wir flogen ins Schwarze. Ich wagte auch nicht, nach links oder rechts zu sehen. Ich meinte, dicht am Bergeshang entlangzufliegen, und mich trieb es, einen kräftigen Schlenker nach rechts zu machen. Aber da zog es ebenso trübschleierhaft in dünnem Mondeslicht vorbei. Kurswechsel, Leuchtsignal, Stoppuhrdrücken, Höhe halten. War das nicht Wahnsinn? Immerhin hatte ich denen im höheren Stockwerk eines voraus: Ich war vor Nachtjägern absolut sicher. Denn das Verfahren, unterhalb des Olymps und des Taygetos zu jagen, war noch nicht erfunden.

Dennoch, mein Selbstvertrauen, das Richtige gemacht zu haben, verfiel von Sekunde zu Sekunde. Es war Ergebenheit in das Unvermeidliche, wenn wir nach dem Schema fortfuhren: Wendemarke, Leuchtsignal, Stoppuhr drücken.

Plötzlich leuchtete alles rundherum für den Augenblick einer Sekunde im hellsten Lichte auf. Mit dem Erschrecken, ein Gewitter über uns zu haben, fanden wir freudig bestätigt, daß wir uns mitten über dem Gewässer befanden und den nächsten Vorsprung erkennen konnten. Bevor sich die Gedanken etwas zurechtreimen konnten, ergriff uns das große Erstaunen, der Mythos, der leise den Rücken herunterrieselt. Hier war die Welt der Götter und Titanen. Der

Mensch, Wurm im Kosmos, gefangen und benommen von überirdischer Gewalt. Verflucht, denke ich, Unheimliches, das gibt's nicht. Dennoch, man könnte durchdrehen. Ich wehre mich grimmig. Hier ist meine Uhr, dort meine Kurssteuerung, meine Fahrtanzeige. Diese sind meine Diener. Schmalspurdenken wird verlangt.

Alles war wieder schwarz. Da, noch einmal dasselbe Schauspiel, und ein Wunder: Zeigte uns doch das Himmelslicht das zum Golf von Korinth sich weitende Gewässer. Hinter uns lag nun das Ungewisse und das Erschrecken.

Ein leichtes Nieseln perlte auf meiner Scheibe. Schmetz schoß Leuchtzeichen. Die Jungs hinter uns sollten spuren.

Es sieht so aus, als hätten wir es geschafft. Wenn's jetzt noch einmal dick wird, können wir einen Sprung im Blindflug über den Isthmus machen und sind vor Salamis.

Alle waren wir ruhig geblieben in der Kanzel. Nur Zahlen wurden hin und wieder zugerufen und wiederholt. Jetzt atmeten wir tiefer durch.

Was das Naturschauspiel war, konnten wir nicht wissen. Es war nicht der gewaltige Blitzeschleuderer Zeus; es waren Kameraden der 8. nachfolgenden Staffel, die höher und schneller flogen als wir. Sie hatten Elmsfeuer um die Propellerspitzen herum, in den Wolken Eis angesetzt und sich nicht anders halten können, als eine Mine und dann die zweite im Notwurf herabzulassen. Irgendwo in den Bergen an den Hängen schwebten sie herab und explodierten bestimmungsgemäß. Seeminen, die auf Land fallen, müssen sich zum Zwecke der Geheimhaltung selbst vernichten.

Es war nicht mehr weit zum Isthmus. Jetzt schon erschienen einzelne hellere Flecken auf dem Wasser – Mondlicht! Und nach einigen Minuten, kaum wagten wir es zu glauben, schimmerte hinter dem flachen Bergrücken das Ägäische Meer, über welchem nur noch einzelne dünne Wolken schwebten.

Recht hatte der Wetterfrosch. Wir hatten uns ja auch auf ihn verlassen. Die aufsteigende Hochstimmung wurde nur noch gedämpft durch die drückende Sorge um die anderen acht Besatzungen. Hatten sie es geschafft? Haben sie sich an die Berechnungen gehalten? Haben sie ihre Signale richtig und rechtzeitig gesetzt? Haben sie die Spur gehalten?

Da die Sicht gut war, flog ich tief über den Bergrücken der Korinther Landenge und gelangte vor Salamis.

Das erste Mal in meinem Leben sehe ich die Stätte, die wir in der

Schule, von Klasse zu Klasse, in Geschichte, Sage und Dichtung so häufig durchstreift hatten. Da drüben liegen sie alle, die Schlachtfelder von Leuktra, Platää, Marathon im matten Licht des Mondes, dort Athen. Da also wirkten Phidias, Platon, Aristoteles. Ein herrliches Bild, das sich aus der Erinnerung der Jugendzeit belebt.

Jetzt zur Sache: Vollgas – steigen. Wir überfliegen das südliche Salamis in drei- bis viertausend Meter Höhe und passieren die Hafeneinfahrt des Piräus, parallel zur Küste, auf Ostkurs. Scheinwerfer tasten zu uns herüber. Wir legen eine Kurve ein, um mehr Höhe zu gewinnen. Immer mehr Scheinwerfer leuchten auf, greifen weiter nach Westen in Richtung Salamis, woher unsere Besatzungen nachrücken. Wir werden frecher und nähern uns kurvend mit Vollgas dem Hafen, um das Lichtermeer der Scheinwerfer und Flak herauszufordern. Es gibt keine bessere Navigationshilfe für die Anfliegenden als den feindlichen Lichter- und Feuerzauber. Etwas Artistik gehört dazu, einen Haken links, einen rechts, mal das Gas raus, mal kräftig rein – das gibt dem Verwirrspiel Pfeffer, uns das Prickeln.

Und dies war der Angriffsplan: Da die Hafeneinfahrt sehr schmal war, mußten die Minen aus geringer Höhe abgeworfen werden. Denn, in zu großer Höhe ausgelöst, könnten sie am Fallschirm schwebend vom Winde abgetrieben werden, das Gewässer verfehlen und an Land detonieren. Das hätte die geplante Wirkung zunichte gemacht.

Die Einfahrt und der sich zu einem nur mäßigen Kreis ausweitende Hafen stellte für jedes von See niedrig anfliegende Flugzeug eine wahre Mausefalle dar. Man hätte geradewegs in die an der Einfahrt und an dem Hafen aufgestellten Scheinwerfer und die Schnellfeuerflak hineinfliegen müssen, um dann halsbrecherisch tief wieder herauszukurven. Die weitere Gefahr lag darin, daß die Minen nur bei verminderter Geschwindigkeit, etwa um 300 km/h, abgeworfen werden durften, da sonst die Fallschirme zerreißen und die dünnwandigen Minen beim Aufschlag auf dem Wasser zerbrechen würden, für ihr tiefsinniges Vorhaben also ausgeschaltet wären. Die Fahrt, für jeden Flieger das halbe Leben, mußte auf halbe Ration gesetzt werden. Es bot sich daher nur die bessere Möglichkeit, ziemlich leise von Süden zunächst landeinwärts zu schweben, dann, steil gleitend, über die Flak- und Scheinwerferzone und über den Hafen hinweg auf Westkurs die Hafeneinfahrt anzusteuern, die Minen zu werfen und die Mausefalle hinter sich zu lassen. Mit dem Abwurf der Minen konnte man erleichtert, kurvend und pumpend, versuchen, den

Scheinwerfern und der Flak zu entgehen. Während die ersten Flugzeuge unserer Staffel in schneller Folge den Abstieg in den Hafen und den Anflug auf die Einfahrt durchzuführen hätten, sollten die anderen, nach Höhe gestaffelt, rundherum über dem Hafen großes Getöse veranstalten und zur Ablenkung hier und da eine weiße Leuchtkugel schießen. Auf diese würden sich die Scheinwerfer stürzen, einem offenbar unwiderstehlichen Trieb folgend, um erst nach wenigen Sekunden die Täuschung zu entdecken.

Da inzwischen unten die Abwehr bereit war, erlaubte ich mir, die Funkstille zu durchbrechen. Ich rief unseren Letzten und bekam zu meiner Erleichterung die Antwort: »Ziel in Sicht.« So glitt ich, in leisem Leerlauf, ausgehungerter Fahrt, Propeller fast auf Segelstellung geschaltet, nach Norden einbiegend, hier und da an einem heraufzitternden Scheinwerfer vorbei, durch mancherlei Geballer der Flak hindurch. Nun scharfe Kurve. Eindrehen zum Angriffskurs West, einem Endanflug besonderer Art, nicht zum Landen, sondern zum Durchstarten. Zu landen hatten wir die dicken Sachen, die unter unseren Flächen hingen. Die Bahn, das schmale Gewässer, die Hafeneinfahrt, war klar zu erkennen. Das Streulicht der Scheinwerfer ließ die Umrisse der Kaianlage und Mole besser hervortreten als die Spiegelungen des Halbmondes.

Schmetz, nunmehr flach auf dem Bauch in der Kanzel liegend, meldete: »Minen klar zum Abwurf.« Funker und Heckschütze: »Alles klar an den Maschinengewehren.«

Noch ein wenig weitergleitend, den Hafen voraus, gelangte ich in knapp dreitausend Meter Höhe an den Punkt, an welchem der steile Abstieg beginnen mußte.

Jetzt! Sturzflugbremse raus! Doch kein Sturzflug! Hinein in die widerwärtigste Flugfigur, die sich ein Flieger denken kann: Knüppel an den Bauch, das wilde Tier Flugzeug, das sich auf den Kopf stellen will, um in die Tiefe zu stürzen, an die Kandare genommen, Schnauze so hoch gerissen, wie die Kräfte meiner Arme es vermögen. So plumpst dieser Körper, den man in diesem Fall Flugzeug nicht nennen kann, ächzend und vibrierend, ein Monster, nach unten. Achtung, jetzt wird's Zeit. Es sind noch 600 bis 800 Meter bis zum Ziel. Bremse rein! Zufrieden gleitet jetzt der Vogel – flach über den letzten Teil des Hafens. Bleiben wir unentdeckt? Wir sind auf 300 Meter Höhe angelangt. Wir müssen mit bloßem Auge erkennbar sein. Ich gebe vorsichtig Gas – da greifen uns die Scheinwerfer kurz vor Erreichen des Ziels. Ich schiebe Gas nach. Jetzt sind wir voll im

Licht; grell von vorn, von hinten und von den Seiten werden wir angestrahlt. Schmetz wirft die Minen. Funker und Heckschütze schießen, was das Zeug hält, in die Scheinwerfer. Und jetzt schießt auch Schmetz in das stechende Licht nach vorn. Mit Vollgas und wilden Kurven tanze ich durch die Scheinwerfer und das Gewirr von Leuchtspuren, gewinne das Meer. Selbst von Klippen wird plötzlich geschossen, von unten, von Booten, von Salamis her, der Teufel weiß woher. Noch immer haben uns die Kerle in den Scheinwerfern. Immer noch kurbele ich um unser Leben, einmal die Leuchtspur der Schnellfeuerflak über dem Kabinendach, einmal darunter, einmal links, mal rechts von uns, rotglühende fliegende Bügeleisen. Verdammte Sorte!

Wir sind raus. Einer meint: »Wer hat sich diesen Einsatz bloß ausgedacht?«

Zu Betrachtungen ist keine Zeit. Wir steigen mit Vollgas. Wir sind erleichtert, haben Feuerschutz von oben zu geben und abzulenken. Gerade entwischt unsere Nummer zwei aus der Klemme. Die Leuchtspuren der Flakgeschosse erscheinen aus der Höhe wie dicke glühende Drähte, die über den Boden gespannt sind. Von oben funken die Unsrigen in das feindliche Licht.

Ich reiße das Gas raus und schiebe es wieder rein. Wir sind jetzt Geräuschkulisse. Wieder rüber über den Hafen. Die Besatzung schießt aus allen Rohren in das Scheinwerfermeer. Kurvend geht es höher. Ich fühle mich leicht, nur noch durch meine 250-Kilo-Bomben beschwert. Ich vollführe Kreis um Kreis und orgele von oben in den Hexenkessel hinein. Kaum rührt uns eine dicke Leuchtspur, die hoch oben am Nachthimmel verglüht. Die britischen Nachtjäger von Tatoi sind zur Stelle.

War es Zufall, daß wir ohne Hiebe durch dieses Spießrutenlaufen hindurchkamen?

In rund zehn Minuten mußte unsere Staffel das Werk vollendet haben. Nunmehr erleichtert, sollten die Besatzungen westwärts kräftig steigen, im wolkenfreien Raum genügend Höhe gewinnen, um über dem quellenden Staugewölk des Festlands, das Ionische Meer zu erreichen, dann, Höhe verlierend, dicht über dem Wasser bei geringem Gegenwind nach Sizilien zurückkehren. Ein zweites Mal den dunklen gewundenen Schlund zu durchfliegen, war weder erforderlich noch einladend . . .

Aber da hingen wir noch in unserer 4D+AR mit unserer restlichen Fracht am Nachthimmel Griechenlands, in der Bucht zwischen der

Insel Salamis und Attika, langsam Höhe holend und kreisend. Leichter Verdruß wandelte mich an. War es nicht genug mit den Minen? Heimweh stieg auf nach unserem traulichen Klostergarten in Paterno, seinem abendlichen Blütenduft, dem hellen Klang der Geige und des Bandoniums der Kunstbeflissenen unserer Staffel, nach dem Gespräch im Kameradenkreise, dem Glase Wein und dem Stimmengewirr unsichtbarer Nonnen, die uns einen Teil ihres Klosters eingeräumt hatten. Fort damit! Es half nichts, die Dinger, die der Oberfeldwebel und Oberwerkmeister Lorenz uns zugemessen hatte, waren bestimmungsgemäß zu verwenden.

Während immer noch auf die Flugzeuge der nachfolgenden Staffel geleuchtet und geschossen wurde, wie wir vermuteten, war zu entscheiden, ob wir im Sturzangriff, diesmal im richtigen, mit hoher Fahrt, eines der am Kai liegenden Schiffe angreifen sollten oder im Horizontalflug. Nach der uns vor dem Start gezeigten Luftbildaufnahme des Tages hatten Schiffe an der gesamten Länge des Hafenkais, insbesondere am Westufer des Piräus festgemacht. Das hatten wir bei der Minenoperation bestätigt gefunden.

Obwohl ein Sturzangriff von Land her uns weniger gefährdet hätte als der Minenabwurf – wir hätten ja nach dem Abfangen mit sehr viel höherer Geschwindigkeit die Flak- und Scheinwerfersperre durchrasen können – so entschieden wir uns doch für den Horizontalangriff. Wir hielten diesen aus schleichendem Anflug und einer Geschwindigkeit von nicht mehr als 250 km/h bei einem Abwurf aus 1000 Meter Höhe für genauer. Den Wind in dieser Höhe konnten wir in geringer Entfernung vom Hafen, aber außerhalb der Flak- und Scheinwerferzone ziemlich genau erfliegen und die gefundenen Werte in das Bombenzielgerät eingeben. Auch schien uns die Aussicht freundlicher, die Abwehrsperre nach dem Abwurf geräuschlos und unbemerkt nach See hin durchfliegen und auch höher bleiben zu können, während wir im Sturz auf etwa 200 bis 300 Meter über Grund gelangt wären.

Der Entschluß war also gefaßt. Nun hatte Heinrich Schmetz seines Amtes zu walten. Er drehte den Luftdruck im Höhenmesser nach, damit die Höhe richtig angezeigt wurde, und steuerte mich auf einen vor der Küste, sich vom glitzernden Meer dunkel abhebenden Felsbrocken, den er ins Visier nahm, Höhe, Kurs und Stoppuhr beobachtend, und gab mir das Kommando zu kurven. Nach der Beschreibung des Vollkreises, mit Erreichen des alten Kurses, stellte Schmetz die Versetzung nach Seite und Tiefe fest und zauberte aus Sinus und

164

Cosinus seinen Wind. Es war eine recht krumme Zahl, die das Erstaunen der erfahrensten Meteorologen hervorgerufen hätte – sagen wir: Wind aus 237 Grad, 18,7 km/h. Zur Sicherheit und zu meinem Ärger machte er das Manöver abermals. Er war von Haus aus Ingenieur und wollte es deshalb genau wissen.

Jetzt war alles eingestellt. Wir schraubten uns über der Bucht zwischen Salamis und Piräus erneut auf dreitausend Meter Höhe, machten einen ähnlichen Bogen wie zuvor und näherten uns wiederum dem Hafen unvorschriftsmäßig von hinten durch den Dienstboteneingang, um die Unternehmung zu vollenden.

Das Feuerwerk von unten verdichtete sich, ohne daß es uns unmittelbar gegolten hätte. Auch waren inzwischen andere deutsche Flugzeuge, die wir auf Plätzen in Bulgarien wußten, eingeflogen. Ein großes Schauspiel nahm seinen Lauf. Der Lichter- und Feuerdom hätte sicher die Götter vom hohen Olymp aus ihrem ›ewig klar und spiegelrein und eben‹ dahinfließenden Leben, neugierig wie sie sind, angelockt und verlockt, sich je nach Sparte hier und da einzumischen, hier zu begünstigen, dort ein Bein zu stellen. Welchen Spruch würden sie, in sanftem Gleit-Verbandflug und wallenden Gewändern eintreffend, gefällt haben? Zweifellos war Troja ein anderer Fall. Da wollten die Griechen die geraubte schöne Helena zurückerobern. Aber hier und heute?

Da streiten Leute aus dem hohen Norden, die hier nichts zu suchen haben und die die Olympier nicht verehren. Schon vor einiger Zeit war dem Gottvater Zeus zu Ohren gekommen, daß einer der Barbaren, namens Goethe, geschmäht hatte, es gäbe nichts Elenderes unter der Sonne als sie, die Götter! Kein Zweifel, der Spruch der Götter hätte – ausnahmsweise – nur einmütig lauten können: Keiner darf gewinnen. Wir strafen den einen durch den anderen.

Solch kümmerliche Rolle wollten wir nicht spielen. Was geschieht, bestimmen wir. Wir waren überzeugt von unserem Glück und von unserem Recht.

Leise schweben wir dahin, einbiegend gen Westen, den Mond voraus, die Landeklappen leicht angestellt und leise wie die Fledermaus, sachlich wie die Handwerker. Jetzt wird Maß genommen. Ich halte meine Geschwindigkeit auf den Kilometer genau, sinke flach, den Kurs durch die automatische Steuerung festgelegt, auf Weisung von Schmetz kleine Korrekturen eingebend. Ich sehe nichts als mein Instrumentenbrett. Scheinwerfer spielen, unten blitzen die Mündungsfeuer der Flakbatterien, oben platzen die Granaten dunkelrot.

Aber ruhig gleitet unsere Ju 88 auf das Ziel zu. Der Feind meint andere Brummer. Wir schleichen im Trüben. Abgeschworen haben wir allen Rettungsversuchen und Ausweichmanövern. Unser anfänglicher Entschluß ist nunmehr Programm, Schicksal und Befehl, den wir aus der Automatik empfangen. Sie zieht uns hin zum Erfolg . . .

Darauf ist kein Gedanke zu verschwenden. Die Gefahr gilt nichts mehr. Sie wird nicht mehr gedacht.

Das letzte wenige Technische erledigt sich wie von fremder Hand. Die Feuer-und Leuchtsperre voraus löst nur gedämpfte Regung aus. Ich befehle mir, mich zu erinnern, was ich in ruhigen Minuten während der Flugvorbereitungen meinen Besatzungen immer gepredigt hatte – nicht der lange rotglühende Strahl sei das Gefährliche, sondern die Täuschung des Auges, der auf der Netzhaut hinterlassene Strich sei das Quälende. Der Stein, den man am Band heftig kreisen ließe, beschreibe einen Reif und sei doch immer nur an einer einzigen Stelle. Es sei dummer Zufall, beim Durchfliegen erwischt zu werden. Je mehr Verstand, desto weniger ist der Mut vonnöten.

Wir schweben weiter. Graue Wölkchen der schweren Flak, ungefährlich, seit Minuten erkaltet, segeln an uns vorbei. Nur gelegentlich werden sie durch Scheinwerfer kurz aufgehellt. Wir spüren Propellerböen, die unsere Kurssteuerung selbstbewußt beherrscht. Für solche Beinahezusammenstöße, wie man diese Begegnungen heute nennen würde, halten wir es mit der Faustregel, daß die Gefahr, wenn man sie bemerkt, bereits überstanden ist, frei nach Descartes: Ich denke, also lebe ich – noch.

Der Anflug dehnt sich, je mehr man lechzt, am Ziel die Last, die Sorge und die Neugier loszuwerden. Die Sekunden ticken müde dahin. Wir sind unter 1500 Meter. Mit dem Spiel der Landeklappen versuche ich, bei Erreichen der Wurfweite die Höhe 1000 Meter zu erreichen. Die Zeiger für Geschwindigkeit, Höhe und Sinken, vom ultravioletten Licht rückstrahlend, sind jetzt meine Vorgesetzten. Die Hände übertragen die Befehle mechanisch auf den Steuerknüppel, auf die Landeklappen, Propellerverstellung, Gashebel. Der Kurs stimmt und steht. Schmetz, flach in der Kanzel liegend, das Auge am Objektiv des optischen Zielgeräts, spricht gelassen, wie es nur ein Westfale kann: »Noch zehn Sekunden.« Ich flache ab, etwas gasgebend, zur Horizontalen. Ein letzter Blick auf meine Zeiger. Wenn die Scheinwerfer uns jetzt fassen, schießt uns die Flak wie einen müden Luftballon herunter, spätestens aber ein Nachtjäger, der sich wie ein Hecht auf einen langsam daherschwimmenden Karpfen stürzt.

Schlimmer als der lauernde Feind ist das nagende Schuldgefühl, auf einer Extratour erwischt zu werden, die Knochen der Kameraden riskiert zu haben. Oh, hätte ich doch nicht . . . Mein Mund ist ausgetrocknet. Himmel! Endlich! Das ersehnte, erleichterte und erleichternde Aufschweben des Flugzeugs beim Auslösen der Bomben, zweimal kurz hintereinander. Schmetz hatte kurzen Abstand eingestellt. So sicher war er, daß beide Bomben, nicht kleckernd, sondern klotzend, im Ziel liegen würden, einem beachtlichen Frachtschiff, das wir schräg zu seiner Längsachse angesteuert hatten.

Jetzt Kurssteuerung sofort abgeschaltet, die Füße trittbereit im Seitensteuer, höchste Alarmbereitschaft zu wilder Kurbelei, wenn die ergrimmten Scheinwerfer- und Flakleute uns über dem Einschlagsort der Bomben suchen und dingfest machen würden. Noch ist's nicht soweit. Die Bomben sind unterwegs. Fast 15 Sekunden haben sie Zeit, bevor sich ihr Schicksal und das der Irdischen entscheidet. Gab es von unten ein oder zwei große Blitze, so haben wir getroffen. Bleiben diese aus, so sind die Bomben ins Wasser gefallen. Der Schaum der Fontänen wäre ihre einzige vergängliche Hinterlassenschaft.

Die Fallzeit nähert sich ihrem Ende. Die Spanne ist jedem Zementbombenflieger von Hunderten von Übungen her im Unbewußten festgeschrieben. So lege ich die Ju 88 in die linke Steilkurve, um über die Fläche hinweg den Einschlag zu beobachten. Der Flugzeugführer will immer wissen, was der Beobachter angerichtet hat.

Da – ein greller Riesenblitz. Hurra! schreit einer. Himmelhoch steigt unsere Freude.

Dann aber, auf dem Fuße folgend, Donnerschlag, Krach, eine wilde Bö aus der Tiefe. Wir taumeln. Wo bricht das Flugzeug auseinander? Was bricht zuerst ab? Ich wage nicht, am Steuer zu rühren.

Dem Untergang geweiht, steuerlos, rutscht das Flugzeug aus der Kurve, wie es will. Noch immer kein Knirschen und Bersten? Noch immer kein Sturmwind, der durch die zertrümmerte Kanzel fegt? Zwei, drei und vier Sekunden verstreichen. Sollte es möglich sein? Ist es denkbar, daß ein Flugzeug aus Duralblech eine solche Druckwelle aushält? Nur vorsichtig bewege ich das Ruder, probiere behutsam einen Ausschlag. Siehe da, die Junkers tut's. Welch himmlisches Erstaunen! Hoffnung kehrt zurück. Nun einen Steuerausschlag zur anderen Seite: Die Ju gehorcht wiederum. Zuversichtlich gebe ich langsam Gas und schon zieht die Maschine durch. Ich fahre die

Klappen ein, und, o Wunder, der Vogel macht es in gewohnter Weise – liebe deutsche Wertarbeit –, aber jetzt erst bloß die See gewinnen.

Noch größer ist unser Erstaunen, als wir feststellen, daß die Scheinwerfer rund um den Hafen und bis zur Küste starr zum Himmel ragen, daß keine Kanone einen Schuß feuert, derweil aus dem getroffenen Schiff und aus der auf dem Kai gelöschten Ware weitere Explosionen zucken, weißglühende Massen in den Himmel quer über den Hafen geschleudert werden. Wir holen tief Luft und sehen uns an. Was ist geschehen? Gasgebend steigen wir und, da die Abwehr gelähmt scheint, kehren wir zum Tatort zurück und beobachten aufmerksam und in Ruhe, was wir später in unsere Gefechtsmeldung so einsetzen:

> »2 LM in den Hafen, mit einer SC 250 (Bombe) Munitionsdampfer zur Explosion gebracht, ein Dampfer ausgebrannt, ein Dampfer beschädigt (aber noch nicht anerkannt), eine SC 250 auf Kaianlage, 2 Lagerhallen ausgebrannt, mehrere Lagerhallen schwer beschädigt, Güterzüge ausgebrannt.«

Diese Eintragungen in das Kriegstagebuch fußen auf unseren eigenen Beobachtungen und der anderer Flugzeugbesatzungen der Gruppe.

Und dies ist der Bericht, den der englische Historiker Alfred Price nach sorgfältigen Untersuchungen verfaßt und 20 Jahre später veröffentlicht hat. Er entspricht im Wesentlichen der einige Tage nach dem Angriff gemachten Luftaufnahme unserer Fernaufklärer:

> »Das Schiff, welches Schmetz getroffen hatte, war der 12 000 t-Frachter ›Clan Frazer‹, welcher gerade mit dem Geleitzug AFN 24 angekommen war und 350 t Munition in seinen Laderäumen befördert hatte. 100 t waren gerade gelöscht worden, als die Arbeit in der Dämmerung eingestellt wurde; es waren die restlichen 250 t, die hochgegangen waren, mit einer Druckwelle, welche die Fensterscheiben in dem 7 Meilen entfernten Athen eindrückten. Der ›Clan Frazer‹ verschwand, und 10 andere Schiffe mit insgesamt 41 000 t wurden ebenso in der Explosion zerstört; dies war schlimm genug, doch die Schiffe konnten alle ersetzt werden. Weit ernster war, daß in dieser Explosion von fast nuklearer Dimension der Hafen des Piräus fast von einem Ende zum anderen zertrümmert war.

KAMPFGESCHWADER 30

DIE BESATZUNG DES KAMPFFLUGZEUGES
JU 88 4 D + AR

FLUGZ.-FÜHRER: Hauptmann H e r r m a n n

BEOBACHTER: Leutnant S c h m e t z

BORDFUNKER: Oberfeldwebel K r a h n

BORDSCHÜTZE: Oberfeldwebel A l l e s

HAT AM 6.4.1941 im Hafen von Piräus ein fdl.

Munitionsschiff von 6000 BRT V E R S E N K T

und durch dessen Explosion zwei weitere fdl.

Handelsschiffe von 6000 BRT und 8000 BRT

V E R N I C H T E T .

DER KOMMODORE

Lfd. Nr. 85/1

*Es würde mehrere Monate Arbeit erfordern, um den Schaden
zu beheben. Die Explosion war nach den Worten des Kommandierenden Admirals der Britischen Mittelmeerflotte, Cunning-
ham, ein vernichtender Schlag. Mit einem Streich hatte er die
Briten der einzigen ausreichend ausgerüsteten Basis beraubt,
durch welche der Nachschub zur Armee gebracht werden
konnte!«*

Wir hatten von Agenten keinen Hinweis auf die Art der Ladung
des ›Clan Frazer‹, wie die Engländer gemeint haben. Ja, wir wußten
nicht einmal dessen Namen und Tonnage. Schmetz hatte ganz einfach
den dicksten Brocken aufs Korn genommen.

Aller Schrecken war von uns abgefallen. So überflogen wir, um die
Wirkung so genau wie möglich beobachten und melden zu können,
das Hafengebiet mehrfach und fühlten uns um so sicherer, als unsere
Gegner untätig blieben. Und welch ein Glück für uns: Hätten wir uns
mit dem Flugzeug nicht auf die Seite gelegt, um den Einschlag unserer
Bomben besser beobachten zu können, so hätte die Explosionswelle
die Junkers voll unter der Fläche erfaßt und sie höchstwahrscheinlich
zertrümmert.

Just in dem Augenblick, als wir uns entschlossen, den Heimflug
anzutreten, hatte sich der erste britische Soldat von seiner Betäu-
bung erholt, sich vom Boden erhoben und seine 4-cm-Kanone auf
uns gerichtet. Ein kurzer heftiger Schlag und Knall, und aus war es
abermals mit unserem Hochgefühl. Salamis vorausliegend, mit einigen Scheinwerfern bestückt, mußten wir meiden. Der Heckschütze,
gleichzeitig Flugzeugmechaniker, überprüfte sämtliche Kontrollge-
räte. Alles stand nach Vorschrift. Auch an den Flächen war nichts zu
sehen. Wiederum Aufatmen.

Indem wir stiegen, Westkurs Richtung Korinth nehmend, zeigte
sich das Verhängnis. Die Kühlstofftemperatur des linken Motors
stieg langsam an. Die rechte Temperatur blieb fest. Ich drosselte
links, und wir beobachteten gespannt. Die Temperatur links stieg
weiter, stieg und stieg und überschritt das erlaubte Maximum. Wir
mußten den Motor sofort stillegen, um Kolbenfresser und damit auch
Brandgefahr zu vermeiden. Wie zuvor nach dem Donnerschlag die
Hoffnung rasch und belebend wiederkehrte, so rasch versickerte sie
jetzt. Übrig blieb Trübsinn. Den verjagt man am besten durch
Geschäftigkeit. Demzufolge: Gas links raus! Zündung raus! Propeller
auf Segelstellung und ab im ›Einzelmarsch‹.

Es war nicht daran zu denken, den Wolkenstau über Griechenland zu überfliegen oder die Wolken zu durchfliegen. Noch einmal den engen gefährlichen Schlauch unter den Wolken zu durchfliegen, dazu in diesem Zustand, das überstieg unsere Vorstellungskraft. Am meisten schreckte uns aber der lange einmotorige Flug über das Ionische Meer, eine Strecke von etwa 500 Kilometern. Wer holte uns da raus, wenn unser rechter Motor nicht mehr mitmachte? Wer hätte uns finden sollen?

Viel freundlicher war der Gedanke, durch die Ägäis, von Insel zu Insel navigierend, Rhodos, den angegebenen Ausweichhafen zu gewinnen und bei den Italienern Zuflucht und Hilfe zu suchen. Denn, mußten wir ins Schlauchboot gehen, hätten wir doch, vielleicht nach Stunden oder Tagen, je nach Wind, eine der Kykladen erreichen können.

Der Entschluß war gefaßt: Ziel Rhodos, Flughafen Gaddura an der Südostseite der Insel. Also kehrt marsch, ungefährer Kurs Südost, Luftlinie etwa 450 Kilometer. Rund 1000 Meter Höhe hatten wir erklommen, als wir den Motor abgestellt und den Kurs zum fernen Rhodos genommen hatten. Die Ju 88A-4, hochgezüchteter Vogel, war nicht leicht im einmotorigen Flug zu halten. Mühsames Ausbalancieren begann. Bei einer Geschwindigkeit von 200 km/h verlor die Maschine langsam Höhe. Die Beleuchtung des Instrumentenbrettes hatten wir voll eingeschaltet, um Flugzustand und Leistung des rechten Motors prüfen zu können. Ich versuchte, langsam flacher zu werden, um die Höhe zu halten. Dabei sank der Staudruck auf etwa 170 km/h. Bei etwa 150 bis 160 km/h würde das Flugzeug abkippen und mit uns in die See stürzen. Es half nichts, ich mußte nachgeben und das Flugzeug fallen lassen, in der Hoffnung, in Wassernähe dichtere, tragfähigere Luft zu finden. So ging es tiefer und tiefer, während Schmetz mit Kursdreieck, Zirkel und Rechenschieber über der Karte arbeitete und Krahn versuchte, mit Rhodos Funkverbindung aufzunehmen. Der Mond näherte sich dem Horizont. Der Wind schien jetzt mehr aus Südwest bis Süd zu blasen.

Noch hofften wir, in Wassernähe die Höhe halten zu können. Doch ging es weiter zu Tal. Noch 100 Meter Höhe zeigte der Höhenmesser.

Da tauchte aus der Dämmerung eine Felswand vor uns auf. Ein rasches Manöver war ausgeschlossen. Der seidene Faden, an welchem wir hingen, wäre gerissen. In der Not betätigte ich den Kraftstoffschnellablaß.

Ich schrie: »Wieviel kann ich ablassen?«

Schmetz: »500 Liter!«

Wir beobachteten starr den abfallenden Zeiger.

»Halt? Stopp!« schrie Schmetz.

Ich schaltete den Hebel auf ›Zu‹. Aber Entsetzen! Der Zeiger fiel weiter – Rest 400 l, Rest 300 l, Rest 200 l. Ich schaltete verzweifelt hin und her, auf und zu. Der Stoff floß und floß.

Heckenschütze Alles meldete: »Immer noch Benzinfahne achteraus.«

Die Anzeige des Rumpfbehälters, der 1200 l faßte, stand auf 0. Wir hingen dicht über dem Wasser. Vorsichtig, wie auf Eiern, drehte ich das Flugzeug leicht nach Süden, wo wir nun das Ende der Felswand gewahrten. Dicht kamen wir heran. Welch wonnige Überraschung empfanden wir, als uns ein leichter Aufwind um etwa 100 m höher trug! Tiefes Aufatmen.

Ich zu Schmetz: »Eine Sauerei von Navigation ist das!«

Schmetz zurück: »Den Umständen entsprechend! Auf der Karte 1:2 Millionen sind diese Krümel von Inseln nicht eingezeichnet, die Höhe auch nicht.«

»Reicht es noch mit unserem Sprit bis Rhodos?«

Schmetz sah auf die Benzinanzeige der Flächentanks. Dann drehte er lange den Rechenschieber und sagte trocken: »Nein.«

Schweigen in der Kanzel. Stumme Frage: Wie soll das zu Ende gehen?

Schmetz fummelte am Blasrohr seiner Schwimmweste: »Wasserlandung jetzt gleich?«

Mir sah das Wasser nicht einladend aus, obwohl es ruhig zu sein schien, ohne Schaumkronen. Querab im fahlen Lichte des tieferstehenden Mondes kräuselte sich die See.

Mechaniker Alles, hinten neben dem Funker stehend, meinte: »Ich bin für Weiterfliegen. Wer weiß, was noch passieren kann.«

Da dachte jeder an unser liebes Seenotflugzeug, im Hafen von Syrakus stationiert, das vor einigen Tagen südlich von Kreta eine unserer Besatzungen, die des Oberleutnant Piëch aus Tirol, aufgefischt hatte, nachdem sie 24 Stunden im Schlauchboot gepaddelt war. Aber wer fischt uns, von denen niemand wußte, ob wir überhaupt noch unter den Lebenden waren und wo man uns zu suchen hätte?

Bald kam unser kleiner Kriegsrat überein, das kühle Bad aufzuschieben. Weiterhin wurde angestrengt nachgedacht.

Plötzlich war die Türkei im Gespräch, die nächste nichtfeindliche

172

Küste, viel schneller zu erreichen als Rhodos. Das hieß, nach links, etwa nach Nordost zu halten, »Richtung Smyrna oder Ephesus«, meinte ich.

»Gibt's nicht oder nicht mehr«, stellte Schmetz nach schnellem Studium der Karte fest, »aber die Richtung ist gut.«

Internierung! Dies Wort bedeutete Abschied vom Kriege.

Am lautesten protestierte Unteroffizier Alles: »Wir woll'n zurück zu unserem Haufen!«

Schmetz verwarf den Gedanken: Er müsse erst einmal seine Erfolgsmeldung nach Hause bringen. Ich spürte ebenfalls keinen Drang ins Morgenland. Also weiter, via Rhodos nach Sizilien.

Nunmehr stand eins fest: Bevor der Mond unterging, wollten wir noch seinen Glitzerstreifen als Landebahn benutzen, möglichst dicht unter Rhodos. Diesen Entschluß gefaßt zu haben, war unglaublich beruhigend. Wir taumelten nicht mehr zwischen Angst und Hoffnung. Wir wollten, und wir wußten wie und wohin. Wir hatten wieder unsere kleine Welt, die des Willens und der Vorstellung. Das reichte zum Überleben. Kraft dessen wurden Maßnahmen ergriffen und Pläne ersonnen.

Zur Erleichterung des Flugzeugs warfen wir die leeren und die vollen Munitionstrommeln über Bord. Je mehr Benzin wir ausfliegen würden, desto länger würde sich das Flugzeug auf der Wasseroberfläche halten, desto gemächlicher könnten wir herausklettern und unser Schlauchboot besteigen, sogar trockenen Fußes, schlimmsten Falles über die Fläche watend. Bordverpflegung, Rosinen und Schokolade, durften nicht angebrochen werden. Sie wurden für tagelange Seefahrt aufgespart.

Krahn hatte seine Versuche aufgegeben, auf Kurzwelle Sizilien zu erreichen, damit man von dort aus die italienischen Bundesgenossen über unseren Fall unterrichtete. Aber es klappte nicht. Vielleicht brachen sich unsere Rufe an den Gebirgen Griechenlands? Aber auch unsere Bordstromspannung hatte nachgelassen. Die automatische Kurssteuerung, die den einseitigen Motorenzug auszugleichen hatte, schluckte zuviel Energie. Ein einziger Generator, der des laufenden Motors, schaffte es nicht. Die Bordbatterie mußte herhalten und entleerte sich.

Auch die Beleuchtung des Instrumentenbrettes ließ nach. So schaltete ich die Kurssteuerung aus und trat mit dem rechten Bein so weit in das Seitensteuer, daß das Flugzeug den Kurs schlecht und recht hielt. Aber immer noch waren wir zu tief. Die Insel Naxos mit über tausend Meter Höhe lag voraus, von anderen anonymen Gebilden unbekannten Ausmaßes ganz zu schweigen. Durch die gemachte Erfahrung gewitzt, steuerten wir, sobald sich aus der See ein Felsengespenst erhob, nach rechts, nach Süden, um des lieben Süd- und Aufwindes teilhaftig zu werden. Und wahrhaftig, jedesmal griff er uns freundlich unter die Flügel und half uns höher.

Aber mein rechtes Bein lief heiß, da meine linken »Pferde« lahmten, die rechten sich aber mit voller Kraft ins Geschirr legten, und ich bis zum Schweißausbruch gegendeichseln mußte. Ich fühlte, daß ein Krampf der ganzen Bemühung ein Ende machen könnte. Doch der Bordmechaniker wußte Rat. Er nahm seine Koppel und versuchte, sich nach vorn zwängend, es an der Schlaufe des linken Seitensteuerpedals zu befestigen.

»Ich kann nichts sehen«, ächzte er, »das Bein von Herrn Hauptman ist davor.«

Schließlich war es zur Entlastung meines rechten Trittbeines geschehen. Ich konnte etwas verschnaufen. Ich wischte mir den Schweiß von der Stirn und vom Halse. Wir bekamen die Sache in den Griff.

Die Stimmung war ruhig. Niemand ließ sich anmerken, daß er bald wie Odysseus auf dem Meer treiben würde, Ausschau haltend nach dem nächsten ausgedörrten Eiland, auf welchem wir hungern und dürsten würden, wo keine Nausikaa käme, uns zu bewirten und zu beherbergen. Das schlichte, hausgemachte Gebot ›mal sehen‹ war das wackelige Hochseil unter unserer Sohle. Der Blick voraus erzeugte Kraft und Willen, und zum Zweifeln blieb keine Zeit.

Inzwischen mochten wir 600 bis 700 Meter Höhe in tüftelnder Kleinarbeit erklommen haben. Da es immer dunkler wurde, hingen unsere Augen an den Kanzelscheiben, um Hindernisse zu erspähen. Sehenwollen verhilft zu nichts. Gelassenheit ist die Frequenz, auf die man schalten muß. Anders empfängt man keine Bilder.

Aber auf das Sehen allein war kein Verlaß. So zückte Schmetz den Oktanten und peilte, was weiß ich, die Betageuze, Kastor und Pollux, um dann das Gerät nach hinten an Krahn weiterzureichen, damit der einen anderen Stern, möglichst im Winkel von neunzig Grad zum ersten messe. Die Kanzel der Ju 88 war stellenweise mit besonderen, parallelgeschliffenen Scheiben ausgestattet, hinten wie vorn, so daß die gemessenen Höhen auch zuverlässig waren. Während der Messung mußte ich schön ruhig und beschleunigungsfrei fliegen, eine saure Arbeit, wenn man das Flugzeug nur um einen

174

Motor herum zu balancieren hat. Immerhin brachte Schmetz gewohnterweise seine Standortbestimmung auf drei bis vier Bogenminuten oder fünf bis sieben Kilometer genau hin. Wir hatten es am Fuße des Ätna als frischeingeführte schwarze Kunst reichlich geübt, auf wackeligen Stühlen sitzend versucht, Sonne, Mond und fünf Sterne vom Dienst des Monats in die Mitte der Luftblase und des Kreises zu zwingen, während ein liebevoller Ausbilder an der Lehne rüttelte, um Böigkeit zu erzeugen.

So navigierten wir durch die Inselwelt, möglichst jeden Schlenker vermeidend, um den Flugweg nicht unnötig zu verlängern. Notfalls könnten wir bei einer der anderen italienischen Inseln des Dodekanes wassern, die wir noch erreichen konnten.

Plötzlich wetterleuchtete es in der Ferne voraus. Wir rätselten. Ein Gewitter konnte es kaum sein. Dort war nichts dergleichen vorhergesagt worden, und der Himmel war klar bis herab zum Horizont. Nach weiteren Minuten meinten wir zu erkennen, daß es sich um Bombendetonationen oder Geschützfeuer handeln müsse. Blitze und Mündungsfeuer waren nicht zu erkennen. Was sollte das sein? Ein Seegefecht hinter einer der Inseln? Interessant zwar, aber es würde uns nicht rühren. Nach geraumer Zeit, als wir uns auf 800 bis 900 Meter hochgehangelt hatten, begann sich gegen das Wetterleuchten ein Bergrücken abzuheben. Schmetz meinte, nach der Zeit müsse dies Rhodos sein. Krahn wurde zum hundertsten Male beschimpft und ermuntert, den Flugplatz Rhodos-Gaddura zu rufen, zwischendurch ›Pan-Pan-Pan‹ zu senden: »Wir befinden uns in Gefahr«.

Nichts regte sich. Ich fluchte, hatte den Verdacht, daß Krahn mit seinem Gerät nicht klarkam oder die falsche Frequenz geschaltet hätte. Noch näher gerückt, erkannten wir gegen das Aufleuchten aus der Tiefe von jenseits der Berge, daß diese einen hohen zackigen Rücken bildeten.

Schmetz stellte lakonisch fest: »Rhodos.«

Herr im Himmel! Da bombardieren die Engländer den Flugplatz, auf welchen wir uns in höchster Not noch retten könnten. Womit haben wir nun wieder dies verdient? Bleibt uns nur die Wahl zwischen Feuer und Wasser, zwischen Scylla und Charybdis? Keine sichere Fahrrinne ist uns gesteckt.

Der Motor läuft weiter, unser Puls schlägt weiter, wir fliegen weiter, mit gedrosselter Hoffnung. Die Minuten schleichen dahin.

Allmählich hörte das Wetterleuchten hinter der Bergkulisse auf. Unser Brennstoff war nahe Null. Was soll man in solcher Lage mit

175

einem Flugplatz anfangen, den man nicht mehr erreicht? Was mit dem Flugplatz, der, einer Fallgrube gleich, den Flieger verschluckt? Was schert uns das Trichter-Rollfeld. Wir fahren zur See!

Bald war die Südspitze von Rhodos rechts voraus auszumachen. Von dort zog sich dunkel, ansteigend, der Gebirgsrücken nach links, quer vor unseren Kurs. Das Landmassiv schien schon zum Greifen nah. Zur Rechten schimmerte im Monde die kühle Flut. Was war nun mit unserem hehren Plan, hier, unter Rhodos, herabzuschweben, mit 180 Stundenkilometern auf das Wasser zu klatschen? Wollten wir nicht mehr, mochten wir nicht mehr? Fehlte uns der Mut zu diesem Kunststück? Hic Rhodos, hic salta? Auch wir versagten, verzagten. Schieben wir die Katastrophe auf, sehen wir weiter! Jeder von uns dachte und verlangte es, gegen jede Vernunft, das maßvolle Risiko gegen offenbare Unvernunft eintauschend. Da spukte in uns der aberwitzige Gedanke, der Sprit könnte vielleicht reichen, der Platz wäre vielleicht nicht zu arg zerbombt, und wir könnten in regelrechten Betten schlafen. Statt dessen auf dem Meere treiben? Wer weiß, ob der Tommy nicht auch unser Schlauchboot beschädigt hat.

Wie einen Zwang, aber auch wie eine Erleuchtung erfuhren wir es: Auf nach Rhodos-Gaddura!

Dorthin!

Auf nach Rhodos-Gaddura!

Das war schnell bedacht. Wir wollten die Südspitze der Insel nicht umfliegen, um zum Flugplatz, der weiter nördlich lag, zu gelangen. Das wäre ein verhängnisvoller Umweg gewesen. Die Benzinanzeige stand jetzt genau auf Null.

Unter uns die Westküste von Rhodos. Wir fliegen weiter ins Innere der Insel, um sie, an dieser Stelle etwa 20 Kilometer breit, zu überqueren und die jenseitige Küste, leicht südlich Gaddura, zu erreichen.

Nur nicht hinabgeschaut in den gähnenden felsigen Abgrund. Voraus der Gebirgskamm, schwarz gegen den Horizont. Wohin jetzt, wenn der Quirl stehenbleibt? Dann nur Kurve und zurück aufs Meer, ins Meer! Jetzt ginge es noch. Würden wir den Ostkurs noch zwei bis drei Minuten fortsetzen, bis kurz vor den Kamm, würden wir das Meer hinter uns im Gleitflug nicht wieder erreichen, wenn der Kraftstoff ausginge. Wir fliegen trotzdem weiter, stoische Ruhe, Gleichmut in schiefer Lage bewahrend, wie es im lateinischen Vers heißt, bei uns wiederum schlicht: Mal sehen, ohne zu wissen, ob wir in der nächsten Minute noch würden sehen können. Wir, verbrannt, verkohlt in einer menschenverlassenen Schlucht.

Jetzt kommt der Hang auf uns zu. Was macht der Flieger, wenn es knapp wird mit der Höhe, mit der Hindernisfreiheit? Er steigt etwas aufwärts in seinem Sitz, soweit die Gurte es zulassen. Es ist das betörende Gefühl, man könne das Flugzeug leichter machen, es mit sich über die Hürde bringen. Nur noch Sekunden. Die Sache sieht ungewiß aus und daher scheußlich. Nichts hebt sich mehr ab vom Sternenhimmel. Habe ich die Höhe? Wieviel Wasser habe ich unter dem Kiel, fragt der Seemann. Wieviel Luft habe ich noch unter der Fläche, fragt der Flieger. Meinem Höhenmesser traue ich wenig. Auch weiß ich nicht, an welcher Stelle wir den langen Gebirgsgrat überfliegen.

Die Karte sagt nichts über die Höhen. Der höchste Punkt der Insel, etwas nördlich des Platzes, mißt 1200 Meter.

Ein Blick nach unten: Da ist keine Tiefe mehr. Dunkle Flächen und Schattierungen fliehen dicht unter uns nach hinten. Ich atme kurz. Schmetz hütet sich, mich anzusehen. Ich hasse die besorgten, ratlosen Blicke, die mich zwingen, den Eiskalt-Unbewegten zu spielen. Aber Schmetz, wohlerzogen und Soldat, macht die Qual mit sich selber ab.

Wir haben es geschafft: Der Grat gleitet unter uns nach hinten. Vor uns fällt das Gelände nach Osten ab, wir spüren es. Wir hängen plötzlich hoch in der Luft. Jetzt sprechen wir auch wieder, fühlen uns erlöst. Wenn jetzt der Motor blubbert, na schön, so gleiten wir nach Osten in die See.

Kraftstoffanzeige immer noch auf Null. Der Motor läuft noch. Schmetz, der Ingenieur, meint, es habe ein pfiffiger Konstrukteur möglicherweise eine kleine Sicherheit in die Anzeige gemogelt. Das muß wohl so sein. Wir haben es bisher nie ausprobiert.

Wir nähern uns der Küste. Wir glauben, das Meer zu erkennen. In der Ferne blinkt ein türkischer Leuchtturm.

Dann sehen wir nach unten. Das Meer, welches wir erkannt zu haben glaubten, ist ein Wolkenmeer. Eine Hochnebelschicht drängt in einer Breite von einigen Kilometern an die Ostküste der Insel. Die Küstenlinie ist verdeckt. Wir sehen, wie die Berge aus dem Nebel hochsteigen. Kurz zuvor noch, frohgemut, nach Überwindung der Klüfte, die See gewonnen zu haben, Gaddura erreichen zu können, macht uns nun das Grau der Aussichtslosigkeit stumm. Verzweifelte Aufschreie, Flüche bleiben aus. Wir setzen nur von Sekunde zu Sekunde fort, was wir soeben getan oder gelassen haben. Die Vorstellung, im Leerlauf durch die Hochnebelschicht zu gleiten und in schwärzester Dunkelheit irgendwo ins Wasser zu stoßen, lähmt jeden Einfall. Jeder Gedanke, jeder Versuch wird sofort abgeblasen.

Krahn funkt jetzt SOS. Wir sind am Ende. Wer füttert künftig meinen Esel, den kleinen grauen sizilianischen Halunken? Immer war er beim Tee, wenn die Tasse klapperte, zur Stelle, des Zuckers wegen. Es ist zum Heulen. »Lebe gefährlich« – welch irre Empfehlung, dadurch zum höchsten Daseinsgenuß zu gelangen.

Und welcher Wahnsinn, nicht rechtzeitig auf das Wasser gegangen zu sein, dicht unter der im matten Monde schimmernden Westküste der Insel. Wir hätten in diesem Augenblick schon festen Boden unter den Füßen haben können! Recht geschieht dir jetzt, geschieht uns. Wie tief geht der Dreck? Aufliegend, Seenebel? Was macht es – zerschellen in der Nacht oder im Nebel oder im scheußlichen Gemisch von beiden. In diesen Minuten verjagt der Zorn über die eigene Tollheit die Furcht vor dem Unausweichlichen. Nach bleibt bittere Genugtuung über das verdiente Schicksal und ein bißchen Wille, gerade Haltung zu bewahren. Vier Mann sind wir, sehr fern der Heimat, vier deutsche Flieger, alle in gerader Haltung und schweigsam.

Schweigend weiterfliegend, weiteratmend erlebe ich vorbeijagende Bilder. Woher kommt der irre Einfall, der, wenn's glückt, als Kühnheit gepriesen, im anderen Fall als Dummheit getadelt oder verflucht wird? Etwa aus dem Kosmos? Aber ich halte es nicht mit den Alten, die sich durch göttliche Einflüsterungen gelenkt glaubten. Ist Laune und Lust zu mehrfachem Aberwitz ein Naturereignis? Nein, du bist es selbst, du Hirnverbrannter! Mein Kopf wird heiß.

Aber mein rechtes Bein hält mit Bordmechanikers Hilfe das Flugzeug auf Kurs.

Weiter quälen wir uns über das ungewisse tiefdunkle Grau. So sieht der Tod aus und die Ewigkeit. Ich bin 27 Jahre alt. Süß und ehrenvoll soll solch ein Ende sein! Der Römer, der das schrieb, wußte nicht, was er schrieb. Bitternis, Ätze, Übelkeit, – schluck runter, wenn du noch schlucken kannst. Das ist das Ende, wie auf dem Weg zu standrechtlicher Erschießung.

Mein Herz klopft laut bis ins Trommelfell. 10 bis 15 Minuten schon steht die Brennstoffanzeige auf Null.

Wir fliegen weiter nach Nordosten, der Sekunde entgegen, in der der Motor versagen wird.

Plötzlich schreit Krahn: »Ich habe eine Peilung. Ich habe ein QDM!«

Ich werde wach. Alle werden wach. Wir fangen an zu denken. Es gibt noch Retter. Da sind Menschen in der Nacht am Rande Europas, die uns die Hand reichen!

Jetzt wird alles gut.

Nun kommen die Peilungen, Zahlen und Angaben. Wir sind in unserem Element. Ein Wunder hat uns in seine Arme genommen.

Nun folgt Peilung auf Peilung, bis wir den Flugplatz links querab haben. Ich drücke die Stoppuhr. Der letzte Kraftstoffbehälter zeigt immer noch Null an. Noch fliegen wir.

Der Hochnebel drängt sich in der gesamten Länge der Ostküste, soweit sie zu übersehen ist, an die aufsteigenden Felsen. Unter dem Nebel liegt der Platz, der auf einem kleinen ebenen Plätzchen am Fuße des Gebirgshanges errichtet ist. Gelandet werden kann nur von See her, gestartet nur vom Hang weg in Richtung See. So hat man uns diesen seltsamen Ausweichhafen beschrieben. Nach der Peilung haben wir den Platz jetzt links hinter uns. Es wird Zeit, linkskurvend auf Gegenkurs zu gehen, wiederum parallel zur Küste, um durchzustoßen. Wir wollen wagen, vor Einbiegen in den Endanflug den linken Motor anzulassen. So der kurze Plan.

Kaum bin ich nach links eingekurvt, als unser rechter Motor streikt. Leerlauf! Aus der Stoff. Mein Puls macht Pause.

Ich zische unseren Mechaniker an, der pflichtbewußt die Pedale unter Spannung hält: »Laß los das Ding!« Die Leere kam zu plötzlich. Er begreift. Aus dem Schieben heraus, spüre ich, gleitend, ausgeglichenen Druck.

Jetzt tauchen wir in die Waschküche ein. Aber indem das Flugzeug die Schnauze senkt, schießen etliche Liter Benzin aus dem Tank in die Einspritzpumpe und reißen den Propeller auf volle Touren.

Die Maschine droht wegzudrehen, der Wendezeiger kippt bis zum Anschlag. Ich trete in das Seitensteuer. Richte das Flugzeug etwas auf. Plötzlich wieder Leerlauf. Weiter kurven auf Parallelkurs zur Küste. Wieder heult der Motor für kurze Sekunden auf. Ich rudere wild dagegen. Dazwischen Peilungen. QDM 270 Grad. Der Platz ist jetzt westlich, rechts voraus.

Das dunkle Grau, in welchem wir uns befinden, weicht einem tiefen Schwarz. Das ist die Unterwelt. Wir sind nur noch 250 bis 200 Meter hoch, aber unter den Wolken. Noch mal schnurbst der rechte Motor.

Was ist das? Hart rechts voraus tauchen Lichter auf. Vier, fünf, sechs gelbe Lampen. Wir sind ziemlich dicht dran. Ohne zu überlegen, halte ich darauf zu. Ob es ein Leuchthorizont ist, eine Platzgrenze oder ein Leuchtpfad, ich weiß es nicht. Keiner weiß es. Alle starren, gelähmt, erwartend. Keiner ist bei der Hand mit Landehilfen. Nicht einmal die Fahrt wird mir angesagt. Bis ich fluche.

Nun auf zum letzten seelischen Kraftakt, zur äußersten Frechheit. Ich beschwöre das Wunder, und ich beginne zu glauben. Eine seltsame Ruhe ist plötzlich in mir. Mir ist, als wäre nicht das Geringste los. Dieser Zustand veranlaßt mich, von einer Bauchlandung abzusehen, die wir nach Dienstvorschrift bei einmotorigen Nachtlandungen machen sollen. Eine Vorschrift für nullmotorige Landungen zu machen, hatte niemand ins Auge gefaßt. Soviel ist schief- und wieder gutgegangen heute nacht, daß ich rufe: »Klar bei Handpumpe! – Fahrwerk raus!«

Unteroffizier Alles pumpt um unser Leben, wie wahnwitzig. Ich weiß nicht, ob wir es schaffen. Ich glaube es. Alles rempelt den Funker, dessen Hand neben die Taste haut. Flüche hin und her in unserer sonst fast geräuschlosen Kanzel.

»Was willst du noch funken. Hättest früher anfangen sollen!«

Recht hat er. Was soll mir jetzt der Luftdruck. Ehe Schmetz die Millibare hingefummelt hat, pflüge ich mit der Flächenspitze den Boden.

Zwar hängen wir tief, aber zu hoch, um vernünftig landen zu können, zu dicht an den Lichtern. Dazu haben wir auflandigen Wind, Rückenwind, wie der angestaute Hochnebel beweist. Ich slippe rücksichtslos auf den Boden zu. Wenn wir zu weit kommen, klatschen wir an die Felswand am Platzrand. Landeklappen raus!

Jetzt flackert im Schauglas grünes Licht, und flackert. Aber nun steht es, etwas matt, aber es steht. Geschafft! Das Fahrwerk ist raus, verriegelt. Blick voraus – noch mal rechts kräftig geslippt, Schnauze hoch. Ich sehe, daß die gelben Lampen einen leichten Bogen beschreiben. Ich halte mich dicht daran. Da müßten wir sicher sein vor Bombentrichtern. Die erste Lampe ist passiert. Unser Landescheinwerfer ist matt. Er bringt nichts. Wir schweben noch. Die zweite Lampe saust vorbei. Da kommt schon die dritte. Noch zuviel Fahrt. Voraus, hinter den nächsten Lampen, gähnt Finsternis. Besser hier und sofort das Fahrwerk zerschmettern als selbst am Fels zerschmettert werden.

Ich drücke die ›Ju‹ auf die Räder, daß es uns das Genick staucht. Das Instrumentenbrett zittert und klirrt. Irgend etwas poltert in der Kanzel herum. Ich trete sofort die Bremse. Die ›Ju‹ neigt sich nach

vorn. Hastig Bremsen gelöst, Knüppel an den Bauch. Wieder Bremsen, wieder Verbeugung, dann abwechselnd links und rechts gebremst. Die ›Ju‹ wedelt hin und her. Laß die Reifen platzen! Wir
passieren die letzte der Lampen.

Vor uns alles rabenschwarz, nicht auszumachen, wie schnell wir
noch rollen. Die Bremsen knarren. Es geht leicht abwärts.

Das Flugzeug steht, zittert kurz, vor und zurück.

Wir bleiben wortlos sitzen. Im letzten mattgelblichen Licht unseres
Landescheinwerfers gewahren wir, ein paar Meter vor uns, einen
italienischen Savoia-Bomber, eingeknickt, leise vor sich hinqual-
mend. Jetzt schalte ich die Zündung des rechten Motors aus, dann das
Bordnetz.

Der hohe Schwebeton der Kreisel sinkt ab in tiefere Lage, ver-
stummt.

Noch ruckt der Sekundenzeiger seine Runde. Ich drücke. Er federt
auf Null – Ruhestellung –.

Vollkommene Stille.

Niemand haut mir jetzt, nachts um 2 Uhr, auf die Schulter und ruft
»Prima!« oder »Alle Achtung, war das 'ne Landung«, wie es so üblich
war innerhalb der Besatzungen, worüber sich jeder Flugzeugführer
freut, wie es ihn beglückt, seine Mannschaft heimgebracht zu haben.
Nun war dies hier, Rhodos, alles andere als eine butterweiche Landung. Sie war eine Minusleistung untersten Grades. Aber sie war für
uns vier die allerglücklichste, die zutiefst bewegende Rückkehr zur
Mutter Erde, wie wir sie in unseren 100 bis 200 Malen in diesem
Krieg nicht erlebt haben. Wer sollte da wem die Anerkennung
aussprechen? Hier hat Majestät ›Zufall‹ mit uns gewürfelt. Ein wenig
eckig und eigensinnig hat ein jeder versucht, sich im großen Würfel-
becher zu behaupten, der Oberfeldwebel Lorenz, wir vier in der
Kanzel, der Tommy am Geschütz und der Mann an der Funkstation.
Der Wurf aber war nicht unser.

»Raus jetzt, Kerle«, sage ich und spüre, nachdem ich Haube und
Mikrophon abgenommen habe, daß ich heiser bin.

Die drei sind unten und haben eine Flasche ›aqua minerale‹, immer
unentbehrlich und anbefohlen in südlichen Breiten, angesetzt und
trinken.

Langsam klettere ich als letzter raus.

Ich hole tief Luft. Das Gelände fällt nach rechts sanft ab. Ungestal-
te Bäume werden erkennbar. Wie eine düstere Bühnenkulisse ragt der
steile Hang unmittelbar hinter dem italienischen Flugzeug. Da war

kein Raum mehr zum Überleben. Ich sehe hinauf, wo sich der Berg im Grau des Nebels verliert. Da verschwimmen und zerfließen die Linien und Gebilde wie das, was hinter uns liegt, Sizilien, Piräus, Explosion, Naxos.

Ich nehme mir eine Flasche, lege mich flach auf die stoppelige Bewachsung, auf den Rücken, Augen zu und trinke, daß mir das Wasser in den Kragen läuft.

Ich richte mich, auf die Hand gestützt, auf und gewahre eine zwischen den Bäumen umherschleichende Gestalt, auf die Krahn aufmerksam gemacht hat. Sie kommt nicht heran. Nach einer Weile rufe ich: »Komm her, Himmelhund, hilf uns!«

Die Gestalt verharrt einen Augenblick, nähert sich uns und läßt sich so vernehmen: »Ich nix Himmelhund. Ich professore und studiert in Deutschland.«

Der vorsichtige Mann, von dessen Mütze und Ärmeln allerlei Gold schimmert, hat nach dem Bombenangriff an eine englische Not- oder Luftlandung gedacht. Wir erfahren darüber ungenaue Einzelheiten, nichts aber über die wunderbare Landebeleuchtung. Darüber verschafft uns Aufklärung ein im VW anrollender deutscher Feldwebel der Luftnachrichtentruppe, vom ›professore‹ mit Blinkzeichen angelockt. Dieser brave Deutsche hat seit langem unsere Notrufe in seiner Funkstation am Bergeshang empfangen, aber über keinen Sendestrom verfügt, auch nicht sogleich nach Beendigung des Angriffs. Die Italiener hatten, um die Verdunkelung todsicher zu machen, das gesamte Stromnetz des Flughafens abgeschaltet und bis jetzt nicht wieder eingeschaltet. Bei unserem SOS und, nachdem die Luft rein war, hatte der Feldwebel sein Benzin-Notaggregat anwerfen lassen. Er selbst raffte, der von den Italienern bewirkten Verdunkelung zum Trotz, die Lampen zusammen und preschte los. »Ja«, sagte er, »die Zusammenarbeit mit den Bundesgenossen macht mancherlei Schwierigkeit.« Er stellt sich vor als Chef des Abhorchdienstes für den Mittleren Osten, der einschlägigen Sprachen kundig und ebenfalls Professor, unser Retter, Lotse und Lichtbringer.

Ein kleines Gewimmel von Gelehrten in dieser Nacht, und auf dieser Insel. »Willkommen auf Rhodos«, sagen beide.

Mir bleibt nur zu erwidern: »Vivat academia, vivant professores!«

Unser Professor murmelt: »Ich muß die Lampen noch einsammeln. Sonst werden sie mir geklaut.«

Jetzt steigen wir bei ihm ein und hoppeln durchs Gelände, dann eine Serpentine hoch. Wir halten vor dem italienischen Offizierkasino. Der Professor leuchtet uns mit einer seiner Stallaternen hinein. Wir trinken den Rest der Flasche aus. Essen mag niemand. Schlafen wollen wir.

In einem mit Fliesen ausgelegten Raum, in dessen Mitte ein Bett steht, lasse ich sämtliche Kleidungsstücke von mir abfallen. Eine italienische Ordonnanz ist behilflich.

Ich lege mich hin, ziehe die leichte Decke über und schließe die Augen. Ich sehe Inseln, Lichter, die großen Hände des Oberwerkmeisters Lorenz auf der Bombe liegen. Dann ist alles weg.

Nie habe ich ein herrlicheres Erwachen erlebt. Es scheint die Sonne ins Gemach durch den schneeweißen Moskitoschleier hindurch, den ich jetzt gewahr werde. Vor dem Fenster säuselt der Wind durch schlanke Büsche, und dahinter spiegelt sich die Sonne im Meer. Im Zimmer ist der Duft des Frühlings.

»Es ist nach zehn Uhr«, sagt der italienische Soldat, der sich am Fenster zu schaffen macht. Der schwarze Lockenkopf nickt mir freundlich zu. In seinen Bewegungen ist keine Zeitnot. Menschen und Natur leben in Frieden.

Barfuß, in Hemd und Unterhose, trete ich an das geöffnete Fenster. Ich möchte ein italienischer Heldentenor sein und meine himmelstürmende Lebens- und Erdenfreude mit dem hohen C hinausschmettern. Ich möchte, aufspringend, mit ausgebreiteten Armen, wie ich es manchmal träume, über die Hänge hinschweben, kreisen, segeln und kein Ende finden.

Ich sage zum Italiener: »Sieh mal, wie schön.« Er sieht hinaus, als ob er etwas suchte. Dann guckt er auf meine nackten Füße und meine Unterhose und lacht kurz: »Si, Signore Capitano.« Dann sammelt er meine Uniformstücke auf.

Ich verweile am Fenster. Der Himmel ist tiefblau. Kräftig strahlt die Sonne; »die Sonne Homers, sie leuchtet auch uns« hatte Schiller gedichtet. Und wirklich, sie leuchtet just von dort her, wo der blinde Dichter vor Jahrtausenden von Kampf, Leid und Sieg der Menschen gesungen hat. Das alles leuchtet mit herüber, aber auch ein Schimmer der Schönheit, Ursache und Preis verklungenen Getümmels. Aber seltsam-gedämpft, von fern her vernehme ich die Stimme meines Lehrers, inbrünstig Verse zelebrierend: dam-da-da, dam-da-da, dam-da-da.

Plötzlich geht mir auf, daß sich der alte Daktylus in unserem Flieger-Morsealphabet mit ›Dora‹ oder ›Delta‹ ein neues, junges Leben gesichert hat: –.., –.., –.. (da-dit-dit, da-dit-dit, da-dit-dit).

Hackenschlag hinter mir. Bordmechaniker Alles meldet: »Kühler ist geflickt. Maschine startklar. Bomben sind auch da.«

Keiner von uns mag jetzt an die Sudabucht von Kreta, unser Ausweichziel, denken. Ich steige langsam in meine Hose.

»Nach dem Frühstück sehen wir weiter.«

Das tun wir, lassen unsere Blicke in die glänzende Weite und Ferne und in die grünende und blühende Runde schweifen. Ich lagere, das Gesicht der Sonne zugewandt, in einem italienischen Offiziersliegestuhl vertrauter Bauart, in einer Reihe mit Schmetz, Krahn und Alles. Als Wohltat empfangen wir die Wärme auf unseren Khakihemden, daß es uns kraftspendend durchrieselt. Wir schlürfen den Cappuccino, brechen unsere Bordverpflegungsschokolade, sehen dabei zu dem Hang hinauf. Der Anblick ist weit gewaltiger als unsere nächtliche Ahnung. Das war gut so, schonte die Nerven.

Herrlich, aber auch gefährlich, hart südlich des Platzes, genau vor uns, der Vorsprung, dessen Rücken den Tempel einer griechischen Gottheit trägt. Beim Einbiegen zum Platz müssen wir hart vorbeigeschrammt sein. Wir wundern uns, sind glücklich und dankbar, fühlen uns zephyrleicht.

Über die Terrasse gleiten und kurven die Schwalben, darunter schwirren Buntgefiederte von Busch zu Busch.

Ein halbes Dutzend Kätzchen spielt zu unseren Füßen. Eines geht auf die Pirsch, seine begehrlichen Äuglein verfolgen die kleinen Flieger. Dann ein Satz, ein Meter hoch. Blitzschnell fährt die kleine Tatze durch die Luft, aber vorbei!

Pech gehabt. Glück gehabt.

7. KAPITEL

Flugzeugträger Malta
April – Mai 1941

Das Versäumnis der Achsenmächte, Malta nicht genommen zu haben. Von Malta aus stören schnelle britische Seestreitkräfte und fliegende Verbände den deutschen und italienischen Nachschub nach Nordafrika.

Nach kurzer Pause, bei vollerem Mond und wolkenlosem Himmel über Griechenland galt es, den britischen Nachschub von Ägypten und von Kreta her nachhaltig zu unterbinden. Da größere Schiffe im Piräus nicht mehr entladen werden konnten, ankerten oder kreuzten sie auf der Reede zwischen dem Festland und Salamis. Wir erschienen nachts über der Bucht und stellten fest, daß ein dicker Frachter, offenbar getroffen, in Salamis auf Strand gesetzt worden war und daß kleinere Frachtschiffe mit unterschiedlichen Kursen Fahrt machten. Ich entschloß mich, ein gegen den Mond laufendes Schiff mit gedrosseltem Motor tief und in Längsrichtung anzugreifen, stellte die Bomben auf Verzögerung von fünf bis sieben Sekunden, um durch die Explosion nicht gefährdet zu werden. Die Bomben warf ich so tief ab, daß ich deren tosenden Einschlag in den Aufbauten hören konnte. Es krachte wie von splitterndem Holz, ein seltenes Fliegererlebnis. Die Explosion erfolgte Sekunden später und riß das Schiff auseinander.

Zwei Tage später, am 13. April 1941, gelang, ebenfalls im Tiefangriff, ein gleicher Schlag. Der Dampfer konnte sich auf den Strand setzen.

Die Abwehr war stärker geworden. Die Flak spuckt von den Schiffen und von den Ufern her aus zahlreichen Rohren, und von Tatoi her starteten die Nachtjäger, um uns das Handwerk zu legen.

Mein trefflicher Leutnant Saure aus Bremen ging bei diesen Angriffen mit seiner Besatzung verloren, gleichfalls eine Besatzung der 8. Staffel, die des Oberleutnants Wimmer, Sohn meines früheren Fliegerkommandeurs aus Dresden. Beigesetzt wurden sie auf einem Friedhof in Salamis zusammen mit gefallenen Gegnern und den tapferen Kämpfern, die in den ersten Jahrzehnten des vorigen Jahrhunderts aus vielerlei europäischen Ländern den Griechen in ihrem Befreiungskampf gegen die Türken zu Hilfe gekommen waren.

Wiederum wurde Malta Angriffsschwerpunkt. Die Insel sollte niedergehalten werden, damit deutsche und italienische Truppen und Materialtransporte von Palermo die Straße von Sizilien ungehindert überqueren und an der tunesischen Küste entlang Tripolis gewinnen konnten.

Als ich mich auf dem Gefechtsstand melden wollte, erklärte mir der Adjutant, Oberleutnant Sommer, freudestrahlend, daß unser Kommandeur entführt worden sei, nach Capri, in die Blaue Grotte, um dortselbst in den heiligen Stand der Ehe zu treten. Er habe mir zu erklären, daß ich die Gruppe stellvertretend führen solle. War das eine Überraschung!

Der erste Auftrag lautete, mit einer Staffel über Malta bombenwerfend zu erscheinen, um die feindlichen Jäger herauszulocken. Unsere Jäger sollten sich mit ihnen im Luftkampf messen und möglichst viele abschießen.

Ich verabredete mit den Jägern, daß ich, ähnlich wie am 28. Februar dieses Jahres, von Nordwesten in Höhe von 5000 bis 6000 Meter anfliegen, aber nicht stürzen würde. Ich wollte horizontal werfen. Getroffen werden sollte ein bestimmter Kaiabschnitt, an welchen ein feindlicher Kreuzer und andere Schiffe festgemacht hatten.

Als das Flakfeuer einsetzte, flogen wir in mäßigem Abstand voneinander, wobei ich die Kurssteuerung eingeschaltet hatte. Nach dem Abwurf sollte, nach Norden kurvend, dicht aufgeschlossen werden, damit wir uns gegenseitig Feuerschutz gegen feindliche Jäger geben könnten. Das hatte ich vor dem Einsatz mit äußerstem Nachdruck angeordnet.

Alles ging gut bis kurz vor dem Ziel. Mein linker Kettenhund, Oberfeldwebel Lorra, erhielt einen Flaktreffer, der ihm die Kanzel einschlug, so daß der Fahrtwind hineinblies. Er schaffte es aber noch, zum Abwurf im Verband zu bleiben, verlor aber danach seine Ruhe und scherte seitlich weit aus. Nun muß ich berichten, was sowohl bei den Engländern, die uns ständig abhörten, wie auch bei unseren

Besatzungen und in den späteren Erzählungen große Heiterkeit hervorrief. Im Bordsprechverkehr pfiff ich den Oberfeldwebel Lorra ungefähr mit den Worten an: »Kommen Sie her, Sie Saukerl, Sie Pfeife. Ich sperre Sie zehn Tage ein, wenn Sie nicht sofort hier sind.« Der gute Lorra, der durch den Treffer völlig verwirrt und ohne jede Überlegung abgeschwirrt war, kriegte einen Schreck und hatte in diesem Augenblick mehr Angst eingesperrt als vom englischen Jäger abgeschossen zu werden. Und ringsherum war wilde Kurbelei der ›Spitfire‹ und Me 109. Unsere Jäger konnten nicht alles decken. Sie mußten sich auf den Verband einstellen.

So kamen wir wieder zusammen und flogen, ohne von den Jägern wesentlich behelligt zu werden, in schönster Ordnung nach Hause. Da Lorra den gegebenen Befehl prompt ausgeführt hatte, wurde er weder Opfer der ›Spitfire‹ noch seines stellvertretenden Kommandeurs.

Ich hatte dennoch keine Lust, mit der Gruppe weiterhin den Lockvogel zu spielen. Zwar hatten wir sauber getroffen – auch der Kreuzer hatte einen Treffer abbekommen –, doch kam es der Führung offenbar auf Vernichtung der feindlichen Flugzeuge an. Das versprach ich, auch bei Nacht wirkungsvoll erledigen zu können. Über einen von etwa zwölf Angriffen ist zu berichten.

»Die Nacht ist nicht allein zum Schlafen da«, orgelten Friedrich und Weinreich auf dem Akkordeon. Daß Gustav Gründgens dabei hervorragend imitiert wurde, versteht sich. Überhaupt war langsam eine kleine Garde junger Leutnante nachgewachsen, die man nicht zu Unrecht als Schlipssoldaten bezeichnen konnte, die der überlieferten soldatischen Grundhaltung weitgehend ermangelten, und die Grundstellung – Hacken zusammen – nur noch anläßlich feierlicher Gelegenheiten vorführten. Bei ihnen allen saß die Zunge ziemlich lose, während ich mich Vorgesetzten gegenüber meistens noch um wohlgeformte höfliche Rede bemühte. Paul Hecking vom Niederrhein erschien einmal abends in dem Raum, den wir als Kasino bezeichneten, Josef Goebbels imitierend, humpelnd, stellte sich mit schlackrigem deutschen Gruß auf einen Stuhl und hielt in rheinischer Mundart eine Progagandarede, daß uns das Zwerchfell wehtat. In ähnlicher Weise marschierte ein Österreicher in der Rolle der ›Vorrrrrsehung‹ und unter den Klängen des aus dem Akkordeon gezauberten ›Badenweiler Marsches‹ in den Festsaal ein, ein Auge durch die heruntergezogene Haarsträhne verdeckt. Zu Unrecht hätte man uns eingesperrt. Wir standen nicht auf wider den Staat. Wir hatten unseren Abstand von seinen Exponenten und unsere persönliche Meinung. Über aller Kritik, über allem Spott und allen Personen stand für uns nur die Hauptsache: Den Krieg gewinnen, jedenfalls nicht verlieren.

Auf zum Nachteinsatz gegen Malta. Die Nacht bot Deckung gegen lästigen Flakbeschuß. Ob sie auch Wirkung zuließ, war der Punkt, der Ausschlag geben mußte. Oberst i.G. Harlinghausen, Chef des Stabes des X. Fliegerkorps, der gegen sich selbst kein Pardon kannte – er hatte zuvor erfolgreiche Einsätze gegen Geleitzüge und gegen den Suezkanal geflogen – würde uns zusammendonnern, wenn seine Aufklärer am nächsten Tag nur Löcher im Sand feststellen würden. Also galt nach wie vor für den Infanteristen wie für den Höhenflieger der eherne Grundsatz: Wirkung geht vor Deckung. Um aber wirken zu können, mußten wir sehen. Her also mit Leuchtbomben.

Ich rief in Comiso bei der III./KG 4 ›General Wever‹ an, die nach unserem Ausscheiden im Herbst 1940 aus dem Rest des Geschwaders und einigem Nachwuchs neu gebildet worden war. Diese Gruppe war, wie das ganze Geschwader, mit He 111 ausgerüstet, die mit je 32 Fallschirmleuchtbomben von einer Brenndauer von fünf bis sieben Minuten beladen werden konnten. Ich vergewisserte mich telefonisch, daß Leuchtbomben vorhanden wären. Der Kommandeur der Gruppe, Hauptmann Hermann Kühl, Kriegsschulkamerad und mit mir durch die Kitzinger Fliegerausbildung gegangen, erklärte sich bereit, mir am Nachmittag des Angriffstages einen beherzten Flugzeugführer herüberzuschicken, dem ich die nötigen Weisungen geben könnte. Zuvor sollte ich ihm aber versprechen, ihm unsere Fahne bei nächst passender Gelegenheit zu übergeben: Diese sei der III./KG 4 ›General Wever‹ verliehen worden, nicht der III./KG 30 des Adlergeschwaders. Ich hielt dagegen, daß die Fahne 1936 den Fliegern in Nordhausen beim Einmarsch in die Stadt vorangetragen worden sei, nicht einem Namen. Ich sei jetzt der Fahnenträger und gleichzeitig ihr Beschützer. Sie sei inmitten der alten Nordhäuser aufgepflanzt, und da solle sie bleiben.

Der Streit um die weißseidene, mit gelben Streifen und dem Eisernen Kreuz in der Mitte bestickte Fahne schwelte schon geraume Zeit, er wurde auch jetzt nicht beigelegt, und es brauchte noch seine Zeit, ehe einer der Kommandeure ein Einsehen zeigte.

Zum Abschluß frozzelte ich: »Ich möchte erst einmal sehen, was dein lahmer Beleuchter für eine Leuchte ist. Dann reden wir weiter.«

Der Beleuchter schwebte gegen Abend herein, und es meldete sich bei mir ein junger, sich kerzengerade haltender Leutnant, der sich als

Oben links: Offiziere der
7./KG 30 ›Adler‹ auf der
Strandpromenade von
Scheveningen, V. l.:
Piëch, Weinreich, Herr-
mann, Friedrich, Kühnle,
Schmetz.
Rechts: Ofw. Lorenz in-
mitten seiner ›schwar-
zen‹ Männer in Gerbini,
1941.
Mitte: Lt. Weinreich
bringt die große
Gepäckbombe an seine
Maschine an.
Unten links: Kritische
Überlegungen vor einem
Einsatz. Oblt. Hanke, Ia,
und Oblt. Schlocker-
mann, Staffelkapitän,
dem der Einsatz sorgen
macht.
Rechts: Gefr. Bayreuther
nimmt den Einsatzbefehl
›in die Mangel‹.

Waschwasser wird nachgeschoben unter Aufsicht des Truppenarztes, Dr. Steiner, in weißer Mütze.

Wasch- und Badeanstalt auf dem Flugplatz Gerbini, Sizilien.

Unten links: Sizilianischer Bauer stets auf der Höhe der Zeit: Adolf Hitler und Benito Mussolini als Eselskarrenschmuck, aber im Wechselrahmen!

Rechts: Trotz allen Ernstes eine fröhliche Runde. V. l.: Kapitän Schlockermann, Haise, Dahlmann (auf dem Krad), dahinter Irion, nach unten blickend Stimmenimitator Paul Hecking, Kinzel.

Oben links: »Freundchen, wir kennen uns!« –
Herrmann (l.), Weinreich (r.).
Rechts: Der Lümmel (10 Jahre!) möchte eine Zigarette
haben. Nicht nur das: Ich muß sie auch noch an-
rauchen!

Mitte: Meine treue Ju 88, 4D+AR macht Ruhepause am
Fuße des Ätna. Wunden sollen vernarben, und die
›Sorgenfalten‹, die das Abfangen aus dem Sturzflug
auf der Flächenoberseite hinterläßt, sollen sich
glattlegen.

Links: Mit meinem Beobachter Schmetz in der Kanzel
zu neuem Einsatz: So sieht uns Buhmann, unser
1. Wart, wenn er Zeichen ›frei‹ gibt.

Oben links: Meine Besatzung. V. l.: Uffz. Baumgartner, Verfasser, Ofw. Krahn, Ofw. Alles.

Rechts: Luftminen (LM A III).

Über dem Mittelmeer in Richtung Kreta, sehr stark gelockert, zur Schonung der Nerven, der Motoren und des Kraftstoffvorrates. Vor dem Ziel wird dicht aufgeschlossen.

Der Bombenvorrat an der Kakteenhecke liegt nicht immer gut getarnt und eingegraben. Das Hochhieven der Bomben kostet Zeit und Schweiß, und der Umsatz ist sehr hoch.

wandelndes Vorbild und Aufsichtsoffizier in einer Kriegsschule wunderbar ausgenommen hätte, was meinen und des Stabes leichten Verdacht erregte, daß die Förmlichkeit seines Auftretens seine einzige militärische Tugend sein könnte.

In der Einsatzbesprechung der Staffelkapitäne machte ich ihm klar, daß er für unsere drei Angriffswellen den Flughafen Luca dreimal anzufliegen hätte, um jeweils zehn Leuchtbomben zu werfen; um die Scheinwerfer müsse er sich herumschlängeln, von ihm hinge alles ab. Da der Leutnant zwischendurch mindestens ein dutzendmal ›jawohl‹ gesagt hatte und sein Gesicht in Dauerfreude erstrahlte, war mir klar, einen ahnungslosen, schneidigen Theoretiker vor mir zu haben. Kurzum, er wiederholte: Erste Leuchtbombenreihe um 23.30 Uhr, die zweite um 23.36 Uhr und die letzte um 23.42 Uhr. Jawohl, Leuchtreihe hübsch über das Ziel driften lassen. Wind wird durchgegeben, jawohl.

Der Leutnant trat ab, und Hanke runzelte die Stirn. Jetzt hatten wir unseren Söldling, allem Anschein nach eine mittlere Flasche.

Der Beleuchterleutnant ist gestartet, ich starte als Erster unserer Gruppe eine viertel Stunde später, um 22.55 Uhr. Es ist der 29. April 1941.

Auf nach Malta, wie gehabt.

Schmetz machte über dem Leuchtfeuer von Kap Passero in mittlerer Höhe seine Windbestimmung, die wir an alle durchgeben. Zu verheimlichen ist hier nichts. Daß wir kommen, weiß man drüben rechtzeitig. Wie wir's machen, das ist allein unser Geheimnis.

Um es zu lüften: Die Flugzeuge sollten den Angriff gleichzeitig und über jeweils festgelegte Küstenabschnitte konzentrisch auf den Flughafen Luca führen, so daß wir zwei Minuten nach Angehen der Leuchtbomben abwerfen würden. Diese zwei Minuten würden zu einer sauberen Zielerfassung ausreichen. Als Angriffsart war Gleitflug mit mäßiger Geschwindigkeit in leisestem Anschweben festgelegt, Propeller langsam, fast in Segelstellung drehend, Abwurfhöhe 800 bis 1000 Meter. Auf die Hallen sollte mit Splitterbomben, auf die Boxen mit Sprengbomben zu 500 und 1000 Kilogramm geworfen werden, da wir uns von der Druckwirkung und hochgeschleudertem Gestein auch dann Wirkung versprachen, wenn die Bombe nicht die Flugzeugboxen traf. Da wir nur wenig Brennstoff für die knapp zweistündige Unternehmung benötigten, hatten die Flugzeuge 2000 Kilogramm Bomben geladen. Ich hatte es erstmals mit 2500 Kilogramm versucht.

Ich umrundete die Insel nach Süden hin und kreiste in etwa 4000 bis 5000 Meter Höhe in meinem Abschnitt, des Beginns der Vorführung harrend. Hier und da streckten sich Scheinwerfer seewärts, um die Verursacher der nächtlichen Störung zu erhaschen, erfolglos, wie ich erleichtert feststellte. Die Unsrigen sollten sich so lange wie möglich auf Distanz halten, gerade nahe genug, um zur befohlenen Zeit am Abwurfpunkt zu erscheinen.

Die Zeit rinnt. Ich sehe auf die Uhr. Wenn unser Söldling um 23.30 Uhr erstmals seinen zehnarmigen Kandelaber über der Mitte der Insel aufhängen will, müßte er allmählich erscheinen, müßten sich die Scheinwerfer regen.

In dieser Sekunde geht der Zauber los: Licht von einem Dutzend Scheinwerfer schießt flach in die Höhe nach Osten, woher unser Mann kommt. Ein weiters Dutzend stürzt sich in das leuchtende Gemenge, und da ist der helle, winzige Punkt, soeben knapp gestreift, aber dann unbarmherzig ereilt von scharfen Lichtbündeln von überall her. Die ganze Insel schießt Licht gegen den Eindringling.

Mindestens 6000 Meter ist die He 111 hoch, und langsam zieht sie ihre Bahn. Schon denke ich, die Nachtjäger hätten heute das Sagen, da die Flak schweigt, doch da geht unten das Donnerwetter los. Im Widerschein der Lichterflut glänzt das Meer, und ich erkenne die scharfe, ausgezackte Küstenlinie wie auf der Landkarte, erkenne meinen Einflugpunkt und nähere mich ihm, mehr und mehr drosselnd, im leichten Kurvenslip, noch ein wenig – mit Blick auf die Uhr – ausholend . . .

Jetzt ist meine Zeit hineinzuschweben, und auch seine Zeit zu werfen. Ich sehe ihn oben im hellsten Licht, im Gewölk der Flak. Bleib stur geradeaus, murmele ich und schleiche über die Küste unbehelligt. Und dann kommen sie, unsere Leuchtbomben, 1, 2, 3 . . . schwach baumelnd hängen sie in prächtiger Reihe quer vor mir über dem Flugplatz. Den sehe ich fast wie im Sonnenschein. Nun auf ihn zu. Nur nicht vom Scheinwerfer geblendet oder gehalten werden. Aber diese sind noch mit dem plumpen Brummer hoch oben beschäftigt, der jetzt in einer Kurve südwärts zieht, mir entgegen, hoch über mich hinweg, ab zum nächsten Anflug.

Schmetz hat die Sache im Griff und seine Luftbildaufnahme im Kopf. Seine bestimmten Anweisungen beruhigen mich.

Plumps – plumps – plumps – unsere drei fetten Dinger sind ab und wir erleichtert. Ungehindert, nicht ertappt, haben wir das Lichterzelt fast durchsegelt, als unter uns das von uns veranstaltete Bombengewitter losgeht. Da werden die Flakartilleristen munter, wütend und wild. Sie fegen mit ihren Leuchten den Himmel förmlich ab, hin und her, rauf und runter, mal gestreut, mal gebündelt. Wie verteufelt schießen sie auf die Leuchtbomben, legen Sperrfeuer mit schwerer Flak über den Platz, während ich dem Finish meines Hindernislaufes an der Küste zusteuere, in der Gewißheit, daß die 8. Staffel bereits zur Geräuschkulisse aufmarschiert ist, in der ich mich verkrieche.

Über See angelangt, gebe ich Gas und klettere auf Höhe. Ich habe noch zu tun.

Kaum habe ich nordöstlich der Insel vier- bis fünftausend Meter erklommen, als die Scheinwerfer sich wiederum nach Osten recken, zitternd, tastend, schwenkend. Jetzt richten sie sich auf. Ich sehe auf die Uhr. Der zweite Anflug beginnt.

Da – genau über der Küste haben sie ihn schon. Das Gewitter geht los. Ich fliege auf ihn zu, seitlich und tiefer als er zum Ziele hin, brumme auf hohen Touren. Mancher Scheinwerfer schwenkt zu mir her, sucht, aber ich bin federleicht und fliege flotte Biegen. Von ihm lassen sie nicht, und die Flak schießt konzentriert. Ich sehe die He 111 jetzt groß und deutlich. Die Kanzel des Flugzeugs funkelt wie ein Diamant.

Schreck! Es hat ihn erwischt. Eine lange Benzinfahne weht steif aus der Fläche. Das ist ein Fressen für die Scheinwerfer. Den werden sie nicht mehr verlieren.

Die He 111 verliert Höhe, kommt zu mir herunter. Mann, dreh' nicht durch, schmeiß wenigstens noch die zweite Reihe. Da leuchtet sie schon auf. Sei gepriesen, du Bursche. Ab geht die He 111. Los, marsch, nach Hause, weg von der Insel, nach Norden, Richtung Heimat!

Aber was tut der Kerl? Er kurvt nach Süden, und die Scheinwerfer klammern sich fest an seinen Schweif. Die Flak kriegt aber Gott sei Dank nicht die Kurve, die er fliegt.

Allmählich löst er sich. Er ist im Dunkeln.

Wieder hat es unten entsetzlich gekracht, und hier und da steigt dunkler Qualm vom hellen Untergrund auf. Und wieder sind die Unsrigen unbehelligt durchs Feuer geritten, und nur vereinzelt hat die Flak hinterhergeschossen, auf See hinaus.

Als die letzten Leuchtbomben ausgebrannt sind und ich mit ungutem Gefühl an die dritte Welle denke, gehen die Werfer wieder hoch, ostwärts. Sollte der Kerl, wollte der Kerl seinen letzten Gang antreten? Ich will es nicht glauben: Er kommt daher in 2500 bis 3000

Metern. Ich schlängele mich neben ihn. Ich werde wahnsinnig – er fliegt einmotorig. Himmel, hilf. Ich rufe Störfreund Weinreich: »Alle Register.« Ich habe Angst um die Männer in der He 111, kurbele neben ihnen, unter ihnen herum, spule sämtliche Mätzchen ab, lasse die Motoren ungleich laufen, auf Volleistung, schalte für Sekunden meine Positionsbeleuchtung ein, und sie haben mich. Laß sie, mich trifft keiner. Ich turne durch die Arena. Weinreich auch. Er hat alles erfaßt, ruft nur: »Mensch, das ist ein Ding!« Die Flaksalven liegen dicht an der Heinkel. Der Leutnant ist ein Winkelried, der die feindlichen Spieße auf seine Brust zieht. Es muß ihn nur so schütteln. Aber nun kurvt er ab nach Nordosten, zur See hin. Hat er geworfen? Hat er nicht geworfen? Prächtig! Da stehen die Leuchtbomben, eine wundervolle majestätische Reihe, und hinterher poltern die schweren Brocken aus den Flugzeugen der 9. Staffel. Weinreich und ich rücken mit hinaus nach Nordosten. Die Scheinwerfer von La Valetta haben mich gegriffen. Die Flak kann meinen Blindflugsteilkurven nicht folgen. Und die Scheinwerfer tun nicht weh. Taghell ist es im Gehäuse. Ein ruhiger Posten ist das hier, verglichen mit dem Leidensweg des Beleuchters. Aus 2000 Meter Höhe läßt es sich auch gut auf Scheinwerfer schießen.

Der Beleuchter ist jetzt über Wasser, selbst noch beleuchtet, kaum 1000 Meter hoch, etwas müde kurvend. Jetzt kann ich ihn nicht mehr sehen. Niemand sieht ihn mehr.

Ich rufe die Bodenstelle im Klartext. Krahn funkt im Klartext »Seenotfall« mit Uhrzeit, Kurs.

Wir sind alle heil in Gerbini gelandet. Der Beleuchter fehlt. Er sollte nach Comiso zurückkehren, woher er gekommen war.

Ziemlich niedergeschlagen greife ich zum Telefon, rufe Comiso, Hauptmann Kühl. Es ist gegen ein Uhr nachts. Ich frage unsicher, ob er da sei oder ob Funkverbindung bestehe. Nichts. Ich schildere den Hergang. Die Maschine muß durchsiebt sein. Hauptmann Kühl will auflegen. Ich beharre. Ich will warten.

Da ruft Kühl: »Hier hat's gekracht.« Ich höre nur noch laute Stimmen im Hörer.

Nach einer viertel Stunde läutet es zurück. Der Leutnant hat sein Schrottflugzeug an den Platzrand gedonnert. Nichts ging mehr, kein Funk, kein Fahrwerk, keine Beleuchtung und auch der letzte Motor nicht mehr.

Wund und geschunden war auch der Leutnant. Ich habe seinen Namen vergessen. Er ist mein Unbekannter Soldat des Zweiten

196

Weltkrieges. Verdammt schwer zu erkennen, wie ein Mensch ist. Manche tun schneidig, manche sind es.

Malta, Inselfestung und Flottenstützpunkt, sollte niedergekämpft werden. Befehlsgemäß hatte ich die Angriffe fortzusetzen. Bis zum 16. Mai 1941 wurden es deren zehn, wobei die Gruppe in drei Nächten zweimal startete, das erste Mal vor, das zweite Mal nach Mitternacht. Die widerborstige Abwehr verlangte wechselnde Verfahren, Hoch-, Gleit- und Sturzangriff in Wellen oder in einem einzigen Schlag ausgeführt, aber auch in Mischform, wobei Täuschung und Störung jeweils geändert wurden. Die Gruppe richtete, wie durch Luftbilder belegt, nicht unbedeutende Schäden an. Eine unserer Besatzungen ging verloren.

Mitte Mai erschien von Evreux in Frankreich her unser Kommodore, Major Bloedorn, in Gerbini zur selben Zeit, als Major Crüger von seinem Hochzeitsurlaub zurückkehrte. Mir wurde eröffnet, ich sei vom Generalstab 1. Abteilung angefordert worden, doch habe sich das IX. Fliegerkorps, dem unser Geschwader unterstand, quergelegt. Dorthin sollte ich versetzt werden, als Ia op, zur Abteilung Einsatzleitung. Major Bloedorn flüsterte mir augenzwinkernd zu, daß dies in meinem Interesse geschehen sei, denn ich käme auf diese Weise beim Fliegerkorps auf Nummer sicher, das heißt in die Kommandeurreserve, jederzeit abrufbereit, wenn ein solcher Posten verwaist sei. Die Aussicht auf den Kommandeurposten gefiel mir, aber wozu sollte ich den Umweg über den Stab des IX. Fliegerkorps nehmen? Ich würde lieber bei meiner Staffel bleiben, um von dort aus eine Kommandeurstelle anzutreten. Bloedorn setzte dagegen, daß das nicht ginge; ich würde sonst auf Nimmerwiedersehn weggeschnappt und oben durch die Papiermühle gedreht werden. Da ich das auch nicht wollte, ließ ich mein Murren und war schließlich zufrieden, als der Kommodore erklärte, die Gruppe würde ohnehin in kürzester Zeit nach Frankreich in den Bereich des IX. Fliegerkorps zurückverlegt und dem Geschwader wieder unterstellt sein. Ich könnte doch beim Korps für das Geschwader eine ganze Menge machen.

Ein rechter Kuhhandel war das zwischen den hohen Herren, und ich war die Kuh. Ich wäre am liebsten an Ort und Stelle geblieben. Sicher, der Krieg hier war eine Knochenmühle. Die letzten Einsätze waren wir mit fast einhundertfünfzig Betriebsstunden auf den Motoren immer über See geflogen, obwohl nur hundert zulässig waren. Bei jedem Stottern des Motors war der erste Gedanke – jetzt hat's dich. Mit einem solchen Seelenverkäufer hatte ich zum Schluß noch drei

Tonnen Bomben, zwei 1000er und zwei 500er, vom Boden weggezerrt. Nun in den Stab? Im Kriege war dort kein Platz für mich. Zwar hatte ich manches Papier beschrieben, verschiedene Erfahrungen geschildert und diesen und jenen Vorschlag auf dem Dienstweg nach oben gebracht. Ich wollte aber vorn sein, Troupier, von dem es meiner Meinung nach in der Hauptsache abhing, ob wir den Krieg gewinnen würden. Während des Krieges im Stabe? Nein. Nur Anregungen wollte ich dahin geben und stellte mir vor, daß die da oben meine Berichte sorgfältig lesen und säuberlich ausführen würden; da seien genug Leute in den Ressorts, Abteilungen und Referaten, und diese könnten die Gedanken eines erfahrenen Frontoffiziers in mühseliger Kleinarbeit verwirklichen, und ich hätte eines Tages in meinem Flugzeug ein Gerät, wie ich es mir erträumt hatte, oder die Führung wäre aufgrund meiner weisen Ratschläge so einsichtig, daß alles in bester Harmonie zu einem glücklichen Ende verliefe. Dabei hatte ich allerdings noch nicht die Rechnung mit dem Wirt gemacht, dem Chef des Stabes beim IX. Fliegerkorps, Oberst i.G. Czech, genannt der rote Kommissar, der mir erst einmal das kleine Einmaleins der Führung beibringen sollte.

Als das Betrüblichste empfand ich aber die Trennung von meiner Staffel. Es waren nicht die paar Jahre, die mich an diese Offiziere und Mannschaften banden. Es war die Fülle des Erlebten, der Erfolge, der Gefahren, die, Geschichte geworden, uns charakterlich, Vorgesetzte wie Untergebene, gleichermaßen geprägt hatte. Die Köpfe meiner Besatzungen in den Kanzeln zu sehen, mit ihnen Fläche an Fläche zu fliegen, Befehle auszustoßen, Meldungen, Fragen, Flüche zu vernehmen, da aufzumöbeln, wo es abbröckelte, zur Vorsicht oder zur Finte anzuweisen, wo einer zu stur, zu phantasielos oder zu tollkühn war, das war mein, das war unser Leben, unsere Wirklichkeit. Diese vom Schreibtisch aus zu verfolgen oder nachzulesen, hätte mir Gewissenspein bereitet.

Die Einsätze waren nur mit Härte zu bewältigen. Widerspruch gab es auch. Waren Argumente ersichtlich, habe ich mich mit ihnen auseinandergesetzt. Das, was schließlich als Einsatzplan festgelegt war, wenn wir Gas reinschoben, war keineswegs nur auf meinem Mist gewachsen. So manches von dem Meinen ist unterblieben, und das, was geschah, war gemeinschaftliche Tat, soweit im Rahmen gegebener höherer Befehle gestaltet werden konnte. Ein Mitziehen war unser Staffelfronterlebnis, nicht ein Mitzerren. Dieses war die Ausnahme. Überzeugen konnte mich und nach meiner Meinung auch den Müdesten nur die Gewinn- und Verlustrechnung, das, was im großen Schuldbuch des Krieges unten herauskommt, wie Clausewitz es genannt hat. Dieses Verfahren, über die Monate hin angewandt, galt mir als beste Vorsorge und Fürsorge, für uns, für die Staffel, für das Ganze.

Da war auch das gemeinsame Gedenken an die gefallenen Kameraden. Todesnähe umschlang uns und die Toten mit einem schmerzlichen, aber Entschlossenheit und Tapferkeit spendenden Band, in welchem jeder auch nach dem Ende seiner Tage aufgehoben sein wollte. Der alte Duphorn, Beobachter des Ersten Weltkrieges, Freiwilliger in diesem Kriege, Bürgermeister von Pößneck in Thüringen, unentwegt und unermüdlich, auch er war geblieben. In Nordhausen tippte er während seiner Übungen bei offenem Fenster seine Post an seine Verwaltung, während ich, einen Stock höher, über meinem Bericht brütete. Der immerfrohe Hauptmann Neumann, Kapitän der 8. Staffel, rauschte im Sturz aus 5000 Meter Höhe vor Tobruk, von der Flak getroffen, ins Hafenbecken, kurz vor der Bordwand des feindlichen Schiffes.

In fröhlicher und in gemütlicher Runde waren die toten Kameraden unter uns.

Nachdem schließlich der Kommodore versprochen hatte, meinen Esel mit Ehefrau auf dem Rücktransport in einer Ju 52 über die Alpen zu hieven, habe ich auch im Grunde meines Herzens gepaßt.

Als ich in meine Ju 88 hochstieg, hat mir die Hoffnung nachgeholfen, daß ich bald wieder zurück wäre.

So sahen mich die anderen, wie es mein Kommandeur nach meinem Abflug mit Bezug auf meine Einsätze im Mittelmeer und unter Beifügung des Fotos vom Piräus schriftlich niedergelegt hat:

>»Hauptmann Herrmann ist im Einsatz rücksichtslos gegen sich selbst. Er legt dabei keinen Wert auf persönliche Beliebtheit, sondern handelt lediglich ohne Kompromisse nach sehr harten, soldatischen und sehr klugen taktischen Grundsätzen . . .«*

Mit diesem Spruch wollte Major Crüger mir das ›Bild des Reichsmarschalls im Silberrahmen‹ erstreiten. Dazu hat es aber nicht gereicht. Dem Pour le mérite-Jagdflieger des Ersten Weltkrieges machten Abschüsse größeren Eindruck.

8. KAPITEL

Im Stabe des Generalkommandos
Mai – Juni 1941

Luftseeminen gegen die englische Versorgung. Bombenstörangriffe. Krieg gegen die Sowjetunion. Aus dem Westen gehen die fliegenden Verbände an die Ostfront. Große Kesselschlachten.

Irgendwo in Holland landete ich, um meine Ju 88 dem Korps »klar zur Grundüberholung« zu melden und meine Besatzung auf Urlaub zu entlassen. Das Korps verlegte um diese Zeit nach Brüssel, wenn ich mich recht erinnere, ins Hotel ›De l'Europe‹, wo ich als ›Hilfsbremser‹ und Bleistiftanspitzer mein neues Amt antrat. Es wird der Speisesaal gewesen sein, in dem die Lagekarten ausgebreitet waren oder an den Wänden hingen. An den Einsatzbefehlen hatte ich nicht mitzuarbeiten. Das besorgte der Ia zusammen mit dem Hauptmann Lauer, dem anderen Ia op. Wenn die Verbände nachts in der Luft waren, hatte ich den Gefechtsstand zu besetzen, das Wetter zu beobachten, sonst aber, bis zum Eingang der Einsatzmeldungen der Verbände, nichts zu besorgen.

Tagsüber wurde ich vom Chef des Stabes zur Bearbeitung bestimmter Einzelfragen gerufen, die ich in der Regel schriftlich zu beantworten hatte. Ein solches Exposé hatte ich eines Tages mit besonderer Sorgfalt angefertigt und das mir wichtig Erscheinende mit Farbstift unterstrichen. Kaum hatte ich das Papier dem Ia auf den Tisch gelegt, als er entsetzt aufschrie, ob ich wahnsinnig geworden sei. Ich erfuhr bei dieser Gelegenheit, daß der grüne Stift nur dem Kommandierenden General und der rote dem Chef des Stabes vorbehalten sei. Ob nicht dieses Mal eine Ausnahme gemacht werden könne? Nein, unter keinen Umständen!

So beginne ich, mir in der höheren Welt des Stabes eine neue

Rangfolge von Wichtigkeiten zu entwickeln: Dieser Bleistift – jener Bleistift, hm hm. Draußen ging es immer darum, daß man sich möglichst nicht den Hals bricht.

Vom 21. auf den 22. Juni 1941 hatte ich Nachtdienst. Der Nachrichtenmann vom Dienst legte mir ein Fernschreiben vor. Ich las: Ab 3.00 Uhr Krieg gegen Rußland. Auch das noch.

Ich drehte die Kurbel, um zunächst den Chef des Stabes zu wecken. Mir wurde erlaubt, auch den Kommandierenden zu verständigen.

Die Herren schienen nicht überrascht. Kommandierender und sein Chef des Stabes waren beide aus der Marine hervorgegangen und hatten sich im IX. Fliegerkorps vornehmlich mit der Seekriegführung gegen England und mit dem Landeunternehmen ›Seelöwe‹ im Herbst 1940 befaßt, die geschichtliche Parallele zu Napoleon gelegentlich zitiert. Nachdem die Würfel gefallen waren, sprachen sie sich deutlicher aus. Sie glaubten, die Engländer zu kennen. Kritisches über die Unternehmung ›Barbarossa‹ ist mir nicht zu Ohren gekommen, eher die Hoffnung, daß es klappen möge. Ich hoffte ebenfalls, ohne mir eine eigene Meinung bilden zu können. Wenn Napoleon 1812 nach Moskau marschierte, um nach der verlorenen Seeschlacht von Trafalgar England den Festlanddegen zu entwinden, so schien mir unser Rußlandfeldzug zwar gewagt, aber folgerichtig.

In ideologischer Hinsicht war ich völlig unbelastet. An den bolschewistischen Weltfeind habe ich nicht geglaubt, noch weniger an russische Unterwertigkeit. Mein Geschichtsbild war mehr von der Heiligen Allianz in Kampf gegen Napoleon und später gegen die revolutionären Bewegungen bestimmt, von einem Rußland, in Europa einbezogen, auch nach der Oktoberrevolution nicht ausgeschlossen. Was sich in den zwanziger Jahren in Rußland tat, wußten auch unsere Lehrer nicht recht.

Etwa Anfang Juli 1942 verlegte der Stab von Brüssel nach Frankreich, in die Mitte der wenigen im Westen zurückgebliebenen Verbände. Bezogen wurde das Schloß Le Francport bei Compiègne, am Lauf der Oise. Mein kleines Brüsseler Hotelzimmer war vergessen, ich ruhte nun in einem feudalen breiten Bett mit Baldachin wie Louis XIV. mit Blick auf einen herrlichen Park. Da meine alte Gruppe nicht weit von hier bei Melun südlich Paris eingefallen war, konnte ich auch meinen guten Toto begrüßen, der sich im Stabe bald allgemeiner Beliebtheit erfreute. Hier und da schaute das Schlitzohr in die großen, bis zur Erde reichenden Fenster, und wo eine Tür offenstand, betrat er würdig den roten Teppich. Manchmal, an Sonntagen, ging ich in aller Herrgottsfrühe hinunter an die Oise, um den geduldigen Anglern, die sich in angemessenen Abständen im Grase postiert hatten, zuzusehen. Wenn nach fünf Minuten der Schwimmer immer noch nicht gezupft worden war, fing der Franzose umständlich an zu erklären: Ich solle eine Stunde später wiederkommen oder ich hätte gestern da sein sollen, oder, wenn er ein Stück weiter rauf, wo jetzt der andere Kerl stünde, angeln würde, dann sollte ich mal sehen, wie er das machte. Fast alle waren gesprächig und wie alle Angler ausredenfündig. Ich bot Zigaretten an. Es war einsam am Fluß. Eine Waffe hatte ich nicht bei mir.

Einige Male wurde ich nach Paris zur Luftflotte ins Palais Luxembourg befohlen, bei welcher Gelegenheit ich auch an den Wohnungen meiner Bekannten aus der Friedenszeit vorbeifuhr. Augenscheinlich hatte sich dort nichts verändert. Doch sprach ich nicht vor. Den Angehörigen der Besatzungsmacht begrüßen zu müssen, hätte ihnen nur peinlich sein können.

Allmählich begriff ich etwas mehr von der Arbeit des Stabes. Oberst i.G. Czech erwies sich als überaus harter aber kameradschaftlicher Lehrer. Manchmal bat er mich zu abendlicher Runde, wobei er auf dem Stuhl Platz nahm, auf welchem 1918 Matthias Erzberger während der Waffenstillstandsverhandlungen gesessen haben soll. Gesprächsweise habe ich eine Menge dazugelernt, über Organisation, das Nachrichtenwesen, den Nachschub oder die strategische Führung, Fragen, um die sich ein Frontoffizier nicht sorgt. Leitmotiv bei allen Gesprächen und Besprechungen waren immer Schiffe, Schiffe, Schiffe. Diese mußten versenkt werden, alles andere, was in England zerbombt wurde, zählte nicht.

Einmal hatte ich den Kommandierenden zum Flugplatz Buc zu begleiten, wo sich der Reichsmarschall einige Neuerungen vorführen lassen wollte. Ich schleppte in einer Aktentasche alle möglichen Geheimsachen mit und hatte sie dem Kommandierenden zuzureichen, wenn er vom Oberbefehlshaber befragt wurde. Unauffällig trat ein General aus der hohen Begleitung auf mich zu und sagte freundlich, ich sei doch der Hajo Herrmann. Er habe mich doch für die 1. Abteilung angefordert und jetzt sähe er mich hier! Kommodore Bloedorn war sofort zur Stelle, redete einen Schwall von Worten, bis die zur Vorführung anlassenden Flugzeuge den rettenden Wind dazwischen bliesen. Der Personalamtschef, General Kastner, sei das, wurde ich aufgeklärt.

Eines warmen sonnigen Nachmittags im August trank ich vor dem Schloß, im Schatten eines mächtigen Baumes, meinen Kaffee, las einen flotten französischen Schundroman aus dem vorigen Jahrhundert, das Zweckmäßige, die Dolmetscherei, mit dem Angenehmen, kitzliger Entspannung verbindend, während Toto unweit graste. Da näherte sich mit ungewöhnlich forschen Schritten der Major der Reserve X, als Sachbearbeiter bei der Abteilung II – Personal – eingesetzt, mit einem Papier in der Hand, flatterte damit und forderte mich auf, einen auszugeben. Donnerschlag: Ich war zum Kommandeur meiner alten Nordhäuser Gruppe ernannt worden. Major Crüger sollte ein Schnellkampfgeschwader im Osten übernehmen. Ich sprang auf, daß die Tasse klirrte, und stellte im gleichen Augenblick und abschließend fest, daß ich hier im Stabe überhaupt nichts mehr lernen könnte.

9. KAPITEL

Kommandeur
Juli 1941—Juli 1942

Deutsche Truppen stehen tief in Rußland. Für einen Krieg gegen die Sowjetunion ist Japan nicht zu gewinnen. Die USA liefern der Sowjetunion Kriegsmaterial über Island-Murmansk und über Persien. Im September 1941 gibt Roosevelt seiner Flotte und Luftwaffe den Befehl, auf deutsche Kriegsschiffe zu schießen, obwohl sich die USA noch nicht im Kriegszustand mit Deutschland befinden. Nachdem Japan am 7. Dezember 1941 gegen die USA in den Krieg eingetreten ist, erklärt auch Deutschland den USA den Krieg.

Der Flugplatz lag in der Nähe von Melun, das ich von Sextanerzeit her durch das Verslein kannte:

A Paris, à Paris/sur mon petit cheval gris,
A Melun, à Melun/sur mon petit cheval brun.

Nun kam ich in Umkehrung der Verse nicht auf einem Pferdchen, sondern ersatzweise auf einem grauen Esel nach Melun geritten. Würde das ein Wiedersehen mit den Kameraden geben!

Selten habe ich so schnell gepackt. Von hinnen!

Major Crüger freute sich über meine Ernennung mindestens ebenso wie über seine, die er hoch verdient hatte. Wir beglückwünschten uns beide.

Nachdem Feldmarschall Sperrle in Anwesenheit des Kommodore am 2. September, dem Sedanstage, die Übergabe des Kommandos an mich feierlich vollzogen hatte, begann der Ernst des Lebens. Dieser trat auf mich zu in den Gestalten meiner Kapitäne Paepcke, Metzenthin und Schlockermann, alle drei an Lebens- und Dienstjahren älter als ich, von denen wohl jeder hatte annehmen dürfen, die Gruppe zu

204

übernehmen. Wie soll man solche unheilschwangere Kräfteverteilung meistern?

Der militärische Befehl, geschärft durch Strafe, schmackhaft gemacht durch Auszeichnungen, ist der primitivste Führungsbehelf. Für die Erziehung gilt das gleiche. Führung ist: Alles aus sich herausholen, nicht mit dem Seitenblick auf andere, zum Zwecke der Wirkung, des Beispielgebens. Führung ist im Grunde eine stille, asketische und ehrliche Haltung, die man sich selbst schuldig ist; Führung ist Freude an der Überwindung innerer und äußerer Widerstände, Freude an der Leistung, nicht einmal so sehr an militärischem, häufig beklagenswertem Erfolg. Dieser Führungsstil bewirkt in anderen Leistung aus Ethos, ohne Zwang und Lohn.

So nahm mein schlichtes Frontoffizierdasein ein Ende, indem ich es in das Ermessen meiner Staffelkapitäne stellte, jeden Einsatz mitzufliegen oder nicht. Ich habe niemals Ermessensmißbrauch feststellen müssen. Ferner übertrug ich den Staffelkapitänen nacheinander, mich abwechselnd, die Einsatzplanung und -besprechung, wobei ich lediglich in meiner Eigenschaft als Führer des Stabsschwarmes auftrat und Befehle entgegennahm.

Das verschaffte allen Befriedigung und das Gefühl, jederzeit einspringen zu können.

Ausgeführt wurden Mineneinsätze in die üblen engen Hafenschläuche am Tyne, Humber, in die Themse, in Bristol, Cardiff und in den Mersey zwischen Liverpool und Birkenhead. Bombenangriffe auf die entsprechenden Hafenanlagen waren weniger schwer.

Aber wir verlernten das Lachen nicht. Einmal, es war an einem warmen sonnigen Tage Ende September/Anfang Oktober, hatte der Kommandierende eine Besprechung aller Frontkommandeure ins Schloß Le Francport angesetzt, zu welcher ich mich verspätete. Da ich die Verhältnisse kannte, wollte ich mich unauffällig durch eine der großen Fenstertüren einschleichen und Platz nehmen. Ich stand bereits hinter der schweren Portiere, als ich den Chef des Stabes, nunmehr Oberst i.G. Herhudt von Rohden, im raschen Fluß seines Vortrages meinen Namen aussprechen hörte. Der Oberst war ein überaus strenger, gefürchteter Vorgesetzter, vor einem Jahr noch im Kampfgeschwader ›General Wever‹ Nr. 4 mein Kommodore, der sich darauf verstand, en passant, kurz und knapp, ohne die Stimme anzuheben, spitze Rügen auszuteilen. Von dem Magendrücken, das mich in seiner Gegenwart befiel, hatte ich mich schließlich zu befreien versucht, indem ich ihm in einer taktischen Frage widersprochen hatte. So hätte ichs gelesen, hatte ich verwegen geäußert. Ja, und wo? Schwarz auf weiß, in der rotbroschierten ›Militärwissenschaftliche Rundschau‹, und über dem Artikel habe gestanden »Herhudt von Rohden«, ohne Dienstgrad. Oh Wunder! Der Autorenstolz ging ihm über seine Vorgesetztenwürde. Seit diesem Vorfall mußte mich der Oberst für volljährig gehalten haben.

Nun spitzte ich in meinem Versteck, meiner Säumnis bewußt und einer Rüge in absentia harrend, die Ohren – aber welcher Schmaus! In den Himmel wurde ich gelobt, aus den sonderbarsten Gründen, daß ich mir vorkam wie Mark Twains Strolche, Tom Sawyer und Huckleberry Finn, die unerwartet aus Verschollenheit zu ihrer eigenen Totenmesse zurückkehrten und den Pastor mit Wonneschauern von ihrer Vorzüglichkeit tönen hörten. Nun war ich immerhin zu schlau, um nicht zu bemerken, daß der Oberst eher den Anwesenden einheizen als Elogen an meine Adresse drechseln wollte. Ich zog mich zurück, trat hochoffiziell durch das Portal ins Château, von einem Mann der Wache begleitet, und wurde in den Saal eingelassen, wo ich sogleich den Dämpfer empfing: Unpünktlichkeit – aller Laster Anfang. Mangel an Grundbegriffen. Ich versuchte, ernst zu bleiben, aber einer meiner Kommandeurskameraden lachte laut auf, die anderen hinterdrein mitsamt dem Kommandierenden und dem Chef des Stabes.

Konnte ich als Staffelkapitän in dem von oben entfesselten Papierkrieg meistens oder ausreichend Deckung nehmen, so mußte ich als Kommandeur erkennen, daß ich in der leichtgewichtigen Materialschlacht in vorderster Front stand. Ein wenig dämmerte mir die Erkenntnis, daß mein armer erster Kommandeur, Major Maaß, beim Aufbau der Gruppe in Friedenszeit, um Ordnung zu halten, kaum noch Zeit haben konnte, seinen Leutnants zu fliegerischen Hochgefühlen zu verhelfen. Bei dem vielen Papier, welches Adjutant Sommer und Ia Hanke mir vorlegten, stieg in mir der Verdacht hoch, daß die Verkehrsregelung Rot-Grün auf den Schreibtischen des Generalkommandos gar nicht so verkehrt war. Also begann ich, den Geschäftsgang zu bürokratisieren, in der besten Absicht, ihn zu beschleunigen. Wenn ich zu Hanke sagte: »Du machst das jetzt so und so«, erwiderte er: »Jawohl, Herr Hauptmann. Haben Herr Hauptmann weitere Befehle?« »Dann machst du das und das!« »Jawohl, Herr Hauptmann. Haben Herr Hauptmann weitere Befehle? – – Mensch, da oben haben sie aus dir einen Tintenpisser gemacht.«

Nicht geringe Schwierigkeiten erwuchsen aus unserem unregelmäßigen nächtlichen Lebenswandel: Wie sollte da ein Zapfenstreich festgelegt und überwacht werden? So waren unseren Fliegern alle Schleichwege zu den Dorfschönen geebnet, und vor Blicken der Wachhabenden waren sie geschützt. Daß hier und da die Leidenschaft auch ihr Opfer forderte, da bestimmte Sicherheitsvorschriften nicht eingehalten wurden, zwang zu doppelter Sonderbehandlung durch den Disziplinarvorgesetzten und durch unseren Dr. Coburg. Dadurch konnte sich der doppelt Leidgeprüfte aber nicht vom Einsatz befreien. Ja, er wollte es nicht einmal, denn die Unterbrechung verschaffte ihm Erlösung aus Stumpfsinn und Einsamkeit und Teilnahme an der allgemeinen Verpflegung, die zu dieser Zeit um schmackhafte Rebhühner oder Fasane bereichert wurde.

Mehr aufdringlich als eindringlich erwies sich einer meiner Flieger, der, durch Zärtlichkeit ermuntert, seinem Mädchen in das elterliche Haus trotz Protestes nachfolgte und, leicht angeheitert, im Familienkreise unter der Lampe in der Küche Platz nahm. Den Vater überzeugte, sehr zu Unrecht, die Gegenwehr seiner Tochter, und er benachrichtigte die deutsche Feldgendarmerie, die den Delinquenten ab- und mir zuführte. Ein kriegsgerichtliches Verfahren führte zu einer milden Bestrafung, die die Ehre der Tochter und der Familie wieder herstellte und den Bruch des Hausfriedens angemessen sühnte.

Inzwischen war die englische Nachtjagd erheblich stärker geworden. Zielsicher wurden die Jäger vom Boden auf unsere Flugzeuge gelenkt. Die Gefechtsberührungen mehrten sich. Da erinnerte ich mich einer auswertenden Denkschrift, die ich im Generalkommando gelesen hatte. In ihr war der gesamte britische Funksprechverkehr Boden-Bord über die Zeit von mehreren Monaten dargestellt. Einsammler dieser Sprüche war der ›Meldekopf Birk‹ bei Cherbourg an der Kanalküste. Ich beauftragte unseren Nachrichtenoffizier, Oberleutnant Holler, dieser Stelle einen Besuch abzustatten und zu prüfen, ob nicht eine Kurzschaltung zu uns möglich sei, damit wir die dortigen Erkenntnisse sofort verwerten und unsere Flugzeuge warnen könnten. Holler blieb eine paar Tage dort und kehrte mit einem mit dem Leiter der Stelle, Hauptmann Birk, abgesprochenen ausgefeilten, etwas knifflig scheinenden Plan zurück. Ich war begeistert. Aber zunächst mußte die Sache ausprobiert werden. Das geschah bei einem der nächsten Einsätze. Einige unserer Flugzeuge flogen an verschiedenen Stellen über die englische Kanalküste ein. Schon wurden die Nachtjäger in Position gelenkt, erhielten Kurs- und Höhenanweisung, und so pirschten sie sich an unsere Flugzeuge heran. Da kam schon das Kommando ›Flash your weapon‹, auf deutsch ›Entsichern‹. Erst in diesem Augenblick, nachdem unsere Bodenstelle den Jäger säuberlichst verfolgt und geortet hatte, funkte sie: ›JJ – 48 – M‹, so daß derjenige, der in 4800 Meter Höhe flog und gerade das Planquadrat M durchquerte, in einem engen Haken den Nachtjäger abschütteln konnte. Die Buchstaben waren in unsere Karten eingedruckt, die ›feet‹ wurden uns im Handumdrehen von der Bodenstelle als Meter angedient. Die unterwegs erlebte Sicherheit genossen wir im Nachklapp tags darauf, als wir die aufgezeichneten Flüche des englischen Boden-Bord-Boden-Sprechverkehrs nachlesen konnten.

Während Holler sich noch mit der Erklärung des Verfahrens und der Belehrung der skeptischen Funker und Besatzungen befaßte, lief der fernschriftliche Befehl ein, die Hafenanlagen von Liverpool anzugreifen. Es war Vollmond und fast klarer Himmel. Ausdrücklich war von der Luftflotte befohlen worden, um Kap Lizard, Scilly Islands, herum und über die Irische See tief anzufliegen, erst vor dem Ziel hochzuziehen.

Ich erklärte dem Kommodore sofort, daß ich diesen Flugweg über die helle Fläche bei dem im Rücken stehenden Mond nicht fliegen würde. Die Engländer brauchten über See nur Sperre zu fliegen, um die sich nähernden und dunkel abhebenden Bomber in Empfang zu nehmen. Ich würde vorziehen, über dunkles Land zu fliegen, die Scheinwerfer auszukurven und im übrigen auf unser neues Warnsystem zu vertrauen. Mein durch den Kommodore der Luftflotte unterbreiteter Gegenvorschlag wurde abgeschmettert. Aber ich war erleichtert, daß der Kommodore meine Verweigerung deckte.

So starteten wir, das schlecht verdunkelte Paris unter und hinter uns lassend, mächtig Höhe holend, in Richtung Kanal und überflogen die englische Südküste auf einer Breite von etwa 100 Kilometer, während eine andere, mit He 111 ausgerüstete Gruppe den mühseligen Umweg um Land's End in die Irische See nahm.

Wir erhielten etwa ein Dutzend Warnungen, konnten jeder Gefechtsberührung ausweichen und blieben immer mucksmäuschenstill, um unser JJ plus Höhe und Quadrat mitzubekommen. Aber nichts Auffälliges, Katastrophales, kein Feuerball und Abschuß wurde vom Funker und Heckschützen hinter uns gemeldet. Doch in Höhe der Insel Anglesey, querab über See, spielte sich ein Drama ab. Brände flammten auf in niedriger Höhe, um alsbald zu verlöschen. Sieben oder acht Abschüsse beobachteten wir in kurzer Zeit.

Den Rückflug hatten wir zur Abwechslung tief gewählt, nicht über See, sondern über die Berge von Wales mit den zahlreichen im Mondschein glitzernden Seen und Bächen, um dann, unterhalb der Berghöhen, den Trichter des Bristol-Kanals zu überqueren und über Cornwall hinwegzuwetzen, alles in Höhen von 100 bis 200 Meter, bei feinster Höhenmessereinstellung und Kleinstnavigation. So schnell, wie wir flogen, konnten die Scheinwerfer nicht mitdrehen.

Am Kanal lauschten wir wieder auf JJ-Warnungen. Wir flogen aber nicht in den Mond hinein, sondern nach Südosten, schräg zum hellen Streifen.

Wir hatten eine einzige ernsthafte Gefechtsberührung. Der Heckschütze einer Maschine war durch Kopfschuß des Nachtjägers getötet, die Maschine stark beschädigt, konnte aber am Strande von Caën notgelandet werden, wobei die übrige Besatzung unversehrt blieb.

Gelegentlich kam auch der Herr Baron zu Besuch, um sich vom Zustand seiner Latifundien und der beiden Herrenhäuser zu überzeugen, in denen ein Teil des Personals untergebracht war. Er war ganz zufrieden mit uns, bat sich nur aus, daß die Esel uns abends nicht ins Haus nachliefen und sich am Kaminfeuer wärmten. Sonst waren wir ihm behilflich, insbesondere mit Treibern bei der Jagd, die einmal eine Strecke von 238 Hasen einbrachte.

Da man mir von seiten der Führung vielfach die Einsatzart, Tag oder Nacht, und auch die Stunde freigegeben hatte, so ergab sich bei früher nächtlicher Rückkehr gelegentlich die verlockende Möglichkeit, über die von Napoleon dankenswerterweise schnurgerade angelegte Strecke Fontainebleau – Paris den Montmartre anzusteuern, genauer gesagt, das Vergnügungslokal ›Chantilly‹, in dem uns eine Schar entzückender junger Französinnen erwartete. Wir wußten nicht, ob sie uns oder die mitgebrachten Stullen und Hasenkeulen mehr liebten. Aber einmal weinte die kleine Madeleine, als wir auf die Frage: »Où est Erneste?«, nicht antworten wollten.

An schönen Tagen fuhren wir, staffelweise abwechselnd, mit Lkw nach Paris, wo ich mich aufgrund meiner Vorkenntnisse stolz als Fremdenführer betätigen konnte. Es war eine große Freude und Bereicherung für alle.

Dementsprechend waren wir enttäuscht, als wir das schöne Frankreich verlassen und in das flache Holland verlegen mußten. Den Platz Gilze-Rijen teilte ich mit meinem alten Mitstreiter Karl Hülshoff, der eine Fernnachtjagdgruppe befehligte und von hier aus die Flugplätze der englischen Bomber angriff, während meine Gruppe nicht minder schwierige Bomben- und Mineneinsätze zu fliegen hatte. Wehmütig erinnerten wir uns unserer fröhlichen, himmelstürmenden Fliegerjugendzeit in Kitzingen am Main. Jetzt hieß es nur noch, Zähne zusammenbeißen.

Nach einem der Einsätze empfing mich eine Abordnung der Firma Junkers, um mir feierlich zum 200. Feindflug das Modell einer silbrigen schlanken Ju 88 mit Widmung zu überreichen.

Gerade waren wir an einem der Weihnachtsfeiertage von einem Luftmineneinsatz zurückgekehrt, der mit Rücksicht auf die Stimmung bei Freund und Feind nicht über festes Land ausgeführt werden durfte, und gerade hatten wir uns zum Weihnachtsessen niedergelassen, als der Chef des Stabes des IX. Korps, Oberst i.G. Herhudt von Rohden, mich ans Telefon rufen ließ. Der Befehl lautete, sofort quer über die Nordsee nach Stavanger in Norwegen zu fliegen, dort Bomben aufzunehmen und gegen einen britischen Flottenverband aufzukreuzen, der zur Stunde deutsche Stützpunkte an der Küste unter schweres Artilleriefeuer nahm. Das Essen, unberührt, erkaltete auf dem Tisch, ich nahm Abschied von Hund und Esel, und ab rauschten wir binnen einer knappen Stunde in die Nacht hinaus. Wir landeten alle heil auf dem Platz Stavanger, der selbst unter Feuer gelegen hatte, um uns in den Morgenstunden auf die Schiffsjagd vorzubereiten. Auf unsere erfolgreiche Landemeldung hin kam ein Fernschreiben angeflattert, das der Gruppe ein Lob für schnelles Handeln aussprach. Solche Sprüche waren billig geworden. Manch einer begann zu fragen, wie lange es noch dauern sollte.

Wieder sind wir in Norwegen, und wieder haben wir es mit den Engländern zu tun, wir Festländler mit den Seefahrern. Wie kommen wir überhaupt zusammen und gegeneinander? Daß vier Fünftel der Erdoberfläche wogende Meere sind, die überall hin- und hineinreichen, scheint keine ausreichende Erklärung. Es ist wohl so, daß Britannia, die Wellenbeherrscherin, auch das restliche Fünftel zu beaufsichtigen sich gewöhnt oder angemaßt hat, Platzanweiserin denen, die sich sonstwo in dem Rest der Welt tummeln, auf daß sie Zünglein bleibe an der großen Waage. Eine verdammt gut einstudierte antike Tradition scheint dies zu sein, die sich in stolzen kämpferischen und Heldennamen von den Bordwänden ihrer Kriegsschiffe kundtut. Wenn die anderen tosend aufeinanderschlagen, braucht

John Bull nur ein klein wenig zu tun, gerade so viel, daß das Zünglein oben bleibt, im höchsten Punkt.

So philosophieren wir am Silvesterabend 1941/1942 in Oerlandet, einer flachen, felsigen Halbinsel vor dem Drontheimfjord, wo wir jeden Augenblick von britischen Kriegsschiffen zusammengeschossen werden können, wie es unsere Leute in Stavanger zu Weihnachten erlebt hatten. Wir hoffen aber, das Seegebiet tagsüber durch Fächerfliegen hinreichend aufgeklärt zu haben. Kalt und stürmisch war es draußen, hier drinnen aber erwärmt mich beseligend die Herdplatte von unten: Auf dieser sitze ich neben meinen Kameraden in einer großen fliesengedeckten bäuerlichen Küche, in deren Mitte der lange und breite Herd mit zahlreichen Feuerstellen steht.

Das Stichwort ›Zahnbürste genügt‹ war längst durch die Ereignisse und den Zeitablauf widerlegt, ebenso durch neue Weisung: Weit nach Norden sollten wir, über den Polarkreis hinauf, knapp südlich des Nordkaps, auf den Flugplatz Bardufoss, der 1940 von den Engländern gegen unsere Narvik-Expedition benutzt worden war. Nun denn, auf in noch kältere Zonen. Uns bleibt nichts erspart. Um das Bauernhaus heult der Sturm. Das Wetter ist immerfort grausig. Entweder klirrt bei Ostwind der Frost, oder die westlichen Winde drücken mächtige Schneeschauer mit nassen großen Flocken gegen die 1000 Kilometer lange felsige Küste. Wolken und Wellen berühren sich und toben und branden gemeinsam gegen die Schären und das Gebirge, daß jeder Hund sich jaulend hinter dem Ofen verkriechen würde. Aber der Mensch, das unbekannte Wesen, läßt sich herauslocken durch höheren Befehl: Wir stechen in den nächsten Tagen kettenweise tieffliegend in See, westwärts, wo die verheißene aufgerissene Bewölkung zum Himmel hinaufschauen läßt, in den wir uns aufschwingen können, um bei besserer Sicht nordwärts fliegen zu können.

So tun wir es. Bei tiefstehender Mittagssonne fliegen wir auf das Nordkap zu, die sich aneinander und an der Küste hochdrängelnden Schauerwolken, die verräterisch hellstrahlenden, aber das Unheil verbergenden zu unserer Rechten lassend.

Dämmrig war es am Vormittag, als wir starteten, dämmrig wird es sein zur Landezeit. Schon sehe ich die Sonne im Süden auf den Horizont sinken. Nun ist ihre schmale rötliche Kappe verschwunden. Polarnacht herrscht von hier ab nordwärts, zur Mittagszeit, jetzt, nur schüchterne Dämmerung.

Ich halte, die Quellungen übersteigend, nach Nordosten. Die

Bodenstelle funkt: Küste meist geschlossen, Platz aufgerissen, wechselnde Bewölkung. Ich stelle den Höhenmesser ein.

Unter uns ein Stück verschneiter, bewaldeter, gebirgiger Landschaft. Hier erhebt sich ein scharfer Grat, dort eine schroffe Spitze. Sichtiger wird es. Von unten steigen grüne Leuchtkugeln hoch. Rasch hinunter, damit der Letzte noch die Dämmerung hat.

Die Startbahn ist ein Hohlweg. Links und rechts ist der Schnee drei Meter hochgeräumt. Die Rollwege sind ebenfalls verkehrssicher. Der Horstkommandant scheint auf Draht zu sein.

Aber jetzt raus aus der Mühle, umhergeblickt: Die Berge hochalpin, aber nur etwa 1400 Meter hoch, verschaffen aus der Talmulde, in welcher der Platz liegt, ein heimeliges Bild, das mich an Garmisch-Partenkirchen erinnert.

Ein Flugzeug nach dem anderen fliegt über den höher gelegenen Stausee an, rutscht am Hang herunter und landet wohlbehalten. Überall wird gerollt, überall brummt es.

Hier oben befinden wir uns im Mittelpunkt eines Halbkreises, den feindliche Geleitzüge unter Schutz von Kriegsschiffen beschreiben – von Island aus über die weiße Vulkaninsel Jan Mayen – Südspitze, Spitzbergen, Murmansk und Archangelsk, um dortselbst Panzer und sonstiges Kriegsgerät auszuladen, mit welchem sie die Sowjets gegen uns und für sich selbst kämpfen lassen wollen. An der Grenze des Treibeises, manchmal ein wenig hindurch fahren die Geleite, möglichst weit ab von der Küste. Leicht fiel ihnen dieses im Dezember, der mit Hilfe des noch immer wirksamen Golfstroms die Eisgrenze weit nach Norden zurückdrängt, bis zur Südspitze Spitzbergens, während der April die feindlichen Seefahrer in Verlegenheit bringen wird: Da schiebt sich die Eisdecke siegreich nach Süden vor, uns entgegen.

Welche Welt ist dies dem Mitteleuropäer, wenn er im Polarmeer um die Mittagszeit bei schwacher Dämmerung die Sterne leuchten sieht, wenn im Dunkel das Nordlicht aus der Tiefe des Horizonts hervor- und emporschießt oder seine farbigen Bänder über den Zenit wogen. Hier mußte in grauer Vorzeit dem kindlichen Gemüt, von des Gedankens Blässe nicht angekränkelt und vom Wissen nicht geleitet, die Welt als Wesen streitbarer Übermächtiger erscheinen. Aber seltsam ist es – wir Flieger, die wir vom Elektron und Magnetismus wissen, wie häufig blicken wir, aus unseren Baracken herausstürmend, zum Geleuchte hinauf wie auf ein Wunder.

Große Einsätze werden vorerst nicht geflogen. Ich habe auf Befehl

212

des Fliegerführers ›Lofoten‹, Oberst Roth, bald ›Lofotenheini‹ getauft, Flugzeuge einzeln und rottenweise zur Aufklärung hinauszuschicken. Unsere 7. Staffel, die wir vorerst von Oerlandet nach Drontheim geschickt haben, besorgt das Geschäft weiter südlich.

Der Chef der Luftflotte 5 mit Sitz in Oslo ist Generaloberst Stumpff, einer der Nachbarfliegerführer Oberst Bruch und der Befehlshaber der Flakartillerie General Feyerabend, so daß scharfe Zungen, Weinreich immer voran, wie von selbst die Parole schnalzen, die angemessen ist: »Alles ist hier Bruch und stumpf und ewig Feierabend – hier am A-d-W, Arsch der Welt«, an dem treu auszuharren ein fürsorglicher Horstkommandant mit der Verleihung einer Ehrenurkunde ermuntert.

Unsere Bodenorganisation rückte per Eisenbahn mit kurzem Sprung übers Wasser bei Hälsingborg auf dem Landwege nach, wobei die Schweden so freundlich waren, ihre Neutralität zu verletzen, indem sie den Zug, Waggons versiegelt, Soldaten ohne Waffen, durchfahren ließen. So waren wir bald eingerichtet, selbst Ingo-Berto hatte sich mit dem Schnee angefreundet, tollte wild um mich herum, wenn ich auf Skiern von der Baracke zum Gefechtsstand abfuhr. Die Esel hatten wir bei Hülshoffs Nachtjägern in Holland in Pflege gegeben.

In den dunkleren Wintermonaten waren kleinere Geleite fast ungeschoren unter dem Schutz der Dunkelheit und des Wetters durchgelaufen. Um die Tag- und Nachtgleiche herum waren es bereits ansehnliche Formationen, denen wir im Verein mit Torpedofliegern und U-Booten mehr und mehr zuzusetzen begannen, wobei unsere Großkampfschiffe in den nördlichen Fjorden als ›fleet-in-being‹ die Drohgebärde machten. Aber je größer das Geleit, desto stärker wurde auch sein Schutz durch Flotteneinheiten und, für uns besonders unangenehm, durch Flugzeugträger. ›Victorious‹ und Gefolge trieben, meist von den Geleiten abgesetzt, ihr Unwesen. Auch sie mußten bedient werden, wenngleich die Frachtschiffgeleite vordringlich bekämpft werden mußten.

Die eng formierten Geleitzüge, mehrere Reihen breit und nicht zu lang, von Korvetten und schnellen Schiffen umgeben und umkurvt, waren eisen- und feuersprühende Gebilde. Aber nur jeweils ein Bomber und ein Schiff liegen im dramatischen Zweikampf. Stürzender Bomber und fahrendes Schiff sehen sich als ruhende Punkte in ihren Visieren, mit dem Unterschied jedoch, daß auf dem Dampferdeck zahlreiche schwerkalibrige Waffen sich dem Bomber entgegenrichten, während dieser nur mit einem schwachen Maschinengewehr nach vorn bestückt war. Daher schien es mir geboten, das serienmäßig vorgesehene Maschinengewehr in der Kanzel durch zwei weitere starre zu verstärken, die ich als Flugzeugführer bedienen konnte. Während des Sturz- oder Gleitangriffs schoß ich zunächst mit einer Feuergeschwindigkeit von 1800 Schuß pro Minute und pro Rohr auf das Oberdeck und die meist wenig geschützten Flakbedienungen, um zum Schluß über dasselbe Visier die Bomben auszulösen. So wurden alle Flugzeuge ausgestattet, und eine jede Besatzung hatte, wenn wir im Staffel- oder Gruppenverbande auf das Geleit anflogen, ihren Dampfer aufs Korn zu nehmen und mit kurzem Dauerfeuer einzudecken. Wenn jeder Dampfer mit sich selbst beschäftigt war, konnte er anderen keinen Feuerschutz geben.

Aber auch gegen die Jäger mußte etwas getan werden. Da die rückwärtige Bewaffnung, MG 17 doppelläufig nach hinten oben und hinten unten, zu schwach war, beabsichtigte ich, eine Erfindung Udets anzubauen, die sogenannte Ente, einen am langen Drahtseil hinter dem Flugzeug hergezogenen, wild rotierenden blinkenden Körper, der den Jäger abschrecken oder ihn treffen sollte. Da dieses Patent nicht schnell genug zu verwirklichen war, verlegte ich mich auf ein billigeres und reichlich vorhandenes Mittel: Auf Klosettpapierrollen. Diese, aus dem Fenster abzurollen und losgelassen, schwebten, einen Drahtverhau vortäuschend, achterraus und konnten von einem nachjagenden Flugzeug nur als etwas Unheimliches und Ekelhaftes empfunden werden, da es als harmloses weiches Papier in der schnellen Annäherung nicht erkannt werden konnte. Wer es probiert hatte, hat nicht mehr gelacht.

Alles Erdenkliche mußte getan werden. Die Strecken über See waren weit und das Wasser sehr kalt, um Null Grad. Wer hineinfiel, erfror, selbst wenn er sich sofort ins Schlauchboot retten konnte. Nässe am Körper und ein über das Packeis anblasender steifer Wind von minus 10° bis minus 30° Celsius töteten binnen zwanzig Minuten, wie zu Hilfe geeilte U-Boote feststellen mußten.

Das Wichtigste war, die Treffgenauigkeit im Bombenwerfen zu steigern. Der hohe Einsatz sollte nie umsonst gewagt sein.

Also mußten Übungswürfe veranstaltet werden, und zwar in höchster Steigerung. Ich ordnete an, daß außer den planmäßigen Übungen bei jedem Werkstattflug, bei jedem Geschwindigkeitsmeß- oder Funkflug, bei kleinen Verlegungen oder sonstigen Versuchen Zementbomben mitzunehmen und zu werfen und daß die Ergebnisse mit der Kamera festzuhalten seien. Als Übungsziel war jede Klippe und jede kleine Eisscholle recht, bevor wir im nahen Fjord eine schwimmende Zielanlage aus leeren Benzinfässern auf Position gelegt hatten.

Über das viele Fluchen – ewig und ewig Zementbomben – hörte ich hinweg.

Die Geleitzüge wurden von der Führung in der Versammlung auf der Reede von Reykjavik, Island, sorgfältig durch Fernaufklärer und V-Männer beobachtet und bei Auslaufen ins Nordmeer mit PQ bezeichnet und numeriert. So hatten wir es im Frühjahr mit PQ 15 bis PQ 17 zu tun, die in Abständen von ein paar Wochen zu ihrer gefahrvollen Reise ausliefen.

Anfang März 1942 schien die Versammlung des Geleitzuges beendet, denn ein schneller Flottenverband, ein Flugzeugträger, begleitet von Kreuzern und Zerstörern, war auf dem Marsch nach Norden von unserer 7. Staffel, die von Drontheim gestartet war, gesichtet worden. Man rechnete, daß die Engländer mit diesem Verband unsere Großkampfschiffe in Schach halten und dem Geleit Deckung geben wollten.

Der Fliegerführer ›Lofoten‹ zeigt mir auf seinem Gefechtsstand, oberhalb des Platzes auf einer Anhöhe gelegen, die große Seekarte. Wo der Geleitzug läuft, ist noch unbekannt. Das Wetter ist wie üblich: Schneeschauer mit gelegentlichen Aufklarungen. Der feindliche Verband fährt den großen Halbkreis an der Grenze unserer Reichweite aus. Dreht er jetzt ab oder bahnt er sich seinen Weg knirschend durch das Treibeis, dann wären wir am Ende, müßten zähneknirschend kehrtmachen. Das alles ist nichts für einen Verbandsangriff mit vielen jungen Besatzungen. Aber der Admiral Polarküste und der Befehlshaber der Überwasserstreitkräfte wünschen dringend, daß dem feindlichen Verband die Zähne gezeigt werden. Würde er zur Umkehr gezwungen sein, könnten die eigenen Großkampfschiffe auslaufen und das Geleit der Frachtschiffe restlos vernichten. Die Marine fürchtet besonders die Torpedoflieger, die vom Träger aus starten würden. Man kennt das Schicksal der ›Bismarck‹.

Der Fliegerführer erklärt mir die letzte Meldung des Fühlunghalters: Standort, Kurs und Geschwindigkeit des Verbandes, das Wetter. Ich denke, wenn dieser Einzelgänger immer noch lebt, muß er sich bislang erfolgreich hinter den Wolken habe verstecken können. Ich schlage den Einsatz einer kleinen Einheit vor: Ein Flugzeug mit panzerbrechender Bombe, zwei Flugzeuge mit mittleren Sprengbomben, hauptsächlich zur Unterstützung der Aufklärung.

Ich starte um die Mittagszeit, vollgetankt mit einer panzerbrechenden Bombe von 1600 kg. Meine zwei Besatzungen des Stabes folgen mir dicht auf. In unserem Talkessel, in der Leewirkung des Vorgebirges, gewinnen wir Höhe und fliegen über den Wolken auf das Meer hinaus. Meine Begleiter gehen auf Abstand von 50 Kilometer nach links und nach rechts, um auf Parallelkurs mit mir westsüdwest zu steuern.

Unteroffizier Baumgartner, längst schon von Schmetz als sein Ersatzmann herangebildet, fliegt bei mir als Beobachter und Navigator. Er ist Volksschüler, hat seine Lehre abgebrochen und sich freiwillig gemeldet. Er versteht sein Handwerk, auch die astronomische Navigation, die man hier dringend braucht, wo sprunghafte Kompaßabweichungen und Funkstörungen das Fliegerleben schwermachen.

Ich bin weit draußen auf See, 500 Kilometer von der Küste entfernt. Der Fühlunghalter meldet, daß der Flottenverband abdreht auf Gegenkurs, Richtung Heimat. Baumgartner koppelt mit, rechnet, zeichnet. Es wäre zu schaffen, wenn wir auf einen Teil der Brennstoffreserve verzichten würden.

Jetzt müssen wir unter die Wolken. Wir müssen sehen. Abgesehen von gelegentlichen Blicken in die Tiefe und auf die schäumende See ist diese weit voraus durch die bis auf 4000 Meter aufquellenden Wolken verdeckt. Vor dem nächsten größeren Wolkenloch nehme ich das Gas zurück und stoße hinunter. Wir sind auf etwa 600 Meter. Hier und da hängen Schauer schwarz bis auf das Wasser hinunter, doch zwischen ihnen ist beste Sicht. Wir weichen den verhängnisvollen Ballungen von Wassertropfen und Schneeflocken, groß wie Handteller, aus. Im Zick-Zack geht es voran. Baumgartner zirkelt, zeichnet, mißt die Abtrift und rechnet.

Alarm: Der Fühlunghalter schweigt seit mehreren Minuten. Armes Schwein, haben sie dich geschnappt? Der Einsatz scheint halsbrecherisch zu werden. Ich bin froh, meinen Adjutanten und den dritten Mann auf Distanz zu wissen.

Alarm auch vor Jägern. Wer sollte den Fühlunghalter sonst zum Schweigen gebracht haben! Von den Schiffsgeschützen wird er Abstand gehalten haben. Ich schrecke vor dem Gedanken zurück, mich vor den Jägern in die Schauer zu flüchten. Das wäre Wahnsinn. Denn unsere Enteisungsanlage ist dem Nordmeerklima nicht gewachsen. In den Polarschauern sind wir in drei Minuten einige Zentner schwerer und zur Fluguntauglichkeit mißgestaltet. Außerdem wären die Propeller so unwuchtig, daß das ganze Gehäuse zittern würde. Und die See, wie ist sie so kalt. Und die schäumenden Brecher, wie würden sie das Schlauchboot mitsamt Besatzung um sämtliche Achsen wirbeln.

Das Leben ist hart wie Stahl und eiskalt, einsam hier am Ende der Welt.

Da, durch die Kulissen der Schauer hindurch sehe ich den Flugzeugträger. Wie eine flache Kommode steht er auf dem Horizont. Baumgartner freut sich über seine saubere Navigation. Ich drücke mich dicht an einen Schauer heran. Die ersten dicken Flocken segeln vorbei. Nun bricht die Sonne durch. Von der hellen Wolken- und Schneewand hebe ich mich ab wie ein Tintenklecks vom weißen Tischtuch. Paßt auf Leute, wir kriegen Besuch!

Ich ändere Kurs dahin, wo die Wolken Schatten werfen. Auch dort schleifen die schneeigen Schürzen durch die Schaumkronen.

Aber hoch müssen wir zum Angriff. Also Gas rein, immer Fühlung halten mit der Wolke. Vielleicht drücke ich mich doch für eine Minute hinein, wenn die ›Hurricane‹ herunterstößt? Sind die Kerle gestartet? Wieviele?

Ich schiele nach einer ausgefaserten Wolke, die nicht so naß, etwas heller scheint. Sie wäre mir als Versteck willkommen. Aber ich muß weiter voran. Ich muß auch höher hinauf. Wieder heller und gefährlicher wird es da. Wenn Jäger gestartet sind, dann sind sie sehr hoch und sehen mich über das weiße Wolkenmeer dahinsegeln.

Wir fliegen um die 3000 Meter ohne Sauerstoffmasken. Unsere Hälse drehen sich schneller als die der Spatzen, wenn sie über die Straße hüpfen. Wie soll das werden? Ich habe keine Vorstellung, wie zu Werke zu gehen ist. Die Kriegsschiffe sind wieder verdeckt.

Die Engländer werden mich längst bemerkt haben. Sie wissen, was der Fühlunghalter bedeutet. Ich soll ihnen die Zähne zeigen. Habe ich meinen Auftrag nicht schon erfüllt? Genügte das Bisherige nicht?

Das Beharrungsgesetz schiebt mich voran. In zwei bis drei Minuten müssen sich die Kurse von Schiff und Flugzeug kreuzen.

Die bergige Wolkenlandschaft, die ich knapp überhöhe, bricht plötzlich ein. Ich blicke hinab in einen kalten Zaubersee, der von steilen blauschwarzen Wolkenufern zur Linken, von schmerzendhellen, schneeüberschütteten zur Rechten umschlossen wird.

Plötzlich von rechts, aus Frau Holles Reich, schiebt sich schemenhaft ein Stahlkoloß nach dem anderen in die hell besonnte Wasserfläche. Da kommt auch er, das Riesentier von Flugzeugträger, und schon blitzt es aus den Kanonenrohren mir entgegen. Wenn es nur das wäre! Ich schreie: Aufpassen auf Jäger. Ich selbst sehe angestrengt abwechselnd in die Sonne und auf den Verband, mache Schlenker, fliege im Bogen dicht am Südufer der Wolken entlang. Wahnsinn, jetzt den Angriff zu fliegen. Die Armada zerlegt mich in der Luft, bevor ich zum Sturz angesetzt habe.

Ein stolzes Bild tief unten: Der Träger, dicht begleitet von Kreuzern und Zerstörern, sie alle laufen hohe Fahrt, stampfen, daß sich die See über das Vorschiff ergießt. Auch der Träger klatscht tief hinein, daß es um den Bug herum sprüht. Aber wo sind die Jäger? Hocken sie unten? Haben sie Wetter- und Rückkehrsorgen? Eine Rotte von Experten werden sie doch auf die Beine bringen!

Der Verband nähert sich dem Gegenrand. Da wird er verschwinden, sich verbergen. Ich fliege ihm voraus, erkunde das Wolkengelände. Nach ein paar Minuten wird es löcherig, lichter, lassen Quellungen hier und da einen schmalen Blick in die Tiefe zu. Dort will ich die Schiffe erwarten und kurve im Sparflug, dicht an Wolkenwänden und Wolkendecken.

Zwanzig Minuten hänge ich hier bereits herum. Ich lasse Krahn im Klartext funken: Standort des Verbandes, Kurs, Geschwindigkeit, Zahl der Schiffe, Uhrzeit. Die Augen kann er dabei umherwandern lassen, in die Sonne richten, braucht nicht die Verschlüsselungen aus der Tabelle herauszusuchen. Jede Sekunde bedeutet Leben oder das Ende.

Über Funksprech schicke ich meine beiden Besatzungen nach Hause. Ich glaube sie der Aufgabe nicht gewachsen. Ich kreise weiter in Lauerstellung. Aus jenem Gewölk müssen sie herauskommen, eigentlich jetzt. Haben sie eine Kursänderung gemacht, um immer unter dem Schutz dicker Wolken zu bleiben?

Aber da! Durch einen grauen Schleier erkenne ich die schmalen Kreuzer, wie sie sich aus der Düsternis hervorschieben, und jetzt, mein edelstes Wild. Muttertier eines Schwarmes hungriger Raubvögel. Die Schiffe sehen mich nicht sogleich, aber ich sehe sie. Ich, augenblicklich im Hinterhalt, erkenne meine Stärke und meine Chance. Schnell blicke ich nach rechts, nach links und zurück und voraus, wohin ich nach dem Sturz abzische, in die Deckung, wenn die Jagd auf ist. Wind, Gegnerfahrt – alles ist im Handumdrehen eingestellt: Entschluß – raus geht die Sturzflugbremse, hoch hievt es mich aus dem Sitz, während die Ju 88 auf den Kopf geht und mit halbem Gas in die Tiefe rauscht. Ich sehe das lange Ungetüm durch den Schleier, der rasch auf mich zukommt. Ich halte mein Ziel im Leuchtkreis. Vorfreudige Erregung packt mich, während ich ein wenig nachsteuere und das Gas ganz zurücknehme. 600 km/h! Tief will ich heruntergehen. Ich will den Kerl treffen.

Ich fege durch den Schleier hindurch. Plastisch, zum Greifen nahe habe ich den großen Kasten vor mir. Es blitzt und flitzt an der Kabine vorbei, Eisen und Phosphor. Er zeigt die Zähne, ich aber auch.

Wir kämpfen Auge in Auge. Ich drücke den MG-Knopf. Jetzt rasseln die Maschinengewehre – kein Knall ist zu hören. Nur rasendes Vibrieren ist zu spüren.

Dann ein Knall und ein Gerumpel. Mein Flugzeug dreht nach links weg. Hilf, Himmel. Der rechte Motor springt auf Vollgas – der Gashebel bewirkt nichts. Ich trete das Seitensteuer voll aus, gebe zähneknirschend Querruder. Ich kann das Ziel nicht mehr halten. Die Hupe tönt. Achthundert Meter! Bombenwurf! Mich haut es in den Sitz. Abfangen. Vollgas beiderseits und ran an die Wolkenfetzen. Bombe zehn Meter neben die Bordwand, meldet der Heckschütze, und streicht mit seinem Zwilling-MG über das Deck.

Wo sind die Jäger? Wir sind klar bei den MG's und bei den Klopapierrollen. Keine Jäger? Was ist mit unserem Flugzeug? Es fliegt. Was ist mit dem Motor? Er läuft auf Vollgas, unverändert. Er geht kaputt, wenn das so weitergeht.

Erst einmal fort von hier. Wir verschnaufen hinter einem Wolkenberg, in etwa 1500 Meter Höhe. Unteroffizier Alles durchschaut die Technik. Das Gasgestänge ist zerschossen. Der Motor geht automatisch auf Vollgas. Lösung: Auf Höhe gehen. Oben fällt die Leistung auf ›normal‹ zurück.

Wir fliegen über den Wolken heimwärts. Es wird knapp mit dem Brennstoff. Aber wir schaffen es.

Mit Vollgas kann ich nicht landen. Ich stelle den Motor ab und lande einmotorig zwischen den Eiswällen. Am Ende bleiben wir stehen, um uns abschleppen zu lassen. Ich schalte die Zündung aus. Hanke biegt mit dem PKW in die Landebahn ein. Er hält neben der Ju 88. Berto springt heraus und klettert die Leiter hoch, freut sich unbändig. Er weiß, daß mein Tag ein langer war. Vom Glück, dem wir nachstrebten, und das wir verfehlten, weiß er nichts. Das Glück hatte der Gegner, Nerven und kaltes Blut.

Was war aus unserem Zahnbürsteneinsatz, unserem Aufbruch vom Weihnachtstisch geworden? Eine weitere Gruppe unseres Geschwaders mitsamt Kommodore Bloedorn war zur Bekämpfung der Geleitzüge aus dem milden Westen in unsere Nachbarschaft nachgeschoben worden, nach Banak, einem trostlosen Lappendorf in waldloser, tundraähnlicher Gegend am Ende eines Fjords.

Den nächsten Geleitzug hatten wir im Verein mit Torpedofliegern und U-Booten kräftig angegriffen, und unsere Gruppe hatte sich einige Versenkungsdiplome erstritten, die feierlich zu überreichen dem Kommodore immer eine besondere Genugtuung war.

Nun, im April, war Geleitzugpause. Zu dieser Zeit veranstaltete Hauptmann Dieter Peltz, ein ehemaliger Ju 87-Stukamann, in Foggia in Italien, Verbandsführerlehrgänge, an denen teilzunehmen ich bisher keine Gelegenheit gefunden hatte. Kommodore Bloedorn stimmte jetzt zu, und ich ließ meine Ju 88 mit Zusatzbehältern versehen, um über Europa hinweg an den Sporn des italienischen Stiefels zu gelangen.

Einen so langweiligen Flug nicht durch irgendeine selbstgemachte Ein- oder Auflage an- und aufregend zu gestalten, schien mir, mittlerweile auch allen meinen Fliegern, auch dem Kommodore, ganz undenkbar, und so war mein Ziel zunächst nicht Foggia, sondern, darüber hinausschießend, Tripolis in Afrika. Wozu das? Die Langeweile noch länger machen? Natürlich nicht! Ein Test sollte es sein: Fliegt die Maschine vom siebzigsten Breitenkreis bis zum dreißigsten, schafft sie also 4444 Kilometer? Schnapszahl oder Schnapsidee? Natürlich nicht. Fliegt man nämlich von Nordnorwegen über Finnland (Petsamo) und Nowaja Semlja auf dem Großkreis über das Packeis und das nördliche einsame Sibirien hinweg abwärts zur Mandschurei, so war man bei den japanischen Bundesgenossen angelangt. Kurierdienste zwischen den Verbündeten tun not. Auf verschiedenen See- und Luftrouten war dies zwischen Deutschland und Japan schon recht umständlich unternommen worden. Der Kommodore hatte mir schon einmal angetragen, ich solle mich erholungshalber auf eine solche Reise begeben. Doch von der vorgesehenen Bäderreise – einige wurden per U-Boot ausgeführt – hatte ich mich gedrückt und mich seitdem mit der Erforschung einer bequemeren Route befaßt. Daher, auf nach Afrika, um schneller nach Ostasien zu gelangen. Dahin war es nur geringfügig weiter als nach Tripolis.

So quälte ich mich mit zwei Zusatzbehältern zu je 900 Litern, mit insgesamt 5400 Litern Brennstoff vom nördlichen Ende der Welt in die Höhe, um möglichst bald die ab Mittelnorwegen bis nach Oberitalien verlaufende Schlechtwetterfront zu überhöhen. Doch daraus wurde nichts. Ab Drontheim flog ich in etwa 7000 Meter Höhe in den Cirren, die zwar manchmal Sonnenstreulicht hindurch-, uns aber nicht hinaufließen. Das Wetter, das Krahn uns von Oslo, Kopenhagen, Berlin und Wien einholte, war trostlos, vom nördlichen Schneeregen bis zum südlichen Dauerregen bei hundert Meter Wolkenuntergrenze. Ich bedauerte meine armen Landsleute tief unten und war, während die kleinen Eiskristalle an meine Scheibe tickten, guter Dinge, bis, ja bis ich merkte, daß mein Sauerstoff ausging. Verflucht! Ich hatte vergessen, daß ich zu den Einsätzen nur halben Vorrat mitzunehmen befohlen hatte, um bei Beschuß die Explosionsgefahr zu mildern. Ich hatte unterlassen, dem Wart die Besonderheit meiner Reise mitzuteilen. Wenn es mich betraf, ging es meist im Ruckzuckverfahren. Andernfalls hätte ich einen Befehl mit vollständigem Verteiler aufsetzen lassen.

Ich begann erbärmlich zu keuchen. Wie und wohin sollten wir bei diesem Wetter und bei unten einsetzender Vereisung gelangen? Wir alle hingen müde in den Seilen. Mein Schädel brummte, und drinnen stach es wie mit spitzen Nadeln. Ein Kater nach durchzechter Nacht war dagegen als Wohlbefinden zu bezeichnen. Wir mußten runter. Es war ein richtiger Luftnotfall.

Indem ich dieses schreibe, regt sich in meinem Hirn ein anderes, längst verdrängtes, blamables Faktum, das aus den grauen Zellen an die frische Luft will. Verschweigen will ich es auch nicht, obwohl es meiner Würde und der mir gelegentlich zugemessenen Führungsqualität weiter Abbruch tut. Über Norwegen hatten wir den ersten Außenbehälter leergeflogen, und ich schaltete auf den zweiten. Danach gab ich das Kommando, den leergeflogenen Behälter abzuwerfen, hinab in das Kattegat. Und was geschah? Es fiel der volle! Die Abwurfschaltung war fälschlich über Kreuz gelegt worden. Wo war da meine Sorgfalt, meine Aufsicht und Führung geblieben? Zwei dicke Nieten auf einer friedfertigen ganz ruhigen Unternehmung. Dabei war der Abwurf nicht einmal nötig! Hätte ich den ›leeren‹ Kraftstoffbehälter nicht abgeworfen, hätte ich den vollen behalten und ausfliegen können. Da ich den ›leeren‹ geworfen hatte, flog ich nun mit dem leeren weiter. Krause Technik! Einen Behälter wollte ich in jedem Fall behalten, für den Transport von Südfrüchten nach dem Norden.

Aus der Traum von Afrika, aus der Traum, Ostasien auf diese Weise zu testen. Knapp reicht der Brennstoff noch bis Foggia. Baumgartner hat es gerade nachgerechnet. Aber unsere Kopfschmerzen!

Über den Alpen hörten die hohen Wolken auf. Die Obergrenze war nur noch um 4000 Meter, etwas quellig. Sofort waren wir unten. Erst einmal Luft geschnappt.

Wir riefen Klagenfurt, peilten die umliegenden Sender Wien, Budapest und Mailand. Unser Standort war sicher. Auf Westkurs, längs des Tales, die Karawanken zur Linken, fiel ich durch die Wolken, die, wie angesagt, geschlossen bei 600 Meter über Grund lagen. Die Sicht war gut.

Nach der Landung: Schlafen, nichts als Schlafen, vielleicht auch Träumen. Ich konnte es dem gequälten Hamlet nachfühlen. Abschütteln die Last des Ird'schen, meinen Superkater.

Ich fiel hinein in das Träumen, und heraus schrillte mich das Telefon neben dem Bett in der kleinen Offizierwohnung des Fliegerhorstes. »Rate mal, wer hier spricht – ein guter alter Freund!« Verfluchter alter Freund, dachte ich. Es war Theo Blaich von der RB-Strecke Berlin-Tempelhof. Manch fröhlicher Becher hatte uns mit Giseke, Hülshoff und Rudi Kiel bei Martius' ›Savarin‹ seinerzeit in der Budapester Straße zu später Nachtstunde vereint, und nun hatte dieser Unglücksrabe Theo meine Ju 88 über sein nahegelegenes Anwesen einkurven sehen. Wer da als alter Flieger nicht bei der Flugleitung anruft, um festzustellen, welcher Sonderling sich mit einem Bomber in dies stille Tal verirrte, der wäre kein Flieger, wäre höchstens zum Ausfüllen von Formularen geeignet.

Welches Glück, meinte er, seine Frau habe gerade Geburtstag, dreißig Gäste aus angrenzenden Ländern schickten sich gerade zum Festessen an, er selbst käme just von einem Bombeneinsatz gegen amerikanische Basen im Tschad zurück. »Was«, frage ich, »vom Tschad? Bist du verrückt?«

Was heißt jetzt noch schlafen. Der faszinierende Schwarz-Afrika-Schock heilte mich in einer Sekunde. Ich stieg in die Hose, band den Schlips mit ordentlichem Zubehör um und hörte den Wagen vorfahren.

Das Festessen stand ich noch durch. Ich kam erst wieder zu mir, als es ein Uhr war. Ich hob meinen Kopf von der Tischplatte, fand mich allein im Rund und in der Reihe geschnitzter hochlehniger Stühle und hörte in Nachbarräumen angenehmes Stimmengewirr und gedämpftes Lachen.

Theo Blaich war in der Tat von Tripolis aus mit einer He 111 und Bomben, begleitet von mehreren Ju 52, tief in die Sahara geflogen und dort zum Nachtanken mit seinem Konvoi gelandet.

Er kannte sich als Afrikafarmer mit den Gegebenheiten aus. Längs der von den Amerikanern angelegten Straße von Kamerun nach Kenia besuchte er bei hellem lichten Tage die Treibstoffdepots und sonstige Anlagen, um sie mit seinen Bomben anzuzünden. Seine interessanten Fotos erschienen bald darauf in deutschen Illustrierten.

Daß außer dem Geburtstag der Frau Gemahlin auch die Tatsache gefeiert wurde, daß zwei Fliegerkameraden über eine Distanz von 80 Breitenkreisen oder fast 9000 Kilommetern – Spitzbergen-Kamerun – zufällig aneinandergeraten waren, tat keinem der Ereignisse Abbruch. Im Gegenteil; es war wie eine in den Wirren der Zeit vom Himmel gütig bescherte Nacht der Glückseligkeit.

Am nächsten Morgen fand ich mich versöhnt mit meinem Schicksal des Scheiterns, erwacht zu neuem prickelnden Vorsatz, den Rückweg zu Testzwecken zu vergewaltigen.

Nun hinunter nach Foggia zum harten Dienst, die Erinnerung an ein herrliches Gastmahl in ein hübsches Kästchen der Erinnerung getan und nun ran an die mit Spaghetti und Reibekäse gefüllten Blechschüsseln, die spartanische Grundlage unserer fliegerischen Ertüchtigung.

Dieter Peltz, ein Jahr jünger als ich, schon als Stuka-Flieger mit Ju 87 sehr erfolgreich, auf Vollbomberei und Ju 88 umgestiegen, war der erste junge Mann in hoher Verantwortung, der mir entgegen und machmal auf die Füße trat: Sehr locker, im Gegensatz zu den über uns gekommenen kaiserlichen Vorgesetzten, die sich der vibrierenden Entwicklung der Technik und auch im Umgang mit der jungen Generation zuweilen schwertaten. Peltz' unterrichtende Darstellung war bildhaft, humorvoll, optimistisch, immer gründlich bis ins Detail. Es machte Freude, bei ihm zu sein.

Im Umgang mit der Ju 88 als Sturzkampfflugzeug lernte ich wichtige technische und taktische neue Möglichkeiten. Peltz hatte von Anfang an eine beweglichere Geisteshaltung als wir sturen Horizontalbomber, die in geschlossenen starren Formationen, nach dem Muster des germanischen Spitzkeils anmarschierten. Dies entsprach dem Führungsstil der älteren Herrschaften. Aber auch in ihm lag ein Körnchen Weisheit, welches ich in einem Lehrgang für Verbandsführer einzugeben und aufgehen zu lassen nicht für unziemlich hielt: Wenn es nämlich möglich sei, aus großer Höhe horizontal nicht schlechter zu treffen als im Sturz, müsse man sich je nach Lage die Wahl offenhalten. Das wollte ich zeigen. Mit dem anwesenden Zeiss-Jena-Spezialisten machte ich nach dem Verfahren ›Piräus‹ eine Windbestimmung, nach welcher wir die Bomben aus ziemlich großer Höhe recht ordentlich hinsetzten. Auch die mit dem neuen Zielgerät Lotfe 7 D an der Ostfront bewirkten Treffer begannen Eindruck zu machen. Ich vertrat sogar die Ansicht, daß die schwerfälligen, engformierten Frachtschiffgeleite aus mittleren Höhen ebensogut horizontal wie im Sturz angegriffen werden könnten. Und einen großen Vorteil hob ich, selbst meist als Sturzflieger tätig, hervor: Nur der Verbandsführer braucht richtig und sorgfältig zu zielen, nur einer mußte der Erfahrene sein, der Kettenführer oder der Staffelführer. Die anderen – junge und ungeübte – hatten nur auf Kommando zu werfen.

So kam es damals zwischen Peltz und mir, weit unterhalb der Spitzen höchster Führung, zu einem fruchtbaren Gedankenaustausch, und wir beide, in der Mittagspause bei Spaghetti oder beim Schachspiel zusammensitzend, ahnten nicht – Peltz zog unheimlich schnell – daß wir Ende desselben Jahres in Berlin dienstlich eng zusammenzuarbeiten hätten, ich unter ihm.

An einem Schlechtwettertag, an welchem nicht gestürzt werden konnte, erbat ich Urlaub nach Sizilien, um beim Stabe des Feldmarschalls Keßelring in Taormina vorzusprechen und mir bei meinem dort als Adjutant sitzenden ehemaligen Kommandeur Evers, jetzt Oberst, nach telefonischer Verabredung die nötigen Lire zum Einkauf von Apfelsinen zu besorgen. Meinen 900-Liter-Behälter hatte ich mitgenommen. Um das Clearing-System zwischen den Luftflotten und Währungen habe ich mich nicht gekümmert. Als ich mich von Oberst Evers nach dem Essen im Hotel ›San Domingo‹ verabschieden wollte, begann es auf den Fluren und in die Fenster hinein verdächtig nach Bohnenkaffee zu riechen, woraufhin ich auf die karge Versorgung der Truppe mit solchen Köstlichkeiten zu sprechen kam. So schnorrte ich mir noch ein paar Kilogramm der braunen Bohnen, die man den Engländern nach dem Fall von Tobruk abgenommen hatte. Dann aber meinte mein lieber Oberst, daß, wenn ich jetzt noch etwas wollte, er mir in den Hintern treten würde.

Gegen Abend war das Wetter überall und auch in Foggia schlechter geworden. Nieseln, schlechte Sicht und fünfzig bis einhundert Meter Wolkenhöhe schreckten mich nicht ab, mit meinem Bauchladen voller Apfelsinen auf die Reise zu gehen. Wegen des Apennin, den ich zu überfliegen hatte, mußte ich auf über 2000 Meter Höhe gehen, doch war der Anflugsektor von Foggia eben, so daß ich mich dort kunstgerecht herunterhangeln konnte. Ich hoffte, meinen Lehrgangskameraden recht schön zeigen zu können, wie man's macht, nachdem ich mich ihres Spottes über meine Afrika-Ostasien-Gleichung hatte grämen dürfen.

Wenn mir die Bodenstelle fünfzig bis einhundert Meter Untergrenze versprach, so war ich leicht verstimmt, als ich in fünfzig Meter Höhe noch im Dreck hing. Durchstarten. Rückfrage beim Peiler wegen des Luftdrucks. Der stimmte. Aber die Messung der Wolkenuntergrenze war eine Stunde alt.

Nächster Anflug: Bei dreißig Meter keine Bodensicht. Aber ich hatte immerhin in den Wolken den Schimmer von grünen Leuchtkugeln wahrgenommen.

Nach der neuesten Sichtmeldung mußte ich die jenseitige Platzgrenze erkennen.

Mein dritter Anflug im Fischer-Verfahren, von dem Erfinder selbst mir in Wesendorf eingebläut, lief wiederum wie am Schnürchen. Die Peilungen standen, und wieder ließ ich das Fahrwerk raus, vorsichtig mit ein bis zwei Meter fallend. Ich sah aus fünfzehn bis zwanzig Meter Höhe die nahe Platzbefeuerung vor mir und die jenseitige knapp darüber schimmern. Gas raus und ich saß, ohne auf Apfelsinensaft dahinzuschlittern. So manches Mal habe ich diese Geschichte ›Jumbo‹-Piloten erzählt, die mich bei erheblich besseren Flugbedingungen zu entlegenen Ausweichhäfen karrten. Ja, ja, Krieg, das sei doch eine ganz andere Sache, brummten sie.

Der nächste Geleitzug vor Reykjavik lichtete die Anker. Für mich wurde es Zeit, zurückzukehren an die Nudel- und Gulaschtöpfe über dem Polarkreis. Die große Schau eines Fluges von Tripolis dorthin sparte ich mir mit der verblüffend einfachen Überlegung, daß ich aus dem Brennstoffverbrauch zwischen Foggia und Bardufoss ohnehin den Verbrauch über die längere Strecke von dort in die Mandschurei ausrechnen könnte. So mußte ich es mir versagen, der Firma Junkers eine besonders werbewirksame Meldung zu erstatten und mir ein silbriges, vielleicht hier und da vergoldetes Modell zu ergattern.

Wir sammelten abermals Tonnage und machten abermals Pause, dieses Mal nur über See. Wir verlegten kurzfristig nach Kemi in Finnland, am nördlichsten Ende der Ostsee gelegen, die ich besser von ihrem westlichen Ende her kannte, um nunmehr das uns auf See durch die Lappen gegangene, in Murmansk angelandete Kriegsmaterial auf dem Bahntransport nach Leningrad zu erwischen. Manche Lokomotive sahen wir Hals über Kopf in unsere Bombentrichter stürzen. Beachtlich war, wie schnell die Sowjets die Trümmer beiseite wälzten und wie schnell sie die Gleise flickten. Im Ersten Weltkrieg war die Bahn von meist österreichischen Kriegsgefangenen errichtet worden. Möglicherweise waren auch dieses Mal fremde Kräfte oder verurteilte Volksfeinde die Schaffenden.

Zu einem besonderen Einsatz hatte das dortige deutsche Armeekorps angeregt. Dessen Heeresgeologe meinte, man könnte die am Rande eines Hochmoores, oberhalb des Flußufers verlaufende Bahnstrecke durch ein paar kleinkalibrige Bomben so erschüttern, daß dem Moor eine Wellenbewegung mitgeteilt würde, die, vom jenseitigen festen Ufer des Moores abprallend, mit großer Heftigkeit auf den Bahndamm zurückliefe und ihn auf größere Länge in den Fluß schöbe.

Ich hörte aufmerksam zu, wollte aber nicht glauben, daß einige fünfzig Kilogramm Bomben genügten. Ich wollte jedes Flugzeug mit zwei 1000-kg-Bomben beladen, was auch der Generaloberst Stumpff, der in Kemi einen Nebengefechtsstand hatte, für richtig hielt. Denn, so meinten wir beide, wenn die Moorwelle nicht zurückkäme, dann hätten wir den Damm doch auf den ersten Schlag erledigt. Dem Herrn Geologen lag aber daran, seine Theorie zu beweisen; weiter nördlich habe er es mit einer Haubitzbatterie, mit viel kleinerem Kaliber also, in einem bescheidenen Umfang nachweisen können. Manchmal scheint es, als ob der Krieg für die Wissenschaftler da sei. Sind sie erst einmal drin, kommen sie richtig in Fahrt.

Kurz und gut, ich ritt die Attacke im Tiefflug mit insgesamt dreißig 1000-kg-Bomben, wobei wir von unseren Jägern säuberlich gedeckt wurden, und die dicken Dinger wühlten sich in den Bahndamm, der den Fluß um etwa zehn Meter überhöhte. Nach fünf Sekunden – wir befanden uns über dem Moor – erhob sich hinter uns eine Wand von Dreck und Klumpen und Balken. Wir holten weit aus und flogen an anderer Stelle über den Bahndamm zurück.

Die Luftbilder zeigten, daß sich das Moor, einem Lavastrom gleich, in beachtlicher Breite bis in das Flußtal gewälzt hatte.

Ob unser Erstschlag oder die rücklaufende Welle das Rennen gemacht hatte, konnte nie eindeutig geklärt werden. Der Geologe wußte es besser.

Zurück in Bardufoss, hatten wir den Kampf gegen das nächste Geleit zu bestehen. Danach hatte ich eine Staffel wiederum nach Kemi zu entsenden, die des Hauptmann Störchel. Er startete früh am Morgen, und ich hatte gerade eine Stunde Schlaf nachgeholt, als das Telefon klingelte und Generaloberst Stumpff mich andonnerte, daß mir die Pyjamahose flatterte und mein Hund bellte: Meine Staffel sei seelenruhig über dreihundert Kilometer durch schwedisches Hoheitsgebiet geflogen; Kirchgänger hätten die Balkenkreuze gesehen und die Kennzeichen gelesen, hier seien sie . . . Er, der Luftflottenchef, habe den Schuldigen, den Ignoranten und das Veranlaßte dem Führerhauptquartier zu melden.

Zur Aufklärung des Falles ist vorauszuschicken, daß im schwedischen Grenzbereich eine Vielzahl von Flüssen etwa parallel zueinander in südsüdostwärtiger Richtung in die Ostsee fließt. Störchel hatte den falschen erwischt. Es war zwar der Grenzfluß, er hatte ihn aber nicht für diesen gehalten, und so flog er statt links zehn Kilometer rechts davon, immer über Schweden und in fröhlicher Stimmung, wie zur Parade über die sonntäglich gekleideten Menschen in einem Dutzend Ortschaften. An der Ostsee erst erkannte er seinen Irrtum.

Mein schriftlicher Bericht lautete etwa so:

»*Der von mir beauftragte Staffelkapitän ist ein außergewöhnlich begabter und erfahrener Navigator. Bei dem Fluge verfügte er über keine anderen als die amtlich zur Verfügung gestellten Karten. Die darin eingezeichneten Mißweisungen (der Kompaßnadel) haben sich als falsch erwiesen. Sie weichen im schwedischen Grenzbereich bis zu dreißig Grad von den Einzeichnung ab, bedingt durch die auf der schwedischen Seite vorhandenen Erzlager. Ich bitte dringend, neuere und zutreffende schwedische Karten zu beschaffen, damit sich die von mir und den Besatzungen sehr bedauerte, aber nicht zu vermeidende Grenzverletzung nicht wiederholt.*«

Generaloberst Stumpff zeigte sich höchst erfreut und meinte, das Auswärtige Amt könnte den Text kommentarlos den Schweden überreichen.

Später war ich abermals mit zwei Staffeln in Kemi. Wir hatten einen schlimmen russischen Durchbruch bei unseren Bundesgenossen gestoppt, so daß uns der Generaloberst eine von den Finnen gestiftete Kiste deutschen Sekts weiterreichen konnte. Die schlicht und geschmackvoll uniformierten finnischen Lottas bedienten unsere Besatzungen, und es war eine fröhliche Stimmung.

Ein heikler Einsatz war's: Einhundert bis zweihundert Meter vor den finnischen Linien sollten wir die Bomben werfen. Dicht gedrängt und dichtauf hatten sich die Russen, fertig zum ›Sprung-auf-marsch-

marsch‹ herangerobbt, zum Durchbruch in einem schmalen Abschnitt, dem gangbarsten in der hüben und drüben gleich trostlosen Landschaft voller Matsch, wäßriger Krater und zerfetzter Bäume, in der sich Freund wie Feind, verdreckt, im Drecke sielten. Und in diesem Landschaftsbrei, der auf dem Luftbild angerührt schien, hatte ein Auswerter mit dem Blicke des Adlers und der Lupe von Zeiss eine rote Linie zu ziehen vermocht – die vorderste Front. Aber wo finden wir sie im Gelände? Allgemeines Massaker drohte, wäre nicht das Seeufer gewesen, acht bis zehn Kilometer diesseits der Front, das wir, überfliegend und windbestimmend, anvisieren und nach dem wir rückwärts einschneidend, werfen konnten. Der Esprit von Monsieur Rougeron, von Teutonen nachvollzogen, traf die Canaille, wie Napoleon sie hochmütig genannt hatte, ins Kreuz. Um den Bruchteil einer Sekunde ging's, um Meter. So leicht die Rechnung, so schwer, ihr zu vertrauen. Es war die Qual vorm Apfelschuß, danach die Erlösung.

Ich wurde ans Telefon gerufen, ging dann in mein Kämmerlein, ließ meine Besatzung kommen und mein Flugzeug fertigmachen. In Bardufoss gelandet, ließ ich mir das Planquadrat zeigen, in welchem der Angriff stattgefunden hatte. Der Wind dort war schwach und der Golfstrom setzte langsam. Es war Mitternacht und hell, als ich eintraf. Aber trübe schien mir die Weite, in welcher ich meinen Freund Hanke suchte, der nie an den Sieg geglaubt hatte. Entschieden hatte er mir im Dezember 1939, während des eisigen Winterlagers in Vechta, zwischen unseren Übungsflügen widersprochen: Verdun, Flandern, die Blockade seien die historischen Marken und unsere bösen Vorzeichen. Wütend hatte ich ihm seinen Pessimismus Spengler'scher Herkunft um die Ohren gehauen.

Schließlich hatte ich selbst in dem Moderduft des ›untergehenden Abendlandes‹ geschnüffelt. Am Schluß des Buches angelangt – es war gegen Ende des Lautsprecherkrieges, kurz vor dem Norwegen-Unternehmen im April 1940 –, stieß ich Hanke mit der Nase drauf, wo geschrieben stand: Ducunt fata volentem, nolentem trahunt.

– Sieh her, du Pazifist! Hier steht's: Eine Chance hat, wer was tut; der Untätige wird überrollt.

– Die Frage ist nur, was man tut, wie, wo und wann.

Mit Worten ließ sich hier nicht trefflich streiten. Auf Daseinsfragen gibt es tausend Antworten. Sollte Deutschland 1939 den Hamlet spielen, vor den auf Gold und Tributen, über geraubtem Land und unterjochten Farbigen thronenden Siegern, vor den Gleichberechtigung Versprechenden, aber nie Gewährenden kuschen, vor denen, die die tiefe Schnittwunde ›Korridor‹ kaltschnäuzig schwären ließen; sollte es sich auf Grübelei, kluge Reden, schriftliche Proteste verlegen, um irgendwann in den Strudel gerissen zu werden, verzichten auf Unternehmungen, die der Handlung Namen verdienen?

Lieber Freund Hanke, schwer wie der dänische Prinz, wieviel schwerer mußt du an der vaterländischen Pflicht getragen haben als die, die mit weniger Bedacht, aber mit dem Zorn der Habenichtse, der Verachteten und der Betrogenen zu kämpfen aufgebrochen waren. Ich unter ihnen, ein ganz persönlich Empörter.

Stunde um Stunde durchmaß ich das Seegebiet, auch den Tag darauf, über unsere Gespräche nachdenkend und Ausschau haltend nach einem kleinen Schlauchboot, nach Leuchtkugeln und winkenden Armen, ein dutzendmal zur Hoffnung elektrisiert, so viele Male zusammenfallend und rückfallend in die Tage von Friedrichroda, Schierke, Breslau, der Eiseskälte von 1939, als wir im Bremer Dom das Weihnachtsoratorium erlebten.

Sein Airedale, verspielter Geselle, zottelte trübsinnig tagelang um die Baracke. Pax, Friede, hatte er ihn getauft. Es dauerte lange, bis Oberleutnant Kurt Dahlmann den Kraushaarigen wieder in Futter brachte.

Dann kam der PQ 17, eine mächtige Frachtschiffflotte von etwa vierzig ›Liberty‹-Schiffen zu je siebentausend Tonnen. Mehrere Tage hintereinander griffen wir an, das erste Mal Richtung West, dann über Nord Richtung Ost.

Am ersten Tag hing eine Wolkenschicht, etwa 1000 Meter, hoch über dem Konvoi. Wir rasten im Verband steil gleitend durch die Schicht, kamen unten wie die Teufel, wild aus unseren MG's schießend, heraus, tiefer, noch tiefer, warfen ab und hoch, hinein in die Sonne, das weiße, glatte Tuch schnell unter uns lassend. Plötzlich wurde es durch dunkles Gewölk aufgebrochen. Wie aus einem feuerspeienden Berg quoll es steil in die Höhe. Der Schwabe Herbst hatte einen Munitionsdampfer getroffen.

Der Wolkenturm war unsere Marke und Fanal zum nächsten wilden Angriff unserer letzten Staffel.

Nach Hause. Es wird beladen, derweil wir gebratene Forellen essen.

Unsere Angler waren an der nahen Stromschnelle erfolgreich.

Wieder hinaus, hinauf bis zum Treibeis. Im Hintergrund lauert ein Verband feindlicher Großkampfschiffe. Aber er kommt nicht ran.

Wir fliegen zusammen mit den Torpedofliegern und denen von Banak. Was nicht sinkt, nur lahmt, wird von den U-Booten torpediert, oder nach Übernahme der Besatzungen, oder nachdem diese mit dem Nötigsten in die Rettungsboote gegangen sind, gesprengt.

Der Konvoi löst sich auf.

Nächster Einsatz. Wir legen unseren Fächer über ein weites Seegebiet. Einzelne Dampfer boxen sich durch das Treibeis. Wir finden sie.

Ich bin auf dem Rückflug aus dem Seegebiet. Einer der Meinigen ruft mich: Vor dem Angriff sei die Dampferbesatzung in die Boote gegangen. Jetzt, nachdem er die Bomben daneben geworfen habe, pullt die Besatzung zurück, um an Bord zu gehen und die Fahrt fortzusetzen. Er fragt mich, ob er mit den MG's in die Leute reinhalten solle.

Ich bin verblüfft. Ich denke nach, versuche, mir die Sache vorzustellen. Was würde ich tun? Ich schwanke, sage dem Manne, er solle den Kurs des Dampfers beobachten, nach Hause fliegen, und den Ort des Geschehens rückkoppeln.

Ich telefoniere mit Kommodore Bloedorn. Der spricht mit dem Luftflottenchef, der wieder mit mir. Ich meine: Dieser Fall sei kein Seenotfall; die Besatzung sei taktisch ausgewichen und sei nicht anders zu behandeln als eine Spähwagenbesatzung, die davonläuft und Fliegerdeckung sucht. Diese würden weiterhin wie kämpfende Truppe behandelt, nicht wie Verwundete oder Schiffbrüchige. Der Generaloberst neigte meiner Ansicht zu. Er wollte die Entscheidung des Führerhauptquartiers einholen.

Schon nach etwa zwei Stunden kannte ich den Führerbefehl: Die Leute seien wie Schiffbrüchige zu behandeln. Hatten wir danebengeworfen, so sei es unsere Unfähigkeit. Dafür bräuchten andere nicht zu büßen.

Auch dieses Ding hatte seine zwei Seiten und – wenn man zu erörtern begann – die Qual der Wahl. Kriegsmänner der ganzen Welt, wer von Euch könnte schwören, daß er ruhig geblieben wäre, wie die Leute, einer nach dem anderen, das Fallreep hochstiegen, um Waffen gegen Eure Landsleute in Stellung zu bringen?

Ein paar Tage später überreichte mir Nachrichtenoffizier Holler in Begleitung von Adjutant Sommer ein Fernschreiben mit dem Bemerken, daß ich jetzt dran sei. Der mir erteilte Segen bestand darin, daß mir der Luftwaffenführungsstab verbot, gegen den Feind zu fliegen. Wie bestraft man eigentlich eine Wasserleiche, fragte Sommer.

Ich sollte die Geschäfte abwickeln und die Gruppe an Major

Werner Baumbach abgeben, der von Anfang an Flugzeugführer im Adlergeschwader war und sich als Schiffsbekämpfer einen großen Namen gemacht hatte.

Genauere Vorstellungen, wessen Bleistifte von welcher Farbe ich welchem Vorgesetzten künftig zu spitzen und auf den Schreibtisch zu stellen hätte, konnte ich nicht entwickeln. Vermutlich ginge es da oben noch komplizierter und farbenreicher zu als beim Generalkommando.

Während der Abwicklung richteten zwei freundliche Ereignisse mich etwas auf: Eine Besatzung war vor etwa drei Wochen beim Angriff auf die Murmanbahn von feindlichen Jägern abgeschossen worden und seitdem vermißt. Nun war plötzlich der Flugzeugführer, von Mücken zerstochen und entkräftet, bei den Finnen in vorderster Front aufgetaucht. Wir holten ihn heim. Sein Funker und Heckschütze waren durch MG-Feuer getötet worden, und nur er und sein Beobachter traten den Marsch durch die knietief überschwemmten Wälder und zugefrorenen Seen an. Mit nackten Händen griffen beide nach den Fischen, um sie roh zu verzehren, nagten dazu Baumrinde. Nach einer Woche erschoß sich der Beobachter. Fähnrich Arndt hielt durch.

Freundlich und festlich war auch die Begegnung mit den U-Boot-Fahrern, die etwa eine Woche nach Ende der Kämpfe in den Narvik-Fjord zurückliefen. Sie paradierten in Kiellinie vor dem Admiral. Die Besatzungen hatten auf Deck stramm in einem Gliede Aufstellung genommen, am linken Flügel, mit kleinem Zwischenraum, die Gefangenen.

Gegen Mitternacht wurde ich eingeladen, an Bord eines U-Bootes zu gehen, worauf sich die Flottille in Bewegung setzte, bei Alpenglühen in einen schmalen verschwiegenen Fjord einfuhr, an dessen Ende der Luxusdampfer des Königs Hakon lag, zweckentfremdet jetzt zum Ausruhen der Besatzungen nach gefährlicher Fahrt. Zunächst aber wurde getafelt und dazu das aufgetragen, was an Köstlichkeiten in den Kühlschränken der Dampfer zu finden war, bevor diese den Fangschuß erhielten.

Und einen Spaß gab es auch noch. Mit einer Verzögerung von mehr als einem halben Jahr war das IX. Fliegerkorps in Frankreich dahintergekommen, daß ich die zugeteilte Marketenderware an die Truppe entweder nur gegen Bezahlung oder doppelten Preis hatte verkaufen lassen. Das roch nach Bereicherung. Dem Ermittlungsrichter habe ich zunächst eine Torte mit Schlagsahne angeboten, selbstverständlich außerhalb der Vernehmung, im Kasino. Auf sein »Donnerwetter, woher?« erklärte ich: »Von den unstatthaft erzielten Einnahmen.« Wir kauften oder tauschten hier oben ein Gläschen Cognac – die Norweger waren insoweit stark unterversorgt – gegen einen ganzen Eimer Schlagsahne; ich hatte die halbe Marine und die Infanteristen zu Gast gehabt oder ihnen billig dies oder das überlassen können. Hochzufrieden waren vor allem meine Flieger.

Der Verdachtschöpfer wollte aber wissen, woher ich hätte wissen können, daß ich von Frankreich fort und hier oben heraufkäme.

Oh, heilige Einfalt, nichts ist beständig im Kriege, weder der Standort, noch die Verpflegung, noch das Leben. Der Wechsel sei das einzig Sichere, und das sei so sicher wie das Amen in der Kirche.

Ich sei nicht so fromm, wie ich spräche, meinte mein Gegenüber etwas undeutlich, da er noch mit der Torte beschäftigt war. Dann wies er auf die in großen Lettern an die Wand gemalten Verse:

Der Schwertgriff war sein heiliges Kreuz /
sein Glaube die Reiterpistolen /
und sein Gebet hieß kurz und heiß /
Euch soll der Teufel holen

»Von Ihnen, wie?«

»Nee, abgeschrieben. – Cognac?«

Weniger gefährliche, aber um so höhergestellte Besucher, im Pulverdampf um Cambrai und Arras ergraute Häupter, Inspekteure und Generäle ließen nicht auf sich warten. Manchen, die auf der Polkappe nach dem Rechten sehen sollten oder wollten, begegneten wir mit respektvoller Nachsicht, fühlten wir uns doch als die technisch Gewitzten und Modernen, vor allem als die, die den Kopf hinzuhalten hätten, wo jene vornehm im Reiseflugzeug, gelegentlich sogar mit Jagdbegleitung, aufstiegen, bis Göring dies als zu gefährlich verbot. Damals war der General Grauert, Befehlshaber des I. Fliegerkorps, über dem deutschbesetzten Frankreich von britischen Jägern abgeschossen worden – beim bewaffneten Einkauf, wie die jungen Flapse von Leutnanten lästerten. Hier oben, über dem Polarkreis, in diesem Abseits von Europa, auf der Kante von Leben und Tod, entwickelten die Jungen eine frühreife Ringelnatz-Morgenstern-Haltung vor Königsthronen, ohne auf die militärische Form zu pfeifen, mehr witzig als schlaksig. Noch deutlicher trat dies bei den Jagdfliegern in Erscheinung, die an unserer Seite flogen. Ich war in der Form viel militärischer. Ich schwitzte häufig Blut und Wasser, sobald sich ein Inspizierender in allzu Technisches vorwagte und dort verfing. Ein Segen nur, daß der Herr die verschlüsselten Anzüglichkeiten der Flieger nicht verstand oder nicht verstehen wollte – eine anerkennenswerte Heuchelei. Ich habe nie erfahren und es später, obwohl ich mir die Freiheit hätte nehmen können, nicht erfragt, ob der aus Paris angereiste General, der sich auf unserem Gefechtsstand über die Karte beugte und das bei uns verpönte Monokel einklemmte, die freche Nachäfferei verstanden hat: Plötzlich zog der Oberleutnant Dahlmann, blonder Jüngling mit rosigen Backen, sein Monokel hervor, das er gelegentlich unter uns aus Jux einschob, um es recht umständlich in die natürliche Halterung der Augenhöhle zu bringen, dann mit dem Finger über die Karte zu fahren und geschraubt und näselnd daherzureden. Erstarrung meinerseits und Schweigen. Ich hatte mitzuspielen. Ich hatte bis zu jener Zeit das Glück, in meinen höheren Frontvorgesetzten, den Generalen Felmy und Keßelring, Coeler, Harlinghausen und Generaloberst Stumpff, Führerpersönlichkeiten kennengelernt zu haben, denen ich mich mit meinem Verband voll anvertrauen konnte. Achtung wächst auch mit der Erfahrung. Ich hatte ja inzwischen gelernt, daß der größere Teil der Führungsarbeit getan sein mußte, bevor das erste Flugzeug in die Lüfte stach.

Der Abschied rückte näher. Unser Truppenarzt, Dr. Coburg, führte die endlose Länge seiner Achtmillimeterfilme nochmals vor, von Anbeginn über alle Kriegsschauplätze bis zum Nordkap. Die Gefallenen wurden lebendig, als riefen sie, bleibt so Leute, wie ihr seid und wie wir waren. Ja, wenn wir den Doktor Coburg nicht gehabt hätten, so wäre vieles verklungen, noch während wir kämpften. Er selbst war ein Kämpfer. Verbotswidrig und heimlich drängelte er sich mit nie ganz aufgedeckten Bestechungspraktiken als Bordschütze zum Einsatz, und als ich ihn erwischte, erwiderte er, er müsse jetzt offiziell um die Erlaubnis nachsuchen, an Einsätzen teilnehmen zu dürfen: Wie solle er vor einem Mann des fliegenden Personals bestehen, den er bei 38° Fieber, wenn alle Mann ran mußten, nicht krankschreiben würde; er wolle mit seiner Angina, die er gerade hatte oder vortäuschte, mit gutem Beispiel vorangehen. Er nahm seine ärztlichen und vaterländischen Pflichten sehr ernst und spaßeshalber auch das als Richtschnur, was Lästermäuler mir als Äußerung unterstellt hatten: Je wärmer man – fiebernd – ins eiskalte Wasser fiele, desto besser, denn man habe Reserven.

Bittere Einsätze waren es vielfach. Was half über die Stunden hinweg, daß wir nicht zweifelten oder verzweifelten? Was durchlebten wir längs der Flugbahn, vom Start bis zur Kampfstätte, an welcher sich das Ungeheuer, die Gefahr, hochreckte, nach uns zu greifen? Keiner wußte es von sich, weniger noch vom anderen. War es Gleichmut hier, Glaube dort, im anderen überschäumende Kraft oder Gehorsam und Pflichtgefühl, bei Bangen Selbstachtung mit zusammengebissenen Zähnen? Oder ein Kunterbunt von all diesem während des Laufes der Frist, stetig wechselnd zum gefürchteten, aber nicht geglaubten Ende hin? War's Traum, war's Spiel der kleinen, sich Freund und Feind nennenden Narrenwelt auf dem Karussell der Erde, der eisigen Kalotte überm Pol? Fort mit der Spinnerei! Nur was überleben hilft, ist gut. Und dazu, lieber Freund im Feind, mußt du den kürz'ren ziehn.

Wir waren eine ruppige Gesellschaft, entschlossen, Schwächeanfälle und miese Stimmung zu unterdrücken, nicht zuviel zu philosophieren und das Naive, Kraftprotzige auszuleben. Robust mußten auch die Offiziere sein, um einem Fußkranken auf die Beine zu helfen. Als eines Tages während der Englandeinsätze ruchbar wurde, daß ein Flugzeugführer seine Bomben vor der Flakzone ablud – seine eigene Besatzung empörte sich darüber –, hatte ich ihm aufgegeben, künftig mitten über dem Ziel eine Leuchtkugel zu schießen, damit ich mich von seinem Standort überzeugen könnte. Erst als er diese unangenehme Auflage ein halbes dutzendmal vollzogen hatte, entsprach ich seinem Wunsch und versetzte ihn zu einer Ausbildungseinheit.

Auch ein freiwilliger Flieger unterschätzt zuweilen, was später über ihn hereinbricht. Einem anderen habe ich wegen Laurigkeit anderer Art einige Tage Sonderurlaub gegeben mit der Empfehlung, in seinem Städtchen nach Kräften den großen Helden zu spielen. Er fuhr nicht, wurde aber auch nicht zum Einsatz zugelassen.

Es ist ein eigen Ding, mit der Gefahr zu leben. Mit ihr kommt der Verstand nicht zurecht. Aber Kontra gibt ihr auch der Galgenhumor: Wenn unser Imitator Paul Hecking vom Niederrhein, wenn ganz dicke Luft heranzog, fröhlich-mozartisch anstimmte » ... nur ein feiger Tropf verzagt, tralala, nur ein feiger Tropf verzagt, tütelüt – tütelüt ...«, wurde die Welt wieder sonnig und der Kopf wieder leicht.

So kämpfte mancher mit sich selbst, heimlich, getarnt, erfolgreich, mancher ersichtlich glücklos, aber gehalten in Reih' und Glied.

Die Sprunglatte war allezeit hochgelegt bei uns. Alle wuchsen

WIR

Hæuptling der Banaken

heute und zu allen Zeiten Mehrer u. Schirmherr jenes deutschen flieger- volkes, welches dem Pole des Nordens am næchsten, verleihen dem hptm.

Hajo Herrmann

für sein zæhes, entsagungsvolles Aus- harren vom 28.3.42 bis 22.4.42 auf die- ser kulturfremden, chaotischen Schol- -le den Titel eines-

Banaken.

Banak, den 22.4.1942.

nördlich des 70. Breitengrades

Hæuptling der Banaken

Kontroll-Nr.: 2285

235

hinauf. Wer sich hoch gequält hatte, sah später mit Genugtuung auf seine Anfänge zurück. Es wurde viel geleistet, und unsere Verluste waren gerade in den Nordmeerkämpfen gering.

Nie habe ich das Kriegsgericht bemüht und auch keine Disziplinarstrafen verhängt, um der Einsatzbereitschaft aufzuhelfen. Bis auf unsere allzu flotten Frankreichkavaliere habe ich überhaupt keine Strafen verhängt. Ich meinte, daß der Flieger, der sich grundsätzlich freiwillig zur Waffe gemeldet hatte, nur mit einem täglich vorgelebten Moralkodex zu führen sei und daß allenfalls ein Katalog von Erschwerungen und Vergünstigungen genügen müsse, Männer zu einer Kampfgemeinschaft werden zu lassen. Das einzig würdige Lob schienen mir Auszeichnungen und kleine Vergünstigungen zu sein. Verdienten Sonderurlaub überraschend zu gewähren, für einen Mann oder eine ganze Besatzung, machte mir besondere Freude, und die Kapitäne zogen in gleicher Weise mit, wie ich es früher selbst als Kapitän und zuletzt als Führer meines Stabsschwarmes gehalten hatte.

Auch in den Sphären lieblicher Gefühle hatte ich mich gelegentlich als disziplinierender Schrankenwärter zu bewähren, wenn unter dem heißen Werben unserer Flieger die kühle Selbstbeherrschung der jungen Norwegerinnen dahinschmolz wie der Schnee in den wohnlichen Tälern und der Atem des wunderwebenden Wonnemonats Mai manch Heiratsgesuch durch mein Fenster schweben und auf der Tischplatte landen ließ. Was tun, wo es einen Führerbefehl gab, der da – nordische Rasse hin, nordische Rasse her – eindringlich mahnte, die deutschen Mädchen nicht sitzenzulassen. Also schreckte ich ab mit baldigem Aufbruch, mit Verlegung, Trennung, trauernder Witwe, mit der vaterländischen Pflicht, alle Kraft zum Siege einzusetzen, mich als leuchtendes Beispiel hinstellend. Wenn alles nichts nützte, machte ich die Ehe verächtlich – ich muß gestehen – sehr vulgär: Heiraten und Kinderkriegen könnte jeder Straßenfeger, wir Flieger seien Himmelsstürmer. Daß ich auf diese Weise das deutsche Kind mit dem Bade ausschüttete, hätte sicherlich die allerhöchste Mißbilligung gefunden. Gott sei Dank, hat sich unter unseren Fliegern kein Romeo und unter den Norwegerinnen keine Julia gefunden, Zug um Zug nach dem Giftbecher zu greifen. Einem solchen Krisenfall wäre ich durch schleunigste Erteilung einer Ausnahmegenehmigung zuvorgekommen.

Das großartige und erschütternde Erlebnis in der herrlichen nordischen Welt brach ab, von einem Tag auf den andern.

Nun waren alle angetreten. Von jedem habe ich mich mit Hände-
druck verabschiedet. Dann deformierten wir uns zu einem fast ebenso breiten wie langen lockeren Haufen und promenierten die Startbahn hinunter, durch die Barackenlager, durch die Siedlung, daß die
Norweger und die an der Straße arbeitenden russischen Kriegsgefangenen verdutzt aufsahen, was da für eine seltsame Prozession vor-
beikam.

Zurück zum Platz. Meine Ju 88 stand startbereit. Ich kletterte mit
meiner Besatzung hinein, um nach Berlin-Staaken zu fliegen. Dann
wurde der jaulende Berto losgelassen, kletterte hurtig die Leiter
hinauf. Sonst mußte er immer traurig nachblicken, wenn ich zum
Einsatz startete. Jetzt stand ein gemütlicher Reiseflug bevor, und er
durfte vorn in der Kanzel stehen und beobachten, was unten alles
vorbeiflog. Er hat nie begriffen, warum die Dinge unten so schnell
fort waren. Häufig hat er sich fragend, hilfesuchend nach mir umge-
wandt. Nun waren wir alle an Bord. Die Propeller durften drehen.

Die Fahne, die wir hier oben zu unseren Einsätzen am Start
aufgepflanzt hatten, wehte stolz im Winde. Sie nahm mit mir Abschied von meiner Gruppe. Ich hatte sie endlich meinem Kriegsschul-
kameraden Hauptmann Kühl, Kommandeur der III./KG 4 ›General
Wever‹, versprochen.

Alle winkten. Ich winkte zurück.

Der Sonderbefehl des Kommodore vom 19. Juli 1942 hatte unter
anderem folgenden Wortlaut:

»... Die III. Gruppe verliert in ihrem Kommandeur auch
gleichzeitig ihren ältesten Kameraden, der rund sechs Jahre der
Gruppe als junger Flugzeugführer, als Technischer Offizier, als
Staffelkapitän und schließlich als Kommandeur angehört hat.
Sein Weg durch diese langen und inhaltsschweren sechs Jahre
war bewegtes Schicksal, hat durch Kampf und Sieg geführt, am
Rande stand aber auch der Tod bester alter Kameraden. So wie
ihm diese Zeit unauslöschlich im Herzen stehen wird, wird auch
er uns unvergessen bleiben. Er geht jetzt an eine Stelle, wo seine
große Erfahrung weiteste Auswirkung zu finden vermag.«

10. KAPITEL

»Oben«
Juli 1942 – Juli 1943

Eroberung der Krim. Vormarsch auf Stalingrad und zum Kaukasus. Erfolge deutscher und italienischer U-Boote im nördlichen und südlichen Atlantik. Schlacht bei El Alamein. Landung britisch-amerikanischer Streitkräfte in Algerien und Marokko. Einschließung der deutschen Truppen in Stalingrad. Die Westalliierten fordern bedingungslose Kapitulation.

So gelangte ich in die Gruppe T des Führungsstabes der Luftwaffe unter sechs verhältnismäßig junge Offiziere, vier fliegende, einen Flakartilleristen und einen Nachrichtenmann, alle fronterfahren, sich deutlich abhebend von den würdigen rotbehosten und graumelierten Herren des Generalquartiermeisters und der Abteilung Ic, die die Feindlage zu erkunden hatte. In der Gruppe T hatte ich das Referat ›Kampfflieger‹ von Major i.G. von Ditfurth zu übernehmen, der zum Generalquartiermeister wechselte.

Der Arbeitsbereich der Gruppe hieß ›Technisch-Taktische-Forderungen‹, was bedeutete, daß wir alle aufgrund unserer einschlägigen Erfahrungen und Einfälle Neuerungen und Verbesserungen auszudenken, sie dem Generalluftzeugmeister zur Entwicklung und nach Möglichkeit zur Fertigung vorzuschlagen hatten. Mit den verschiedenen Waffeninspektionen Jagd, Kampf, Transport, See, Flak, Nachrichten und anderen war zusammenzuarbeiten.

Nun wühlte ich zunächst meinen Panzerschrank nach alten Plänen und Ideen durch, die noch unter der 1. Abteilung des Generalstabes verfaßt worden waren. Erst später war das technisch-taktische Ressort als Gruppe T unter Oberst i.G. Storp ausgegliedert worden, der, wie sein Bruder, mein spanischer Bombenstratege, aus der Marine hervorgegangen war und der manche Geleitzugschlacht mitgeschlagen hatte. Beim Kramen fand ich auch den Entwurf des Schreibens, mit welchem ich im Sommer 1941 zum Generalstab angefordert wurde. Eine wunderliche Begegnung!

Nunmehr also hinein in die Bomberrüstung!

In Wildpark-Werder an der Havel, in herrlicher Gegend und im alten kaiserlichen Jagdgehege, in der Hitze des Sommers begann das Ausbrüten, das wir uns bei ewig offenen Fenstern leicht zu machen suchten. Einmal in der Woche fuhr Storp mit mir nach Berlin zu den Marathonsitzungen des Generalluftzeugmeisters, des Feldmarschalls Milch. Viele kluge Leute, Flugzeugkonstrukteure, Ingenieure, Professoren, Beamte und Offiziere brachten ihre Ware auf den Markt, auf dem es nur einen Käufer gab, das Deutsche Reich, vertreten durch den Feldmarschall. Dieser genoß auch seine Rolle: Sie, Herr Professor Messerschmitt, wollen mir diese Me 209 verkaufen, die nur 650 km/h macht? Da nehme ich lieber, was der Professor Heinkel schafft – bei gleicher Geschwindigkeit fliegt er ein bis zwei Stunden länger. Aber was sage ich da – hier ist ja noch die Do 335 des Professors Dornier, die fliegt ja noch über 100 km/h schneller!

So ging es auch mit den Waffen, den Bomben, Funkgeräten, Flakfeuerwaffen und -raketen und jeglichem Zubehör.

Mit glänzenden Ideen anderer im Kopf kam ich gegen Abend nach Wildpark zurück, und das Einschlafen, das ich an der Front mühelos beherrscht hatte, wurde mehr und mehr zur Anstrengung.

Nachdem mein Chef, Oberst i.G. Storp, Meinungsverschiedenheiten zwischen dem Generalluftzeugmeister und dem Generalstabschef Jeschonnek zum Opfer gefallen war, saß ich meistens allein für die Gruppe T in der hohen Runde. Ich bemerkte bald, daß der Feldmarschall mich recht freundlich behandelte, vielleicht, weil ich ihm meist ausdrücklich beipflichtete, jedenfalls nicht widersprach, vielleicht auch deshalb, weil er mir beweisen wollte, daß er gegen einen Abgesandten des Führungsstabes keine grundsätzlichen Einwendungen hatte.

Später wurden die Mitglieder der Gruppe T auf die zuständigen Inspektionen verteilt, so daß ich zum General der Kampfflieger stieß, zunächst General Fink, dann Oberst i.G. Peltz, Oberst Helbig und schließlich Oberstleutnant Baumbach. Meine Funktion ›Technisch-Taktische-Forderungen‹ war die gleiche geblieben, auch meine Teilnahme bei den GL-Besprechungen.

Es dauerte nicht lange, daß ich mir über manche wichtige Frage eine eigene Meinung bildete. Doch war es, wie der Fall des Oberst

Storp mir zu beweisen schien, nicht ratsam, deutlich zu werden, bevor höhere Herren mir würden vertrauen können. Und bald war es nicht selten, daß der Feldmarschall mich zu einer bestimmten Frage um meine Meinung bat. So lernte ich, Hauptmann in der Luftwaffe und Frontoffizier, die hohen Herren kennen, den Amtschef beim Generalluftzeugmeister, General Vorwald, den General Galland, den General von Axthelm, den Flakartilleristen, unsere berühmten Flugzeugkonstrukteure und den Minister Speer. Gelegentlich gab es auch Gespräche im kleinsten Kreise oder unter vier Augen.

Indem ich in den hohen Kreis hineinroch, witterte meine vom Aktenstaub noch nicht belegte Frontoffiziernase zwischen dem Trächtigen auch einiges Faule, was vielleicht grassieren könnte. War das schon wieder Besserwissen, Besserriechen? Wer kann was für seine Nase! Ob es was Besseres war, dem ich nachging, das können nur die Geschehnisse selbst sagen, zu denen ich beigetragen habe oder nicht habe beitragen können. Ich räume ein, daß ich meine Vorschläge, die ich für brennend wichtig hielt, nur zum geringen Teile durchsetzen konnte, weil ich zu schwach, zu sehr durch soldatische Erziehung eingeengt, zu höflich und zu anpassend war, manchmal aber, an falscher Stelle oder zur falschen Zeit explodierte und andere verletzte, so daß man mir die Tür vor der Nase zuschlug.

Ich spreche vom Rangverhältnis der Bomberrüstung zur Jagdrüstung.

„Mehr Jäger" forderten im Sommer und Herbst 1942 viele. Ich hatte von Storp und Ditfurth das Bomberprogramm übernommen, das ebenfalls eine Steigerung vorsah. Dabei wußten alle, daß die Decke kurz, zu kurz war. Nicht nur jeder Wehrmachtteil kämpfte um den Vorrang bei der Zuteilung von Menschen und Rohstoffen. In den Wehrmachtteilen, so auch in der Luftwaffe, ging es um den Rang der einzelnen Waffengattungen. Für mich als Kampfflieger lief alles auf die Frage hinaus, ob anderen etwas wegzunehmen sei, um den Mängeln abzuhelfen, die ich an der Front am eigenen Leibe und dem meiner Kameraden erfahren hatte. Dazu hielt ich es für erforderlich, mich aus dem Zahlenrausch unserer Produktionsplanungen zu ernüchtern, der Ziffern, die mich, den nur mit zweistelligen Zahlen vertrauten Frontkommandeur, im Anfang meiner Stabstätigkeit so sehr erhoben hatten. Die Vorfrage mußte sein: Was macht der Gegner, was plant er, was schafft er in der gleichen Zeit? Ich vergewisserte mich bei der Abteilung Ic, wenige Schritte von unserer Baracke entfernt, was es mit der Bomber- und Jägerrüstung der

Oben links:
Einsatzbesprechung mit
den Staffelkapitänen,
der Technik und der
Verwaltung (v. l.: Ziegler,
von Normann, Haakl,
Verfasser, Sommer).

Rechts:
Oblt. z. S. Friedrich als
›Rudergänger‹ bereit zur
Ausfahrt mit ›Toto‹ ins
nahegelegene Dorf.

Mitte: Vorgeschobener,
leider zusammengebro-
chener Gefechtsstand
des Lehrgeschwaders 1
am Flughafen Catania.
Hanke (l.), Kühnle (r.).

Lt. Saure läßt die Sonne
mit dem Oktanten
schießen: »Fertig – los!«
Je enger die Messungen
beieinanderliegen, desto
größer ist die Wahr-
scheinlichkeit, daß nicht
schlecht gemessen
wurde.

Carola Höhn, schönste Filmschauspielerin, umworben von den Jagdfliegern in Gela, Sizilien. Major Münche-berg, 2. von links.

Das frischgetraute Paar Carola Höhn und Major Arved Crüger auf Capri im April/Mai 1941.

Unten links: Der König von Italien und Kaiser von Äthiopien bei der III./KG 30.

Rechts: Mit Hanke, Kühnle und Schmetz (v. l.) auf der Akropolis.

Piräus nach dem Angriff. »Haben wir das gemacht?«

Luftbild des Flugplatzes
Luca, Malta.

Ju 88 beim Angriff auf
Malta.

Angelsachsen auf sich hätte. Was ich dort, bei dem Oberstleutnant Dewitz erfuhr, versetzte mich in Unruhe: Der Westen fertigte an zwei- und viermotorigen Flugzeugen im Jahr, hochgerechnet, 29 200 Stück, wogegen sich unsere Jägerproduktion mit 10 000 Stück sehr dürftig ausnahm und trotz geplanter Steigerung nachhinkte. Daher war abzusehen, daß unsere Industrie, insbesondere die Flugzeugindustrie, zerschlagen oder angeschlagen sein könnte, bevor der von uns erstrebte höhere Ausstoß an Bombern wie an Jägern begonnen hätte. Jedenfalls war zu befürchten, daß unser Jägerwachstum vom gegnerischen Bomberwachstum erdrückt werden könnte, mit anderen Worten, daß wir den Wettlauf verlieren würden, daß den 29 200 Bombern niemals die von uns geplanten 10 000 Jagdflugzeuge entgegentreten würden. Die Zahlen der beiden Seiten muß man sich in entsprechende Frontstärken übersetzen. Das Verhältnis wird dabei ungefähr gleich bleiben.

Diese Gefahr war aus der Sicht jener Zeit nicht anders zu bannen als durch Schwerpunktbildung in der Fertigung. Als Ressortverwalter für Kampfflieger schlug ich daher vor, zwei Drittel der Bomberflotte abzurüsten und statt dessen die freiwerdende Rüstungskapazität für den Bau von Jagdflugzeugen einzusetzen. Nur noch das übrige Drittel der Kampfflieger sollte weiterentwickelt und verbessert werden.

In die 29 200 Bomber teilten sich die USA und Großbritannien etwa zur Hälfte, und auch die 24 Stunden des Tages teilten sie sich auf in den Tag und in die Nacht. Doch war nicht abzusehen, daß die gesamte westliche Bomberflotte eines hellen Sonnentages geschlossen aufmarschieren würde. Dabei hätte der Angreifer noch den Schutz aus einer Jägerproduktion von 19 000 Stück jährlich zur Verfügung gehabt, so daß die einfliegende Streitmacht aus einer Kapazität von 49 200 Flugzeugen hätte gespeist werden können, gegen welche – sage und schreibe – eine Frontstärke aus 10 000 Jägern auf unserer Seite hätte antreten müssen. Später war es zu diesem schlimmen Stand gekommen: Verhältnis 5:1 und schlechter.

Ich stellte 1942 fest, daß dieser schwarze Fall in dem Rüstungsplan nicht bedacht worden war. Man blickte, von der derzeitigen Arbeitsteilung Tag/Nacht ausgehend, in Selbstbeschränkung nur auf die Luftkriegslage Tag oder die Lage nachts. Nicht nur Bomber und Jäger rüsteten gleichrangig nebeneinander her, innerhalb der Jagd auch die Sparte >Tag< und die Sparte >Nacht<. Jedenfalls fühlten sie sich gleichberechtigt und selbständig.

Betrachtete ich allein die nächtliche Luftkriegslage, so verfügten die Engländer über ein Jahrespotential von 15 500 zwei- und viermotorigen Bombern, denen bei uns eine Kapazität von 1 700 Stück Nachtjagdflugzeugen pro Jahr gegenüberstand. Dieses Verhältnis war beunruhigend. Auch hier bedurfte es einer Steigerung, die vom Inspekteur, General Kammhuber, auch anerkannt und gefordert wurde, darüber hinaus einer Einbeziehung neuer Führungssysteme.

In der Nacht sah die Sache schwärzer für den Fall aus, daß die USA und Großbritannien sich zu nächtlichen Unternehmungen vereinigen würden. Dann hätte die westliche Produktion von besagten 29 200 Bombern den 1 700 Nachtjägern gegenübergestanden. Dieses Mißverhältnis empfand ich als eine konkrete Gefahr. Der Streit der Engländer und Amerikaner, ob Punktzielangriffe bei Tag oder Flächenangriffe bei Nacht zu führen seien, war bereits zu uns durchgesickert. Heute wissen wir, daß der US-General Fred Anderson an zwei britischen Nachteinsätzen, auf Hamburg und Essen, teilgenommen hat, um diese Möglichkeit für die ›Fliegenden Festungen‹ zu erkunden.

Anderson schien ein besonnener Mann, der mit Rückschlägen bei Tagangriffen rechnete, mit der Notwendigkeit, mit den Bombern in die Nacht auszuweichen, ähnlich wie wir es 1940 nach den verlustreichen Angriffen in der Schlacht um England hatten tun müssen.

Von einer Führung will man wissen, was sie auf eine drohende Gefahr hin zu tun gedenkt. Wenn sie ahnungs- und planlos an einer Gefahr vorbeischlittert, um sich erst in der Rückschau einzugestehen, daß sie Schwein gehabt hat, muß sie sich schämen.

Daß bei einer solchen radikalen Entschließung der Angelsachsen die Nachtjagd nicht nur hoffnungslos unzureichend, sondern gleichzeitig unsere Tagjagd zur Untätigkeit verdammt gewesen wäre, mußte besorgt machen. Denn die Tagjagd war für die Nacht nicht ausgebildet und verfügte auch über keine operative Idee für den Einsatz bei Nacht. Andererseits: Würden die Angelsachsen den großen Hammer nur bei bei Tage schwingen, wie wollten und sollten die zweimotorigen Nachtjäger dem begegnen?

So drängte sich mir folgende Feststellung auf: Die drei Waffengattungen, die den größten Teil der Flugzeugrüstung in Anspruch nahmen, die Bomber, die Jäger und die Nachtjäger, forderten jeweils einen größeren Teil als ihnen in absehbarer Zeit gegeben werden konnte, und da der Chef des Generalstabes keinen Schwerpunkt bestimmte und kein Opfer forderte, war es am Generalluftzeugmeister, den Wünschen nachzukommen.

Ich versuchte, mir Klarheit zu verschaffen, und ich brachte sie zu Papier: Es war nicht nur auf Steigerung der Bomber zu verzichten, sondern die Bomberkapazität war rücksichtslos abzubauen, aus den freigewordenen Kapazitäten die Jagdrüstung gewaltig zu verstärken. Aus 35 Kampfgruppen sollten nach meinem Vorschlag 70 Jagdgruppen, aus 9 Stukagruppen 9 weitere Jagdgruppen gebildet werden.

Das war kein Verrat an der Kampffliegerei. Mir war es nicht gegeben, das Sonderinteresse einer Gattung über das allgemeine Interesse zu stellen, das ich erkannt zu haben glaubte. Im übrigen war ich überzeugt, daß meine alten Kampffliegergefährten mit ebenso großer Begeisterung sich eines einmotorigen Jagdflugzeugs oder Jagdbombers annehmen würden. Ich meinte sogar, daß mit diesem Flugzeug die Bomben sicherer ins Ziel und die Flugzeugführer sicherer zurückzubringen wären. Was die Last angeht, so hätten sie allerdings zweimal fliegen müssen.

Meine Devise war demnach das Mehrzweckflugzeug, der Einsitzer, der sowohl bei Tag wie bei Nacht jagen wie auch bei Tag und bei Nacht Bomben werfen könnte.

Als ich bei dem hohen Nachtjagdstab im Herbst 1942 vorsprach, offiziell, um die vom Generalluftzeugmeister kompromißhaft erarbeitete Rüstungsstudie zu besprechen, bekam ich bezüglich meiner Einsitzer zu hören, daß ich, der Schuster (Bomber), bei meinem Leisten bleiben sollte. Weiterer Vortrag unterblieb, weil mein Ressortvorgänger, der mich einführte, Major i.G. von Ditfurth, mir unter dem Tisch heftig auf die Füße trat. Selbst im Tagjagdressort wurde mein schönes November-Exposé als Milchmädchenrechnung abgetan. Dabei hatte ich bereits die Optik-Firma Steinheil in München zu bewegen vermocht, in eine Me 109 ein Bombenzielgerät einzupassen, daß den beschränkten Sichtverhältnissen abhelfen sollte, eine Art Periskop, das ich eines Sonntags von dem Platz Oberwiesenfeld aus mit Zementbomben ausprobieren konnte.

In der Tat war es keine günstige Zeit, etwas Tiefgreifendes verständlich zu machen, da unsere Siege allgemeinen Optimismus verbreiteten. Die Engländer waren aus Dieppe hinausgeworfen worden, und wir standen tief in Rußland und sonstwo in Afrika und Europa. Manchmal auch fragte ich mich selbst, ob nicht alle Probleme durch einen entscheidenden Sieg gelöst werden könnten, da dann die Politik das Wort hätte.

Aber ich zweifelte weiter, ich war nicht bereit, mich mit dem

Spruch zu beruhigen, »der Führer wird's schon wissen«. Was hätte es denn geschadet, wenn wir uns auf den einsitzigen Mehrzwecker – Gerät und Mann – hinbewegt hätten, wenn uns plötzlich die Politik oder eine Wunderwaffe die Entscheidung gebracht hätte? Nichts hätte es geschadet. Vorsorge ist immer richtig. Den Kampffliegern, aber auch dem Generalquartiermeister, General Kleinrath, und seinem Mitarbeiter, Oberst i.G. Eschenauer, versuchte ich, den Rüstplan durch die Versicherung schmackhaft zu machen, daß die neuerstandenen Jäger ja als Bombenträger, von Fall zu Fall, nicht verlorengingen, daß sie gerade zur Unterstützung des Heeres im Osten, zu Angriffen auf Malta, zur Sperrung der Straße von Sizilien, aber auch und gerade zur Abwehr der Invasion sehr viel besser zu gebrauchen wären als das müde mittlere Kampfflugzeug. Wo noch Reichweite gefordert würde, meinte ich, sollte das restliche Drittel der Bomber, durchgreifend verbessert, eingesetzt werden.

Ich habe keine Einwendungen vernommen, die meinen Vorschlag sachlich hätten widerlegen können. Was dagegengesetzt wurde, war allein die Unlust, auf einem Weg-Zeit-Diagramm unseren Wettlauf mit dem Gegner darzustellen und die sich öffnende Schere wahrzunehmen.

Da ich meinen Vorschlag nach meiner Sachkenntnis als höchst bedeutsam einschätzte, und als ich sah, daß sich kaum etwas bewegte, ließ ich mir eine zusätzliche Kopie der geheimen Kommandosache fertigen, die ich immer verwahrt hielt. Ich zitiere daraus:

HQu, 22.11.1942
„Der General der Kampfflieger hält die Ausschöpfung des für die Kampfluftwaffe bisher freigehaltenen Potentials in dieser Richtung für sehr bedenklich und nachteilig und aus verschiedenen Gründen eine erhebliche Umgestaltung des Rüstungsprogramms für dringend erforderlich . . .
Es läßt sich schon jetzt erkennen, daß im Jahre 1945 das mittlere Kampfflugzeug bei Ausnutzung seiner Eindringtiefe Verluste erleiden wird, die durch die Ausbringung der Industrie nicht mehr auszugleichen sind . . .
Andererseits ist mit der Schaffung eines Grundtyps für die Kampf- wie Jagdwaffe auch ein massierter Einsatz von stärksten Kräften möglich, die der jeweilig operativen Situation gerecht werden . . .

248

Nachdem der Führungsstab Ic seine Erkenntnisse Anfang 1943 nochmals zu Papier gebracht hatte, nahm ich mir die Zahlen vor, um meine Auffassung durch eine kurze textliche und graphische Darstellung zu untermauern.

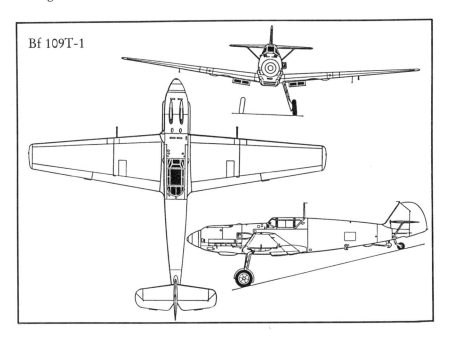

Bf 109T-1

Geheime Kommandosache 25.03.1943

„Die Kampfführung mit bombentragenden Flugzeugen gegen den Feind hat auf die Dauer eine Voraussetzung, daß nämlich die Produktionsquellen erhalten bleiben und diese Art der Kriegsführung zu nähren imstande ist . . .

Die Luftverteidigung über das Jahr 1943 bis in das Jahr 1944 ist nicht sichergestellt . . .

Dabei ist die Gegenüberstellung (in der Zeichnung) jedoch nur theoretisch, denn ihre Gültigkeit ist auf den Fall beschränkt, in dem Deutschland und Großbritannien mit den USA die einzigen kriegführenden Mächte wären. Beide kämpfen jedoch gegen verschiedene Dritte – Rußland und Japan. Wenn für das Jahr 1943 der Schwerpunkt der feindlichen Angriffshandlungen gegen Deutschland unterstellt wird, wir jedoch in Rußland mit etwa der Hälfte unserer Kräfte gebunden sind, so ergibt sich daraus ein noch ungünstigeres Kräfteverhältnis als das obige . . .

Nicht 10 000 gegen 29 000, sondern etwa 5000 gegen 20 000 . . .
Der große Fehlbestand an Nachtjägern bis in das Jahr 1944
hinein ist nur dadurch auszugleichen, daß der Einsatz der Tagjä-
ger zur Nachtjagd mit allen Mitteln technischer, organisatori-
scher und ausbildungsmäßiger Art betrieben wird.

Da meine mündlichen und schriftlichen Äußerungen in den höheren Sphären der Verantwortung lediglich Schallwellen und Papierge-
knister waren, da an den Grenzen des Ressorts von Jagd und Bomberei nichts Wesentliches zu bewegen war, versuchte ich, die Pyramide
unten anzubohren. Von Oberst i.G. Eschenauer, 6. Abteilung in
Wildpark ›Kurfürst‹, erbat ich mir ein Jagdflugzeug, das er mir in
Berlin-Staaken dankenswerterweise zur Verfügung stellte. Generaloberst Jeschonnek, dem er regelmäßig vortrug, hatte abgewinkt, als
Eschenauer ihm mit der Abrüstung von zwei Drittel der Bomber
kam: Wie wollte man da nach Alexandria oder ins russische Hinterland kommen? Da aber Eschenauer mein Elaborat gelesen hatte und
es für richtig hielt, gab er mir das Flugzeug und drückte mir den
Daumen.

So sauste ich mit einem Dienstwagen abendlich von Wildpark über
die Avus nach Staaken und schwang mich in die Lüfte. Die Flak ließ
ihre Scheinwerfer spielen, um einer zieldarstellenden He 111 habhaft
zu werden, so daß ich mich als Trittbrettfahrer hinter die He 111
setzen konnte, um eigene Flug- und Zielübungen zu veranstalten.
Das wäre nicht möglich gewesen, wenn nicht der Kommandeur der 1.
Flakdivision Berlin, General Schaller, seine Zustimmung zu dieser
ausgefallenen Unternehmung gegeben hätte. Sein Ia, Oberstleutnant
i.G. Herzberg, ein klardenkender und sehr fleißiger Mann, der in
seinen Wache-Mußestunden die japanische Sprache erlernte, zog
kräftig mit.

Daß die Flakscheinwerfer anfangs mich ebenso einfingen wie unseren friedfertigen Bomber, verdroß mich nicht. Ich hoffe auf Besserung. Nach einigen Übungsflügen äußerte ich den Wunsch, an einem
wirklichen Abwehrkampf teilzunehmen. Aber meinem Vorschlag,
das Flakfeuer auf 6000 m Höhe zu begrenzen, mir darüber einen
Freiraum zu lassen, wollte der General nicht entsprechen. In bewegten Gesprächen in den Diensträumen der Division in der Fasanenstra-
ße erklärte er, der Generaloberst Weise, Befehlshaber Mitte, habe
befohlen, daß geschossen werde, was das Zeug halte – Führerbefehl.
Wenn ich aber trotzdem wolle, dann bitte.

Ich wollte. Ich dachte mir, wenn ich zwischen zahlreichen Bombern hin- und herzischen würde, Hecht im Karpfenteich, würde sich auch das Flakfeuer verdünnen. Aber es kam ganz anders. Ein Einzelgänger kam des Weges, eine stechende ›Mosquito‹, auf die sich hundert Rohre richten würden, auf mich ganz nebenbei. Auf meinen Anruf klang es tröstlich zurück: „Fliegen Sie, wir schießen auf Teufel-komm'-raus auf besondere Weise". . . Ich hörte genau zu.

Das war im April 1943, als einzelne ›Mosquito‹-Störbomber während der helleren und kürzeren Nächte die schweren langsameren Bomber ablösen und die Berliner um ihren Nachtschlaf bringen sollten.

Es war soweit. Ich rauschte im Pkw nach Staaken, als besagte ›Mosquito‹ die holländische Küste anflog, setzte mich in meine Me 109 oder Fw 190 und rollte, mit der Flak Berlin telefonisch kurzgeschaltet, an den Start, als der schnelle Bomber die Weser erreicht hatte. Zwischen Nauen und Potsdam bezog ich in ungefähr 11 000 m Höhe meine Wartestellung, hart am Rande des Scheinwerfergebietes, das Berlin und Umgebung weit mit einem Durchmesser von etwa 60 – 70 km überdeckte.

Alles hing davon ab, daß die großen, am Rande aufgestellten 2-m-Scheinwerfer den hochfliegenden Holzbomber rechtzeitig erfaßten. Dann könnte ich ihn erwischen. Plötzlich ging ein großer Scheinwerfer an, strahlte schräg hoch nach Westen. Nichts als hin. Der Werfer schwenkte zügig in die Senkrechte, ein zweiter eilte hinzu, ein dritter half nach.

Da ist der glänzende Bursche. Ich kurve ein. Sehr spät, zu dumm. Ich habe mich verschätzt, bin 800 m hinter ihm. Vollgas, drücken, hinunter auf seine 9000 m. Kaum kommt er mir näher.

Da geht unten ein funkensprühender sich verstärkender Orkan los. Die Flak, auf der Lauer liegend, feuert regimenterweise. Ich denke, wenn diese Ladung oben ankommt, dann gute Nacht, Bomber. Aber auch er kennt das Spiel. Er legt sich in die Kurve, kaum daß oben die Begrüßungssalve zündet. Die Kurve aber schneide ich rasch ab. Erstaunlich, wie groß er jetzt wirkt und wie hell. Alle Scheinwerfer im Umkreis werden wie magnetisch von dem zweimotorigen Brummer angezogen. Ich, kleine Masse, kann unten nichts bewegen, scheint es; ich tänzle im Dunkel hinterdrein, schlenkernd, über Wattebäusche hüpfend – könnt' ein Splitterchen noch drin sein – ihm immer hurtig nach, näher und näher. So reicht's. Ich ziele, finster entschlossen, ihn zur Sperrholzwolke zu machen. Ich drücke. Da blitzt es vor meinen Augen. Mich blendet die eigene Leuchtspur. Glimmspur hätte gegurtet sein müssen, wie die Nachtjäger sie verwenden. Schlecht vorbereitet. Dummheit, Unerfahrenheit.

Aber meine Augen haben sich schnell angepaßt. Ich sehe wieder. Er hängt noch in der Kegelspitze. Aber mich haben sie jetzt auch. Verdammt! Sitze auf eigenem Spitzkegel. Die Werferbedienungen sehen nicht recht, wer da hinterherfleucht. Wen sie haben, den halten sie. Dennoch heftet sich mein Auge durch die milchige Luft an die ›Mosquito‹. Sie kurvt wilder als zuvor. Ich schlage einen harten eckigen Haken. Ich bin frei, im Dunkel. Aber der Engländer weiß es jetzt: Hier läuft etwas außer Programm. Flak – na, schön, lästig zwar. Aber Flak und Jäger auf einem Haufen – die Sache ist faul.

Die Salven liegen dicht geballt, hart an dem nächtlichen Eindringling. Nichts ist mit Splitterverdünnung. Weiter ihm nach. Jetzt plötzlich läßt die Flak ab vom Direktbeschuß, schießt Sperrfeuer, riegelt dem Bomber den Weg ab, damit ich besser herankomme. Das nenne ich Zusammenarbeit.

Wieder schneide ich seine Kurve, komme näher, komme ran, und ich blicke ihm aufs Dach, wie er herumfegt, und schieße abermals. Und abermals daneben, kein Brand, keine Holzsplitter. Ich habe viel zu wenig vorgehalten.

Nochmals schließe ich auf. Sprengwolken fliegen vorbei. Dann taucht er ins Dunkel, läßt Berlin hinter sich. Die Scheinwerfer bleiben zurück hinter ihm und hinter mir.

Schuster, bleibst du bei deinem Leisten?

Das frage ich mich ein zweitesmal, als ich aus der Maschine kletterte und der Wart knapp einen Meter hinter meinem Sitz seitlich einen deftigen Splittereinschlag feststellte.

Ich bin ganz still. Läßt es sich verantworten, in dieses Geschäft einzusteigen, andere hineinzuziehen, in Massen in das Gewitter zu fliegen? Man muß es besser organisieren, denke ich.

Manches Mal habe ich mit dem Wart und dem Fahrer vor der Übung oder auf den Einsatz wartend zusammengesessen. Beide waren aus Berlin. Beide hatten Luftangriffe auf die Wohnhäuser miterlebt und beide hatten gefragt, warum nicht ein Jäger hinaufginge, wenn die Brummer minutenlang im Scheinwerferlicht herumkurvten und ungezielt abwarfen. Ich selbst hatte es mehrfach beobachtet. So schleuderte jedem Leidgeprüften das furchtbare Schauspiel der Terrorangriffe die Frage ins Gesicht – warum ist niemand oben dort?

Wir drei befummelten den Einschlag.

„Schnauze halten, klar?"

„Jawohl, Herr Major."

Am nächsten Vormittag, um 10.00 Uhr, begann, wie üblich, die Marathonsitzung beim Generalluftzeugmeister. Seinem Generalstabsoffizier, Oberst von Loßberg, hatte ich bereits den Verlauf mitgeteilt. So war der Feldmarschall unterrichtet und erfaßte die Sache, nachdem ich ihm mit meinem Anliegen seit Monaten in den Ohren gelegen hatte. Er meinte, ich solle ihm nicht weismachen, daß ich eine ›Mosquito‹ eingeholt, geschweige auf diese hätte schießen können. Das wäre ja noch nicht einmal bei Tage möglich, da die Holzbomber auf den Radarschirmen keine Reflexe hinterließen und die Jäger nicht herangeführt werden könnten. Wenn das wahr sei, dann brauchte er nicht die He 219 zu produzieren, die der General Kammhuber verlangte. Größere Hilfe von seiner Seite brachte mir das Ereignis nicht ein. Es war schwer für ihn, die vom Nachtjagdinspekteur vorgegebene Auffassung beiseite zu schieben, daß die Zusammenarbeit von Jägern und Flakscheinwerfern erfolglos bleiben müsse.

General Galland erkannte jedoch hinter dem Mißerfolg den Erfolg. So ging er das Wagnis ein, darauf hinzuwirken, daß einige weitere Flugzeuge für mich abzuzweigen seien, so daß ich beginnen konnte, geeignete und gewillte Flugzeugführer anzuwerben. Die ersten holte ich mir aus der Flugzeugführerschule Brandenburg-Briest, wo Major Fruhner, mein Ausbildungsleiter von Ludwigslust, das Zepter führte. Tagsüber flogen die Angeworbenen ihren planmäßigen Dienst als Fluglehrer, gegen Abend fanden sie sich zu Übungen oder zur Sitzbereitschaft in Staaken ein, außerhalb des Dienstweges aufgrund persönlicher unverbindlicher Absprache. Zwei oder drei junge Offiziere aus Stabsstellungen hatten sich ebenfalls eingefunden, darunter einer, der mir vortäuschte, die Genehmigung seines Vorgesetzten zu haben. Den wahren Sachverhalt erfuhr ich erst, als er seinen Abschuß hatte. Da wollte er nicht mehr dichthalten.

Alle waren erfüllt von Optimismus und Begeisterung, 10−12 freiwillige Flieger, die den üblichen Militärflugzeugführerschein in der Tasche hatten.

Wir übten und übten, den Mai und Juni hindurch, aber es kam niemand mehr, an dem wir uns hätten messen können.

Mittlerweile forderte der Inspekteur der Nachtjagd nicht nur mehr, sondern auch bessere Flugzeuge, unter anderem die He 219, ein zweimotoriges zweisitziges Flugzeug mit Bugrad und sehr schöner Sicht aus der Kanzel und von hoher Geschwindigkeit. Sie sollte vornehmlich die ›Mosquito‹ bekämpfen. Die Streitfrage, ob das Flugzeug zu bauen sei oder nicht, sollte General Peltz klären. Er sollte das Flugzeug testen und ein Gutachten liefern. Peltz trug mir die Sache auf – ich hätte ja ohnehin begonnen, an der Sache zu drehen. Das Gutachten sollte ich niemandem zeigen. Es sollte allein und zuerst Göring lesen. Unabhängig und unparteiisch, wie ich somit war und sein sollte, rief ich den Inspekteur in Holland an und meldete ihm meinen Auftrag, in Rostock bei Heinkel das Flugzeug zu fliegen und zu testen. Er erinnerte mit Nachdruck daran, daß er das Flugzeug brauche und daß ich vor dem deutschen Volke eine große Verantwortung trüge. Hiermit war das Gespräch eigentlich beendet, doch stellte ich ihm anheim, einen erfahrenen Nachtjäger seines Vertrauens zu entsenden, der unabhängig von mir sein Votum abfassen könnte.

Als ich an einem Sonntag gegen Mittag in Rostock-Marienehe landete, konnte ich einen unserer glanzvollsten Nachtjäger begrüßen, Major Streib, und wir beide wurden wiederum von Professor Heinkel und seinen Konstrukteuren aufs wärmste empfangen und sogleich zu einem Gänsebraten gebeten, streng gesetzmäßig zugeteilt, wie der Professor auf meine entzückte Frage bemerkte. Nach dem Essen bedankte ich mich und drückte die Hoffnung aus, daß das Flugzeug so gut fliegen würde, wie die Gans geschmeckt hätte.

Die zum großen Teil bislang in der Nachtjagd verwendeten Typen Ju 88 und Do 217 waren aus dem Grundmuster der entsprechenden Kampfflugzeuge entwickelt worden. Sie waren mit Dingen behaftet, die in der Jagd als Mängel oder Behinderung angesehen werden mußten. Die Me 110 als Zerstörertyp war in anderer Weise nicht mehr voll ausreichend. Die He 219 flog leicht und leistungsstark, bot eine herrliche Aussicht, für die Nacht etwas entscheidend Wichtiges. Nachdem ich alle einschlägigen Kunststücke vollführt hatte, überließ ich Streib das Flugzeug, und ich konnte mir zusammen mit dem Professor und den übrigen Herren das Flugzeug von unten ansehen.

Zum Schluß der Vorführung sagte ich kein Wort, obwohl ich sehr höflich um eine Äußerung gebeten worden war.

Beiläufig meinte der Professor, es stünde gerade eine He 177 startbereit, ob ich nicht Lust hätte, sie zu fliegen. Er kannte mich von den Besprechungen beim Feldmarschall und wußte, daß ich Kampfflieger war. Natürlich hatte ich Lust, stieg mit Bordmechaniker ein – auf einen neuen Typ wurde damals ohne große Umstände eingewiesen – und ab ging es mit dem gewaltigen Viermotorigen, Fluggewicht um 30 t. Über dieses Flugzeug durfte ich sprechen. Und ich sprach aus Überzeugung und mit Herz. In meine gutachterliche Äußerung über die He 219 ließ ich einfließen, daß die ›Mosquito‹-Bekämpfung ja auch von den Einsitzern besorgt werden könnte, eine zunächst kühne Behauptung, die sich aber als richtig erweisen sollte.

Das war Wasser auf die Mühle des Feldmarschalls Milch – ein Wermutstropfen für den Nachtjagdinspektor. Man kann es nicht allen recht machen, sondern nur dem Ganzen. Der Weg dahin führt nur durch die Wahrheit.

Zurück nach Berlin: Nachdem ich mit der kleinen Schar weitergeübt hatte, schlug die Flakdivision vor, wir sollten uns in den Westen begeben, da in den kurzen Nächten das Ruhrgebiet Ziel der Bombenangriffe sein würde. Meinen Flugzeugführern machte das dienstliche Schwierigkeiten. Auch mußte die Zustimmung der Flakkommandeure im Westen gesichert sein. So mußte ich den verdammten Dienstweg marschieren. An dessen Ende, auf der Höhe, thronte der Generaloberst Weise, Befehlshaber Mitte, dem die gesamten Luftgaue mit der erdgebundenen Verteidigung unterstellt waren. Oberstleutnant Joachim Helbig, mein alter Kampfgenosse aus dem Mittelmeerraum, jetzt amtierender Inspekteur der Kampfflieger, teilte meine Ansichten, wie ich sie in der Denkschrift niedergelegt hatte, und war bereit mitzumarschieren.

In Berlin-Dahlem trafen unversöhnliche Meinungen aufeinander. Immerhin, es war ein Treffen, ein Meinungsaustausch, zu welchem bisher zwischen Flak und Nachtjagd kein dringender Anlaß bestanden hatte, da letztere fast ausschließlich in vorgelagerten Zonen kämpfte und der Flak die Arbeit in der Heimat überließ, eine Gebietsabsprache, die fruchtbaren Wettbewerb ausschloß.

Helbig hielt eine einführende Rede, bei der er auf die Schutzbedürftigkeit Berlins besonders einging, wegen der hohen Stäbe – wie schlau von ihm – auch der ausländischen Botschaften, der massierten Industrie und der Bevölkerung.

Feuerbeschränkung? Da wetterte der Generaloberst: Er habe 700 schwere Geschütze zur Verfügung, er dächte nicht daran, wegen einer Handvoll einsitziger Jäger seine Geschütze auch nur zum Teil stillzulegen. Feuerbeschränkung auf 6000 m? Die Masse der viermotorigen Bomber flöge höher, also sollte er wohl die Flak nach Hause schicken; darauf liefe es hinaus.

Ich sah die Felle davonschwimmen. Ich schlug vor, der Flak die

Höhen bis 7000 m hinauf freizugeben, dann hätten die Flieger einen kleinen Bereich zum Luftholen zur Verfügung. Von oben könnten sie von Fall zu Fall nach unten stoßen und sich einen Bomber herauspicken.

Der Generaloberst brummelte schon nicht mehr so drohend. Aber er wisse doch nicht, was meine Männer leisteten; wenn sie erst einmal bewiesen hätten, was sie könnten, dann ließe er mit sich reden, auch über 6000 m; zur Zeit müsse er jede Feuerbeschränkung ablehnen, deshalb sei der geplante Einsatz hinfällig.

Da schoß es aus mir ohne jede Überlegung heraus: Ich sei bereit, auch ohne jede Feuerbeschränkung.

Der Generaloberst sah mich eine Weile an, dann Helbig, dann wieder mich. »Wissen Sie, was da oben für Eisen herumfliegt? Tonnenweise. Tausende von Tonnen. Das sind Millionen Splitter. Da wollen Sie spazierenfliegen? Das ist doch kein Verfahren – das ist doch . . ., das ist . . .«

»Verfahren Wilde Sau«, ergänzten Boehm-Tettelbach (Flieger Ia op) und Ruhsert (Flak Ia op). Der Generaloberst fuhr fort: »Überlebt haben Sie ja die ›Mosquito‹-Jagd, wie ich sehe. Ich möchte aber nicht wissen wie.«

Ich zwang mich, an dem Splittereinschlag seitlich meines Balkenkreuzes vorbeizudenken.

Über das Quantum hatte ich mir bis dahin keine weiteren Gedanken gemacht, ich schätzte nur aus den in mein Unterbewußtsein gesunkenen Erfahrungen, daß die Tonnen sich über drei Dimensionen recht schön verteilen müßten, und so brachte ich siegesgewiß einige Daten aus meiner Bekanntschaft mit der gegnerischen Flakartillerie vor mit dem Stichwort ›La Valetta‹, wobei ich beifallheischend Helbig gerade ins Gesicht sah. Doch der schwieg ahnungsvoll, und dann kam der Knall. Das sei der Gipfel! Meine Flak mit der englischen Flak zu vergleichen!

Wenn nicht Boehm-Tettelbach gewesen wäre, der aus dem Umgang mit Ministern und höchsten militärischen Führern die Diplomatie studiert und praktiziert hatte, dann hätte am Ende des so vorschriftsmäßig beschrittenen Dienstweges Schimpf und Schande gestanden. Die Folgerung, die ich zog: Vorsicht künftighin beim Betreten des Dienstweges.

Das Fazit war: Wir durften im uneingeschränkten Flakfeuer jagen, vom Befehlshaber aus auch im Westen, bitte. Suchen Sie sich dort einen Flakkommandeur, der das mitmacht.

Nun spielten die Drähte. Oberleutnant i.G. Herzberg von der 1. Flakdivision meldete mich beim Luftgaubefehlshaber Schmidt in Münster an; der Einsatzplan sei mit dem Befehlshaber Mitte abgesprochen und genehmigt. In persönlicher Vorsprache beim General in Münster bestätigte ich dies in etwas ungenauen Redewendungen, bekam meinen Segen und die Anweisung, Einzelheiten mit dem Kommandierenden General des II. Flakkorps, Ruhrgebiet, zu besprechen. Diesen wiederum besuchte ich in Ratingen bei Düsseldorf, besprach mit ihm und seinem Ia, dem Major Vogel, Kieler wie ich und gleicher Abiturientenjahrgang, den gesamten Einsatzplan. Ich hatte meine Feuerbeschränkung auf 5 500 m in der Tasche.

Bevor ich erzähle, daß ich mich zu früh gefreut hatte, muß ich daran erinnern, daß ich mein Kampffliegerressort immer noch zu versehen hatte. Die dienstliche Pflicht führte mich auf den Fliegerhorst Garz bei Swinemünde, wo einige tüchtige Leute, unter der Mitverantwortung meines alten Fluglehrers Ernst Hetzel, die truppenmäßige Erprobung einer wahrhaft umwerfenden Waffe betrieben, nämlich einer vom Flugzeug abgeworfenen, mit einem Raketensatz beschleunigten Flügelbombe, die man durch Radioimpulse in das Ziel lenken konnte.

Ich nahm in einer He 111 neben dem Flugzeugführer und Beobachter als Gast in der Kanzel Platz, und hinaus ging es über das Wasser. Wir näherten uns dem Ziel, einem auf Grund gesetzten deutschen Frachter, der von einer englischen Mine beschädigt worden war. Der Kurs führte etwa 6 bis 8 km am Ziel vorbei, das allmählich von rechts voraus nach rechts querab auswanderte. Der Beobachter fragte mich, ob ich die Bombe auf die Kommandobrücke oder auf eine der Ladeluken gesetzt haben wollte. Ich lachte und sagte, ich wäre zufrieden, wenn er den Dampfer träfe. Nachdem er sich die 2. Ladeluke von vorn verordnet hatte – sie war nur als Punkt auszumachen – klinkte er seine Bombe aus. Zunächst für mich unsichtbar, da unter dem Rumpf aufgehängt, rauschte die Bombe plötzlich nach vorn und dem Flugzeug voraus, vom Raketensatz etwa 7 Sekunden lang angetrieben. In diesem Augenblick peilten wir den Dampfer rechts voraus.

Nun geschah das Erregende, Traumhafte: Die Bombe mit ihren kleinen Flügeln legte sich in die Kurve und nahm Richtung auf den Dampfer. Sie stand genau gegen dessen Bordwand. Der Beobachter erläuterte laufend seine Steuerung – ein wenig höher, etwas tiefer, so, jetzt etwas rechts. Die jetzt ohne Antriebskraft fliegende Bombe hinterließ einen Rauchsatz, der genaue Beobachtung und Steuerung gestattete.

Da der Aufschlag: Knapp über der Wasserlinie, in Höhe der 2. Luke. Was ich bisher nur im Stabe auf dem Papier und in Besprechungen mitverfolgen konnte, hier wurde es Ereignis, von dem ich sagen konnte: Du bist dabeigewesen. Während wir uns als Kampfflieger in vorsintflutlicher Art in das Ziel, in die Feuerglocke begeben mußten, um ein paar dürftige Prozente an versenkter Tonnage mit nach Hause zu bringen, dabei aber schmerzliche Verluste hinnehmen mußten, flog der neue Waffenträger außerhalb der Flakzone am Geleitzug vorbei, um mit um so größerer Sicherheit zum Erfolg zu kommen: 1 Bombe – 1 Treffer. Die viermotorige He 177, seit langem entwickelt, war der geeignete Bombenträger für die Geleitzugschlachten. Sie sollte nach meiner Auffassung von der Zweidrittel-Abrüstung nicht berührt werden. Englands Zufuhren insbesondere an Öl abschneiden zu helfen, das wäre ein guter Beitrag zur Luftverteidigung.

Zurück zum Westen: Auch der General Hintz, ein im Westfeldzug hochbewährter Flakartillerist, war nur verhalten begeistert, mit den Jägern auf so beklemmende Weise mitzumischen. Doch er und Vogel zogen aus den Erfahrungen der Abwehrkämpfe an der Ruhr eine Konsequenz, die ihnen nur zur Ehre gereichen konnte: Sie warfen ihren Waffenstolz über Bord und erkannten an, daß sie allein die britische Bomberflotte nicht zerschlagen könnten. Sie bezweifelten ernsthaft, daß die Kapazitäten auf Jagd und Flak richtig aufgeteilt seien und meinten, es sei an dem Verhältnis von Aufwand und Erfolg beider Waffen gemessen ein Gebot der Stunde, die Jagd auf Kosten der Flak zu stärken. Ich war überrascht: Wenn die Flak es selber sagte, mußte es stimmen. Sie erkärten sich bereit, uns das Feld ein weinig zu räumen. Wir sollten zeigen, daß wir es schafften. So setzte ich mich mit Vogel im Rektorenzimmer einer Ratinger Schule zusammen, und wir begannen, die Zusammenarbeit Flak/Jäger im Großeinsatz zu entwickeln und zu verfeinern. Im besonderen wurde festgelegt, daß die Flak auch in ihrer unteren Zone das Feuer auf einzelne Bomber einstellen sollte, sobald der darauf anpirschende Jäger ein Leuchtzeichen gab. Sonstige im unteren Bereich fliegende und beleuchtete Bomber sollten indessen nachhaltig und um so heftiger artilleristisch bearbeitet werden.

Alle gewannen Geschmack an der Sache. Das Flakkorps Ruhrgebiet versprach, das Verfahren in den Regimentern und Batterien zum

Gegenstand eingehenden Unterrichts zu machen. Das Entsprechende besorgte ich, von der Ruhr zurückgekehrt, bei meinen Flugzeugführern in und um Berlin.

Am 3. Juli 1943, gegen Sonnenuntergang, kam das Stichwort ›Einflug steht bevor‹. Ich rief Major Fruhner von Berlin aus an und bat für meine Männer um Nachturlaub. Der wurde genehmigt. Die drei Stäbler, die mir mit Dunkelwerden immer in der Ohrmuschel lagen, wurden ebenfalls ins Bild gesetzt. Einer flüchtete, so geschwinde wie begeistert, aus dem ›Café Kranzler‹ und trug volle 24 Stunden das Odium des uniformierten Zechprellers, für Volk und Vaterland, wie er sagte. Alle neune landeten wie vorbesprochen in Mönchengladbach. Als ich ungefähr eine Stunde später als zehnter, von Staaken kommend, nachhinkte, startete gerade der letzte des Trupps zum Einsatz. Nachtanken und hinterher war eins.

Wir kreisten in 6000 bis 7000 m Höhe über Essen und Duisburg, unbehelligt von Hintz' Flakartilleristen. Die Sache klappte also. Wir waren beruhigt. Der Bereich des II. Flakkorps erstreckte sich von Duisburg über Bochum weiter nach Osten. Im Süden war Düsseldorf eingeschlossen, während Köln von der 7. Flakdivision unter General Burkhardt, der General Hintz nicht unterstand, geschützt wurde.

In der Ferne beobachtete ich die ersten Abschüsse: Unsere Nachtjäger gingen den Bombern zu Leibe. Das war ermutigend, und die niedergehenden Feuerbälle erhellten gleichsam die Feindlage. Je weiter sich die Bomberkolonne durch die Verteidigungszone durchfraß, desto näher kamen auch die schrecklichen Feuerbotschaften. Dort mußte die Spitze der Bomberkolonne sein. Sie zielte nicht von Norden her auf das Ruhrgebiet, sondern strebte westlich über Krefeld daran vorbei, um dann plötzlich nach Osten einzubiegen. Wir hielten dorthin. Soll Duisburg oder Düsseldorf das Ziel sein?

Nur noch in einiger Entfernung flammte es in der Höhe auf. Die Bomberspitze, nunmehr außerhalb des Abwehrgürtels, blieb im Dunkeln. Erregt fragte ich mich, wo es jetzt losginge.

Plötzlich wogte ein riesiges Scheinwerfermeer vor mir auf, und während die Flak ihr Trommelfeuer entlud, rauschten von oben bunte Markierungsbomben der britischen Pfadfinder auf den Boden. Und schon barsten die ersten schweren Bomben nicht weit von mir, schräg unten.

Wir waren nicht beim General Hintz und seiner Flak, sondern über Köln-Mülheim im Bereich der 7. Flakdivision, die völlig ahnungslos ohne Unterschied Bomber und Jäger beleuchtete und unter Feuer nahm, sich weder um unsere Leuchtkugeln noch um unser Blinken mit Bauch- und Positionslichtern scherte. Es war ein Geballere um uns und ein Gehämmere unserer Kanonen vor uns, daß wir im Sommernachtsrausch des Kampfes die vielen Flaksplitter, und was sonst gefährlich sein konnte, vergaßen und mit heißem Ingrimm und heller Begeisterung durch den Hexenkessel jagten.

Es war die ›Wilde Sau‹ in Reinkultur.

Als der Spuk zu Ende war, lagen 12 viermotorige Bomber unten, und die Flakdivision, die bei den Angriffen zuvor nur 1 bis 2 Bomber abgeschossen hatte, wunderte und freute sich über das Ergebnis, bis ich für meine Flugzeugführer ebenfalls 12 Abschüsse in Anspruch nahm.

Der Handel begann damit, daß ich mich auf 10 Erfolge zurückzog, der Flak 2 überließ. Der Handel endete damit, daß wir uns auf 6:6 verglichen, ein schmerzliches Ergebnis für uns, aber ein Leckerbissen für die Flak, die uns nun förmlich bat, in das Verfahren einbezogen zu werden. Das sollte sich herumsprechen. Die gemeinsam geschlagene Abwehrschlacht von Jagd und Flak erregte in allen Luftgauen Interesse, und bald war ich überall ein gern gesehener Vortragsreisender.

Vorerst gab Generaloberst Weise in einem nach Mönchengladbach geschickten Fernschreiben seiner Freude über den ersten ›schönen Erfolg‹ Ausdruck,

> ». . . besonders im Hinblick darauf, daß Sie den Einsatz aus eigener Initiative und Entschlußfassung ohne jegliche Vorbereitung mit der Kölner Flakdivision über dem in der heutigen Nacht am stärksten angegriffenen Gebiet durchgeführt haben.«

Das ist kaum zur Hälfte richtig. Die Meute war gestartet, bevor ich einen Startbefehl geben konnte. Ich startete als letzter, und als erster hatte Friedrich Karl Müller mit der großen Nase sein Horrido gemeldet, bevor ich rufen konnte: »An alle – hinein!« Und wenn der Generaloberst gemeint haben sollte, wir wären bewußt in das hochzüngelnde, ungezügelte Feuer seiner Flak hineingeflogen, so konnte ich nur sagen »Aus Versehen«. Wer weiß schon, wo er nach einigem Kreisen und Hin- und Herfliegen noch ist, in einem Einsitzer? Unser Wissen und Wundern stellte sich erst im Laufe des Kampfes ein, aber sehr begrenzt: Wir wußten nicht, wo wir waren. Wir wußten nur, wo wir nicht waren – nicht bei Hintz.

Ganz klar sahen wir erst danach. Blinkte da nicht ein Drehfeuer in der Tiefe? Kennung?

Ein wenig rechts davon halten. Landung. Ausgerollt. Wo sind wir? Ein Mann mit Leuchte verriet es uns: Bonn-Hangelar.

Um 7.00 Uhr morgens rüttelte mich ein Mann aus dem Schlaf: „Der Reichsmarschall am Apparat."

Nachdem Göring den Maschinengewehrschützen in Döberitz angesprochen hatte, war es noch einmal zu ein paar freundlichen Worten im Oktober 1940 in Holland gekommen. Nun war es das dritte Mal. Er forderte mich auf, mich beim Generaloberst Jeschonnek, dem Generalstabschef der Luftwaffe, zu melden, und dann zu ihm zu kommen.

Ich entließ am frühen Morgen meine Gelegenheitsarbeiter Richtung Berlin, damit sie dort einer wohlgeordneten Tätigkeit nachgehen könnten. Ich selbst flog zum Führungsstab ›Robinson‹, seinerzeit, wenn ich mich recht erinnere, in Berchtesgaden, im Hotel ›Geiger‹.

Das erste Mal konnte ich selbst dem Generalstabschef meine Gedanken darlegen, die von der Rüstungsplanung ausgegangen waren. Er schlug vor, daß ich ein Jagdgeschwader mit Einmotorigen aufstellen sollte. Ich entgegnete, daß es dem Inspekteur der Jäger schwerfallen würde, die Frontverbände der Tagjagd entsprechend zu schwächen, und ging geradeaus auf die Abrüstung von zwei Drittel der Bomber zu. Das mittlere Kampfflugzeug schlechtzumachen, besaß ich aus meiner Fronterfahrung jede Sachkenntnis. Ich erwähnte auch, daß im Augenblick das gegen England eingesetzte Kampfgeschwader 2 so hohe Verluste habe, daß die Besatzungen nicht mehr als 12 Einsätze im Durchschnitt überlebten. Mit dem Umsteigen aus dem mittleren Bomber in den Einsitzer schlage man zwei Fliegen mit einer Klappe.

Der Generalstabschef nahm alles bedächtig zur Kenntnis, fast zustimmend, so daß ich den Eindruck gewann, die Fragen seien ihm geläufig. Er schloß ab: Ich jedenfalls sollte das Geschwader mit einmotorigen Flugzeugen aufbauen und dessen Kommodore sein.

Ich entgegnete, daß es nicht meine Absicht gewesen sei, mich in der Luftverteidigung einzurichten, ich habe nur anregen wollen. Mein Wunsch sei, mit einem Geschwader He 177 und mit ferngesteuerten Bomben im Atlantikkrieg tätig zu werden.

Jeschonnek sagte wörtlich: »Erst einmal machen Sie das hier. Wer soll denn sonst die ›Wilde Sau‹ führen?«

Natürlich gefiel es mir, sofort Kommodore zu sein und nicht

warten zu müssen, bis die He 177 in genügender Stückzahl bereitstünde.

So verabschiedete ich mich und ging ans Werk, bei welchem General Galland, mangels Mithilfe der Nachtjäger, großzügig, und häufig selbst in den sauren Apfel beißend, Hilfe leistete. Ich erhielt neben einer voll mit Flugzeugen ausgerüsteten Gruppe, die nach Bonn-Hangelar verlegt wurde, das Mitbenutzungsrecht bei zwei Tagjagdgruppen, in Rheine und in Oldenburg, wohin ich die entsprechende Zahl von Flugzeugführern entsandte. Die sogenannten Aufsitzgruppen waren damit geboren, eine Behelfslösung, die es ermöglichte, nachts diese Flugzeuge aus dem Skat zu nehmen und fliegen zu lassen.

Ich selbst ging im Stabe Gallands in die Lehre. Edu Neumann, Ia im Stabe, ein Afrika-Jägerführungsexperte, brachte mir das Schießen, zunächst an Hand von Abschußfilmen, in Theorie bei. Habe ich da gestaunt, wohin man zielen muß, um ein kurvendes Flugzeug zu treffen: Weit daneben nämlich. So rächte sich, daß ich mich früher in Nordhausen vom Tontaubenschießen meist gedrückt hatte. Auch hatte ich mein Heil nie im Waidwerk gesucht, nie auf Enten angelegt, um die richtigen Vorstellungen zu entwickeln. Nimrod Galland war besser auf die Jagd in den Lüften vorbereitet.

Göring, Oberbefehlshaber der Luftwaffe, hatte das natürliche Bedürfnis und den Anspruch darauf zu erfahren, was ich in seinem Bereich am nächtlichen Himmel treibe, woher ich die Maschinen, woher ich die Flugzeugführer hätte.

»Bruno, weißt du was davon?« fragte er seinen Weltkriegskumpan Loerzer, Generaloberst und Personalamtschef.

Der wußte es auch nicht, wie alles zusammengekommen war. ›Wilde Sau‹ also auch in der Organisation, im Nachschub. Beide sahen sich an, dann mich, lachten und meinten, das Ganze sei eine einzige Frechheit. Sie wurde mir mit Handschlag verziehen.

Göring erklärte, er habe den Befehl zur Aufstellung des Geschwaders gegeben und ich hätte Vollmacht, mir Flugzeugführer auszusuchen und ihn jederzeit aufzusuchen.

Ich war Feuer und Flamme und brummte los, brauchte nur bei den Schulen und Verbänden anzutippen, um mehr als genug Meldungen zu erhalten. Keiner ließ sich von den vielen Flaksplittern, die ich durchaus nicht verschwieg, beeindrucken.

Unter anderem besuchte ich General Coeler, meinen früheren Befehlshaber des IX. Fliegerkorps, jetzt Kommandierender des XIV.

Korps der Transportflieger in Tutow, und er bat mich nur , ihm nicht zuviel gute Leute wegzunehmen.

Die vielen, die sich bewarben und nachgerade bettelten, tönten keine großen Worte wie weiland 1914: »Mit Gott für Kaiser und Reich« oder »Für's Vaterland«, sondern meinten schlicht aber herzlich: »Wenn andere die Knochen hinhalten, wollen wir nicht gammeln.«

Wir schrieben Anfang Juli 1943. Ich hatte mir ausgebeten, bis Ende September in Ruhe gelassen zu werden. Die Flugzeugführer mußten über den Flakzonen mit den Scheinwerfern zusammenarbeiten und die zieldarstellenden Bomber anfliegen lernen, und nicht zuletzt war das Schießen zu üben. Und auch wilde Säue müssen den ihnen angeborenen Schweinehund zu bekämpfen lernen. Auch die Flakkommandeure mußten sich mit dem Verfahren vertraut machen, und ich mußte die Belange und Möglichkeiten der Flak studieren.

Das größere Problem stellte aber der Bewegungskrieg bei Nacht dar. Die geringe Stärke der Nachtjagd insgesamt, die der einmotorigen Nachtjagd insbesondere, verlangte Schnelligkeit der Operationen und mußte das Wachestehen an einzelnen zu schützenden Städten vermeiden. Von diesem Bewegungskrieg war in der Phase der taktischen Erprobung nicht zu reden. Es mutete schon wild genug an, sich über Berlin im Flakfeuer zu tummeln. Aber nachts zwischen Hamburg und München umherzuziehen, das wollte kaum jemand recht für ernst nehmen. Die Luftgaue, denen die Flak und die Flugmelderegimente unterstanden, auch die Jagddivisionen, hatten es mit der Ortung der Feindverbände schwer genug. Die Luftlage wär unübersichtlich geworden. Bislang waren selbst die zweimotorigen Nachtjäger nicht über so weite Strecken in den Kampf gezogen, und auch bei Tage beschränkte sich der von den Jägern bestrichene Raum im wesentlichen auf küstennahe Gebiete. Was tief im Reich herumflog, waren nur Feinde.

Um mit einer kleinen Zahl gegen einen überlegenen Gegner wirken zu können, muß man die Kräfte zusammenhalten und sich so dem Gegner stellen. Es war ein einfacher technischer, wohlbekannter aber selten geübter Trick, der dies ermöglichte: Es war der unter dem Rumpf befestigte Zusatzbehälter, der die Flugdauer des Einsitzers auf 2 bis 3 Stunden ausdehnte und ihm verhalf, weite Strecken zurückzulegen.

Diese Kampfführung stand im deutlichen Gegensatz zu dem im Küstenbereich eingerichteten funkmeßbestückten Stellungssystem. In einem Abschnitt von etwa 30 km war hier je 1 Flugzeug, bestenfalls waren es 2, angebunden, zwar präzise und erfolgreich auf einzelne Bomber angesetzt, doch gegen die in schmaler Kolonne mit großem Ungestüm durchbrechenden Engländer letzten Endes nicht sehr erfolgreich. War eine zweite und eine dritte Linie aufgebaut, so kämpften 3 bis 6 Nachtjäger gegen die erdrückende Übermacht. Die übrigen Nachtjäger lagen brach, wodurch das vorher erwähnte ungünstige Zahlenverhältnis noch weiter verschlechtert wurde. Ich wollte nicht anerkennen, daß das gegebene Funkmeßsystem, das die Einsatzstärke der Jagd so drastisch verminderte, das Maß der Dinge sein müsse. Ich war vielmehr der Meinung, die ich Göring immer wieder vorgetragen habe, daß nicht die Technik die Taktik bestimme, sondern umgekehrt, die Taktik die Technik zu kommandieren habe. Auf diese Weise fände man Techniken und Verfahren, Aushilfen, Listen und Tricks, die auf einer durch die Kriegsgeschichte geschaffenen festen Basis beruhten.

Die Beweglichkeit, die das Verfahren ›Wilde Sau‹ kennzeichnete, forderte ein weiträumig ausgebautes, zunächst rein optisches Navigationssystem, das sich über das ganze Reich und darüber hinaus erstrecken sollte. Nur mit einer solchen Hilfe konnten ganze Verbände in Marsch gesetzt, aufs Ziel gelenkt und schließlich auf Landehäfen zurückgebracht werden.

Beim Aufbau dieses Systems kam mir der Zufall zu Hilfe. Anläßlich einer Sitzung beim Feldmarschall Milch trug der aus besonderem Anlaß geladene Generaladmiral Witzel über die artilleristischen Erfahrungen der Marineflak vor. Diese schoß nämlich Leuchtgranaten über hohe dünne Wolken, die darunterfliegende Flugzeuge wie gegen eine Mattscheibe sichtbar machten. Der Generaladmiral, sehr mitteilsam und bezüglich des Verfahrens ›Wilde Sau‹ sehr wißbegierig, war gern bereit, mir zunächst einige hundert Stück der Leuchtgranaten zur Verfügung zu stellen. Diese ließ ich an die verschiedensten Orte fahren. Eine der dortigen Flakbatterien mußte, während der Nachteinsatz lief, in regelmäßigen Abständen ihre Granate oder eine Zweier- oder Dreiergruppe in 7000 m bis 8000 m Höhe schießen. Von Bonn aus konnte man sie über Kassel und Münster sehen, von dort über Leipzig und Magdeburg und so fort. Beauftragter für dieses Navigationssystem war mein alter Nachrichtenoffizier, Oberleutnant Holler, der mir schon in der Bomberei zwischen Nordafrika und dem Polarmeer großartig geholfen hatte.

So wurden die drei Jagdgruppen in Bonn-Hangelar, in Rheine und in Oldenburg unter den Majoren Stamp, Kettner und von Buchwald für den Nachteinsatz mit nichts anderem versehen als den Zusatzbehältern. Professor Tank war der erste, dem zu Ohren gekommen war, daß seine Flugzeuge bei Nacht flogen, was er, der Konstrukteur, zu erproben nicht unternommen hatte. Als zweiter, nach einer ganzen Weile, fragte mich Professor Messerschmitt, ob er mir helfen könne, ob irgendeine Änderung, ein Zusatz vonnöten wäre. Die Konstrukteure waren es gewohnt, daß sie mit Sonderwünschen überfallen wurden. In diesem Falle waren beide Herren außerordentlich erstaunt und hoch beglückt, daß ihre Sonnenvögel sich auch als Nachtvögel bewährten.

Ich war fest überzeugt, daß wir den Engländern erhebliche Verluste beibringen würden, wenn ich nur daran dachte, wie die dicken Brummer in den letzten Nachtangriffen minutenlang in den Scheinwerfern gefangen waren und von der Flak meist ohne sichtbaren Erfolg beschossen wurden. Wenn die Engländer bis dahin durch die geführte dunkle Nachtjagd rund 5 Prozent bei jedem Einsatz verloren, so nahm ich an, daß mit der Mobilmachung der übrigen zweimotorigen Nachtjäger und unter Aufbietung der einmotorigen mindestens weitere 5 Prozent würden abgeschossen werden können. Nach dem Erfolg von Mönchengladbach hatten sich einige Zweimotorige bereits heimlich zu freier Jagd aufgemacht, doch hingen sie ihren Erfolg nicht an die große Glocke, sondern meldeten Abschüsse nach Dienstvorschrift – im ›Himmelbett‹, wie das Tarnwort lautete.

Vorerst war ich noch zur guten Hälfte in meinem Kampffliegerressort tätig. In Verfolg des Gedankens, mit dem neuen viermotorigen Bomber auf den Atlantik zu gehen, suchte ich den Inspekteur ›See‹ der Luftwaffe, den General Moll, auf, um dessen Pläne kennenzulernen. Ich erfuhr von ihm die wichtigsten technischen Daten des sechsmotorigen Flugbootes BV 222 und des im Entwicklungsstadium befindlichen größeren Stücks, der BV 238. Die Tatsache, daß Blohm und Voss das Versuchsmuster eines flugbereiten asymmetrischen Stuka anbot, gab mir Gelegenheit, nach Finkenwerder zu fliegen und mit dem Chefkonstrukteur Vogt zu sprechen.

Die BV 222 schien mir geeignet, in Zusammenarbeit mit U-Boot-Tankern und Überwasserstützpunkten einen erfolgreichen Luftkreuzerkrieg entlang der 20 000 km langen Ostküste der Westhemisphäre zu führen, deren Staaten fast alle Deutschland den Krieg erklärt hatten. Die BV 222, mit einem halben Dutzend eingesetzt, hätte zwar nur Nadelstiche versetzen können, die aber keineswegs unempfindlicher hätten sein müssen als die gegnerischen ›Mosquito‹-Angriffe.

Die Flugzeuge konnten in den ruhigen Breiten wassern, dort Kraftstoff und Bomben aufnehmen, sich wochenlang fern der Heimat aufhalten und überraschend feindliche Küstenziele oder Handelsschiffe angreifen.

Feldmarschall Milch sagte zu meinem Vorschlag, eine BV 238 koste ihn 50 Jäger. Ich hielt entgegen: Sie müsse keinen einzigen Jäger kosten, aber 25 von diesen unmöglichen mittleren Bombern. Wenn daraus schon keine Jäger gemacht würden, dann wenigstens solche Brummer, die an fernen Küsten ein Mehrfaches an feindlichen Jägern binden würden, die nicht nach Europa kämen. Das wäre auch Luftverteidigung. Als Beispiel führte ich dem Feldmarschall unsere lange Küste vom Eismeer bis nach Biarritz vor Augen. Soviel an überwiegend ungenutzter Kapazität an Flak, Radar und Jägern lag auf dieser langen Strecke! Wie würden die Südamerikaner um Hilfe schreien, wenn dort jede Woche eine Bombe fiele! Was wäre in den Staaten los, wenn wichtige Ziele unverteidigt blieben!

Das war moderne Seekriegführung, eingegeben von den Strategen des IX. Fliegerkorps und des Oberleutnants zur See Friedrich, der uns Kampffliegern die Auswirkungen der Operationen des Graf Speeschen Ostasiengeschwaders auf die Verhältnisse im Südatlantik, von Argentinien bis nach Südafrika, so plastisch geschildert hatte. Südafrika, frisch von den Briten unterworfen, habe gewackelt, bis die Speesche Flotte bei den Falklandinseln unterging.

Ich wollte von dieser Vorstellung nicht abgehen. Ich bat den Konstrukteur Vogt in Finkenwerder, mir die BV 238 in seiner Halle zu zeigen. Auch lud er mich ein, die BV 222 zu fliegen. Ich wurde mit einem Mechaniker im Motorboot hinausgefahren, bestieg mit ihm das Flugboot, und schon war es soweit. Der Mann nahm den Sammelgashebel in die Faust und schob alle 6 Einzelhebel nach oben und vor sich her. Ab ging die Seefahrt, bis ich hörte: »Denn wüll'n wir mol langsom hoch, nääch.«

Von da ab war Luftfahrt, hinüber zur Alster, in einer hübschen leichten Biege, die ein Sportflugzeug nicht eleganter vollführt hätte, zurück zur Elbe und wieder hinein in die Elbe.

Ich war begeistert und wäre am liebsten gleich als Pirat in See gestochen, zum Handelskrieg neuer Art.

Mir war es nicht genug, einen technisch-taktischen Vorschlag unterbreitet zu haben. Schwierigkeiten, ihn durchzuführen, konnte ich nicht übersehen. Doch wenn der Verwirklichung Gedanken und

Gefühle entgegengestellt wurden, die ich nicht für erheblich halten konnte, begann ich, mich zu erregen oder zu verzehren. Die Frage, wie lange ein solcher Bau dauert, ist nicht als erste aufzuwerfen, gewissermaßen resignierend, sondern zuerst zu beantworten, was das Flugzeug an Erfolg und an Entlastung bringen kann. Kann man dann ja sagen, wird sich auch ein Weg, auch ein schneller finden.

Mit einem weiteren Gedanken verursachte ich Heiterkeit.

In einem Papier hatte ich niedergelegt, daß die Platte ›U-Boot-Krieg‹ nach den Erfolgen und Mißerfolgen des Ersten Weltkrieges nicht ein zweites Mal mit Aussicht auf Dauer aufgelegt werden könnte. Ich hatte es im Nordmeer gesehen: Wenn wir nicht die Schiffe aus dem Konvoi herausgebombt hätten, wären die U-Boote kaum zum Schuß gekommen, oder sie wären durch die starke Bedeckung vernichtet worden.

Ich rechnete aus, daß eine He 177 in drei Wochen zehnmal mit je 4 ferngesteuerten Bomben an den Feind gelangen könnte, ein U-Boot in der gleichen Zeit jedoch nur einmal mit seinen Torpedos, wenn es überhaupt in dieser Zeit den Feind gesichtet hätte. Denn sein Überblick ist winzig im Vergleich zu dem einer fächerfliegenden Staffel. Jedes Flugzeug sieht ein Mehrfaches. Also hätte man die Kapazitäten von der Marine zur Luftwaffe zu verschieben, wenn nicht zur Luftverteidigung, dann zugunsten der operativ einzusetzenden, aufrechtzuerhaltenden Kampfluftwaffe, dem besagten Drittel.

Werner Baumbach, hervorragender Schiffsbekämpfer im Sturz- und Torpedoanflug, der im Sommer 1942 meine alte liebe Gruppe, die III./KG 30 des Adlergeschwaders in Nordnorwegen, Bardufoss, übernommen hatte, inzwischen amtierender Inspekteur, las mein Papier, stand auf und sagte: »Sie haben recht. Sofort ins Auto, hin zum Admiral Dönitz.« Baumbach, Seespezialist, war dem Admiral wohlbekannt. Wir fuhren unangemeldet im Hotel am Steinplatz, Hardenbergstraße in Berlin, vor und ließen uns melden. Da kam der Admiral im Mantel, mit blauem Aufschlag und mit Mütze auf dem Kopf aus seinem Arbeitszimmer, um zu Tisch zu gehen. »Was wollt Ihr«, fragte er.

Baumbach sagte in seiner fröhlich-lächelnden Art, indem er auf mich wies, ich hätte wichtige Überlegungen angestellt, die der Admiral wissen müsse.

Im Vorraum ließ sich der Admiral in einem Sessel nieder, nahm seine Mütze ab und sagte: »Ich höre«.

Ich rückte mit der ›Platte‹ heraus, die das zweite Mal nicht so gut lief, und stellte meine Zahlen vor, die besseren Sichtverhältnise, kurz, ich summierte den in den Torpedos an Bord befindlichen Sprengstoff und verglich diesen mit dem in den Bomben befindlichen, um dann über den Zeitraum von drei Wochen hin, die Dauer einer durchschnittlichen Seeunternehmung, das Verhältnis – sagen wir mit 1:10 – zugunsten der Luftwaffe zu verkünden, sehr siegesgewiß.

Der Admiral wollte wissen, ob unsere Flugzeuge besser träfen als die U-Boote mit ihren Torpedos. Dazu konnte ich glücklicherweise über meine Erfahrung mit der angepeilten Ladeluke, aber auch aus dem weiteren Überblick über die Materie wichtige Erkenntnisse beisteuern.

Der Admiral sah mich sehr aufmerksam an. Dann dachte er eine Weile nach und fragte Baumbach, ob das auch seine Meinung wäre. Natürlich sei es seine Meinung, sonst wäre er nicht gekommen.

Wieder dachte der Admiral nach. Eine Viertelstunde war inzwischen vergangen. Dann sagte er unvermittelt: »Und ich soll wohl bei Euch Obergefreiter werden.«

Er lachte und stand auf. Er dankte für unseren Besuch und versprach, über die Sache nachzudenken.

Damals lief die ›Platte‹ noch einigermaßen. Aber der Gegner arbeitete bereits an einer tödlichen Gegenwaffe.

Von Berlin aus hatte ich das Nötige auch für die Nachtjagd organisiert. Allmählich wurde es Zeit, mich mit dem Geschwader vertraut zu machen, nach Bonn zu gehen und mitzuüben. Aber es blieb noch Zeit, die Me 262 in Augenschein zu nehmen, den neuen Wundervogel, der ein neues technisches Zeitalter eröffnete und der, in einigen hundert Stück eingesetzt, die feindliche Luftüberlegenheit zu brechen imstande war. Ich vertrat den Standpunkt, daß dieses Flugzeug, wie auch die herkömmlichen Jäger, durchaus mehrere Zwecke zu erfüllen hätte, sowohl – von Fall zu Fall – Bomben tragen wie auch als Tag- und Nachtjäger wirken sollte. Mein Bemühen um ein Nachfliegen begegnete erheblichen Hindernissen, die ich mit aller Gewalt zu überwinden trachtete. Dabei platzte mir der Kragen, wie der Brief des Generalluftzeugmeisters, Amtschef Vorwald, vom 28. 5. 1943 an Oberst i.G. Peltz beweist:

»Ich bitte, von sich aus Major Herrmann auf das Unmilitärische seines Verhaltens aufmerksam zu machen, das ich besonders darin sehe, untergeordneten Persönlichkeiten gegenüber Redewendungen, wie aus der Meldung hervorgeht, zu machen.«

Die dem Schreiben beigefügte Meldung ist heute nicht mehr in meinem Besitz.

Der Zweck heiligt böse Mittel, nicht aber den gerechten Zorn. Also aufgerafft und Reue zur Schau gestellt, manierlich gefragt, und schon saß ich bei glühender Julihitze, vollständiger Windstille und dünner Luft in Lechfeld am Steuer einer Me 262. Lahm war das Anrollen, mäßig die Fahrt in der Mitte der Startbahn und gerade ausreichend zum Abheben am Ende. Dann aber zog der Vogel hinan, mit 550 km/h und fast 30 m in der Sekunde steigend. Die gezackte Alpenkulisse vor mir und bald das Gebirge als ein bizarres graubraun-weiß Gesprenkeltes unter mir. Der Fahrtzeiger schwenkt auf nie geahnte Werte – 800, 900 und wahrhaftig, es sind 1000! Herr der Heerscharen, gib uns davon 600 Stück, und wir werden den Himmel über Deutschland reinfegen, wir schießen und bomben die Schreckensbringer auf ihren Plätzen zusammen, und auch die Landungsflotte, wenn sie kommen sollte. Dieser edle Vogel bringt uns Heil und Erlösung.

Aus dem Traum weckt mich die Stimme meines Einweisers am Boden – ich solle mich über dem Platz sehen lassen. Dann höre ich ihn sagen – man drehe mit dem Flugzeug eine ausgezeichnete Rolle. Und dann sollte ich auch den Tiefflug probieren.

Es war ein Ereignis, das meine fünf Sinne nicht sogleich verarbeiten konnten. Aber ich empfand das große Ereignis, und auch in diesem Falle durfte ich sagen: »Du bist dabeigewesen.«

Die Mehrzweckverwendung des Flugzeugs schloß meiner Meinung nach unbedingt den Nachtjagdeinsatz ein. Aber da tauchten die Bedenken auf: Mit dem Feuerschweif zu fliegen, den man auf Kilometer sieht? Mit dieser überschnellen Maschine bei Nacht? Viel zu schnell bei der Annäherung an den Bomber!

Ich war inzwischen ziemlich ängstlich geworden, mit neuen Vorschlägen aufzuwarten. Ich wollte meine Glaubwürdigkeit wegen der laufenden Bemühungen nicht aufs Spiel setzen. Manche Fachleute rieten, man solle die ›Wilde Sau‹ einfangen, bevor sie sich den Hals bräche. Ich wollte mir den Hals keineswegs brechen. Also hieß es, mit einiger Vorsicht zu probieren, und siehe, es dauerte nicht mehr lange, daß die Me 262 nachts wie selbstverständlich über Berlin die ›Mosquito‹ jagte.

Nun aber hieß es, die Zelte in Berlin abzubrechen. Auf zum Westen!

11. KAPITEL

Wilde Sau

Tag- und Nachtbomberangriffe der Westalliierten. Sowjetische Offensive. Deutsch/italienische Kapitulation in Nordafrika. Entmachtung Mussolinis. Alliierte Landung auf Sizilien und auf dem italienischen Festland.

Es war ein heißer, schwüler Tag im Juli des Jahres 1943. Hier und da quoll die Luftfeuchte zu blendend weißen Türmen auf. Ich saß in kurzen khakifarbenen Hosen und ebensolchem Hemd, von Nordafrika mitgebracht, im Fieseler ›Storch‹ und flog vom Rhein her die Sieg hinauf, ganz niedrig, gedrosselt, und spähte nach einem geeigneten Landeplatz. Gemächlich zog ich an der Schmalspur-Bimmelbahn vorbei, die sich gen Waldbröhl mühte. Vor mir heizte der Motor wie ein Backofen, daß meine Schienbeine zu schmerzen begannen, und von oben sengte die Sonne. Alles Metall glühte in diesem fliegenden Gewächshaus. Ich knöpfte den Kragen auf und versenkte das Halsgebinde in die Brusttasche. Rechts lag Hennef, links Schloß Allner, das unser Max Pill, betriebsamer Verwaltungsbeamter des Geschwaders und als solcher Quartiermacher, in dem angegebenen Planquadrat erkundet hatte. Beweglichkeit des Stabes war vonnöten, demzufolge auch ein ›Storch‹-Landeplatz. Was ich aber im Wiesengrund längs der Sieg unterhalb des Schlosses ausmachen konnte, war wenig einladend: Zwar hübsch grün und eben, nicht von heimtückischen Entwässerungsgräben durchzogen, aber ziemlich schmal und, was schlimmer war, sehr kurz. Eine besondere, nicht übersehbare Hürde war von Menschenhand errichtet. Die bestand aus einer aus vier Drähten straff gespannten, die Wiese halbierenden, just mit zwei Beinen auf ihr stehenden Hochspannungsleitung, Langsam kurvend beäugte ich die Fläche und schätzte die Höhe der Leitung nach der Länge der Mastschatten, in der Absicht, darunter anzufliegen. Wozu soll man sich die Mühe machen, eine Hürde zu überklettern, wenn man drunter durchkriechen kann. Übungen dieser Art hatte es schon in der infanteristischen Ausbildung gegeben. Also Landeklappen raus und langsamer Anflug, auf die Hürde zu, die jetzt wie ein Tor aus Draht und Eisen erschein. Da saß ich schon, rollte und passierte die grimmigen Masten und stand.

Hier war ich also, von wo aus ich in den nächsten Wochen mit dem Vogel ›Storch‹ nach Bonn-Hangelar, 10 km entfernt, hinüberhüpfen sollte, um dort meine Me 109 zu schicksalhaften Nachtunternehmungen zu besteigen.

Mit Bedacht hatte ich den grasbewachsenen Flugplatz Bonn-Hangelar ausgesucht, in der Hoffnung, von hier aus nach Norden und Süden gleich rasch vorstoßen zu können, um dort zur Stelle zu sein, wo die britische Bomberflotte ihre schreckliche Fracht abladen wollte.

Nach einigen Tagen war im Schloß, in Nebengebäuden und im Gelände alles Nötige hergerichtet. Oberleutnant Holler, unser Nachrichtenoffizier, hatte Bündel von Telefon- und Fernschreibleitungen verlegt, die Funkstelle eingerichtet; die Verdunkelung war geprüft und vervollständigt, die Fahrzeuge und auch mein ›Storch‹ standen gut getarnt.

Die für einen Haufen junger, unbändiger Offiziere, Unteroffiziere und Mannschaften zu hoch gebildete Schloßherrin wußte ihre vorsichtigen Bedenken anläßlich seltener Auftritte in förmliche Freundlichkeit zu kleiden. Doch traute ich dem Frieden nicht, bis die hochgewachsene, leicht ergraute Dame durch Zufall eines aufgeschlagenen Büchleins, auf einem Gartenstuhl zurückgelassen, ansichtig wurde. »Trost bei Goethe« war in goldenen Lettern in das Leinen gedruckt, ein ›Trost‹, der mich aus friedlicher Zeit bis hierhin begleitet, mir aber gelegentlich den Spott der Landsknechte eingebracht hatte: Ich sei nicht bei Trost, ausgerechnet bei Goethe, Trost zu suchen.

Nun aber entspann sich zwischen der Dame und mir ein lebhaftes Gespräch, bei welchem der ganze Kreis der Schöpfung ausgeschritten wurde, eingeschlossen Johann Sebastian Bach, der – »Sie wissen es natürlich« – von Goethe hoch geschätzt worden sei. In den Mittelpunkt des Kreises stellte die Kunstbegeisterung versprühende Dame, als Inkarnation gewesener Größen, Wilhelm Furtwängler, von welchem sie die sechs Brandenburgischen Konzerte auf Langspielplatten ihr eigen nannte. »Herrlich, Sie müssen sie hören!« Und als ich nickte, wurde mir das Goethezimmer des Schlosses mit herrlichem Ausblick auf das Siebengebirge als Arbeitszimmer zu Lehen gegeben, mit der Auflage, die Telefonleitung dorthin nicht im Inneren des Schlosses, sondern von außen hoch und durch das Fenster zu ziehen. Das und die allseitige Einhaltung der Etikette zu geloben, bestand kein Anlaß mehr, nachdem wir ehrfurchtdurchrieselt erfahren hatten, unsere Herrin sei die Nichte unseres Grafen Zeppelin. Ob dieser Geist- und Luftverwandtschaft war es nur natürlich, daß sich die Tochter des Hauses mit aller ererbten Heftigkeit um einen Rundflug in unserem ›Storch‹ bewarb und diesen, hinter meinem Rücken, erzwang.

Nachdem ich, mit je einem eingeschobenen Ruhetag, mit Bachscher Musik veredelt, die Platte Nr. 4 zu Ende gehört hatte und die Bewohner zur Ruhe gegangen waren, öffnete unser nimmermüder und findiger Max Pill umständlich die Tür und arbeitete sich mit einem Teetablett vor dem Bauch hindurch. Auf glitzernden chinesischen Drachen kauerte ein Igel.

»Der Ersatzmann für den Keiler, den ich Ihnen versprochen habe. Immerhin auch ein widerborstiges Tier.« Wir wollten dem Ruf unseres Geschwaders ›Wilde Sau‹ gerecht werden; und so hatte ich aufgerufen, mir den Kopf eines Keilers herzuschaffen, noch frisch und bluttriefend, erlegt auf freier Wildbahn, oder ausgestopft und präpariert, von einem Metzger oder Gastwirt oder einem Förster gegen eine Flasche Hennessy eingetauscht. Doch das sollte noch seine Zeit dauern.

Der kleine Gast durfte erst einmal neben mir auf dem Sofa Platz nehmen. In seiner stacheligen Wehr trotzte er der unbekannten, feindlichen Welt, nicht anders als wir selbst. Aber, o weh, bald war aus dem stacheligen Gehege des Igels ein gutes Dutzend flohähnlichen Getiers entwichen und hüpfte im Lampenschein munter über den Tisch. Und das im Goethezimmer. Wenn das die hohe Herrin sähe!

Die Vorbereitungen liefen weiter. Mit dem General Burkhardt, 7. Flakdivision Köln, kam ich zu allerbester Verständigung. General Hintz lud mich zu einer Besprechung nach Essen ein, wohin er mit seinem Stabe inzwischen verlegt hatte. Auf der Rennbahn Essen-Mülheim ließ ich mich mit dem ›Storch‹ nieder und eilte zu der Besprechung, auf welcher ich die Kommandeure und Batteriechefs in Schaftstiefeln und umgeschnallt antraf, während ich in Khaki-Shorts und ebensolchem Hemd erschien, Füße in Sandalen und weiß besockt. Mir war von dem Zuschnitt dieses Treffens nichts mitgeteilt worden, auf welchem man von mir eine weitere Erleuchtung über das Wesen der ›Wilden Sau‹ erfahren wollte.

Am 24. Juli 1943 wurde ein englischer Nachtangriff auf Hamburg im Rundfunk bekanntgegeben. Nur die dunkle, geführte Nachtjagd war eingesetzt worden. Wir, ›Wilde Sau‹ im Jagdgeschwader 300, waren noch im Aufbau.

Mein Ausbildungsprogramm war angespannt. Ich hatte keine Möglichkeit zu beschleunigen. Vor mir wußte ich 5—6 Wochen, die ich dringend benötigte. Andere Waffengattungen schulten ihre Flugzeugführer monatelang in Ergänzungsgruppen, bevor sie zu den Frontverbänden geschickt wurden. Ich befürchtete jedoch während der Warte- und Ausbildungszeit, daß man mich heranziehen würde, wenn es brenzlig werden sollte. Dieses In-die-Bresche-Springen war in der Luftwaffe gang und gäbe, kein Wunder bei den angespannten Verhältnissen.

Wie befürchtet, rief am Vormittag nach dem Angriff auf Hamburg Oberst i.G. von Brauchitsch aus Karinhall an. Die Frage konnte nicht anders lauten als: »Wie weit sind Sie?« Dann war Göring selbst am Apparat. Wieder dieselbe Frage. Antwort: »Frühestens Mitte September.«

Der Reichsmarschall sagte in verhältnismäßig ruhigem, aber doch eindringlichem Ton, daß ich heute nacht mit allen verfügbaren Kräften bereit sein solle; es sei Schlimmes passiert, erdbebengleich. Das übrige erführe ich per Fernschreiben.

Das Fernschreiben traf ein: Die geführte Nachtjagd sei durch Störung, massenhaften Abwurf von Stanniolstreifen, ausgefallen; es seien kaum Abschüsse erzielt worden; das Maß der Zerstörung sei groß; ein weiterer Schlag auf Hamburg sei zu befürchten.

Daß ich im Laufe des Tages noch mehrfach ans Telefon gerufen wurde, bestätigte mir, daß es in Hamburg zu einer Katastrophe gekommen sei oder daß diese sich noch entwickele.

Als die Engländer in der folgenden Nacht, etwa um 23.00 Uhr, mit der Spitze ihrer Kolonne die Mitte der Nordsee überschritten hatten, starteten wir in Bonn mit etwa 25 Flugzeugen Richtung Bremen, mit der Voraussicht, dieses könne das Ziel sein, aber auch Hannover, Hamburg, Lübeck, Kiel.

Es war das erste Mal, daß einmotorige Jäger nicht vor der Haustür jagen sollten, sondern in der Ferne. Die Nacht war sehr dunkel, und unsere Leuchthilfen waren nur unvollständig eingerichtet. Manchen Flugzeugführer packte in der Schwärze der Nacht das Gruseln. Etwa ein Drittel der Leute kehrten um. Aber der größere Teil, Flugzeugführer aus Bonn-Hangelar, von Rheine und Oldenburg näherten sich dem Schlachtfeld. In der Ferne brannte Hamburg.

Es war wieder Hamburg. Das Grauenhafte, über dem wir uns über Hamburg heißkurbelten und ungefähr 20 Bomber abschossen, ist hinreichend bekannt. Im Anschluß daran landete ich in Lüneburg und betrat die Flugleitung in dem Augenblick, als ein feindlicher Nachtjäger eine Garbe durch das Gebäude schoß. Als ich mit vielen meiner Einsitzer im Morgengrauen nach Bonn startete, zog über den Himmel von Hamburg her eine schwere, breite, schwarze Rauchfahne.

Wiederum waren die geführten Nachtjäger kaum zum Erfolg gekommen.

Als das Hamburg-Drama zu Ende war, setzte Göring verschiedene Besprechungen an. Daß er den Kommandierenden General des XII. Korps, der Nachtjäger, im meiner Anwesenheit streng tadelte, berührte mich peinlich, noch peinlicher aber die Tatsache, daß er meine Leistung übermäßig herausstellte.

Vor einer der nächsten Besprechungen hatte Göring erfahren, daß ich bereits im Herbst vorigen Jahres das Verfahren, in Zusammenarbeit mit den Flakscheinwerfern über den Städten zu jagen, vorgeschlagen hatte und daß ich diese Versuche ohne Unterstützung, vielmehr unter erkennbarer Mißbilligung des Generals hatte durchführen müssen und daß er nach meiner ›Mosquito‹-Begegnung über Berlin, insbesondere aber nach dem Erfolg von Köln, untätig geblieben war. Alle diese Vorhaben und angebahnten Erfolge hatten sich in den Stäben herumgesprochen, waren sogar zu den Einheiten des Jagdkorps gedrungen, die schon in Einzelfällen bestrebt waren, ihren eigenen Bewegungskrieg zu machen.

Ich wurde aufgefordert, diese Meldungen zu bestätigen oder richtigzustellen. Ich bestätigte. Der Reichsmarschall erklärte darauf in scharfer Sprechweise: »Ich unterstelle Ihnen das XII. Jagdkorps.«

Ich hätte General Kammhuber die nötigen Befehle zu geben, ich sei verantwortlich für alles, was jetzt geschehe; ich hätte schnell zu handeln.

Er wandte sich an von Brauchitsch und befal, daß die entsprechenden Fernschreiben fertiggemacht würden. Dann ließ er mich mit von Brauchitsch allein.

Wohl selten hat in der Geschichte der Kriege ein Soldat einen Befehl erhalten wie diesen. Der Major soll dem Kommandierenden General Befehle geben!

Wohin war ich geraten mit meinen Plänen. Sie ließen sich alle so leicht ausdenken am Schreibtisch, unter dem Dach der Autoritäten, die abzeichnen, genehmigen und die Verantwortung tragen mußten. Nun stand ich auf einmal da, schutzlos, mit dem Auftrag, die gähnende Gefahr verantwortlich zu meistern, in der Katastrophe, von heute auf morgen, einem grimmig zu unserer Vernichtung entschlossenen Feind entgegenzutreten.

»Bin ich verrückt oder hat er Spaß gemacht«, fragte ich von Brauchitsch. Er empfahl mir, das Buch »Dschingis Khan« zu lesen, dann wüßte ich mehr. Das Buch hatte ich nicht gelesen, also wußte ich nichts.

Ich weigerte mich, an diesem Verfahren mitzuwirken, versprach aber, alles zu tun, was zum gewünschten Ergebnis führen würde. Ich wollte sofort zum XII. Korps nach Deelen in Holland fliegen, mich mit den Offizieren des Stabes, Oberst i.G. Hoffmann, Heiner Wittmer, Müller-Trimbusch und Dyrchs zusammensetzen und die bewegliche Jagd, die die Engländer nicht störten, mit allen technischen, fliegerischen, taktischen und navigatorischen Einzelheiten erläutern. Der Stab möge es dann mit Kammhubers Unterschrift in die erforderlichen Befehle und den Kommandeuren zu Kenntnis bringen.

Brauchitsch wollte dies dem Chef am nächsten Morgen beizubringen versuchen, ich sollte aber sofort losfliegen.

Als der Reichsmarschall mir mit solcher Wucht die Befehlsgewalt auf die Schultern gelegt hatte, empfand ich das übermächtige Verlangen, sofort auf klare Verhältnisse zu dringen, das heißt, mich unmißverständlich zu weigern, dem Kommandierenden General Befehle zu geben; vielmehr dessen Ablösung anheimzugeben und mich an seine Stelle zu setzen. Ich wußte, ich war der Mann der Stunde. Alle sagten es mir.

Göring wäre gezwungen gewesen stattzugeben. Noch in den folgenden Tagen ging ich mit dem Gedanken um. Ich mochte den Schritt nicht tun. Täte es der Reichsmarschall nicht, wollte ich ihn auch nicht erpressen, etwa mit der Bemerkung, daß ich mich außerstande sähe, ohne Befehlsgewalt, gerichtsherrliche und Disziplinarbefugnisse oder die Möglichkeit, Soldaten auszuzeichnen oder zur Auszeichnung vorzuschlagen, eine Luftverteidigung aus der Niederlage heraus aufzubauen und Männer in diesen schweren Einsatz zu führen. In der Folgezeit habe ich manchmal bedauert, wenn es Schwierigkeiten gab, die vorauszusehen waren, nicht so gesprochen zu haben.

So flog ich zunächst nach Deelen. In kameradschaftlichem, herzlichen Einvernehmen saß ich mit dem Stabe des Generals einen Tag, eine Nacht und noch einen Tag zusammen. Keiner wußte, wann wieder das Unwetter und an welchem Ort es über uns hereinbrechen würde.

Als bald darauf Kammhuber seine Kommandeure zur Einweisung in das Verfahren berief, bestand Göring darauf, daß ich von Bonn aus hinflog und an der Einweisung teilzunehmen hätte. Ich sollte dort mit der nötigen Klarheit reden, also notfalls Befehle erteilen.

Wenn er nun noch nicht klar sprach, nun gut – ich jedenfalls wußte, was ich zu tun hätte, und wie ich es zu tun hätte.

Ich flog mit dem ›Storch‹ von Bonn hinüber und fand zur Besprechung die Tische auf dem Rasen eines herrlichen Grundstücks zu einem großen U zusammengestellt und meinte, es um nichts in der Welt fertigbringen zu können, vom Präsidentenplatz aus große Reden zu schwingen. Ich suchte Oberst i.G. Hoffmann sofort auf, vergewisserte mich, daß wir nunmehr völlig gleichzogen – ich sah kurz in die schriftlichen Befehle ein – und erklärte, daß ich mich zuunterst an das Ende des U setzen würde. Er möge es dem General sagen, damit es vor den Kommandeuren nicht zu linkischen Bewegungen käme. Das tat er, und ich meldete mich gleich darauf knapp und militärisch beim General zur Stelle.

Inzwischen hatten sich die Kommandeure versammelt, und ich freute mich, meinen alten Karl Hülshoff als Kommodore der Fernnachtjäger und viele andere Freunde und Kameraden wiederzusehen.

Der General stellte am Anfang seiner Ansprache die augenblickliche Luftkriegslage vor aller Augen und forderte zu äußerster Anstrengung auf, rückhaltlos in das Verfahren ›Wilde Sau‹ einzusteigen. Nachdem er dabei mit netten Worten meine Rolle erwähnt hatte, übergab er dem Oberst i.G. Hoffmann das Wort, der den Verlauf einer solchen Operation beispielhaft erläuterte.

Ich habe während des offiziellen Verlaufs das Wort nicht ergriffen. Anschließend flog ich sofort nach Bonn-Hangelar zurück, setzte mich in mein Goethezimmer und fragte mich, ob ich in der letzten Woche das Pensum eines Jahres bewältigt hätte.

Nach den Angriffen auf Hamburg und den länger werdenden Nächten war mit Angriffen in die Tiefe des Reichsgebiets, insbesondere auf Berlin zu rechnen. Reichsmarschall Göring hatte mir eingeschärft, mein Hauptaugenmerk auf Berlin zu richten. Das lief zwar auf Anbindung, Wacheschieben hinaus, dem Bewegungskrieg widersprechend, doch fügte ich mich, weil ich selbst ziemlich fest mit einem Angriff auf Berlin rechnete.

Und die Engländer rechneten damit, daß wir so rechneten. Also taten sie ein anderes. Zwar schickten sie in der Nacht zum 17. August einige ›Mosquito‹ nach Berlin, doch das Gros, das über Schleswig-Holstein und die Ostsee anflog, bog nicht vor der Odermündung nach Süden, nach Berlin ein, sondern griff unser V-Waffen-Versuchszentrum Peenemünde an, unweit von Garz, wo unsere ferngelenkten Bomben getestet wurden. Ich fühlte mich persönlich als Wachtposten für Berlin verantwortlich und stürzte mich in das Gewoge der Scheinwerfer und in die Flakschießerei, als die ›Mosquito‹ ihre Pfadfindermarkierungen warfen, in der Regel das Zeichen für die viermotorigen Bomber, ihre Schleusen zu öffnen. Als ich aber unten keine Detonationen wahrnahm und die ›Mosquito‹ rasch durchgeflogen waren, blickte ich umher und gewahrte im Norden, was die Glocke geschlagen hatte: Dort wütete das Gros der Bomber. Für uns über Berlin war es zu spät einzugreifen.

Doch selbst diese Finte und der massenhafte Abwurf von Störstreifen half den Engländern nicht wie über Hamburg: Die nachrückenden ein- und zweimotorigen Jäger fuhren über der Ostsee kräftig dazwischen und erzielten 40 Abschüsse.

Von weit her waren die Nachtjäger gekommen, erstmals junge Besatzungen, die den erfahrenen Spezialisten in den Abschnitten immer den Vortritt hatten lassen müssen. Jetzt war freie Jagd und Bewegung. Eine Revolution in der Nachtjagd, so hat es in seiner Begeisterung ein aus St. Trond in Belgien gestarteter junger Nachtjäger aufgeschrieben.

Der Scheinangriff auf Berlin hatte sein Gutes: Feldmarschall Milch, der über die Verschwendung von Flakmunition gegen eigene Ziele erbost war, legte sich nach Rücksprache mit mir zugunsten der Jagd gegen den Generaloberst Weise mächtig ins Zeug, und Jagd und Flak gelangten zu merklich besserem Verstehen. Das, was die erste Flakdivision mit mir in den Übungen praktiziert hatte, wurde nun für vernünftig und legal erklärt.

So waren wir auf einen Angriff gegen Berlin besser vorbereitet, und die ganze Nachtjagd hatte ihren ersten raumgreifenden Abwehrkampf hinter sich. Das hob die Zuversicht. Wir legten im Eiltempo weitere Navigationshilfen fest, wozu Oberleutnant Hollers Drähte Tag und Nacht spielten. Das alles wäre ohne die Flakartillerie und ihren Überbau, die Luftgaue, nicht gegangen. Scheinwerferstraßen wurden quer durch die Flakzonen festgelegt, damit sie uns nach dem Abflug der Bomber sicher heimleuchten könnten. Am Ende jeder Straße, die bis zu 100 km lang waren, fand sich ein Flugplatz, zusätzlich durch Lichtspucker gekennzeichnet.

Als nach dem Angriff auf Peenemünde drei Tage vergangen waren, atmete ich erleichtert auf. Wir hatten Erfahrungen verarbeiten und noch manches schaffen können. So ließ ich mich wieder in meinem Goethezimmer nieder, um mir einen Mosel, von der Dame des Hauses freundlich kredenzt, schmecken und mich von Johann Sebastian in höhere Sphären entführen zu lassen.

Dann war es soweit: Der Horchdienst hatte Angriffsvorbereitungen erkannt, und unsere Wettervorhersage hatte für die Norddeutsche Tiefebene günstige Angriffsbedingungen angenommen. Auch war die Nacht gegen Ende August bereits lang genug, den An- und Rückflug der Bomber zu decken, und die restliche Sicherheit würde ihnen die Funkmeßstörung besorgen, die uns seit Hamburg vor neue und schwierige Aufgaben gestellt hatte. Wir durften weder zu früh noch zu spät starten. Wir brauchten jeden Tropfen Benzin, obgleich wir uns mit Zusatzbehältern versehen hatten. Wir von Bonn aus mußten, wenn es nach Norden ging, früher starten als die Verbände in Westfalen; ging es nach Süden, war es umgekehrt. So hatten alle, auch unsere zweimotorigen Kameraden, die sich dem Unternehmen ›Wilde Sau‹ angeschlossen hatten, mit jedem Liter und mit jeder Minute Flugzeit zu rechnen.

Nach dem vernichtenden Schlag, den das britische Bomberkommando gegen Hamburg Ende Juli geführt hatte, warteten wir auf die laut angekündigte Offensive gegen Berlin, das in 16 Angriffen ›von einem Ende bis zum anderen in Trümmer gelegt werden sollte‹. Das war der Plan des Luftmarschalls Arthur Harris. Dafür wollte er 500 Bomber opfern, durch die Zerstörung Berlins aber den Krieg entscheiden.

Die Spannung wuchs, heute abend, mit ihr die Geschäftigkeit. Johann Sebastian mußte schweigen.

Im Einsatzraum ging mein letzter Blick auf Wetter- und Lagekarte. Allerhand Getue war ringsherum, Kurbelei an Telefonen, Abspulen von Fernschreibstreifen, Zeichen- und Schreibarbeit. Gnadenreich blickte aus schwerem goldenen Rahmen ein blaublütiger Herr herab, dessen Haupt standesgemäß von silbernen Locken umwallt war, ein Duodezfürst, der in dem Treiben seiner späten Landeskinder sicherlich nicht den geringsten Sinn hätte entdecken können.

In einer halben Stunde mußten wir in Bonn-Hangelar Sitzbereitschaft eingenommen haben. Adjutant, Hauptmann Naroska, ›Wilde Sau 2‹ und ›Wilde Sau 3‹, Karl Friedrich Müller, Technischer Offizier, genannt ›Nasenmüller‹, waren schon drüben. Der, der mit gutem Beispiel vorangehen sollte, ›Wilde Sau 1‹, würde zu allerletzt im ›Storch‹ eintreffen und umsteigen.

Ich telefonierte mit der Luftflotte in Berlin. Am anderen Ende der Leitung waren der Flieger-Ia-op, Oberstleutnant Boehm-Tettelbach, und der Flak-Ia-Op, Oberstleutnant Ruhsert. Beide rangen verzweifelt um die Wahrheit, um das Erkennen der Luftlage, was Schein ist und was Wirklichkeit, um Bestimmung von Hauptstoß der Angriffe und Ablenkung, um die Ortung von Spitze und Ende der feindlichen Marschkolonne. Sollte in zehn oder zwanzig oder dreißig Minuten gestartet werden? Das eine wie das andere konnte den Fehlschlag besiegeln. So etwas wie Hamburg noch einmal?

Blick auf die Uhr. Uhrenvergleich. Start um 23.05 Uhr. Danach waren es noch 20 Minuten.

Ich nahm mein Rasierzeug, mein einziges Reisegepäck, steckte es in die Rocktasche, winkte und schritt ins Dunkle hinaus, die Treppe hinunter, den Weg zur Sieg. Eine wacklige Hängebrücke führte zur Landewiese. Die Menschen in dem kleinen Ort hatten sich längst zur Ruhe gelegt. Einer vielleicht hörte mich, den Wanderer, auf dem schmalen Stege beben, wie Goethe gedichtet hatte. Was für ein seltsamer Wanderer war ich, mit dem wenigen ausgerüstet, Hunderte von Kilometern über das deutsche Vaterland hinwegzueilen!

Mein ›Storch‹ war startbereit. Die beiden Männer vom technischen Dienst stellten sich, wie eingeübt, mit je einer roten Lampe an je einen Hochspannungsmast, um so die Torpfosten zu markieren, durch welche ich hindurchrollen mußte. Über die Hochspannungsleitung hinwegzuziehen war ja nicht möglich. Die Strecke war zu kurz.

Schon sitze ich am Steuer, schnalle mich an, lasse an, und los geht's. Die roten Lämpchen fliegen vorbei. Jetzt hoch, Blick auf die Instrumente. Schon schnurrt der ›Storch‹ in geringer Höhe über die nächtlichen Lande.

Nach wenigen Minuten blinke ich mit dem Scheinwerfer. Die Platzbefeuerung Hangelar geht an. Gas raus. Ich rolle, drehe, stehe neben meinem Liegeplatz. Alles ist wieder dunkel. Tiefe Ruhe liegt über dem Platz. Der Wart reicht mir die Kombination. Ich steige hinein. Er hilft, zerrt sie am Rücken hoch. Ich fühle links und rechts nach unten – Leuchtpistole und Kappmesser stecken am Platz, mit Karabinerhaken an der Schnur befestigt. Rechts höre ich meine ›Wilde Sau 2‹, die ostpreußische Laute von sich gibt, auf der anderen Seite ›Wilde Sau 3‹, echt mannheimerisch daherredend. So mache ich auch beide unfehlbar hoch oben in den Lüften aus. An meinem Deutsch erkennt mich niemand, es sei denn, mich packt die Wut, wenn die Luft dick ist und etwas geschehen muß. Nicht, daß ich mich zu Lautstärke hinreißen ließe, doch ein scharf gestochenes Hochdeutsch durch meine Zähne zischen zu lassen, ist mir ein genußvolles Bedürfnis. Irgenwohin und irgendwie muß der Druck abgelassen werden.

Die erste Gruppe unseres Jagdgeschwaders 300 ›Wilde Sau‹ unter der Führung des Hauptmanns Gerd Stamp beginnt zu röhren. Sie hat Befehl, in Richtung Bremen zu starten, wie auch die Westfälinger, immer bereit, auf neues Kommando Kurs zu neuen mutmaßlichen Zielen zu nehmen. Platzbefeuerung und Leuchtpfad gehen an, die lange Kette der Positionslampen, grün und rot, setzt sich in Bewegung. Dann brüllen die ersten Motore auf zum Start, der nach Westen festgelegt ist. Ich stehe auf der Fläche meiner Me 109 und beobachte aufmerksam. Jetzt ist der letzte Mann der Gruppe raus. Er schaltet seine Positionsbeleuchtung aus. Das Motorengebrumm der Flugzeuge rollt dunkel in die Ferne, wandert nach Norden und verliert sich nach Nordost.

Wir drei machen uns fertig. Müller, der es nicht lassen kann, saugt zum Abschluß seine Zigarette bis zur Weißglut, wirft sie zu Boden, die Funken sprühen. Dann höre ich seine Sohle scharren. Der Adjutant, Gesundheitsfanatiker, vollführt ächzend einige Rumpfbeugen und knistert mit etwas. Ich weiß, er schluckt jetzt eine Tablette Dextroenergen.

Wir drei vom Stab des Geschwaders wollen in Richtung Braunschweig fliegen. Mir wird der Telefonhörer hochgereicht. Die Luftflotte ist dran. Es gibt keine neuen Erkenntnisse. Man weiß soviel wie vorher: Norddeutsche Tiefebene. Die ist groß.

Die Bomber überqueren das nördliche Holland, nähern sich der Reichsgrenze. Unsere Nachtjäger in Holland und Belgien, bei Metz und Wiesbaden, sind schon in der Luft, Richtung Münster und Hannover. Wir riskieren, noch zurückzuhalten. Ich bestätige, sofort zu melden, ob ich den Hauptstoß ausmachen kann oder einen Ablenkungsangriff erkannt habe.

Ich sage halblaut zu meinen Getreuen: »Sitzen« und füge hinzu, »rechtzeitiges Daumendrücken«. Gemeint war damit der Druck auf den Waffenknopf.

Ich sitze, schnalle mich an. Die Sauerstoffmaske liegt bereit. Es herrscht Stille, tiefe Dunkelheit. Ich taste die Bedienung und das Instrumentenbrett. Wir haben bei Tage mit verbundenen Augen geübt, das Richtige zu treffen. Fehlgriffe wurden mit Gelächter bestraft. Wo sitzt der Öltemperaturanzeiger, wo der Druck, wo die Brechkupplung der FT-Haube, wo der Höhenmesser? Der sichere blinde Zugriff zahlt sich im Ernstfall aus. Man weiß, wohin man ohne eine Sekunde des Überlegens zu sehen, wohin man zu greifen hat. Man ist – Hirn im metallenen Körper – eins mit seinem fliegenden Untersatz.

Ich schalte das Bordnetz ein, lasse die ultraviolette Beleuchtung das Instrumentenbrett anstrahlen, sodann nachschimmern. Es ist ein wohliges Gefühl, in der Me 109 zu sitzen, sprungbereit, tausend PS unter meinem Kommando. Es ist eine Me 109T. Wir haben sie von der Marine erhalten, von Pillau in Ostpreußen abgeholt. Die T war für den Flugzeugträger ›Graf Zeppelin‹ vorgesehen, der nicht mehr in Dienst gestellt wurde. Die T hatte einen für uns überflüssigen Bremshaken am Sporn, etwas mehr Fläche als die G, was angenehm war, und Störklappen, die die Landestrecke verkürzen sollen, für unsere Landeplätze nicht unbedingt nötig. Für die Tageseinsätze taugt sie weniger und war dort entbehrlich. Wir aber griffen zu, um am nächtlichen Himmel mit dabeizusein.

Unsere Zeit ist da. Ich blinke kurz mit den Positionslampen. Wir drei lassen an. Volleistung wird nicht mehr geprüft. Das haben die ersten Warte getan und haben nachgetankt. Ich habe niemals meine Maschine nachgeprüft, wenn zuvor der Wart das besorgt hatte. Er sollte sich seiner Verantwortung bewußt sein und auch des Vertrauens, das ich in ihn setzte.

Ich schalte die Positionslampen ein. Das hieß ›Bremsklötze weg‹. Die Taschenlampe des Warts scheint grün. Die Bremsklötze waren weg.

Ich blinke mit dem Scheinwerfer. Die Randbeleuchtung und der Leuchtpfad strahlen aus dem Dunkel.

Langsam rolle ich an den Start, gefolgt von Nr. 2 und Nr. 3. Ohne an der ersten grünen Lampe zu halten, gebe ich Vollgas, Sporn unten,

Schnauze hoch. Die grünen Lampen zu meiner Linken sausen vorbei. Ich drücke das Flugzeug in Horizontallage. Jetzt sehe ich voraus das Ende des Leuchtpfades, hole Fahrt auf, hebe ab, drücke nach, flach am Boden bleibend – Druck auf den Fahrwerkknopf, drehe Landeklappen zügig auf Reiseflug. Ich bleibe immer noch flach am Boden. Jetzt saust dicht unter mir die Randbefeuerung nach hinten. Staudruck 300 km/h. Voraus dunkelste Nacht. Die großartigen Sichthilfen, weit vorausliegende Lampenhorizonte, dorthinein verlaufende verlängerte Leuchtpfade hatten sich noch nicht im Reichsgebiet herumgesprochen. Hier war Notstandsgebiet.

Der Übergang aus dem schaubaren Bereich des beleuchteten Flugplatzes in die schwarze Nacht ist wie ein Abstieg in die Unterwelt. Manch einen packt das Grausen, aus welchem irre verräterische Bilder aufsteigen. So leuchte ich voll mein Instrumentenbrett an, kümmere mich nicht um die schwarzen Schatten unter und vor mir und verscheuche die gaukelnden Eingebungen. Der künstliche Horizont im Flugzeug, dieses kleine runde Instrument von nicht einmal 10 cm im Durchmesser, ist jetzt mein Gehilfe. Ebenso müssen mir Rede und Antwort stehen der Höhenmesser, die Uhr, der Wendezeiger, der Kompaß. Taghell ist es in meiner Kabine, und in Ruhe und Gelassenheit hängen meine Augen an den sich hebenden Zeigern und wandernden Zahlen, die ich nach meinem Steuerknüppel tanzen lasse.

Ich drehe jetzt mein Licht zurück, liege in der Rechtskurve und sehe querab die Platzlichter erlöschen. Wir drei sind raus. Noch eine Minute lasse ich meine Positionslampen brennen. Gefahr besteht zur Zeit nicht. Störanflüge feindlicher Nachtjäger hierher sind nicht gemeldet.

Dann lösche ich die Positionslampen. Es ist eine laue Nacht, getrübt durch die sommerliche Dunstschicht, die hoch hinaufreicht und die Erde warmhält. Ich liege auf Kurs Nordost. Mein Kompaß steht ruhig. Ich steige nicht zu steil, mit Ladedruck und Tourenzahl bei Reiseleistung, um Stoff zu sparen. Hin und wieder speise ich die Phosphorzahlen und -ziffern, -zeiger und -striche auf dem Instrumentenbrett mit Ultraviolettlicht. Wie aus einem offenen Buch lese ich ab, wie die Maschine liegt. Mir kann keiner erzählen, daß das Flugzeug nicht zum Blindflug taugt. Es fliegt wundervoll, gehorcht dem vorsichtigen Druck auf den Steuerknüppel oder dem leisen Anschlag der Füße auf das Seitensteuerpedal, reagiert wie ein hochgezüchtetes Vollblut auf freundlichen Schenkeldruck. Wie's dem Pferde

Freude macht, den kundigen Reiter zu spüren, so trägt mich die Me 109 willig, als spüre sie Körperwärme und Herzschlag. In satter Zufriedenheit brummt der stählerne Motor, kein Rumpeln und Stottern unterbricht den kräftigen Baß. Allein hänge ich hier und könnte glauben, auf der Stelle zu treten. Ich ziehe und drücke ein wenig, um mit dem leichten Kitzel in der Magengegend das Gefühl der Beschleunigung und des Fliegens auszukosten. Irgendwann muß der Mensch ein Pegasus gewesen sein, ehe er vierbeinig und schließlich zweibeinig an die Erdoberfläche gebannt wurde.

Ich steige etwas rascher. Die Me richtet sich auf und nimmt die Meter, 100 für 100. Wie leicht schwebe ich hoch! Kaltblüter sind dagegen die Mehrmotorigen, die He 111, Do 217, Ju 88, die ich früher bewegt habe. Dies hier ist Rasse, wenn ich durch die schußsichere Scheibe voraus sehe, am schlanken Halse entlang, wo rechts und links aus den Auspuffstutzen die bläuliche Mähne flammt.

Die Dunstschicht sinkt unter mir zurück. Ich bin durch und oben. Die Sterne funkeln. Am Nordhimmel hat die Sonne keinen hellen Streifen hinterlassen. Doch der Horizont tritt rings über der verschleierten Erde hervor. Das erhebt. »Der gestirnte Himmel über mir« – dieser Satz des Königsberger Philosophen, pflichtgemäß auf der Schule auswendig gelernt, hat er mich die Bewunderung gelehrt, oder bewahre ich den Spruch, weil ich bewundere?

Unter diesem gemeinsamen Sternenhimmel sind heute nacht Menschen angetreten, einander zu töten, ein jeder nach dem moralischen Gesetz in ihm.

Bei 4000 Metern nehme ich den Steuerknüppel zwischen die Beine und stülpe die Sauerstoffmaske über. Wohin werde ich fliegen, wo werde ich kämpfen und wo landen?

Ich habe bisher nicht auf die Karte gesehen, das kleine Stück auf Leinen gezogene und in der Mitte gefaltete Papier im Minimaßstab von 1:2 Millionen. Meine größere Karte mit Wäldern und Flüßchen und Städtchen führe ich nicht mit. Sie nützt nichts. Im Einmannbetrieb hat sich die ›Wilde Sau‹ einer harten Dressur unterzogen. Wir haben die Geographie auswendig gelernt. Alle deutschen Großstädte haben wir nach Diktat Dutzende von Malen auf ein Blatt Papier aufgetragen, Richtung und Entfernung des einen Punktes von dem anderen dazugeschrieben, Flüsse darin blau und Gebirge braun gemalt. Waren das anfänglich kindliche, Heiterkeit erregende, staunenswerte Werke, denen man 50 Jahre später höchste Kreativität und existenzsichernden Marktwert bescheinigt hätte, so kamen wir allmählich zu Darstellungen, zwar höchst pedantisch, aber wirklichkeitsgetreu. Die Karte im Kopf, gingen wir auf die Reise.

Es knackt im Sprechfunk: »Hier Teuto, Spitze des feindlichen Bomberverbandes nähert sich der Weser, Kurs Ost«, ließ sich eine Stimme in meinem Kopfhörer vernehmen, eine Stimme aus irgendeinem bombensicheren Keller des Luftgaukommandos Münster, in welchem die verschiedensten Meldungen zusammenliefen.

Ich hielt nach links, nach Norden Ausschau. Alles blieb dunkel. Kein Abschuß, kein brennender Bomber erhellte die Nacht, wie es früher war, sobald die Kolonne das Festland erreicht hatte und vordrang. Seit Hamburg, seit etwa vier Wochen, verbergen sich die Briten in Wolken von Stanniolstreifen, die sie fortlaufend aus ihren Flugzeugen abwerfen, um unerkannt durch unsere radarbewehrten Räume zu schleichen. Markierten damals unsere geführten Nachtjäger, die zweimotorigen, die feindliche Stoßrichtung mit Trophäen, den Riesenfackeln brennender Bomber, deren Kurs und Vorhaben, so war nun ein Heranpirschen, ein Tasten, List und Gespür gefragt. Hob sich da nicht ein Schatten vom Dunst, von den tieferen Wolken oder gegen das hohe Cirrengewebe ab, oder gegen die Milchstraße? Waren dies Sterne oder Auspuffflammen, das Schaukeln jetzt die Propellerbö eines Vierspänners, der zarte Streifen dort gar eine Kondensfahne, heiße Spur zum Bomber? Jene dicke, rote Fallschirmleuchtbombe des schlauen Pfadfinders, war sie Ansteuerungspunkt der Hauptmacht, Ablaufpunkt zum Terrorangriff oder eine Finte? Jenes Spiel der Scheinwerfer – galt es dem Feind oder dem Freund?

Hatten die Engländer uns technisch ausgetrickst, so blieb uns nur, den sechsten Sinn wachzurufen, zu schnuppern, zu horchen, zu äugen, so wie unsere Altvorderen Anno neun im Teutoburger Wald die hochgerüsteten römischen Angreifer umlauert hatten.

Noch blieb alles ruhig. Im Norden blitzten zwei Flakabschüsse. Sekunden später glühten in großer Höhe zwei Leuchtgranaten auf, übereinanderstehend, erloschen nach etwa 10 Sekunden. Das war die Kennung von Bremen, Blinkzeichen eines riesigen Zauberleuchtturms, der seinen Unterbau verbarg.

Eine Minute später standen zwei Leuchtgranaten nebeneinander, gerade voraus in der Ferne. Das war Braunschweig. Ich lag ziemlich genau auf Kurs. Rechts rückwärts: drei Leuchtgranaten übereinanden. Das war Kassel, ein Richtpunkt für die von Südwesten anmarschierenden Nachtjäger. Etwa geradeaus, in weiterer Ferne, eine einzelne Leuchtgranate: Magdeburg. Man fühlte sich in der bis ins

Unbewußte eingegangenen Orientierung bestätigt, von Menschen am Boden umhegt und geleitet.

Die Bodenstelle meldete sich: »Angriffsziel voraussichtlich 1–3«. Das bedeutete, daß die Bomber bis zum 13. Längengrad vordringen würden, etwa bis zur Linie Leipzig, Berlin, Stettin. Offenbar hatte unser Luftflotten-Kommando den feindlichen Funkverkehr entschlüsselt: Die Engländer gaben den Besatzungen das voraussichtliche Wetter zur Rückkehrzeit durch. Daraus wurde die Eindringtiefe der Bomber Richtung Osten errechnet.

Also Berlin? Beginn der Schlacht um Berlin? Mit tausend Bombern, von denen Luftmarschall Harris so viele opfern wollte?

Voraus in der Tiefe blinkt ein Drehfeuer. Die Luft wird klarer über Norddeutschland. Ein Flakscheinwerfer streckt sich aus nach mir. Die Kerle unten müssen doch wissen, daß wir anmarschieren! Man kann doch auch nach dem Motorengeräusch einen Einmotorigen von einer Armada Viermotoriger unterscheiden! Mein Fluch verpufft unter der Atemmaske.

Oder sollten hier etwa die ersten Bomber eingetroffen sein, wir drei Einmotorige, aufgelockert fliegend, schon mitten drin? Der Scheinwerfer geht neben mir her, zum Anfassen nahe. Ich scheue mich, Erkennungssignal zu schießen. In Nachahmung und Täuschung sind die Engländer groß. Sie führen eine ansehnliche Auswahl unserer Erkennungsmunition mit, wie wir schon gesehen haben. Ich hüte mich auch, die Positionsbeleuchtung kurz einzuschalten. Dann hascht mich der Scheinwerfer ganz gewiß und hält mich so lange, bis der junge Kanonier durch sein Glas genügend an der Me 109 herumstudiert und mich der feindliche Nachtjäger, eins der Moskitobiester, die die Bomber abschirmen, geschnappt hat. Ich mache einen leichten Schlenker und ziehe meines Weges.

Wieder Kratzen im Sprechfunk: »Feindlicher Bombenverband – Spitze nördlich Hannover«, kommt es im Klartext. Ich hänge südlich Hannover, über der Weser, nahe Hannoversch Münden. Jetzt sehe ich ganz schwach links voraus Scheinwerferspiel. Sie suchen. In Bodennähe erscheint der Strahl wegen des Dunstes milchig, daher deutlich, nach oben verliert er fast vollständig. Von seiner höheren Existenz würde ich erst erfahren, wenn er auf einen Gegenstand träfe, ein Flugzeug. Es würde als schneeweißer Punkt in der Nacht aufleuchten.

Die Flak beginnt zu feuern. Ich unterdrücke die Versuchung, dorthin abzubiegen. Ich steige, beobachte. Sobald grüne, rote oder gelbe Markierungsbomben zu Boden fallen würden, wäre die Sache vielleicht eine andere: Hauptangriff – oder doch nur Ablenkung? Immer ist es das aufreibende Gefühl, etwas zu unterlassen, sich zu verspäten, Vernichtung zuzulassen, einer für bedroht gehaltenen Stadt halber, der nichts geschieht.

Wieder tönt es: »Feindliche Bomberspitze nordöstlich Braunschweig.« Ich stehe jetzt südwestlich Braunschweig. Ich liege noch zurück. Mit Bedacht überlappen sich ein wenig die Flugzeiten und -strecken unserer Nachtjäger. Es darf nicht passieren, daß die Bombernachhut auf die angegriffene Stadt stößt und ungehindert ablädt, nachdem die Jäger leergeflogen haben und landen müssen. Ein wenig werde ich noch aufholen, doch werden andere, wenn es bis zur angenommenen Eindringtiefe geht, bei der Eröffnung dabei sein.

Befehle haben die Bodenstellen bisher nicht gegeben. Sie haben nur berichtet. Auch die Verbandsführer in der Luft haben geschwiegen. Wir oben sind etwas weniger klug als die unten. Für alle versteht sich, daß wir in Richtung Magdeburg weitermarschieren müssen. Für den Horchdienst, der sich über das ganze Land erstreckt, wird es schwierig. Denn allmählich schiebt sich die Meute der Nachtjäger an den Bomberstrom heran, von Nord über West nach Süd. Einige kommen sogar von Osten heran, nachdem sie gerade jetzt erst gestartet sind. Sie steigen in Richtung Magdeburg uns entgegen. Von dem Getöse in der Luft hören wir nichts, aber der brave Mann vom Horchdienst, der auf seinem Hochstand im Walde, unmittelbar über den Baumkronen Wache steht, mag seine Ohren spitzen wie er will. Er vernimmt nur, bis zur Erschütterung des Zwerchfelles, die tosende Brandung mehrerer tausend wirbelnder Propeller und vieler Millionen Verbrennungsknalle. Mehr weiß der Mann nicht zu berichten von Freund und Feind, weder über Zahl noch Art noch über Höhe und Richtung des Geschehens, nur über seinen Beginn und sein Ende. Dennoch vertrauen wir oben dem ausgestrahlten Luftlagebericht, solange nicht unsere Augen uns eines Besseren belehren. Ausgerechnet die britischen Pfadfindereinheiten, die mit ihren Bordradargeräten voranfliegen, für Zielfindung verantwortlich zeichnen und Wohnblock und Stadtviertel maßzunehmen haben, indem sie die Markierungen setzen, geben gleichzeitig unseren Horchpeilern am Boden die Signale. So werden sie ihrerseits fein säuberlich geortet.

Die Leuchtgranate Berlin geht jetzt hoch – zwei Granaten in 7000 Meter Höhe übereinander. Die Position ist bei einer Randstellung der Flak südlich der Stadt. Die Stellung soll von Mal zu Mal gewechselt werden. Der Engländer weiß nichts damit anzufangen.

Etwa zwanzig Kilometer nördlich von mir sehe ich einen brennenden Bomber im riesigen Feuerschein in immer steiler werdender Parabel nach unten stürzen.

»Horrido«, ertönt es auf unserer Frequenz, daß mir die Ohren wehtun. Sollte das mein Nasenmüller sein? Da kommt er noch einmal: »Von Wilde Sau 2: Feindbomber, 4-mot, Kurs Ost.« Müller hat den richtigen Riecher gehabt. Er hat sich im Finstern in den Bomberpulk geschlängelt, 100 km vor Berlin. Dabei hat er noch die Ruhe besessen, mit dem Bomber Marschvergleich zu machen und auf seinem Kompaß abzulesen, wohin der Dicke strebte. Das Nachtsehen hat er als Junge auf zahlreichen Schleppfahrten rheinauf rheinab geschärft.

Die Klangfarbe der Meldung ist authentisch und von größter operativer Bedeutung. Ich wiederhole sie, und von den Bodenstationen schwebt sie in alle Winde, auf vielen Frequenzen, an alle Verbände.

Die Zeit verstreicht. Mir ist kribbelig. Eine plötzliche Kursänderung der Bomberspitze nach Süden, und Halle – Leipzig, Merseburg und Leuna können dran sein. Oder Stettin mit Kursänderung Nordost. Oder Magdeburg, nach einer Kehrtwendung der Spitze. Auch das ist möglich. Es ist eine Sache, nach einem ins einzelne gehenden Befehl zu fliegen, weitere Kommandos in der Luft auszuführen, eine andere Sache, einen Plan ausgeheckt zu haben, mit großtönenden Reden, bei gestandenen alten Nachtjagdverbänden herumgereist zu sein, ziemlich unbescheiden und besserwisserisch. Nun der Entscheidung entgegen, mit einer guten Portion Kritik und Spott im Gepäck, spüre ich ein Zittern in den Knien.

In dieser Minute muß der Vorhang hochgehen, sonst schlagen wir daneben. Wieder steigt die Leuchtgranate Berlin hoch. Ich halte links daran vorbei, auf Berlin-Stadtmitte zu. Ich bin über 6000 Meter hoch. Da hinauf soll die Flak nicht schießen. Da ist freie, ungehinderte Jagd. Darunter werden wir mit der Flak um die Beute kämpfen. Nicht ungefährlich ist dieser Wettkampf. Das haben wir schon erfahren.

Noch liegt die Mark Brandenburg im Dunkeln. Nur in der Ferne blitzt ein Leuchtfeuer auf. Sonst nichts. Da ist die andere Sorge: Wo kommen wir nach dem Einsatz auf die Erde zurück? Feindliche Nachtjäger nutzen die Stunde, die wenigen ausgebauten Flugplätze, auf die wir angewiesen sind, zu belagern. Auch die Bomber können

Unheil anrichten. Mit einem Krater mitten auf dem Platz machen sie uns heimat- und hoffnungslos. Dennoch haben wir keine Angst, oben hängenzubleiben: Die Luftflotte hat sich zu einer kühnen Maßnahme entschlossen, nämlich alle Flugplätze weit und breit um die Stätte des Kampfes herum gegen Ende des Bombenangriffes aufleuchten zu lassen, die Randbefeuerung, den Landepfad. Auch sollen grüne Leuchtkugeln geschossen werden. Im Falle Berlin soll so die gesamte Norddeutsche Tiefebene, soweit die einzelnen Nachtjäger den Bombern folgen können, aufgehellt werden. Dann würden sich die ›Mosquito‹ verzetteln, ins Leere stoßen, und sähe sich mancher Fliegerhorstkommandant aus tiefstem provinziellen Frieden plötzlich an die vorderste Front versetzt. Selbst wenn ihm, dem Unschuldigen, der keinen einzigen streitbaren Nachtjäger aufgenommen hätte, eine dicke Bombe aufs Rollfeld gesetzt würde, er müßte aushalten, leuchten und strahlen. Verdunkelung wäre verboten, mochte das verstehen, wer wollte. Befehl war Befehl. Mehr jedoch wird von dem ›Kommandanten‹ eines Scheinflughafens verlangt: Auch dieser soll den Feind anlocken, aber unseren Jägern die Tür vor der Nase zuschlagen – verdunkeln, damit sie nicht im Sumpf oder in der Kiesgrube zu Bruch gingen.

Wenn Berlin das Ziel der Engländer sein sollte, so müßte jetzt der Wirbel losgehen. Meine Uhr zeigte 00.20 Uhr. Wir waren im 24. Tag des Augusts 1943. Noch nichts – nichts – dunkel – dunkel! Welches Außergewöhnliche, welche List sollte der Feind, welches andere Ziel im Sinne haben, was die Planung der Abwehr zunichte machen würde? Ein nervöses Gefühl, eine Spannung in der Magengegend quälte mich. Ich war hilfsbedürftig unter der Pein der Ungewißheit. Meine Zunge war trocken, mein Denken stand still. Wer erwartete jetzt einen Befehl, nur ein Wort aus meiner hohen, kümmerlichen Position? Ich hätte nichts zu sagen gewußt.

Da – ich stehe südlich Genthin – eine Leuchtkaskade rieselt 50 km voraus hernieder. Ich werde wach. Ist das die Ablenkung, auf die wir vor einer Woche hereingefallen waren, als das Bomberkommando den Schlag auf Peenemünde, unsere Fernwaffenerprobung durchführte und eben diese Kaskaden über Berlin fielen? Da, jetzt weitere Kaskaden. Die Fläche von einigen Quadratkilometern ist am Boden markiert.

Unsere Scheinwerfer wabern in die Höhe und schließen sich zu Kegeln. Da glitzern auch schon einige Flugzeuge in den Schnittpunkten. Verdammt, zwei, drei, vier Engländer ziehen ihre Bahn von

Potsdam her Richtung Stadtmitte. Die Flak entfesselt ihr Gewitter in der Tiefe, schleudert es in die Höhe, fast 1000 Rohre geben, was sie können. Oben spritzt Eisen in der Luft herum. Wo bleiben die Jäger? Unbewußt schiebe ich Vollgas rein. Plötzlich – ich sehe keinen Jäger schießen – brennt der erste Bomber, der zweite, der dritte. Aber immer neue strömen nach. Ganz Berlin ist eine einzige Lohe, ein Hexenkessel von 100 km Durchmesser. Der Vorhang ist hoch. Das blutige Schauspiel hebt an, Triumph der einen ist Leid und Tod der anderen. In die Ängste der Luftschutzkeller krachen schwere Bomben. Oben schleudern Bordkanonen wilde Rache gegen Bomber. Ich werfe meinen Zusatzbehälter ab, halte nach dem Süden der Stadt.

Die Flakscheinwerfer sind großartig. Wenn sie ihren Bomber eingefangen haben, lassen sie nicht mehr los, bieten sie ihn zum Abschuß dar. Und sie fallen. Es mag jetzt schon ein gutes Dutzend sein.

Da sind nun unsere jungen Leute von überall her, von weit her, von Holland, Belgien, Frankreich, Dänemark, aus allen Teilen Deutschlands angeflogen, der Bäckerlehrling, zum Flugzeugführer umgeschult, der Volksschüler, Abiturient, Familienvater oder Milchbart, Prinz, Graf oder Baron, Förster, Bauer oder Schlagerkomponist; allein und frei im Dunkel der Nacht sind sie, in keines Herrn und Vorgesetzten Furcht, gekommen, ihre Pflicht zu tun, zu schützen.

Während ich, näher gekommen, sehe, wie in das am Boden markierte, von Brandbombenreihen fast ausgefüllte Karree eine überschwere Bombe hineinfällt und Brennendes und Brennbares auseinandersprengt und einen schwarzen Krater hinterläßt, wollte ich um nichts in der Welt woanders sein als hier, um kein Königreich und keine stille Südseeinsel. Hier bin ich richtig, mit meinen Landsleuten über den geschundenen Berlinern, über unseren Verwandten, Freunden und Kameraden. Ich fühle mich von feierlichem, mutigem Ernst erfüllt, wie wenn tausend helle Bachtrompeten aus der Höhe bliesen.

Ich schnalle meine Gurte fester und melde im Funksprech: »Wilde Sau 1 über Berlin.« Zum Teufel mit der Funkstille. Jetzt wird mit offenem Visier gekämpft.

Von rechts wird ein halbes Dutzend Bomber in ebenso vielen Scheinwerferkegeln hereingereicht. Gefangene sind die darin. Lösen sie sich aus den nachgereckten Armen, werden sie von anderen erbarmungslos gegriffen. Hier hört der Schutz der Nacht für den Bomber auf. Ich stoße quer in den Anflug der Bomber hinein, drehe ein nach links, um mich hinter einen der Kuriere, wie wir sie nennen, zu setzen. Ich überhöhe ihn ein wenig, drücke auf ihn zu. Die Brandbomben, die voraus im Zielkarree verstreut sind, blenden durch die Scheinwerfer hindurch. Aber ich behalte meinen Bomber im Auge. Ich will mich nicht von Bildern zur Rechten und zur Linken und voraus, vom lautlosen Geistern der Scheinwerfer, von dem Dauergewitter der Flak ablenken lassen, nicht von den in der Tiefe oder im Zenit aufglimmenden Garben der Nachtjäger oder von brennenden Bombern, obwohl es in mir grimmig jauchzt, wenn die großen Fackeln zu Tal gehen.

Ich komme an den meinen heran, nehme Gas raus und setze mich tief unter ihn. Jetzt, im Leerlauf, Schnauze hoch, um meine Fahrt zu verringern. Ich bin bis auf 800 m dran. Die Flak liegt dicht um den Bomber herum. Ich bin kurz vor der Flaktraube. Ich höre eine gedämpfte Explosion. Eine schwere Salve der Flak! Vorsicht. Ich schieße meine Leuchtkugel, mein Kommando an die Flak, mich zu schonen, mir diesen Bomber zu überlassen. Sie schweigt nicht. Sie hält ihr Opfer, will nicht ablassen. Dunkelrot platzen die Granaten dichter um den Bomber herum. Da macht er einen Schlenker nach links, um die Flak abzuschütteln. Ich schneide ab, komme näher. Die Flak ist dünner geworden. Sie liegt jetzt rechts, auf dem alten Kurs des Bombers. Sie kann nicht so rasch mitkommen. Das ist mein Augenblick, in ungestörtere Schußposition vorzuziehen. Aber auch die Scheinwerfer sind dünner geworden. Der Bomber kurvt nach rechts, auf das Zielgeviert zurück. Der Scheinwerferkegel beginnt sich aufzulösen. Noch schwach sehe ich den Bomber. Ich fürchte, daß er in der nächsten Sekunde ins Dunkle taucht. Es ist die letzte Möglichkeit – ich schieße aus 300 m auf den kurvenden Viermotorigen. Das muß sitzen. Noch einmal Feuerstoß. Er brennt nicht, und fort ist er, im Dunkeln. Ich röchle vor Wut unter meiner Atemmaske, stiere ins Dunkle zwischen dem vielen Licht und Blitzen und Brennen. Ich sehe nichts. Mit Vollgas gehe ich in hochgezogener Steilkurve auf Gegenkurs dahin, woher die Bomber kommen. Hoch über mir fliegen sie auf ihr Ziel. Ich kann sie nicht erreichen, lasse sie passieren, muß sie anderen überlassen.

Der Sprechfunk hier oben ist voller Lärm. Flüche werden geschleudert, gegeneinander, gegen die Flak, die den Jäger beharkt oder blendet, gegen den Feind, der nicht fallen will, der entwischt; Flüche gegen eigene Torheit, eigenes Pech. Die Verwünschungen der Flak pfeifen auf anderer Frequenz, an unseren Ohren vorbei. Alles sieht rot. Dann jubelt es auf im Tumult: Pauke, Pauke – Horrido! Da geht er ab zu Tal, der Komet, schlägt in die Erdkruste.

Die Wilde Sau ist los!

Ich zerre meine Mühle mit Vollgas auf Höhe. Jetzt reicht's. Mir kommt einer im Kegelschnitt entgegen. Ich muß mich beeilen, einzukurven, um ihm nicht zu lange nacheilen zu müssen. Jetzt habe ich ihn einige 100 Meter vor mir. Er ist herrlich beleuchtet. Ich ziehe mich mit ein wenig Gas heran, knapp unterhalb der Propellerböen, kneife das linke Auge zu, sehe meinen Bomber im schimmernden Kreis des Zielgeräts, taste den Druckknopf. Eine Sekunde noch. Doch was ist das? Der Bomber steht in Flammen, und in Flammen hinein prasselt noch eine Garbe von hinten, keine 10 m über mir hinweg. Da sehe ich schon den zweimotorigen Jäger sich über mich hinwegschieben, leicht nach rechts, um den Trümmern des Bombers zu entgehen. Sauerei! Ich reiße meine Me 109 zur anderen Seite, wieder hinauf, in einem Gemisch von Verzweiflung und schaler Genugtuung darüber, daß ein anderer, buchstäblich über meinen Kopf hinweg, sicherlich ohne mich zu sehen, den Bomber erledigte. Es scheint, ich soll wiederum über Berlin zum Narren gehalten werden, nachdem ich hier eine Woche zuvor in den Lüften Wache hielt, hereingefallen auf einen Ablenkungsangriff von ›Mosquito‹, während der Angriff der schweren Verbände an der Ostseeküste auf Peenemünde niederging. Ich sah damals das Gewitter der Luftschlacht im Norden, zu spät, um eingreifen zu können, und an den Befehl gebunden.

Wild zerre ich meine ›Me‹ in Steilkurve herum auf den Einflugkurs, daß die Beschleunigung mir Backen und Kiefer herunterzieht. Da fallen die brennenden Bomber von der Hand der Kameraden. Ich höre auf der ›Einmot-Welle‹ die Horridos manch Wilder Sau, darunter abermals Nasenmüllers. Ein Blindgänger, ich? Jetzt bin ich zu allem, zum Finstersten entschlossen. Ich atme tief durch, betätige die Sauerstoffdusche, fühle mich hellwach. Aber der prüfende Blick geht nach unten, wo sich zahlreiche dunkelrote Brände von Haus zu Haus vorfressen. Wird dies ein Hamburg?

Ich setze mich hinter den nächsten dicken Ankömmling. Er ist soeben von einem der großen, am Rand der Flakzone aufgestellten Zweimeterscheinwerfer erfaßt und an die kleineren weitergegeben worden. Es ist eine stattliche ›Lancaster‹. Ich will kurzen Prozeß machen, nicht, daß mir nochmals ein anderer den Brocken vor der Nase wegschießt. Ich komme näher. Mit der Flak klappt es nicht. Sie schießt sogar in Höhen über 6000 m, in die Zone, die den Jägern vorbehalten ist. Ich ziehe mich weiter heran. Der Bomber fliegt ungerührt geradeaus, durch die Millionen von Watt des strahlenden Käfigs, der durchharkt wird von rot auseinanderplatzenden Flakgranaten. Ihre Detonationswolken schwimmen wie Wattebäusche ab ins Dunkle und ziehen grau an mir vorbei, oder ich stoße durch sie hindurch, so daß ich sie riechen kann in der dem Sauerstoffgerät beigemischten Außenluft.

Der Bomber hält seinen Kurs. Muß der Pilot Nerven haben! Oder ist er ein Anfänger, der auf dem hohen Parkett auszurutschen fürchtet, wenn er sein Flugzeug in die Schräge legt?

Der Bursche zieht unbeirrt seine Bahn zur abgesteckten Zielfläche in der Tiefe. Ich bin bis dicht an die Flakfeuerglocke herangepirscht. Es wird brenzlig. Die Luft da oben sei eisenhaltig, hatte mich der höchste Flakchef, Generaloberst Weise, gewarnt. Halb so wild, hatte ich entgegnet. Die Londoner Flak habe auf uns als Bomber auch keinen großen Eindruck gemacht. Wie nett war der große Flakartillerist, daß er diese Frechheit einem undiplomatischen Major verzieh, der schlau sein wollte.

Nach den bisherigen Erfahrungen dieser Nacht entschließe ich mich, kein weiteres Leuchtsignal vor dem Angriff zu schießen. Alle sind in Ekstase bei diesem ersten der angekündigten Großangriffe auf die Reichshauptstadt. Deshalb lauere ich, daß der Engländer eine Biege einlegt, um der Flak auszuweichen. Dann will ich aufschließen. Aber der tut's nicht. So lege ich meine ›Me‹ in achtbarer Entfernung zurecht und drücke. Meine Glimmspur läuft auf den Bomber zu. Bevor ich meinen zweiten Feuerstoß rausjage, legt sich meine ›Lancaster‹ in eine linke Steilkurve, rauscht ab in die Tiefe, verfolgt von einem Dutzend greller, gieriger Arme. Ich jage ihr nach. Runter geht's und wieder rauf, Steilkurve rechts, Steilkurve links. Ein kurzer Blick auf mein Instrumentenbrett führt den wildesten Tanz der Zeiger und Geräte vor. Die Steiganzeige überschlägt sich mehrfach. Bei diesem Chaos in der Kabine gibt mir nur die große Spanne der Bomberflügel Halt. Die sind mein künstlicher Horizont. Ich folge nach, ohne zu wissen, wo und wie jeweils Himmel und Erde sind. Manchmal leuchten die Scheinwerfer plötzlich von oben durch das Kabinendach. Nur am unheimlichen Druck meines Steuerknüppels vermag ich zu ahnen, daß der Bomber scharf abfängt oder in einer Steilkurve liegt. Der Mann da vorn muß ein Kunstflieger sein. Ich führe aus, was er da vorführt. Ein dunkler Trieb hetzt mich auf ihn,

Arbeit der Techniker bei eisiger Kälte auf dem Flugplatz Bardufoss im Talkessel. Die Höhen reichen bis auf 1400 m.

Flug aus dem Talkessel hinaus aufs Meer. Im Mittelgrund beginnt der Fjord. Bei niedrigen Wolken schleicht man sich tieffliegend hinaus auf See.

Zwischenaufenthalt in Drontheim auf dem Wege zum Polarkreis. Es düstert bereits um die Mittagszeit.

Links: ›Ingo Berto‹ ist immer zum Spiel aufgelegt. – Rechts: Ein Foto zum Mitfrieren. Manchmal waren es minus 30° Celsius.

Wo keine Straßen und Eisenbahnen hinführen, wo keine Landeplätze sind, wo kein Dampfer von U-Booten ungefährdet hingelangt, da schwebt die Schwimmer-Ju 52 zuverlässig und stolz herein.

Der Fjord weitet sich. Links unten Tromsö. Fern im Norden geht es über Wolkenfetzen hinaus aufs Meer.

Die Formation schwenkt auf Anflugkurs.

Der Kommandeur ist fort. Es lebe der Kommandeur!
Hptm. Baumbach und Oblt. Weinreich.

Truppenarzt Dr. Coburg, Hoffotograf der Gruppe, vor
seinem Sanitätsblockhaus. Neben ihm der Adjutant,
Hptm. Schirrmacher.

Erst spät kommen nach geschlagener Schlacht die deutschen U-Boote heim. Parade vor dem ›Admiral Nordmeer‹. Am linken Flügel auf Deck sind die Gefangenen – die Geretten – angetreten.

Jagdfieber. Wenn er in den Boden stürzt, wird er mich nach sich ziehen. Aber er wird's schon wissen, wie er fliegt. Und er hat eine ganze Mannschaft zu seiner Unterstützung und Sicherheit. Die Flak hat er längst abgeschüttelt. Aber die Scheinwerfer lassen nicht locker. Ich habe keine Ahnung, wo ich mich im Augenblick befinde. Aber plötzlich rauscht und pfeift es nicht mehr um meine ›Me‹. Das fühlt und hört sich nach Normalflug an. Auch fliegt er, so scheint's, gerade. Da sehe ich seine Bomben fallen, aus dem Scheinwerferlicht ins Dunkle, in die Tiefe, in die Brände. Häßlich starrt mich das Bild von Hamburg an – menschenfressende Lava. Hund, verfluchter! Ich zittre, flehe inbrünstig, daß ich treffe. Könnte ich es doch besser! Ich muß schießen. Es muß heraus! Die Glimmspur hilft dann weiter. Ich schieße. Meine Waffen hämmern. Ich halte etwas höher. Noch ein Feuerstoß. Da – mein Herz macht einen Sprung – das hat gesessen. Der Bomber wirft sich in die steile Linkskurve. Und brennt nicht. Ich folge seinem weiteren wilden Tanz, bis er glaubt, mich abgeschüttelt zu haben. Er fliegt jetzt geradeaus, aber im Sinkflug mit hoher Fahrt. Er will raus aus dem Scheinwerferbereich. Doch vorher muß er fallen. Ich ziehe mich heran, sehe jeden Dreckspritzer am Flugzeugrumpf, beobachte den Heckschützen im gleißenden Licht hinter seinem Vierling. Ich bin noch im Dunkeln, aber es muß sein, er muß runter. Ich stoße hinein in das kalte Licht des Kegels, gehe bis auf 30 Meter an den Bomber heran, spüre stumpf den Vierling auf mich gerichtet, ziele und schieße in die rechte Fläche. Wieder hämmern dumpf meine Waffen, daß die Maschine zittert – mir eine heiße, reinigende Genugtuung.

Plötzlich: Blitzschnelle krachende Gegenschläge. Dann Leere, Stille.

Mein Motor macht nicht mehr mit. Mein Erschrecken ist sonderbar fern. Aha, denke ich, so ist das also – jetzt bist du dran.

Meine ›Me‹ verliert Höhe. Teilnahmslos sehe ich den Viermot sich in Flammen verzehren und niedergehen. Der Schock hat den Triumph erschlagen. Bei mir im Flugzeug fängt es an zu dampfen. Beizende Schwaden steigen von irgendwoher auf. Du mußt raus, durchzuckt es mich. Habe ich Angst vor dem Ausstieg? Ich weiß es nicht. Aber ich fürchte, daß der Kahn explodiert und ich mitsamt Fallschirm verbrenne. Eine Angst verjagt die andere. Also raus. Weg mit der Sauerstoffmaske, weg mit dem Funksprechanschluß, aufgebrochen die Kupplung dazu, auf die Anschnallgurte!

Jetzt Druck auf den Dachabwurf, nochmals, fester. War es Druck oder Sog, was mich packte? In schnellem Sinkflug ziehe ich den Steuerknüppel an, daß sich mein Flugzeug steil aufrichtet, gewinne 200, 300 m, wobei ich die Füße aus den Pedalschlaufen ziehe. Nun hocke ich in 5000 m Höhe, sprungbereit. Bevor das Flugzeug seine letzte motorlose Fahrt verliert, drücke ich den Steuerknüppel mit aller Kraft nach vorn. Schwerelos entschwebe ich meiner treuen ›Me‹, nachdem ich ihr so unbarmherzig Stoß und Tritt in die Tiefe versetzt habe, wohin sie, einen dünnen Schleier hinter sich herziehend, entschwindet, gequält, aufschreiend. Ich derweil habe den Scheitelpunkt meines selbstgemachten Katapultausstiegs überschritten, drehe fallend um meine sämtlichen Achsen. Wie im Traum kreist das irdische Treiben, Licht, Feuer und Tosen um mich herum. Den Fallschirm ziehe ich zunächst nicht, um nicht zu lange in dieser heftig befahrenen und eisenhaltigen Luftstraße herumzupendeln. Ich höre Motorengebrumm, Flakdetonationen. Meine Fallgeschwindigkeit nimmt zu. Ärmel und Hosen meiner dünnen Sommerkombination beginnen heftig zu flattern. Nach dem heißen Gerangel in der Höhe, den heftigen Klimmzügen in der Kabine fühle ich's kühl meine Backe streifen.

Verflucht, das Taumeln und Torkeln muß aufhören. Ich mag nicht mit dem Rücken zur Erde fallen, nur die wandernden, sich verschiebenden Lichtkegel auf der Netzhaut. Ich muß auf dem Bauch liegen, vor Augen haben, was ich für die Erdoberfläche halte und wohin die steile Reise geht. Jetzt liege ich auf dem Bauch, aber unerforschliche Kräfte drehen mich langsam, wie ein Grillhähnchen am Spieß, um meine Längsachse. Unwillkürlich, und wie mir scheint törichterweise, strecke ich meine Arme aus, wie um mich zu stützen. Und siehe da, ich fühle die Luft wie ein weiches Kissen unter meiner Hand. Die Stütze hilft. Ich drehe langsam zurück in die Horizontale. Und so lerne ich mich schnell beherrschen – linker Arm, rechter Arm, Finger spreizen, schließen, Beine schließen, Füße spreizen. Ein geübter Sportspringer mag meine Weisheit belächeln. Aber sie wuchs unmittelbar aus dem ersten Experiment.

Ich starre nach unten. Ich schätze meine Höhe nach der Kegelbasis der Scheinwerfer und nach einzelnen Bränden, schon weiter ab vom Angriffskarree. Zwischen dem Hellen erkenne ich nichts Körperliches oder Flächiges. Ich sehe nur Schwärze und Unendlichkeit. Ich zögere noch, den Griff zu ziehen. Wer weiß, wohin mich der Wind am Fallschirm trägt, wenn ich noch lange schweben muß. Aber jetzt streift wärmere Luft mein Gesicht. Ein letzter Blick rundum. Bäuchlings, horizontal fallend, richte ich meinen Kopf hoch, sehe ganz nach vorn in die dunkle Weite, dann senke ich ihn, peile an meinem Bauch entlang zu meinen Füßen. In dieser Richtung sehe ich breiten, roten Feuerschein. Plötzlich – ich fühle die Luft wie einen warmen Föhn – dämmert es mir: Erdennähe! Es ist höchste Zeit. Ich fasse den Griff und frage kurz und bange: Geht der Schirm auf? Dies zu bewirken, nützt kein Wille, keine Anstrengung, kein Geschick, kein Trick. Hoffnung und Abschiedsstimmung, Gefühl des Endpunktes und mutlose Bereitschaft, das Los zu ziehen, flackern durcheinander.

Ich ziehe. Es rauscht. Dann ein Ruck. Den Kopf reißt's herunter, ich schlage mit dem Kinn auf die Brust, daß die Halssehnen schmerzen. Ich blicke auf. Ich schwebe, schaukle unter dem seidenen Baldachin durch die Lüfte. Mein Gott! Welch Wunder, aus dem Nichts ins Leben zu treten. Nun hänge ich als Zuschauer in der kampfdurchtobten Arena, höre ich das vielstimmige Pfeifen zahlloser herabregnender Flaksplitter, das Röhren der Motoren über mir, das Trommelfeuer der Flakartillerie, dumpfe Detonationen großkalibriger Bomben, spüre Druckwellen. Hier und da bellen die Feuerstöße der Nachtjäger, hier und da verzehrt Feuer Menschen und Flugzeuge am Firmament. So also sieht und hört sich das von unten an.

Plötzlich hänge ich in einem Scheinwerferstrahl. Ich bin schmerzhaft geblendet. Ich sehe hinauf zu meinem schneeweißen Fallschirm. Die Flak pflegt den abgeschossenen Engländern heimzuleuchten, bis auf den Grund, ihnen dort den Fluchtweg zu sperren und sie den Männern vom Luftschutz zuzutreiben. Ich reiße die Leuchtpistole aus der Beintasche, spanne den Hahn, drücke ab. Der Scheinwerfer läßt mich Waidwunden los, sucht sich besseres Wild. Aber wie ich meiner roten und weißen Leuchtkugel in die Tiefe nachblicke, verdoppeln sie sich plötzlich und, oh Schreck, ihr Licht spiegelt sich in einem nicht übersehbaren Gewässer. Schwimmen in diesem Dreß? Versaufen? Die Kugeln sind erloschen. Ich starre nach unten. Ich fühle, der ganze Globus kommt mir als Riesenungeheuer entgegen.

In der Erwartung der Erdennähe, der Ankunft, wird die Zeit lang. Nun? Noch nicht, noch nicht.

Aber ins Wasser? Nun, Wasser war zwar kein duftender, federnder Heuhaufen, der erträumte Landeplatz eines nächtlichen Fallschirmspringers, doch angenehmer als eine Kirchturmspitze, eine Hochspannungsleitung oder eine Kläranlage, die die Vorstellung des einsamen Pendlers zwischen Himmel und Erde schreckhaft durchgeistern. Angestrengt starre ich hinunter. Eine breite dunkle Krempe, in deren

Mitte das Gewässer, kreist mich ein, steigt mir entgegen. In letzter Sekunde fällt mir ein, daß es sich ohne Stiefel besser schwimmt. Ich lasse meine Leuchtpistole fallen, die nun zwei Meter unter meinen Füßen an der Leine zappelt. Stiefel aus! Ich ziehe das rechte Bein an, bastele an dem verdammten soliden braunen Afrikastiefel herum. Der sollte gegen Wüstenungeziefer, das sich unter die Fußnägel zu bohren beliebt, hervorragenden Schutz gewähren. Ich schnüre die kreuzweise gelegten Senkel aus den Haken und hab's geschafft. Weg mit dem Stiefel. Und wie dieser ins Wasser plumpst, klatsche ich hinterher. Und tiefschwarz wird es um mich. Wild strample ich mit Armen und Beinen. Ich muß hoch, habe keine Luft mehr. Ich schieße mit dem Kopf hoch übers Wasser und schlinge die Nachtluft in mich hinein, im tiefsten Atemzug meines Lebens. Alles war zum Schluß überraschend gegangen. Zum Luftholen war keine Zeit, keine Sicht, keine Überlegung. Nun schnaufe und trete ich, rudere mit den Armen, löse den Fallschirmgurt.

Allmählich wird der Puls ruhiger. Da erst wird mir bewußt, daß ich nicht von meinem Fallschirm zugedeckt worden bin, gefangen und gefesselt in dessen Schnüren. Ich muß beim äußersten Pendelausschlag zu Bach gegangen sein, so daß der Schirm sich neben mir aufs Wasser legte. Ich war auch nicht auf den Gedanken gekommen, den Fallschirm, wie es Leute mit schlechten Erfahrungen empfehlen, schon in der Luft zu lösen, die letzten 5 oder 10 m frei zu fallen, damit der Schirm mit dem Wind abdriftet. Doch war's wohl Glück. In der Nacht würde man sich leicht mangels zuverlässiger Schätzung der Höhe den Hals brechen können.

Ich trete noch auf der Stelle, mein Fallschirm ist nicht zu sehen. Inzwischen ist das Wasser unter meine Kombi gedrungen. Zunächst war's kühl, dann freundlicher. Ich blickte mich um, spähe zum rettenden Ufer. Dunkel ist es ringsum. Kein Windhauch. An einer Stelle zeichnet sich märkischer Wald als Silhouette gegen rötliches Feuer ab. Das könnte der Bomber, mein Gegner sein. War dort das nächste Ufer?

In anderer Richtung bietet sich kein Anhaltspunkt. Also schwimme ich, einseitig gestiefelt und in Kombination, auf den roten Schein zu.

Nach fünf Minuten beginne ich zu keuchen. Ich halte inne, bei müden Armbewegungen, wassertretend.

Ich setzte erneut an, aber nach ein paar Minuten, erschöpft, wieder aus. Das Ufer ist nicht näher gekommen. Im Gegenteil, ich wähne es plötzlich meilenfern. Beginne ich zu spinnen? Nur halbbewußt bemerke ich einen Widerstand, eine Reibung an meinem Bein. Ich fühle mit der Hand hinunter, spüre eine Schnur, ziehe sie an, führe sie durch meine Hände, bis ich meine Leuchtpistole, an die ich keinen Gedanken mehr verschwendet hatte, in der Hand halte. Aber Pistole und Schnur nicht allein. Ein Gewirr von Fallschirmschnüren knäuelt sich darum. Also hänge ich an dem gewaltigen Treibanker, der sich möglicherweise schon auf dem Grunde des Sees verhakt hat. Nicht einen Meter bin ich vorangekommen! Mir ist zum Heulen. Aus dem linken Hosenbein meiner Kombi hole ich mein Kappmesser hervor und zerschneide, was an Schnüren um mich herum ist. Lasse die Pistole abgehen in die Tiefe, schließlich auch das Messer.

Diese Unternehmung hat mich erschöpft. Ich habe viel Wasser geschluckt. Doch nun habe ich auch wieder die Arme frei zum Paddeln und halte mich kräfteschonend auf der Stelle.

Seltsamerweise kommt mir nicht der Gedanke, laut um Hilfe zu rufen, wo ich sie so nötig habe. Ich glaube, ich wollte niemanden stören. Vielleicht war es auch das eingeborene oder eingeübte Gefühl, möglichst alles in Eigenhilfe zu leisten.

Mit mäßiger Kraft, auf eine längere Reise eingestellt, quäle ich mich in sämtlichen mir zu Gebote stehenden Stilarten auf die Silhouette zu. Ich keuche voran, bald auf dem Bauch, bald auf dem Rücken liegend, bald auf der Seite. Wie werden mir beim Kraulen die Arme so schwer! Verschnaufpause. Die Silhouette steht jetzt ein wenig höher. Tief einatmen, ausatmen. Weiter geht's. Immer weiter. Das Herz schlägt höchstes Tempo. Ich schlucke noch mehr Wasser. Mir ist zum Erbrechen. Der Himmel verfärbt sich bläulich in Streifen. Ich denke verrücktes Zeug, sehe einen bayerischen Gasthof, höre bayerische Stimmen. Ich schlage die Arme voraus, schlage und schlage und schlage – in Schilf!

Ich komme zur Besinnung, blicke auf zu einer hohen dichten Wand von Schilf. Ich greife mit beiden Armen hinein, umarme das große Bündel, halte mich fest. Luft brauche ich, nichts als Luft und Ruhe, daß der wilde Herzschlag zur Ruhe kommt. Ausruhen will ich. Schlafen möchte ich hier im Wasser, am Schilf, lange. Nichts sind mir mehr die Bomber, mein Bomber, die Reichshauptstadt. Meine Welt ist ein Bündel Schilf, das neben meinem Ohr leise scheuert und schabt.

Allmählich wird mir kühler. Ich scheue mich, mit den Füßen nach dem Grund zu tasten. Mir graust davor, im Modder steckenzubleiben. So greife ich tiefer in die Schilfwand hinein, ziehe mich von Bündel zu Bündel, im Wasser schwebend, bis ich mit meinen Händen Erde greife. Die halte ich, krallend, dann ziehe ich mich mit der Linken, dann mit der Rechten voran, bis ich mit dem Oberkörper gelandet bin. Ich ziehe die Beine nach. Auf allen Vieren krieche ich, während das Wasser meiner Kombination entströmt, ein paar Meter voran, eine sanfte Böschung hoch. Ich bin im Wald.

Inzwischen ist es still geworden. Die Bomber sind auf Kurs West gegangen, die Flak hat ihr Feuer eingestellt, die Scheinwerfer sind erloschen. Frieden liegt über dem Land. Irgendein Nachtvogel gibt Laut, Grillen zirpen. Ich erhebe mich, öffne die Reißverschlüsse vor der Brust, an den Beinhosen und Ärmeln und mühe mich hinaus. Dann zerre ich mich auch aus dem Uniformrock, dessen Ärmelfutter an dem Hemd zu kleben scheint, rolle beides wringend zusammen, packe das Bündel und schlage aufs Geratewohl eine der beiden Richtungen ein, die am See entlang führen. Vorsichtig tappe ich durch die Nacht, denn hier und da piekt es meinen nackten Fuß.

Wie mir Wärme und Kraft allmählich zurückkehren, wächst auch meine Zuversicht. Schließlich wandere ich durch brandenburgisches heimatliches Land, und es werden freundliche Menschen sein, die mir begegnen.

Da sind sie schon! Ich höre sprechen: Ich bleibe stehen und vernehme deutliche Worte. Ich rufe »Hallo« und höre nur den erschreckten Schrei weiblicher Stimmen. Ein männlicher Ton setzt sich durch: »Deutsch oder Englisch?« Nach einer Pause: »Are you British or German?« »Deutscher Flieger, abgeschossen«, rufe ich. Der Mann läßt nicht locker: »Wo kommen Sie her, mit welcher Maschine?«

»Von Bonn, mit einer Me 109!« Lange Pause. »Da stimmt was nicht. Kommen Sie langsam näher. Sie werden angeleuchtet!« Ich humple auf die Stimme zu. Eine handbetriebene Dynamo-Taschenlampe glimmt auf, erstrahlt jetzt. Ich bin geblendet.

»Stehenbleiben. Halt!« tönt es jetzt über dem Surren des Dynamos. Dessen Strahl senkt sich langsam an meiner Länge auf die Füße nieder, verweilt dort. Schweigen. Der Strahl geht wieder hoch zu meinem Gesicht. Ich schiebe das nasse Haar aus der Stirn. Ich warte.

»Mensch«, sagt der Mann aus dem Dunkeln, und schweigt. Das Flüstern der weiblichen Stimmen hatte aufgehört. Ich sage, ich hätte vor einer Weile Erkennungsmunition geschossen über dem See, rot und weiß.

»Dann kommen Sie mal mit, junger Mann«, meint die Stimme, jetzt freundlich. »Und das sind wir hier.« Damit läßt er den Lichtkegel rasch über 5 bis 6 junge Arbeitsmaiden gleiten und leuchtet sich selbst an, das graumelierte Hemd der Luftwaffe.

Der Trupp macht kehrt, marschiert in meine Richtung. Der Mann, Horcher im Flugmelde-Regiment, Reservist, war der erste, der sofort an meinem Signal erkannt hatte, daß ein deutscher Flieger in Kürze in ›Seenot‹ geraten würde, hatte das am Ufer gelegene Lager alarmiert. Sogleich waren die jungen Mädchen begeistert und in Scharen aufgebrochen, um ihren Flieger zu retten, ihn an Land zu ziehen. Statt dessen lief ihnen aber ein Sergeant Smith in die Arme, der dem brennenden Bomber entstiegen war und seinem Erschrecken vor den Waldfeen in seiner Muttersprache Luft machte und Reißaus nahm.

Der Horcher lieferte mich bei der Oberin des Lagers ab. Nach flüchtiger und erschreckter Musterung faßte mich die Hausherrin am Handgelenk und zog mich über die Schwelle. »So, Herr Oberleutnant, jetzt kommen Sie erst einmal in die Küchenbaracke zum Trocknen.« In diesem großen, mit mehreren Herden ausgestatteten Raum wurde mir von einigen Dutzend Mädels ein triumphaler Empfang bereitet. Aber sie wurden von der Oberin fortgescheucht. »Marsch in die Betten.« Es war inzwischen 4 Uhr geworden. »Jetzt, Herr Oberleutnant, geben Sie Ihr nasses Paket her – mein Gott, wie ist das schwer –, ziehen Sie sich aus, nehmen Sie die Wolldecke und setzen Sie sich an den Herd. Wenn Sie sitzen, rufen Sie.« Schnell war ich raus aus den Sachen, packte den nassen Haufen auf einen Stuhl; schlug die Wolldecke um mich und setzte mich, bereit, Audienz zu gewähren. Während ich mir die Wärme im Rücken wohlgefallen ließ, griffen auf Geheiß der Oberin einige Mädels, die zum Frühdienst eingeteilt waren, meine Sachen, um sie über dem Herd aufzuhängen. Es wurde nachgelegt. Töpfe wurden hin und her geschoben, Deckel klapperten, und ich sah etwas verstört zu meiner tropfenden Unterkleidung auf. Nur keine Verlegenheit anmerken lassen, hübsch siegesgewiß bleiben vor so vielen Grazien. So befleißigte ich mich auf meinem Thron und unter meiner Toga einer imperatorischen Gebärde, die eine der Mädchen hinriß zu fragen, ob ich wohl so gemalt werden möchte. »Nicht von mir«, lachte die Kesse, »sondern von der da, die ist Künstlerin.« »Die da«, zartgliedrig, mit braunen Löckchen, errötete hold, wie es im Gedicht schöner nicht beschrieben werden kann. Ich kam mir im Augenblick nicht schön genug vor. Im übrigen – was haben die für Zeitbegriffe! Wie lange sollte die Sitzung dauern! Die Oberin hielt große Stücke auf die Künstlerin. Ich fühlte mich herrlich wohl, plötzlich zum Gegenstand der Kunst erhoben zu sein; aber auch leicht befangen vor dem Künstlerauge.

Ich betrachtete unauffällig die gebräunten, ungeschminkten Gesichter, aus denen mich junge Augen neugierig oder strahlend ansahen.

Während die Töpfe geschoben und gerückt wurden und sonst manche Geschäftigkeit um mich herum war, hörte ich, still belustigt, tuscheln, und genoß Anmerkungen wie diese: »Der ist doch kein Oberleutnant, sieh mal die Achselstücke . . . graue Haare hat er schon . . . i, seine Rasierseife ist Matsch.« Eine kleine Berlinerin rief entdeckerfreudig aus: »Kiek mal, sind det aber jroße Fieße.« Alles lachte. Ich wollte mich gerade gelinde empören, als eine ander Göre meinte: »Der is ja ooch ’ne janze Ecke jrößer als wia.«

Endlich erhielt ich einen Emaillebecher Muckefuck mit einem Knicks kredenzt, und mein nackter Arm fuhr aus der Toga heraus. Danach gab es eine Scheibe Schwarzbrot mit Sirup ohne Margarine. Hat das geschmeckt.

In der Morgendämmerung fuhr ein PKW vor, den die Oberin vom nächsten Fliegerhorst bestellt hatte. Der Fahrer, Gefreiter der Luftwaffe, meldete sich zackig und stellte zwei geräumige Knobelbecher vor mich hin. Leihweise, sagte er, ich müsse sie quittieren.

Zur Ankleideprozedur mußte ich mir einen Ruck geben; zu schön war es in dieser Idylle.

»Jetzt endlich raus. Oder wollt ihr einen nackten Mann sehen?« Im Nu waren sie weg.

Vom nächsten Fliegerhorst sollte ich mich telefonisch bei der Luftflotte melden. Ich war überfällig.

Der Kommandant des Platzes und Luftparkes erzählte mir, er habe ein halbes Dutzend Engländer in Gewahrsam genommen. Einer liege im Lazarett. Ich wollte ihn sehen. Es war Neugier. Der Kampf in der Luft und zwischen Flieger und Flak zwang, wie eine Duellvorschrift, zu Distanz. Noch nie war ich meinem Gegner, dem gemeinsamen Erdenbürger, auf festem Grund entgegengetreten, das Weiße in seinem Auge zu sehen.

Der Arzt begleitete mich in das kleine helle Krankenzimmer hinein, nickte dem Engländer freundlich zu und zog sich zurück.

Der Engländer, im schneeweiß bezogenen Bett, sah mich ernst, ein wenig starr an, sprach kein Wort. Seine Hände lagen ruhig auf der Decke. Was wollte ich eigentlich? Ich bemühte mich, ein paar Worte zu sagen, nach seinem Erlebnis zu fragen. Aber es gelang mir nicht. Ich fühlte mich plötzlich beklommen. Was sollten wir uns auch sagen, die wir kurz zuvor aufeinander geschossen hatten, um uns zu töten. Statt der Geschosse nichtige Worte? Wir waren gegeneinander angetreten, jeder nach seinem Befehl, jeder für sein Land, Müller gegen Miller, Wilhelm gegen William. Es war unser Schicksal, das zu wollen und zu sollen. In Europas Mitte, in dem flammenden Himmelsgewölbe über Berlin hatten wir gefochten wie einst die Kämpen gleichen Blutes in König Etzels berstendem Festsaal. Weder feindlich noch freundlich musterten wir uns eine Weile, wie zwei, die nach hitzigem Streit, abgekühlt, nicht mehr wissen, wie es dazu kam, worum es ging. Gemeinsam hatten wir den tiefsten Abgrund noch einmal übersprungen. Dennoch, versöhnen konnte diese Schicksalsgleichung nicht. Schweigende, zunehmende Verlegenheit auf beiden Seiten: Zwischen uns stand die Feindschaft der Staaten. Wußten die es wirklich besser als wir? Oder wollten sie es schlechter als wir, aus Neid, aus Gier nach Rache oder nach Gold?

Ich zog die Tür langsam zu. Für ihn ist der Arzt da, Schonung und Ende des Kampfes, für mich neuer Befehl.

Die Luftflotte drängt auf meine Meldung. Oberstleutnant i.G. Boehm-Tettelbach ist heute morgen am Apparat. Ich erfahre, daß der Angriff den Stadtteil Lankwitz empfindlich getroffen hat, im übrigen aber zersplittert war, mit Hamburg nicht zu vergleichen. Er sagt etwas von bisher 70 bis 80 Abschüssen. Ich teile meine Eindrücke mit. Er wollte wissen, wo ich so lange herumgebummelt hätte, ich solle sofort nach Karinhall fahren.

Der Fliegerhorstkommandant gibt mir Fahrer und Wagen, und auf geht's in die Schorfheide. Ich stehe in meinen Knobelbechern, ungebügelten Hosen, verbeultem Rock und unrasiert vor dem rotbehosten, blank- und hochgestiefelten Oberst im Generalstab von Brauchitsch, dem Chefadjutanten. Der sieht mich von oben bis unten an und schmunzelt in der gewinnendsten Weise: »Sie sehen ja wie ein richtiges Frontschwein aus. So was verläuft sich selten hierher. Eine richtige Wilde Sau! So soll Sie der Chef sehen.«

Bevor ich in das große Arbeitszimmer befohlen wurde, nahm ich im Frühstückszimmer Platz. Als Frontschwein durfte ich Wurst und Schinken haben und einen echten Bohnenkaffee.

Brauchitsch kehrte zurück: »Wissen Sie, was der Chef mich eben gefragt hat? Ob alle seine Flieger Freischwimmer seien! Wenn nicht, so sollte ich sofort das Nötige veranlassen.«

Bald darauf wurde ich in das große Arbeitszimmer befohlen.

Als ich es nach einer Weile durch die hohe Tür verließ, hielt ich eine gewichtiges Ding in der Hand. Viel Gold und Platin war daran, und es flimmerte von Brillanten.

»Nun schnell nach Berlin-Staaken«, drängte von Brauchitsch. »Da steht ein neues Flugzeug für Sie bereit. Flitzen Sie zurück zu Ihrem Geschwader.«

Los ging es von Staaken. Die Sonne meinte es zu gut. Ziemlich dösig war mir, und ich weiß nicht, welche Melodien ich gesummt und – gähnend – nicht beendet hatte. Doch schon immer war ich gewahr geworden, daß meine Muse plötzlich in der Geographie einhakte, wenn ich meines Weges durch die Lüfte träumte. Bei Höxter an der Weser, das vor zwölf Jahren unser Klassenwanderziel war, ließ sie mich das sehnsuchtvolle Lied für einige Takte anstimmen: ».. . hinunter blickend ins weite Tal, mein selbst und der Welt vergessen .. .« Ein Menschenleben schien es mir her. Weit waren wir seitdem gewandert.

In Hangelar hoppelte die ›Me‹ über die Grasnarbe, rollte aus. Traurig, beide Hände in der schwarzen Kombi begraben, kam mein Wart langsam näher. Seine alte, altmodische ›1‹ war nicht mehr. Da stand so eine Spiegelglatte und Neue, seelenlos. Das Flugzeug – eine Sache? Nie! Wo das Gemüt sich regt, hört die ›Sache‹ auf.

Ich stieg um in meinen ›Storch‹, promenierte in Baumwipfelhöhe flußaufwärts, drosselte, schwebte hinab, setzte auf und durchrollte mein eisernes Tor. Ich stellte ab, ließ alles stehen und liegen und schlakste, die Kombi über die Schulter geworfen, über den schwankenden Steg.

Rund zwölf Stunden waren in diesem Augenblick vergangen.

Abends saß ich wieder in meinem Goethe-Zimmer und harrte der Funkzeichen von drüben, der Fortsetzung planmäßiger Zerstörung. Aber nichts rührte sich. Tagelang rührte sich nichts.

So blieb es nicht aus, daß ›Nasenmüller‹, inzwischen mit dem Béinamen ›Felix, der Glückliche‹ ausgestattet, weiterhin entteerten Qualm durch seine mächtigen Nüstern ausblies, schließlich unseren Keiler schoß, der Adjutant noch hingebungsvoller seiner Gesundheit und Nachtsehfähigkeit lebte: Pausenlos krachten rote Mohrrüben zwischen seinen Zähnen. Und weiter breitete Nachrichten-Holler sein von Drehfeuern funkelndes und sein drahtiges und drahtloses Netz aus, über welches Max Pill, einer immer wachsamen Spinne gleich, Vorräte für Mann und Flugzeug heranzog, eiserne Ration für beide. Ich unterdes, Kulturtragender, ein seine Umgebung Heimsuchender, pfiff und summte drei eingängige Takte Bach, immer da capo, beim Denken und beim Dösen.

Ungefähr zwei Wochen vergingen, da erhielt ich auf dem Dienstwege ein eingerahmtes liebliches Ölgemälde mit Kärtchen dazu, worauf stand:

Ihr See.

›Mein‹ See im warmen Sonnenschein, windgekräuselt, wolkenspiegelnd und vom Wald umsäumt. Wie verträumt, verschwiegen und wie klein lag er da. Da war auch ›mein‹ Schilf, das ich umarmt hatte, und in ihm, einem Vexierbild gleich, gewahrte ich zwei Anfangsbuchstaben, wie aus dem Wasser aufgewachsen.

Meine Gedanken gingen zurück. Ich sah mich fallen in der Nacht. Ein kleiner freundlicher Strahl leuchtete daraus hervor. Doch der Krieg hat keinen Blick dafür. Ich sitze hier und bin kampfbereit. Meine Füße stecken jetzt in Stiefeletten. Die sind schneller vom Fuß, wenn man eintaucht.

12. Kapitel

Winterschlacht um Berlin
Oktober 1943 – März 1944

Amerikanische Offensive in Fernost. Kämpfe in Italien. Monte Cassino.
Konferenz von Teheran.

Berlin, die Reichshauptstadt, sollte als Industrie- und Organisationszentrum nach dem lauthals verkündeten britischen ›Meisterplan‹ in Trümmer gelegt werden. Daher war sogleich nach dem Vernichtungsschlag gegen Hamburg ein Teil der Bevölkerung in die Mark und in weitere Ferne evakuiert worden, da die Schrecken der jüngsten Vergangenheit vor aller Augen standen. Der Abwehrerfolg vom 23./ 24. August 1943 ließ alle erleichtert aufatmen, gleichzeitig auch ahnen, daß schwerwiegende Fehler begangen worden waren. Das bestätigte sich durch die Nachricht, daß der Chef des Generalstabs der Luftwaffe, Generaloberst Jeschonnek, nach Auseinandersetzungen mit Göring zwischen dem Angriff auf Peenemünde und dem auf Berlin Selbstmord begangen hatte.

In der Folgezeit wurde ich mehrfach zum Reichsmarschall befohlen. Ich hatte über mein Gespräch mit dem Generalstabschef zu berichten und meine Vorstellungen über die künftige Führung zu entwickeln. Wir saßen manchmal bis in die späte Nacht zusammen, nachdem Chefadjutant von Brauchitsch zu seiner Familie gegangen war, zuweilen auch mit Generaloberst Loerzer, der kaum in die sachliche Erörterung eingriff. Ich gewann den deutlichen Eindruck, daß Göring sich aus der vertrauensvollen, unkritischen Hingabe an die bisherige Kampfführung zu befreien suchte und meinen Vortrag und Vorschlag im Großen wie im Kleinen verstehen lernen wollte. Denn manche Zweifel gegen die Sache und gegen meine Person schienen ihm gekommen oder eingegeben worden zu sein. Als intelligenter und erfolgreicher Flieger des Ersten Weltkrieges wußte er kluge und für die weitere Darstellung hilfreiche Fragen zu stellen und erzählte mir, selbst einige Male im Jahre 1918 in die Dunkelheit geraten zu sein und sich in einer abenteuerlichen Weise durchgeschlagen zu haben. »Weißt du noch, Bruno?«, wandte er sich an seinen Personalamtschef. Mir als ausgebildetem Blindflieger sträubten sich ob dieser Fliegerkunststücke die Haare, ich konnte aber nicht umhin, Gespür und Unerschrockenheit in diesen Wagnissen zu bewundern. Ich fragte mich, warum dieser geistig bewegliche Mann, der das Neue so schnell erfaßte, nicht früher in die Materie eingedrungen, sich Klarheit verschafft und Schwerpunkte gesetzt hätte. Ich bemerkte, wie aufmerksam er mir zuhörte, und gab mir Mühe, mich nicht in Form von belehrenden Sentenzen zu äußern, sondern locker und frontnah. Ich hatte meinen Oberbefehlshaber vor mir, einen Mann, dessen Ansehen durch den Mißerfolg von Hamburg, aber auch andere Unzulänglichkeiten gelitten und der bei seinem obersten Befehlshaber an Einfluß verloren hatte.

Ich vermied, großspurig von operativen Plänen, Luftkrieg und Strategie zu sprechen, sondern sagte schlicht, daß die Nachtjagd bisher, streng angebunden, Stellungskrieg geführt und in einer Art Maginot-Linie gehockt habe. Ich wollte vielmehr Feuerwehr sein, hierhin und dorthin flitzen können. Das müsse schon deshalb sein, weil wir weniger seien als die Bomber.

Bei solchen Schilderungen wurde er quicklebendig. Seine Augen funkelten, und er rief wieder: »Bruno, hast du das gehört?«

Bei den ersten Gesprächen galt sein Augenmerk und seine Sympathie fast allein der Tatsache, daß wir Einmotorigen uns überhaupt nachts aufschwangen und den Ritt durch das Flakfeuer wagten, wobei er mich scherzhaft »Jung-Siegfried« titulierte. Er hatte selbst den Angriff auf Berlin von Karinhall aus beobachtet. Doch allmählich erwärmte er sich für das Gedankliche des Einsatzes, fluchte gelegentlich wild auf den Generalstab, den er in diesem Augenblick mit dem toten Jeschonnek gleichzusetzen schien. Der Generalstab hätte doch entsprechende Einsatzrichtlinien rausbringen müssen, meinte er. Ich stieß vorsichtig ins gleiche Horn, so daß er meinen konnte, ich würde ihn nicht für mitverantwortlich halten. Ich durfte es daher wagen, von der Führungsschwäche etwas deutlicher zu sprechen und das in großen Zügen zu schildern, was ich im letzten Jahr im Stabe zu Papier und an die zuständigen Leute gebracht hatte.

Als ungünstig stellte ich ihm auch die Personalunion zwischen dem

Befehlshaber der Nachtjagd und dem Inspekteur der Nachtjagd hin. Das sei eine zu absolute Stellung, und nicht zu Unrecht würde General Kammhuber als Nachtjagdpapst bezeichnet, immer unfehlbar. Ich würde es für richtig halten, wenn der General der Jagdflieger die Inspektion der Nachtjagd übernähme. Denn dieser habe sich für das Neue sehr aufgeschlossen gezeigt, und ich hätte mit ihm über das Personelle auch gesprochen. Daß diesmal der Reichsmarschall nicht »Bruno« zu rufen brauchte, sondern dieser sich selbst mit »soso« ins Gespräch mischte, erklärte sich aus seiner Kompetenz als Personalamtschef.

Obwohl General Kammhuber mich 1942 unter Hinweis auf seine früher mit der hellen Nachtjagd gemachten schlechten, übrigens damals zutreffenden, aber derzeit überholten Erfahrungen mit meinem Vorschlag ziemlich kalt hatte abfahren lassen, habe ich mit meinem Vorstoß auf Gewaltenteilung keine persönlichen Gefühle befriedigen, sondern nur der Sache dienen wollen zu sachgerechter Beschlußfassung nach vernünftiger Anhörung und Beratung.

In einer der Besprechungen hatte ich nicht den Eindruck, daß ich zur Erörterung einer Tagesfrage bestellt worden war. Göring wollte sich ganz einfach in einer Unterhaltung mit mir vergewissern, wie die Dinge künftig laufen würden. Ohne besonderen Anlaß war mir ein solches Gespräch nicht recht, da ich im Geschwader und bei den Divisionskommandeuren der Flak und bei den Luftgaukommandierenden genügend zu tun hatte. Aber manchmal hatte er die Dinge überdacht und stellte überraschende Fragen.

Wo ich die Zusatzbehälter runterwerfen ließe, wollte er wissen, ob über der Stadt, vielleicht auch hier über Karinhall?

Ich hatte vor Einflug in die Flakzone die brandgefährdeten Behälter abzuwerfen befohlen, hatte aber festgestellt, daß die Flugzeugführer das nicht taten, um die Flugdauer möglichst zu strecken. Ich erklärte, daß ich es zuletzt auch so gemacht hätte.

Er meinte, die Tagjäger müßten das gleiche tun können, könnten sich besser hin und her bewegen und ebenfalls Feuerwehr spielen. Schlimmstenfalls könnten sie die Dinger vor dem Luftkampf abwerfen.

Göring war hellwach. Wir hätten den Engländern einen ordentlichen Denkzettel gegeben, nichts sei weiter mit Berlin geschehen, nun müßten auch die Amerikaner energisch bekämpft werden. Er führte seine Vorstellungen fantasievoll aus.

Er war fest entschlossen, etwas zu tun. Seine Ausdrucksweise wurde markig, etwas theatralisch: Er werde die Luftherrrschaft zurückerobern und den Sieg an seine Fahne heften.

Was ich dazu meinte, wollte er wissen.

Ich erläuterte: Selbst die zweimotorigen Nachtjäger hätten sich im Anfang in dem weiträumigen Bewegungskrieg schwergetan; der Herr Reichsmarschall habe selbst aus dem Munde von General Kammhuber gehört, daß dessen Nachtjäger zur Zeit nicht in der Lage seien, aus dem Rhein-Main-Gebiet nach Berlin zu fliegen. Sie müßten erst ausgebildet werden. Auch für die Tagjagd, fügte ich hinzu, könnte es ein Navigationsproblem sein. Zusatzbehälter mitzunehmen, sei fliegerisch jedoch kein Problem. Im Luftkampf könnten sie, ja müßten sie wohl die Behälter abwerfen. Tags sei der Einsitzer meines Erachtens gefährdeter als nachts. Man säße auf dem Pulverfaß.

Göring wollte das mit dem General Galland besprechen. Brauchitsch sollte ihn bestellen.

Als ich von Staaken nach Bonn zurückflog, dachte ich an mein Leutnant-Preisausschreiben und die darin enthaltene Frage: »Wie ist der Kampf gegen die feindliche Luftwaffe am wirksamsten zu führen?« Meine Antwort für die Jäger, auf Seite 82 meines Opus getippt, war: Konzentration, innere Linie, exzentrische Stöße, alles streng nach Clausewitz. Ich fragte mich, wie es schon vor dem Kriege zu Fehlentscheidungen und Falschbeurteilungen, im Kriege zeitweise zu Verstößen gegen operative Grundeinsichten hat kommen können. Das Einfache ist offensichtlich schwer. Auch darin hatte Clausewitz Recht.

In der Zwischenzeit hatte ich den Besuch des Generals ›Beppo‹ Schmid erhalten, der in Tunis die Division ›Hermann Göring‹ befehligt hatte. Als die Armee dort kapitulierte, wurde er als Geheimnisträger ausgeflogen, damit die Alliierten sich seine Kenntnisse nicht zunutze machen konnten. Vor jenem Feldzug war er nämlich Chef Ic – Feindlage – im Führungsstab der Luftwaffe gewesen, und als solchen hatte ich ihn 1942 dort schon gesichtet. Böse Zungen meinten, man hätte ihn den Amerikanern überlassen sollen, da er ihnen die Hucke genauso würde vollgelogen haben, wie er es zuvor mit seiner eigenen Führung getan habe, was letzteres ich durchaus cum grano salis verstanden wissen möchte. Auch zum Kriegshandwerk, auch bei Ic, gehört das Klappern.

Ich veranschaulichte gegenüber dem fliegerischen und taktischen Neuling sehr selbstbewußt den Bewegungskrieg und fand einen interessierten, aufnahmefähigen und praktisch denkenden Mann,

311

über dessen künftige Verwendung ich mir keine Gedanken machte. Er trug den Blutorden der Partei, der ihm ohne parteipolitischen Bezug im November 1923 als mitmarschierendem Fähnrich zugefallen war. Er machte mir in einer unauffälligen Weise Komplimente, die ich als freundlich und aufrichtig empfand. Mitte September 1943 wurde er, allein für mich überraschend, für andere nicht, zum Kommandierenden des Nachtjagdkorps ernannt. Er löste General Kammhuber ab. Ich wurde ihm nicht unterstellt, sondern blieb mit meinem Geschwader ›reichsunmittelbar‹ und dem Luftwaffenbefehlshaber Mitte, dem ebenfalls neu ernannten und von Norwegen bestens bekannten Generaloberst Stumpff, unterstellt.

Bald darauf erteilte Göring die Weisung, daß ich zwei weitere Geschwader aufzustellen und das Ganze die 30. Jagddivision zu nennen hätte. Erfreut war ich darüber, daß die Betreuung meiner Einsitzerdivision nicht in Händen des Generals Kammhuber lag – es wäre ihm auch nicht zuzumuten gewesen –, sondern beim General Adolf Galland, der die Sache gefördert hatte.

So mußte ich mein schönes Schloß Allner und die lieben Einheimischen verlassen, Johann Sebastian abschalten und das letzte Mal über den schwankenden Steg zu meinem ›Storch‹ wandern. ›Wilde Sau Nr. 2 und 3‹ sollten zur Division nachkommen, ebenso Nachrichtenoffizier Holler und Max Pill, der große Organisator materieller Werte. Zu weiterer froher Erinnerung und Anknüpfung an unbeschwertere Fronterlebnisse kam mein alter Frechdachs, der junge Weinreich, bereits Hauptmann, zur Division, um eine Gruppe Einsitzer, später als Major ein Geschwader zu übernehmen. Das Bonner Geschwader JG 300 übernahm Major Kettner, der zuvor die Gruppe in Rheine geführt hatte.

Als verhältnismäßig junger Krieger war ich nunmehr Divisionskommandeur mit Stab in Berlin, in der Nähe des Olympia-Stadions, und hatte bald darauf auch die Inspekteursgeschäfte des Generals Kammhuber zu übernehmen. Das bewerkstelligte ich gemeinsam mit dem Major i.G. Müller-Trimbusch aus dem Stabe des Generals, eine Zwischenübernahme mit Blick auf die geplante Zusammenfassung der Jagdabwehr unter dem General der Jagdflieger, Galland. Er und ich flogen nach Ostpreußen zum Chef des Führungsstabes, dem General Koller, und in einer knappen Stunde war der Vorschlag durchgearbeitet und zu Papier gebracht: Galland – General der Jagdflieger, unter ihm Oberst Trautloft – Inspekteur der Tagjäger, Herrmann – Inspekteur der Nachtjäger.

Damit war meines Erachtens Truppenführung und Inspektion in sinnvoller Weise getrennt und eine Schaltstelle für den Fall errichtet, daß die Alliierten sich entweder gänzlich in die Nacht zurückziehen oder ganz auf das Tagbombardement verlegen würden. Auch die Ausbildung, Planung und Beschaffung waren damit für diesen gefährlichen Fall in einer Hand.

Ich war mit der gesamten Stellenbesetzung zufrieden. Nur eine kleine Doppelrolle blieb an mir hängen, soweit ich Inspekteur und Divisionskommandeur der Einsitzer war. Letztere Position war nur für eine weitere Übergangszeit gedacht, bis die Territorialdivisionen meine drei Geschwader führungsmäßig übernehmen könnten. Es schien so, als sollte ich in der Luftverteidigung Wurzeln schlagen.

Obwohl nach dem Zusammenbruch von Hamburg die Abschüsse im Einzelfall verdoppelt werden konnten, blieben sie im Durchschnitt auf dem früheren Stand. Daher galt es, die funkmeßgesteuerte Jagd neben dem Verfahren ›Wilde Sau‹ wieder störungsfrei zu machen. Ein atemberaubender Wettlauf begann, die bereits vorhandenen und neuen Geräte und Methoden zu entwickeln, mit denen sich bereits Oberst i.G. von Loßberg, im Stabe des Feldmarschalls Milch, in aufopferungsvoller Weise beschäftigt hatte. Gegen den ›Papst‹ war er, wie ich, früher nicht angekommen.

Ebenso schnell und nachdrücklich war auf die nach dem Angriff auf Peenemünde einsetzenden raffiniertesten Täuschungsmanöver der Briten zu antworten. Scheinangriffe mit Leuchtkugelzauber, wildes Hakenschlagen der Bomberverbände, Aufteilen zu verschiedenen Zielen, Störung des Funksprechverkehrs, irreführende Befehle in deutscher Sprache, diese Hiebe galt es zu parieren. Richtige Entschlüsse konnten nur auf die Minute genau gefunden werden, sonst war die Abwehr ein Schlag ins Wasser. Manchmal war es ein Ratespiel, bei welchem herauszufinden war, welche Absichten und Gedanken der Engländer uns wohl unterstellt haben könnte, um vorauszusehen, was er tun würde.

Es waren Lagebeurteilungen mit unbekannten und hypothetischen Werten, die bei konkretem Anzeichen blitzartig nach- und neu hochgerechnet werden mußten. Dazu gehörte ein hochentwickeltes fliegerisches Verständnis mit einem großen Erfahrungsschatz und die Fähigkeit, das Wetter und seine Änderungen für die Zeit der Operation richtig zu erkennen.

Das Wetter ist dem Flieger Schicksal, ist ihm Freund und auch Feind. Fühllos gegenüber seinen Flügelschlägen, dennoch zuweilen ergrimmt. Das Bewußtsein, hart am Rande einer Fehleinschätzung der Naturgewalt, am Rande einer Massenkatastrophe zu operieren, drückte ebenso auf das klare Denken und nüchterne Entschließen wie die Furcht, den Gegner zu verfehlen und eine Stadt der ungestörten Vernichtung auszuliefern. Erhitzt waren nachts die Drähte zwischen Luftflotte, Fliegerkorps und Divisionen, und hitzig auch die Gespräche, die über Hunderte von Kilometern hinweg geführt wurden. Beschuldigungen, Beschimpfungen, Flüche wechselten mit Freundlichkeiten, Anerkennungen, Lobsprüchen. Hatten die Engländer früher mondhelles Wetter nicht gescheut und klare Nachthimmel bevorzugt, so hielten sie es nach ihren empfindlichen Verlusten von Peenemünde und Berlin für geboten, bei bedecktem Himmel einzufliegen. Damit gedachten sie, die ihnen gefährliche Zusammenarbeit zwischen Scheinwerfern und Jägern überfahren zu können. Dabei kam ihnen ihre Ausstattung mit ihrem neuen Bordradargerät entgegen, das wir ›Rotterdam‹, nach dem Fund- und Beuteort, nannten, ein Gerät, das ihnen erlaubte, markante Geländemerkmale auf einer Sichtanzeige im Flugzeug zu erkennnen. Um mir Gewißheit über die Genauigkeit des Gerätes zu verschaffen, flog ich mit einem Beutegerät bei Tage und guter Sicht in einer Ju 86 über Berlin. Die Ost-West-Achse, Unter den Linden, Tempelhofer Feld und natürlich die Seen rund um Berlin waren gut zu erkennen. Ich war erschüttert. So etwas hatten die, und wir als Kampfflieger hatten uns die Augen aus dem Kopf geguckt. Jetzt, als Jäger, haben wir die Nacht, und die Bomber sehen fast wie bei Tage. Ich wußte, woran wir waren.

Angriffe bei Wolkenwetter hatte ich nach dem ersten Einsatz von Köln-Mülheim und für den Fall steigender Erfolge vorausgesehen. Für bedeckte Wetterlagen war geplant, sämtliche Scheinwerfer in die Höhe zu richten und ihr Licht in den Dunst zu streuen, zusätzliche Magnesiumkerzen auf dem Boden zu verbrennen, so daß auf der Wolkenobergrenze ein trüb-grauer, milchiger See entstand, gegen den sich die Bomber abheben würden. Dieses Verfahren wurde unter dem Stichwort ›Leichentuch‹ eingeübt. War die Wolkenschicht so mächtig, daß das Licht nicht bis zur Obergrenze durchdrang, so stand eine Gruppe Ju 88 als Beleuchtereinheit bereit, um durch Leuchtbomben die Wolken von oben zum Leichentuch zu machen, Zielunterlage für sämtliche Nachtjäger. Die Beleuchter wurden wie die Jäger auf das mutmaßliche Ziel hin in Marsch gesetzt, um nach den gewöhnlichen Haken und Täuschungen das Ziel und über ihm das Quadrat anzusteuern, das die Pfadfinder mit ihren Himmelsmar-

314

kierungen abgesteckt hatten. Bei solchen Wetterlagen war es nun
nichts mehr mit den funkelnden, bunten, weithin sichtbaren Christ-
bäumen, die auf dem Erdboden zusammensackten und weiterglühten
als Eckpunkte der Zielfläche, in welche die viermotorigen Bomber
stur hineinwarfen. Denn über den Wolken konnten die Pfadfinder
nur Fallschirmkugeln setzen, die mit dem Winde drifteten und an der
richtigen Stelle durch neue ersetzt werden mußten. War diese An-
griffsweise schon insoweit erschwert, so noch mehr durch unsere
Beleuchter, die absichtlich ihre hellen Fallschirmleuchtbomben über
und in das abgesteckte Karree setzten. Daß sich ein dicker, schwerfäl-
liger Bomber nicht gern in diese himmlische Helle-Hölle begeben
mochte, wird jeder Phantasiebegabte verstehen. Ich habe mich nicht
lange über den nachlassenden Andrang zum ›Leichentuch‹ gewun-
dert, vielmehr von der Seite peilend bemerkt, daß etliche Dicke dort
entlangschlichen. Die polizeilichen Trefferfeststellungen bestätigten
dies. War das Zielgeviert der Bomber mit 4×4 km in den Lüften
abgesteckt, wie zum Beispiel über Berlin am 4. Januar 1944, so
verteilten sich die Treffer auf ein Gebiet von etwa 40×40 km, von
Oranienburg bis Potsdam und vom Westen bis nach Köpenick, was –
Glück im Unglück – das Entstehen von Flächenbränden verhinderte.
Das zeigt, daß für die Bomber das ›Leichentuch‹ schreckhafter war als
die Scheinwerfer. Denn diese konnten nur wenige herauspicken und
fassen, während sich die übrigen zwischen den Lichtbündeln durch-
mogeln konnten.

Auf der anderen Seite war es Air Marshal Arthur Harris, der das
RAF Bomber Command führte, der die Besatzungen und die Flugzeuge zusammen- und in die Luft brachte. Aber nicht in ihm,
sondern in D.C. Bennet sah ich den führenden, phantasiebegabten
Kopf, über den ich mir beim Ic des Führungsstabes Nachrichten
einholte. Ihn, den Air Vice-Marshal, betrachtete ich als meinen
persönlichen Gegner, dessen Überlegenheit ich nicht anerkennen
wollte. Zwar hatte man schon, um die Machenschaften der Pfadfinder
zu durchkreuzen, im Vorfeld der Städte vom Boden Kaskaden hoch-
geschossen, die den feindlichen Markierungen nahekommen sollten.
Sie wirkten jedoch nicht überzeugend. Ich besorgte mir eine verbesserte Auflage und warf probeweise mit gutem Erfolg, schlug auch
vor, sie nicht am Boden zentnerweise an den verschiedenen Städten
bereitzustellen, sondern von Ju 88-Flugzeugen, meinen Beleuchtern,
befördern und abwerfen zu lassen.

Daß ich mit meinem Lichtzauber und Feuerwerk, über die Nacht-

jagd hinausgehend, widerrechtlich in einen fremden Bereich eingedrungen war, erfuhr ich einige Tage später, als der Geschädigte,
zuständiger Inspekteur und Sachwalter der Scheinanlagen im ›Großdeutschen Reich‹, mich freundlich-väterlich beiseite nahm. Erstaunen
und Unwillen verbergend, nahm ich Haltung an, bedauerte, aber
dachte bei mir: »Armer Herr der Flöhe, Wanzen, Läuse, was hast du
für Sorgen; ist es nicht Wurscht, von wem das Passende getan wird?«

Nun aber ran mit umgekehrtem Vorzeichen – gegen die Bomber.
Die Nachtjagd hatte sich bisher an dieser Art Störung und Ablenkung
nicht beteiligt, kämpfte sie doch fast immer weit vorn und fern des
blutigen und feurigen Schauspiels, doch mir, im Hexenkessel, brannte es unter den Fußnägeln, den Anti-Bennet und Zeremonienverder-
ber zu spielen. Ich wußte ja auch aus eigener Bombererfahrung, wie
schwer man uns das Finden und Treffen hatte machen können.

Auf der Besprechung beim Generalluftzeugmeister, am 31. August
1943, erklärte ich: »Der Einsatz ist so geplant, daß die (Kaskaden) aus
einer Ju 88 geworfen werden, in der ein Horchflieger mit einem
Spezialhorchgerät an Bord sitzt, welcher den englischen Sprechverkehr abhorcht und möglichst geschickt entweder gleichzeitig oder
kurz vor dem Abwurf des Engländers seine Kaskaden irgendwo in die
Landschaft setzt.«

Ich bat, daß man mir noch mehr von diesen Leuchtkörpern gebe.

Feldmarschall Milch sagte mir darauf in seiner knappen Art: »Sie
bekommen, was Sie haben wollen, ganz gleich, wo es weggenommen
wird.«

Um noch besser herauszufinden, wie Pfadfinderchef Bennet tak-
tierte, besuchte ich das Durchgangslager für Kriegsgefangene in
Oberursel. Für einige wenigen Tage saßen dort die ungebetenen
Gäste in Einzelzellen, bevor sie zu ihren Kameraden in die Stamm-
lager verschubt wurden. Bis dahin waren sie Verhören ausgesetzt,
unter anderem meinem. Die meisten gaben mir kurz angebunden ihre
Personalnummer und ihren Namen – Schluß, bestätigten mir auch
nicht, wenn ich ihnen ihre Einheit und ihre Führer auf den Kopf
zusagte. Einer meiner Gesprächspartner war jedoch weich geworden
unter der schrecklichen Folter, zwei Tage Zigaretten entbehren zu
müssen, sog verzückt meinen Zigarettensekundärdampf ein und begann, vorsichtig zu sprechen. Ich borgte mir den Mann für zwei Tage
vom Lagerkommandanten aus, lud ihn in meinen ›Storch‹ und flog
niedrig bei schönstem Septemberwetter nach Schloß Allner, wo er
nach Herzenslust rauchen, unter einem Kronleuchter essen und

trinken durfte. Ein guter Mosel lockerte ihm weiter die Zunge.

Ich höre ihn heute noch sagen, wie wundervoll doch die Landschaft hier sei, er kenne Deutschland nur nachts und habe es immer für eine Räuberhöhle gehalten.

Abgesehen davon, daß die Gefangenenaussagen zum Führungsstab gelangten und mir zugänglich waren, habe ich noch einen weiteren Besuch im Durchgangslager Oberursel gemacht. Das Mosaik ließ allmählich Charaktere erkennen.

Die Jahreszeit schritt fort. Die Engländer suchten sich nicht nur schlicht Wolkenwetterlagen aus, sondern solche, die uns kaum Start- und Landemöglichkeiten ließen, während sie, die Waschküche unter sich, im klarsten Sternenhimmel flogen und ebenso bequem, wie sie gekommen waren, zurückkehren und landen konnten. Es war eine vertrakte Situation.

Ab Mitte November 1943 setzten die Engländer nach respektvoller Pause – einen schwächeren Angriff hatten sie im September, auch einige ›Mosquito‹-Besuche unternommen – ihre Offensive gegen Berlin fort. Das Wetter war in ganz Mitteleuropa bis an die Kanalküste so schlecht, daß niemand starten konnte. Und die Engländer kamen. Ich verließ meinen Gefechtsstand am Olympia-Stadion, den ich mit der Luftflotte teilte, und fuhr in den Zoo-Bunker im Tiergarten, wo mich Minister Speer sprechen wollte.

Nach dieser Besprechung und im Laufe des Angriffs begab ich mich auf den Turm, auf dem ein Radargerät von jungen Soldaten bedient wurde. Ich blickte umher. Brandbomben steckten hoch oben in den aufragenden Bäumen oder verbrannten auf der Erde auf dem Pflaster. Ein schrilles Orgelkonzert Tausender von niedersausenden Flaksplittern, die funkensprühend auf das Pflaster schlugen, dazwischen Bombenkrachen und Druckwellen der Minen, ein hellgrau bis weiß leuchtendes Nebelmeer um mich herum. In diesem Hochstand inmitten des Chaos machten die jungen Leute ihren Dienst. Ich erschrak. So sieht er also aus, der Terror, im Auge des wehrlosen Opfers. Ich hatte keinen Stahlhelm auf und trat zurück, hinab unter den Schutz dicker Betondecken.

Mit Theorie und Zahlen auf dem Papier hatte ich im vorigen Jahr in Berlin angefangen, mir um die Verteidigung Gedanken zu machen. Aber ich hatte hier auch schwere Angriffe erlebt, zuletzt im März 1943, als ich in der Charlottenburger Oper »Rigoletto« bis zum 2. Akt erlebte. Den Rest des Dramas beobachtete ich am Himmel von der Freitreppe aus. Ich hielt es auch nicht für gut, daß die Nachtjagd ihren Gefechtsstand in Holland hatte. Ein Führer gehört mindestens von Zeit zu Zeit in den dicksten Dreck. Die nicht immer zu Recht geschmähte Etappe war meistens hinten. In diesem Falle war sie vorn. Die Flak war immer mitten drin im Dreck, während andere in Bunkern und Kellern einigen Schutz fanden, mitten im Bomben- und Flaksplitterregen. Ihren wichtigsten Befehlshabern hatte ich meine Besuche gemacht und dabei das ganze Elend der Kämpfer und der Bevölkerung erfahren, hatte auch die Möglichkeit der Zusammenarbeit insbesondere im Flugwesen erörtert, die früher kaum gesucht worden war.

Nach diesem Angriff fluchte ich so ziemlich auf alles, was sich oberhalb meines Dienstgrades und meiner Dienststellung Führung nannte.

Was mir soeben Minister Speer im Bunker über künftige Steigerung der Produktion gesagt hatte, verbunden mit der freundlichen Bitte, die Durststrecke durchzuhalten, verbitterte mich. Erst müssen die Luftminen an die Bunkerwände klatschen, ehe etwas – zu Spätes – getan wird.

Ich fuhr durch zum Teil brennende Straßen nach dem Westen hinaus. Ich war niedergeschlagen. Muß ich mich geschlagen geben? Wer tut noch was, wer kann noch was?

Zu meinem Divisions-Ia, Oberst i.G. Kern, sagte ich, daß wir hoch müßten, wenn die Bomber am nächsten Tag wiederkämen.

Gegen Abend rührte es sich drüben wieder. Harris und Bennet hatten ihre Chance erkannt, Berlin in einer kurzen Folge von Angriffen zu zerstören. Das Wetter begünstigte sie, uns drückte es zu Boden.

Ich setzte mich in meinen BMW und fuhr nach Jüterbog zu einer meiner Einsitzergruppen. Die Engländer flogen über Holland ein. Zu dieser Stunde ging ich mit dem Kommandeur der Gruppe auf den Turm und ließ Randbefeuerung und Leuchtpfad einreihig einschalten. Der Mischungsnebel trieb bei mäßigem Winde sehr niedrig über das Gelände, dicht über unsere Köpfe hinweg. Der Meteorologe drückte den Senkrechtscheinwerfer. Die Untergrenze maß von 50 m bis herab auf 30 m. Die jenseitige Platzgrenze war nur zeitweise zu sehen, die beleuchtete Anflug- und Abfluggrundlinie außerhalb des Platzes überhaupt nicht. Das bedeutete eine Sicht von 700 bis 1000 m. Die Obergrenze der Mischung lag bei 800 m. Einzig in Betracht kommende Landemöglichkeit in Deutschland war bei Münster in Westfalen. Dort herrschte Dunst bei einer Feuersicht von 4 km.

Einen Befehl zum Start wollte ich nicht geben. Ich bat den Kommandeur, die Flugzeugführer kommen zu lassen.

Ich schilderte den Männern die Wetterlage, aber auch das, was ich vortags in Berlin gesehen hatte. Ich fragte, wer freiwillig flöge. Ich würde niemanden tadeln, der sich nicht meldete. Sieben Mann hoben den Arm, von 25 bis 30. Ich war freudig überrascht. Dann holte ich mir aus den übrigen noch einen heraus, der so aussah, als schaffte er es. Das sagte ich ihm auch. Er lachte, die anderen lachten mit.

Während die Flugzeugführer in Sitzbereitschaft gingen, erklomm ich mit dem Kommandeur wieder den Turm. Keine Besserung der Sicht. Es war naßkalt, aber ich zitterte wohl nicht allein deshalb. Wo sind wir hingekommen in diesem Krieg, was müssen wir unseren Soldaten, was der Bevölkerung zumuten!

Wir gingen nochmals an die Lagekarte, riefen unseren Divisionsgefechtsstand an. Oberst i.G. Kern teilte mit: Wetter im Westen unverändert. Bomberspitze im Raum Braunschweig, Kurs Ost.

Der Kommandeur blieb an der Strippe. Ich trat wieder oben ins Freie, stand allein, alleingelassen zum Schutz der Reichshauptstadt. Ich wußte, daß das Fliegerkorps, daß die gesamte Luftflotte niemanden starten lassen wollte.

Ich beobachtete angespannt das sich verdichtende und absenkende, dann wieder sich leicht verdünnende und anhebende Nieseln. Mal schimmerte die jenseitige Randbefeuerung, mal war sie verhüllt. Kein Stern in Sicht, die Landschaft rabenschwarz. Ich riß mich zusammen. Jetzt starten oder überhaupt nicht. Der Kommandeur an der Lagekarte hat seine Zeit. Die Männer im Flugzeug haben ihre Zeit. Wenn ich nichts sage, wenn ich in dieser Hundenacht noch fünf Minuten untätig stehe, läuft der Film ab.

Ich stehe und sehe die roten Platzrandlichter verschwimmen. Ich rühre mich nicht.

Der erste Motor heult auf. Das Konzert der Bässe schwillt zum Forte. Der Start ist Richtung Osten. Die roten Backbordleuchten bewegen sich.

Da rast die erste rote Leuchte davon. Kurz darauf heult der Motorschall heran. Das Licht schießt davon, ist fort. Das zweite, das dritte, alle jagen unterhalb meiner Höhe dahin. Der Lärm wächst zum Fortissimo. Fort sind sie alle. Dumpf rauscht ein breiter Baß von Osten zurück an mein Ohr, schwächer werdend, leiser, leise, aus ...

Ich starre nach Osten. Geschieht das Gräßliche, der Aufschlagbrand? Ich sehe nichts. Was ich gesehen habe, könnte beruhigen.

Flach sind sie alle gestartet, flach am Boden haben sie das Fahrwerk eingeholt, die Klappen eingedreht, wie einexerziert. Wie eingepaukt, dreimal und zehnmal befohlen, auch bei klarster Nacht und Werkstattflug bei Sonnenschein.

Ich sehe nichts und höre nichts mehr. In Auge und Ohr ist nur die unwirtliche, unbarmherzige Nacht.

Armes Schwein du, sage ich mir, du hast es angelassen, aber nichts mehr gesteuert, zugeschaut hast du, wie es geschah, dumpf und blöde.

Mit wackligen Knien gehe ich zum Kommandeur in die Funkzentrale; ich mache die Tür auf und höre es aus dem Lautsprecher tönen. »Herrliches Wetter hier oben, phantastisch.«

Unwichtige Mitteilungen sind eine Belastung der Frequenz, aber dem Manne ist die Erleichterung anzumerken. Mich durchströmt es überglücklich. Ich hoffe für die anderen. Ich bringe es nicht fertig, nach Berlin zurückzufahren, für die nächste Stunde ohne Nachricht zu sein. Ich lasse alle anderen rufen. Einer nach dem anderen meldet sich. Alle melden sich. Himmlisches Wetter oben. Ich bin reif für einen Feldgottesdienst.

Von den Gefechtsständen werden verschiedene Sperenzien zur Täuschung der Engländer veranstaltet.

Rund zehn Viermotorige wurden abgeschossen, und die acht landeten bei nur einem Rollschaden in Rheine oder Handorf bei Münster.

Unsere Villa am Olympia-Stadion stand in hellen Flammen, als ich mit meinem Wagen vorfuhr. Geräte, Papiere, Schreibtische und Stühle waren im Garten zusammengestellt, besetzt von Leuten unseres Stabes. Oberst Kern hatte die Hemdsärmel hochgekrempelt. Er war im Begriff, den im Erdgeschoß gelegenen Geschäftsraum, dessen Bodenfläche bereits geräumt war, zu betreten, um zwei große Bilder von der Wand zu nehmen, die des ›Führers‹ und seines Reichsmarschalls. Ich brüllte: »Halt, die Decke kracht runter.«

Das Stabspersonal, das seine Arbeit getan hatte, saß auf den Stühlen und Tischen und wartete, was geschehen würde. Kern guckte sich nach mir um, lachte, schritt hinein, während es über ihm prasselte, nahm die Bilder ab und kam, sie wie einen Schild über dem Kopf haltend, triumphierend heraus. Ich konnte die beiden doch drinnen als einzige nicht verkokeln lassen, sagte er – und alle lachten.

Der Einsatz hatte eine üble Nebenwirkung: Göring beschimpfte die für die übrige Nachtjagd verantwortlichen Truppenführer. Wenn die ›Herrmänner‹ das könnten, warum nicht sie, mit zwei Mann Besatzung und besseren Funkgeräten ausgestattet? Wenn die 30. Jagddivision startet, sollten sie das nächste Mal auch fliegen.

Als Inspekteur hatte ich mich vor die ganze Nachtjagd zu stellen. Ich machte den Reichsmarschall darauf aufmerksam, daß die Besatzungen nie in vergleichbarem Wetter geflogen und auch nicht entsprechend ausgebildet worden seien. Das sei erst nachzuholen. Doch er blieb unerbittlich.

Beim nächsten Feindflug stand ich mit den beteiligten Divisionskommandeuren in enger telefonischer Verbindung, mit General Ibel an der Deutschen Bucht und mit General Huth in München. Luftflotte und Fliegerkorps warteten ab, was die Divisionäre vorschlagen oder wie sie sich entscheiden würden. Es wurde hin und her erörtert. Die Abneigung zu fliegen war unverkennbar. Von einer Neigung zum Fliegen konnte ich ebenfalls nicht sprechen. Von mir wurde aber ein deutliches Nein erwartet. Ich mußte mich dem versagen. Warum sollte ich nicht starten, wenn ich es noch gerade für möglich hielt? Nur deshalb, um die Zurückbleibenden nicht bloßzustellen? Ich konnte nur entgegnen, daß jeder selbst für seinen Bereich entscheiden müsse und seine Entscheidung zu vertreten habe. Als Inspekteur könne ich nur empfehlen, gemäß Ausbildungsstand der Besatzung zu entscheiden. Ich hätte mich auch gescheut zu befehlen. Im wesentlichen hätte ich mich an Freiwillige gewandt.

Ich fühlte mich nicht frei, nach dem Belieben der Nachtjäger, nach unseren Risiken zu entscheiden. Da hockten Millionen Menschen verängstigt in den Kellern. Die Divisionäre waren nicht frei, da das Donnerwetter des ›Herrn Reichsmarschall‹ drohte. Niemand wollte gern den Vortritt haben. Auch ich nicht.

Und niemand befahl mir zu fliegen. Die Luftflotte wagte nicht zu befehlen. Aber: Noch ein solcher Angriff – und die Engländer machen aus Berlin einen Bombenübungsplatz, brandschatzen ein Stadtviertel nach dem anderen, Wedding, Moabit, Steglitz, Friedenau, Berlin W 1 – W 35.

Die Nachtjagd lag am Boden, im buchstäblichen Sinne. Aber sollte sie sich nicht mehr zu erheben versuchen? Ich fürchtete, alles liefe darauf hinaus, daß es einen allgemeinen halsbrecherischen Start geben würde, falls ich starten ließe.

Dahin kam es bei dem nachfolgenden Novemberangriff auf Berlin. Zwar hatten sich die Abschüsse gemehrt, doch gingen etliche Besatzungen mit Flugzeugen schon beim Start verloren. Auch die Landung unter den schwierigen Wetterbedingungen verursachte Verluste. Es gab Bruch und Ausstiege, auch bei den Einmotorigen.

Mir wurde vorgeworfen, ich hätte wettermäßig brutale Einsatzanforderungen gestellt. Ich wehrte mich: Als Verteidiger könnten wir keine ›fleet-in-being‹ sein, wie die Engländer in Scapa Flow gammeln. Ich fand es nicht statthaft, allein den Verlust zu sehen, auch nicht, Bomber- mit Jägerverlust in Beziehung zu setzen. Wozu waren wir da: Die Zivilbevölkerung und Industrie auf jede unmittelbare und mittelbare Weise zu entlasten. Das, meinte ich, ginge nur, indem wir am Himmel aufkreuzten.

Weitere Vorwürfe wurden gegen mich erhoben und Göring vorgetragen: Im Verfahren ›Wilde Sau‹ würden die Jäger erst über der angegriffenen Stadt die Bomber abschießen, anstatt davor; ich würde das Bombardement in Kauf nehmen, insbesondere deshalb, weil die entstehenden Brände die Wolken nach oben durchleuchteten und den Jägern die Bomber sichtbar machten! Meinen Zorn über solche Anwürfe habe ich vor Göring nicht verborgen. Schon im früheren Verteidigungssystem durchbrachen die Bomber die Stellungen und gelangten ans Ziel und wieder nach Hause, wobei sie bis zu 5 Prozent Verluste erlitten, nicht etwa nur vor dem Angriff, sondern auch auf dem Rückflug, und zwar zu einem ansehnlichen Teil. Es sei ja auch nicht mein Tick, nur über der angegriffenen Stadt zu kämpfen, vielmehr sei es meine Absicht gewesen, müßige Reserven in den hellen Kampf zu werfen, während andere im Dunkeln weiter wirken sollten; dazu hätten wir mangels ausreichender störungsfreier Geräte seit Hamburg nicht mehr die Möglichkeit, leider. Trotzdem bemühten wir uns, frühzeitig in die Bomberkolonne einzudringen. Je mehr von uns drin seien, desto eher kriegten wir einen vor die Flinte, nicht nur in Mondnächten. Hauptsache die Bodenstellen gäben den richtigen Lagebericht hoch.

Was die Brände angehe, so sei es eine Gemeinheit, mir zu unterstellen, ich hätte sie bewußt in Kauf genommen. Auch früher habe es Brände gegeben, doch da sei den Nachtjägern verwehrt worden, in die Flakzone einzufliegen und den Feuerschein an den Wolken auszunutzen. Nun hätte ich mit der Flakartillerie und mit deren Scheinwerfern zusammengearbeitet, Phosphor aus der Luft geworfen und am Boden ausgelegt und so die Bomber sichtbar gemacht. Wenn es zu Bränden käme, würde ich nicht, wie früher, diesen Leuchteffekt verschmähen.

Im übrigen sei es selbstverständlich, daß ich als Inspekteur mit allen Stellen Fühlung halte, die an der Entwicklung von Instrumenten zur Jagd im Dunkeln beteiligt sind. Ich wüßte nicht, wer das bestreiten wolle. Bis diese Geräte aber kämen, könnten wir so weiterkämpfen wie seit Hamburg: Schläge erteilen, hauptsächlich über unseren Städten, zunehmend im Vorfeld. Das wirke auf die Dauer. 10 Prozent Abschüsse seien meiner Ansicht nach bei jedem Einflug erreichbar. Wir hätten diese Zahl früher haben können, als noch nicht gestört wurde. Zur Aufklärung der Bevölkerung hätte ich mich in diesem Sinne auch in einer Rundfunksendung verbreitet.

Ich fühlte, daß ich Göring nicht voll überzeugen konnte, oder daß er sich nicht überzeugt zeigen wollte. Vielleicht sprach er nicht alles aus. Von anderer Seite war meinem Stab hämisch mitgeteilt worden, daß ich mich krampfhaft bemühte, die in mich gesetzten persönlichen Erwartungen zu erfüllen; ich sei ehrgeizig. Ich wußte mich aber frei von zweifelhaften Beweggründen. Von mir als Bomber hatte in der Luftverteidigung niemand etwas erwartet. Ich hatte nichts anderes gewollt, als eine Idee vorzuschlagen und gegen Nichtwollen und Widerstand zu beweisen. Nun, da in diesem Herbst und in den Wintermonaten dem Schlimmsten gewehrt worden war, wo mein Name in den Zeitungen und im Rundfunk erwähnt, wo das »Lied von der Wilden Sau« in den Sonntagskonzerten populär wurde, Spenden an Schokolade, Hemden, Armbanduhren und ähnlichem für die Flieger eingingen, wurden mir Eifer und Hingabe vergällt. Tröstlich war es und ermutigend, was mir bei diesen schlimmen Angriffen und Einsätzen General Galland sagte: Er habe es sich gedacht, daß ich hätte fliegen lassen, was bliebe uns auch anderes übrig.

In einer der Besprechungen schlug ich Göring den Einsatz der Nachtjagd während der Vollmondperiode in Oberitalien vor, zu einer Zeit also, wo die Engländer bei uns im allgemeinen nicht mit schweren Bombern einflogen. Schon mehrfach waren die Engländer bei klarstem Wetter und schönstem Vollmond über Frankreich und die Schweiz hinweg gegen Turin, Mailand und andere Orte eingeflogen, und ich meinte, man könnte ihnen dort ein wahres Cannae bereiten. Brauchitsch trat mir bei und erklärte, daß es nicht darauf ankäme, wo wir die Gegner schlügen, Hauptsache, wir brächten ihnen Verluste bei. Zu diesem Einsatz wollte ich die Einsitzer in Wörishofen sammeln und die Landeplätze drüben bereitstellen lassen, zu Tarnzwecken als Absprunghäfen für eigene Bomber. Die Zweimotorigen hätten unter Umständen wieder nach Deutschland zurückkehren und hier landen können.

Göring hörte sich die Sache ruhig an und sagte nein. Er sähe nicht ein, bei den Italienern einzuspringen, nachdem sie Mussolini abgesetzt und mitsamt Königshaus zu den Alliierten übergewechselt wären; auch wolle er ihretwegen deutsche Städte nicht entblößen. Ich erklärte, in erster Linie an uns gedacht zu haben, an die nächste dunkle Periode; dann würden die Engländer geschwächt nur einfliegen können. Es half nichts. Es nützte auch nichts, daß ich auf einen kleineren Einsatz von ein- und zweimotorigen Jägern zurückging. Auch die kleinere Streitmacht würde erheblich aufräumen. Nein!

Verfluchter Dienstweg. Ich hätte meine Leute von Wörishofen aus starten lassen können. Ich wäre mitgeflogen, obgleich ich unter Denkmalschutz gestellt war. So nannte die Truppe das Feindflugverbot. Wir hätten drüben bei meiner alten III./KG 30 des Adlergeschwaders landen können, die inzwischen von Norwegen und Finnland nach Norditalien verlegt hatte.

Nach dem kategorischen Nein des Reichsmarschalls habe ich es nicht gewagt zuwiderzuhandeln. Zu spät für einen Husarenritt!

Einer Äußerung Brauchitsch' entnahm ich, daß Göring befürchtete, von oben wieder einmal gerügt zu werden, falls etwas in Deutschlang passieren würde. Das schien mir beklemmend für einen Oberbefehlshaber. Ohne gewisse Risiken einzugehen, läßt sich jedoch nichts bewerkstelligen. Diesmal scheute auch ich das Risiko, wegen Ungehorsams zur Rechenschaft gezogen zu werden. Später habe ich mein Verhalten verflucht.

Anfang Januar rollte nach den Horchergebnissen ein dicker Angriff auf die Reichshauptstadt an, nach den entschlüsselten Stichworten sogar auf das Regierungsviertel. Das Wetter war wie üblich – geschlossene Bewölkung. Die Bodensicht mit 2 bis 4 km, die Wolkenuntergrenze bei 500 m. Für den Start auch weniger erfahrener Besatzungen ausreichend, die Obergrenze aber über 3500 m hoch mit Vereisungsgefahr. Da vom Boden kaum durchgeleuchtet werden konnte, mußten die Beleuchter das ›Leichentuch‹ von oben ausbreiten.

Nachdem die erfahrenen Besatzungen in Marsch gesetzt worden waren und Oberst i.G. Kern auf dem Gefechtsstand die Dinge in die Hand genommen hatte, fuhr ich mit dem bewährten ›Nasenmüller‹ und dem Adjutanten Naroska nach Staaken hinaus, um in unsere Fw 190 einzusteigen und um 2.30 Uhr loszubrummen. Rezept: Unter den Wolken mit Vollgas bis auf Höchstfahrt, dann steil bergauf, schnell durch die Vereisung, Gefahr Nummer eins in diesem Falle.

Beruhigend, oben die liebe Leuchtgranate ›Berlin‹ von den zuverlässigen Flakleuten an die Hand zu bekommen. Rauf auf 7000 m Höhe. Sparflug, bis sie kommen. Es kann nicht lange dauern. Wir haben die Startzeit scharf gerechnet. Wir fliegen über Berlin. Unten bei der Flak ist alles ruhig. Ob die Beleuchter da sind?

Ich höre: Feindspitze Brandenburg. Gleich muß es losgehen. Da sind sie, die Kugeln, rot, grün am Himmelszelt. Wer sieht sie, die Pfadfinder, Lenker des Unheils?

Neue Kugeln werden gesetzt. Wo bleiben die Beleuchter?

Von unten gewittert es hoch, bis auf 6000 m. Da sprüht es rötlich.

Da, unsere erste Leuchtbombe, die zweite und die dritte und so fort. Hurra! Hin!

Von Süden sehe ich den Dicken anfliegen. Ich jage hinterher, Gas raus und runter, schieße, hinein in Fläche und Kanzel, sekundenlang. Das liegt gut drin. Wie ich drüberwegziehe, fliegt ein großes Ding an mir vorbei. 2.57 Uhr. Melde wahrscheinlichen Abschuß.

Umgekehrt, zurück in die helle, bunt abgesteckte Arena. Aus schwacher Überhöhung gegen das ›Tuch‹ erkenne ich auf rund 500 bis 1000 m den nächsten Bomber. Für Sekunden blenden mich unsere Leuchtkugeln, dann schieße ich. Er brennt. Nächster Feuerstoß. Er brennt lichterloh. 3.05 Uhr. Melde Abschuß. Es donnert laut und poltert um mich herum. Schlag gegen das rechte Bein. Plötzlicher Unterdruck in der Kabine. An mir vorbei, nach vorn, verlöschen die Glimmspuren des feindlichen Nachtjägers. Ich bin selbst Opfer meines ›Leichentuchs‹ geworden. Der brennende Gegner hat noch Helle hineingewirkt.

Gefühllos das Bein. Vorsichtiger Blick dahin. Es ist noch dran – lächerliche Feststellung, hinterher gesehen, aber voller Erschrecken des Augenblicks.

Ich rufe die Bodenstelle. Schweigen. Zerschossen das Funkgerät. Eiskalte Luft pfeift an Hals und Gesicht. Kein Gedanke, mitten im Angriff hier zu landen und ohne Funk. Im Westen soll das Wetter besser sein und der Motor läuft gut. Ich steuere mit dem linken Pedal, trete hinein und ziehe mit der Schlaufe. Was rechts im Pedal vor sich geht, empfinde ich dumpf und schmerzhaft.

Du kommst noch einmal leidlich davon, denke ich. Aber dann wird mir flau. Die Sauerstoffdusche hilft nicht. Ich fasse in die Beintasche der Kombi, zupfe sie und die Hose darunter. Feucht. Schmerzhaft.

Bevor ich verblute oder bewußtlos werde, will ich aussteigen.

Die Sterne schimmern so schwach. Ich schreie mich an, durchhalten!

In der Gegend nördlich von Dortmund will ich runter. Alle drei Minuten ist die Leuchtgranate treu und brav an ihrem Platz erschienen. Mein Wegweiser. Gas weg jetzt und mit dem linken Fuß Kurs und Wendezeiger so gut wie möglich gehalten. Kleine Schneeflocken draußen.

Bei 200 bis 250 m über Grund keine Sicht. Keine Scheinwerferleuchtstraße. Hoch mit Vollgas. Ich schwöre mir: Keine Experimente mehr.

Mein Daimler-Benz 801 reißt mich raus aus dem Dreck, ins Trockene. Sterne. Aber meine Stirn ist naß. Schwach bin ich. Nirgendwo malt sich an der Obergrenze die Scheinwerferstraße Rhein-Ruhr.

Trostlos ist es über dem Wolkenmeer. Wenig Trost liegt darin zu wissen, wo ich bin, aber keiner am Boden kann mir freundlich zurufen, komm her. Die Sender von Kassel, Köln oder Venlo rufen tauben Ohren.

Mir ist schlecht. Die Schwäche macht mutlos, hoffnungslos. Ich bereite alles vor, zerre das rechte Bein an den Leib, dann Dach weg, mit Motorkraft hochgezogen und scharf gedrückt. Ich bin frei, ziehe rasch, und meine Geschwindigkeit im Raum und die Erdschwere treiben ihr Spiel mit mir. Der Hals knickt nach vorn, die Gurte schneiden ein und ich pendle von einem Horizont in den anderen. Der Motor heult aus der Tiefe herauf. Dumpf kommt der Aufschlag an mein Ohr.

Ich tauche schwächlich-schläfrig in die Wolken ein. Es ist naßkalt darin. Bald klebt mir feiner Schnee um die Augen. Grabesstille um mich. Feuchter und nieselnder wird es, während ich pendle, ohne zu wissen wie.

Klatsch und Schmerz. Unten bin ich. Nässe und Kälte ernüchtern mich aus dem Stoß. Ich ziehe den Fallschirm an mich heran und bereite ein Lager. Hinhauen, warten, bis es hell wird.

Ich fühle nach der rechten Stiefelette. Fasse hinein. Feucht, blutig. Ich muß unter Menschen. Also krieche ich mehr auf Dreien, als auf allen Vieren talab, wo die Menschen wohnen. Schon nach kurzer Zeit öffnet sich, keine 50 m vor mir, eine Tür und Licht fällt in den Vorgarten. Es geht jemand zur Arbeit, jetzt, gegen 6.00 Uhr morgens. Die Tür ist wieder zu, das Licht weg. Ich rufe: Halt! Die Frau kommt zu mir.

Im Reserve-Lazarett von Hagen wurde ich versorgt. Ich ließ meinen Gefechtsstand benachrichtigen.

Wenig später meldete sich Oberst von Below, Adjutant aus dem Führerhauptquartier. Man schob mich durch die Gänge in das Zimmer des Arztes. Below teilte mir mit, daß mich der ›Führer‹ zur Landung beglückwünsche und daß ich bei nächstpassender Gelegenheit, wenn beide Beine wieder gingen, zur Meldung erscheinen sollte. Er machte Andeutungen wegen einer Auszeichnung.

Meine alten ›Wilden Säue‹ aus Bonn ließen mich nicht in Hagen liegen. Sie verfrachteten mich zu sich nach Bonn-Endenich in das Spital, das unser Geschwaderfreund Dr. Weiß betreute, und so landete ich in dem Zimmer, in welchem Robert Schumann einige Zeit verbracht hatte. Wie freute es die arme geschundene, selbst-strapazierte Seele, liebe und freundliche Menschen herbeikommen zu sehen. Aus ist hier der Krieg. Ferne, friedliche Zeit schimmert auf, das Kleine, Feine, Nächstenliebe.

Nach einigen Tagen nach Berlin zurückgekehrt, erwartete mich das heilige Donnerwetter. Göring ließ mir durch von Brauchitsch mitteilen und mich fragen: Ob ich es für nötig fände, mit solchen Streichen zu glänzen; ob ich mich nicht erinnern könnte, daß er mir die Teilnahme an Feindflügen ausdrücklich verboten und geboten habe, mich auf Führung von unten, auf Ausbildung und Planung zu beschränken. Ich hätte ihm fernschriftlich zu berichten, wie ich es mir habe einfallen lassen können zu fliegen.

Dies ist mein fernschriftlicher Bericht vom 8. 1. 1944, 3.30 Uhr:

An Herrn Reichsmarschall des Großdeutschen Reiches
ASIEN – GEHEIM
Zu meinem Einsatz am Morgen des 03. 01. 1944 melde ich gehorsamst folgendes:
A) Gründe meines Einsatzes:
  1. Die Beurteilung der Lage um 1.45 h ergab überaus starke Feindkräfte.
  2. Etwas später wurde mir vom Horchdienst gemeldet, daß der Feindangriff unter dem Stichwort ›Adolf Hitler‹ lief. Ich hielt die Abwehr dieses Angriffs für besonders wichtig und wollte meine Anwesenheit in der Luft den Besatzungen im Sprechverkehr mitteilen.
  3. Das Heranführen der gestarteten Jäger nach Berlin war durch mich veranlaßt. Ich konnte mich selbst zum Fliegen

*frei machen. Die Weisungen für die Landungen waren
erteilt.*

*4. Die vorhergegangenen Einsätze wurden unter schwierigen
Wetterbedingungen durchgeführt. Gleichfalls dieser Einsatz. Ich hoffe, durch einige Teilnahmen an solchen Flügen bei den Besatzungen das Vertrauen zur Durchführ-
barkeit dieser Flüge zu stärken.*

B) Hergang . . . .

gez. Herrmann, Oberst

Göring war ernsthaft böse, daß ich sein Verständnis für das Verbot
nicht geteilt hatte. Ich mußte mir in aller Unbescheidenheit sagen,
daß er mich brauchte, wenigstens für ein paar weitere Wochen, bis
alles besser eingespielt wäre und die sonstigen entwickelten Techniken und Taktiken ihre Wirkung zeigten. Aber die Sorge des Oberbefehlshabers habe ich deshalb für gering erachtet, weil ich nicht daran
glaubte, daß mir Ernstliches zustoßen könnte. Ich glaubte mich als
Einzelkämpfer dem Wetter und dem Feind gewachsen.

Noch erzürnter zeigte sich Göring auf meine Bemerkung über
zukünftige ›einige Teilnahmen‹. Die Mitteilung habe er zur Kenntnis
genommen. Sollte dies eine Anfrage sein, so laute seine Antwort:
Nein.

Wochenlang hat er nicht mit mir gesprochen, auch nicht, nachdem
ich Ende des Monats im Führerhauptquartier war, zur Berichterstat-
tung und Empfang der Auszeichnung, die ich ohne sein Zutun
erhalten hatte, und zu der er mir auch nicht gratulierte. Es war eine
unangenehme, vertrackte Situation für ihn und auch für mich. Das
änderte sich erst zum Besseren nach dem Abwehrerfolg über Berlin
am 25. März 1944, der gleichzeitig der letzte britische Großangriff
auf die Reichshauptstadt war.

So zog sich der Luftkrieg durch die Herbst- und Wintermonate mit
peinvollen, nervenzerreißenden Denkaufgaben und gefühlsmäßigen
Belastungen hin, wobei die Nachtjagd im schlimmen Falle Blindekuh
spielte, im besseren Scharfschütze aus dem Hinterhalt sein konnte.
Alle Führungsstellen strebten ernsthaft zueinander. Der früher von
der Nachtjagd verschmähte Flugmeldedienst, die Männer über den
Baumkronen, die Flakartillerie mit Horchern und Funkmeßgeräten,
mit den Scheinwerfern verschiedener Kaliber, den Phosphorleuchten,
die Luftgaue mit Warndienst und Scheinanlagen, ›Beppo‹ Schmid, als
Kommandierender gut eingearbeitet, dabei von einem ihm angemes-

senen, rauhbeinig herzlichen Stab unterstützt, die Tagjäger mit ihren vorgehaltenen Leihflugzeugen, alles und alle trugen das Ihre dazu bei, daß das Furchtbare ausblieb, daß die Jäger hinauf und an den Feind kamen und vom Minister Speer Ende Januar mit einem Telegramm folgenden Inhalts bedacht wurden:

» ... *ich danke ihnen gleichzeitig im namen der deutschen rüstung für die ungeheure entlastung, die sie ... gebracht haben ...*«

Abgesehen von der erwähnten Verstimmung, insbesondere vor derselben, waren meine Unterredungen mit Göring außergewöhnlich und sehr unmilitärischer Natur. Er rief mich an oder bestellte mich zu vielen Malen, fast immer unter Umgehung der Luftflotte, aber auch des Führungsstabes der Luftwaffe. Von meinem Immediatrecht habe ich daher wenig Gebrauch gemacht.

Das Beisammensein war zwanglos. Nach dem Abendessen kleidete sich Göring in ein künstlerisch anmutendes Jackett, wie man es bei einem Soldaten nicht vermuten würde, nahm die Beine hoch auf einen herangeschobenen Sessel und schenkte Champagner ein. General-oberst Loerzer genoß denselben mit sichtlichem Behagen, während ich vor lauter Aufmerksamkeit und Antwortbereitschaft weder am Getränk noch an der guten Zigarre den rechten Geschmack finden konnte.

Wenn dem Reichsmarschall die große Tonpfeife, die neben seiner Sessellehne auf dem Teppich stand, ausging, erschien auf Anruf aus dem Hintergrund der Diener Robert, zückte und entzündete ein Riesenstreichholz von 20 cm Länge und fuhr mit demselben, nieder-kniend, in die Tiefe des Pfeifenkopfes, während Göring angestrengt, mit rollenden Augen und mit leeren Backen für den nötigen Unter-druck sorgte.

Ein paar Mal ließ er einen Film, auch einen amerikanischen, laufen, bei welchem wir zu Dritt nebeneinander in den Sesseln hingen und über den angelsächsischen Humor gemeinsam vergaßen, daß wir mit den Leuten im Krieg lagen.

Daß ich nach dem Gutenachtgruß und Abschied die mir von Robert augenzwinkernd zugesteckten zwei, drei Zigarren ebenso dankbar wie behutsam entgegennahm, um sie zu Hause mit meinem Ia gelöst und glücklich genießen zu können, versteht sich.

Die Besprechungen und Begegnungen fanden statt in Karinhall, im

Jägerhaus in Rominten in Ostpreußen, auf dem Obersalzberg bei Berchtesgaden, mehrfach in seinem Sonderzug ›Asien‹, den er nachts, insbesondere im Westen in einem Tunnel abstellen ließ, aber auch bei Truppenbesuchen.

Emmy Göring-Sonnemann muß allein durch ihre Schönheit auf der Bühne eine hervorragende Figur gemacht haben. Sie wußte auch mit dem Frontoffizier sicher und gewandt umzugehen, war mir, im Gegensatz zu ihren Hofschranzen, gar nicht böse, als ich ihre Makronen nicht über die meiner Mutter stellen wollte. Mit Frau Bouhler, der Frau des Buchautors über Napoleon, nähte sie Fliegerfallschirme. Sie wollte sich nützlich machen, und ich sollte vorsichtig sein, ich hätte ja keine Hornhaut.

Im Hause Göring habe ich zwei Gespräche geführt, von denen eines einen Stich ins Politisch-Historische gehabt haben könnte. Wir saßen in Karinhall mit zehn Personen zu Tisch. Ich neben Herrn Bouhler, dessen Buch ›Napoleon‹ ich gelesen hatte. Napoleon und Hitler in Rußland, das Thema drängte einen Vergleich und eine Prognose auf. Ich war zu wenig über die tatsächlichen Verhältnisse an der Ostfront, wie überhaupt an anderen Abschnitten und in anderen Bereichen, da voll mit meiner Aufgabe ausgelastet, unterrichtet, um Bouhler widersprechen oder beipflichten zu können. Von diesem Vergleich war meiner Erinnerung nach im Vor- oder Nachwort des Buches die Rede. Göring hatte nur mit halbem Ohr zugehört und wollte wissen, worum es gegangen sei. Einstimmig sagten wir, wir hofften, daß alles gut ginge.

Der zweite Fall war ernsterer Natur. In einem Kreise, in welchem auch ein Stellvertreter des Reichsbankpräsidenten zugegen war, hatte ich die kühne Frage gewagt, ob es nicht sein könnte, daß der Rußlandfeldzug ein Eroberungskrieg sei; ob es nicht, da schon immer gang und gäbe, auch heute natürlich und absolut salonfähig sei, anderen etwas wegzunehmen. Ich hätte schon auf der Schule in Geschichte einigermaßen aufgepaßt, und man brauchte nur die Engländer und Franzosen anzusehen, um zu erkennen, daß die Besitzenden, gleichgültig wie in diesen Stand gelangt, die Glücklichen seien, letztmalig durch das Diktat von Versailles auf unsere Kosten.

Ein Donnerwort des Generaloberst Loerzer per Telefon hätte mich fast hinweggerafft. Ich versuchte mich zu erinnern, wo ich was gesagt hätte. Der Generaloberst verschaffte mir väterlich-seelsorgerisch die Glaubensgewißheit, daß wir einen Kampf ums Dasein gegen den Weltfeind im Osten führten, sehr zuvorkommend, defensiv und so weiter. Außerdem wurde mir klargemacht, daß ich bei den Zivilisten einen ungeheuren Schaden angerichtet hätte, denn ich sei nicht irgendwer, ich sei Divisionskommandeur, Inspekteur, hätte das Vertrauen des Reichsmarschalls und ich würde ihm und der Reichsregierung größte Schwierigkeiten machen. Alle Achtung, ich sah mich durch den Tadel plötzlich zu Ansehen gebracht, versuchte, mich dessen bewußt zu machen, erhielt aber von Göring nochmals ausdrücklich gesagt, daß ich ›Edelquatsch‹ geredet hätte. Es folgte eine Belehrung, die er zur Lage der Nation vor dem Reichstag nicht besser hätte formulieren müssen. Nichts wollten wir haben als das, was uns geraubt worden sei, meinte er; um den Korridor sei es gegangen. Hätten wir etwa England und Frankreich den Krieg erklärt? Hätten wir nicht großzügigste Angebote gemacht? Die wollten uns von Anfang an kaputtmachen, ein Über-Versailles auferlegen. Und die Russen hätten auf dem Sprung gestanden. Ich sollte mir das bei Ic-Ost zeigen lassen.

Er war in seinem Haus auf dem Berghof in Fahrt geraten. Er sprach laut und überdeutlich, so daß Emmy, die sich in der Tür mit Edda zum Gutenachtkuß sehen ließ, die Tür wieder schließen wollte. Aber er ließ Klein-Edda kommen, während Emmy an der Tür verharrte und mich etwas verschreckt ansah.

Im selben Augenblick war Göring milde gestimmt. Er trug ein seidenes lockeres Hemd mit weiten Ärmeln und ein grünes armloses Wams darüber, eine Art Pumphose dazu. Edda sollte auch dem ›Onkel‹ die Hand geben. Ich reichte meine in einiger Verlegenheit.

Wir gingen zur Tagesordnung über.

Während ich bei sternklarem Himmel nach Berlin zurückflog, ging mir manches im Kopf herum. Ich fragte mich, ob er mir mißtraute, mich auf den richtigen Weg bringen oder ob er sich selbst reden hören wollte. Daß die anderen Schuld hatten am Krieg, war auch in der Zeitung nachzulesen. Wer will wirklich herausfinden, wo das Recht liegt. Und wer weiß vor dem Kriege und im Kriege vom anderen, was der wirklich will. Wer ist der Frömmste und wer ist der böse Nachbar? Gleichgültig, was mir sonst erzählt worden wäre – ich meinte, wir wären die Frömmeren, die weniger Bösen, die anderen wären die Böseren, die weniger Frommen. Anders hätte ich überhaupt nicht arbeiten, fliegen und kämpfen können.

Ich meldete mich im Funksprech bei der Division in Döberitz. Ich hörte das Stichwort: Bomber im Anmarsch. Seit die deutsche Nachtjagd im August 1943 aus dem Automatismus des Stellungskrieges mit den für Freund und Feind kalkulierbaren Ergebnissen herausgetreten war, hatte sich über Mitteleuropa ein Bewegungskrieg entwickelt, der für beide Seiten nicht mehr kalkulierbare, entweder höllisch zu meidende Risiken oder heiß und unerbittlich erstrebte Chancen bot. Beide Seiten mußten das Letzte aus sich herausholen, ohne von der anderen zu wissen, wie weich, wie zerrüttet oder hartnäckig sie sei, um so besser unterrichtet über das, was sie selbst an Kräften und an Mut eingebüßt hatte. Unbekannt war mir das, was Bennet zehn Jahre nach Kriegsende offenbart hat: Berlin sei der bitterste Teil des Krieges für ihn gewesen, da die Wirkung von Hamburg nicht fortgesetzt werden konnte und die Royal Air Force große Verluste habe hinnehmen müssen, wobei das Rückgrat der Pfadfinder gebrochen worden sei.

Ende Februar 1944 wurden die drei Geschwader JG 300, JG 301 und JG 302 auf die gebietsmäßig festgelegten Divisionen unter dem I. Jagdkorps aufgeteilt. Organisatorisch war das die beste Lösung. Ohnehin war das Verfahren ›Wilde Sau‹ in den verschiedenen Divisionsbereichen durch Übernahme der Verbände in der Luft, durch Bedienung mit Nachrichten, auch bei den Zweimotorigen eingefahren genug. Als Inspekteur stand ich ja weiter beratend zur Verfügung.

Das letzte halbe Jahr war nicht spurlos an mir vorübergegangen. Meinem Stab war aufgefallen, daß ich sitzend häufig eingeschlafen war. Zum Einsatz rappelte ich mich auf. Doch nun, da ich einsatzmäßig nicht übermäßig gebunden war, fiel ein Gespräch über Urlaub bei mir auf fruchtbaren Boden. Ruhe und Schlaf, wie herrlich! Brauchitsch und Frau hatten das Gespräch darauf gebracht. Und so machte auch ich mich auf die Reise, an das gleiche Ziel, nach Zürs am Arlberg. Die Felle untergeschnallt und vorsichtig ging es mit verheilter Knochenhaut und mitfühlendem Nerv bei strahlendem Sonnenschein in die Höhe. Brauchitsch verschrieb sich selbst und mir vollständige Abstinenz von Zeitungen, Rundfunk und Telefonanrufen, was ich an den beiden ersten Tagen noch für unerträglich hielt. Aber die anheimelnde Wohnlichkeit tat das ihre in diesem Hotel, in dem noch vor fünf Jahren Mister Churchill und Tochter zu Gast gewesen waren.

Das Land, das Wetter, das Essen und die Leute, alles war verhältnismäßig viel zu schön, als daß es hätte länger als fünf Tage dauern können. Ein Reichs-Führungs-Blitz-Gespräch aus Berchtesgaden fuhr dazwischen. Göring wollte mich sofort sprechen. Brauchitsch führte seinerseits ein Reichs-Führungs-Blitz-Gespräch mit dem Verkehrsminister Dorpmüller, und dieser ließ den D-Zug von Bregenz nach Innsbruck auf der lächerlichen Station von Langen bei Zürs eine halbe Stunde unter ständigem Dampfablassen warten, bis der erwartete Skifahrer aus der Mondnacht herangewedelt kam, die Brettl abklopfte und einstieg. »Herr Minister«, sagte der Schaffner zu mir. Bei der Reichsbahn war infolge des Blitzeinschlages alles durcheinandergegangen. Als der Mann mich ohne Kopfbedeckung und bei Licht besah, bemerkte er mein rotwangiges, unreifes Aussehen und murmelte: »Verzeihung, hm, Verzeihung, . . . Herr Minister.« Aus den ungefähren Zusammenhängen konnte er sich nur den nächsten besten Titel aussuchen. Ein solcher mußte natürlich her.

Dem Fahrer in Innsbruck schärfte ich ein, die entliehenen Bretter den dortigen Gebirgsjägern anderntags zurückzubringen. Dann schlief ich im Auto bis Berchtesgaden und hörte mir in den frühen Morgenstunden an, was sich beim Angriff auf Augsburg zwischen Jägern und Flakleuten an Beschimpfungen und Beschuldigungen zugetragen hatte. Aus der Traum. Urlaub beendet. Den letzten, eine Woche, hatte ich nach Sizilien im Sommer 1941 erhalten.

13. KAPITEL

Luftverteidigung rund um die Uhr
März 1944 – September 1944

Invasion. Rückzug aus Frankreich. 20. Juli 1944. Aufstand in Warschau.
Rumänien schließt Waffenstillstand mit der Sowjetunion.

Mitte März 1944 ließ mich Göring wissen, daß ich die 1. Jagddivision zu übernehmen hätte. Von Elsgrund, dem letzten Sitz der 30. Jagddivsion, nach Döberitz war es nur ein kurzer Sprung. Hier hatte ich die Stelle des Oberst Franz Lützow einzunehmen, eines sehr erfolgreichen und hoch ausgezeichneten Jagdfliegers. Da die 1. Jagddivision sowohl Tag- wie Nachtjagdverbände zu führen hatte, blieb keine Zeit mehr, die Geschäfte des Inspekteurs wahrzunehmen. Im allseitigen Einvernehmen wurde Oberst Streib an meiner Stelle auf den Posten berufen. Nunmehr dem I. Jagdkorps unterstellt, verlor ich meine ›Reichsunmittelbarkeit‹. Zu schützen hatte ich das Gebiet zwischen der mecklenburgischen und pommerschen Ostseeküste und dem Thüringer Wald und dem Erzgebirge im Süden – rund um die Uhr. Ich hatte nicht nur den Einsatz der ein- und zweimotorigen Nachtjäger im Rahmen der vom Jagdkorps gegebenen Weisungen zu führen, sondern auch die Tagjäger und die unterstellten Luftnachrichten- und Flugmeldeorganisationen. An Mannschaften und Offizieren waren dies etwa 25 000 Mann, wozu die Ln-Helferinnen, ›Blitzmädchen‹ und weiblicher Arbeitsdienst stießen mit weiteren 8000 bis 10 000 Frauen und Mädchen.

Göring schärfte mir wie schon früher ein, auf die Reichshauptstadt mein besonderes Augenmerk zu richten. Wegen des Tageinsatzes machte er sich keine Gedanken, ich mir um so mehr. Was ich mitbrachte, war meine bittere Erfahrung als Kampfflieger in der Abwehr von Jägern, viel Theorie und die Erkenntnisse anderer aus

Besprechungen beim Reichsmarschall oder beim General der Jagdflieger. Dessen Nähe in Hottengrund an der Havel war mir sehr erwünscht, und viele Male bin ich die kurze Strecke hinübergefahren.

Am 23. März 1944 trat ich meinen schweren Gang dorthin an, die Geschäfte von Oberst Lützow zu übernehmen, gerade an dem Tage, als der Kommodore des J.G. ›Udet‹ Nr. 3, Oberst Wilcke, genannt der Fürst, im Luftkampf mit ›Mustang‹ gefallen war.

Gern wurde ich im Stabe der alten Kammhuber-Leute und der Jäger nicht gesehen. Es schien, als hätte ich mich selbst für meine Existenz zu entschuldigen.

Dem Stabe stand als Ia Oberstleutnant i.G. Schaller-Kalide vor, ein äußerst schnell denkender, ebenso schnell redender, in Führung und Organisation erfahrener Taktiker, tatenlustig, spottsüchtig, höchst dynamisch, gelegentlich als ›Selbstkocher‹ tituliert, im übrigen eine Reihe von Jahren älter als ich und als Sohn eines Generals der Infanterie sehr selbstbewußt. Ich klopfte in dem gewaltigen, von Kammhuber erbauten Stabsgebäude an Schallers Tür, öffnete auf »Herein« und sagte, daß ich mich bekannt machen wollte. So käme kein Holzhacker, kein Wüstling und keine geborene wilde Sau daher, war sein Eindruck, den er mir viel später, nach vielen durchkämpften Tagen und Nächten einmal verraten hat.

Ich ging tüchtig in die neue Lehre, bestaunte den von Kammhuber geschaffenen und ausgebauten Apparat und den Ausbildungsstand des Personals. Aber selbst die dümmsten Fragen des Außenseiters, die ich einst als Nachtjäger, nun als angehender Tag-Jagdführer stellte, machten auch die Eingeweihten manchmal nachdenklich.

So gingen die ersten beiden Tage dahin, bis die Engländer am 25. März wiederum zum Großangriff auf Berlin ansetzten. Hier war ich noch in meinem Element. Der Himmel war bedeckt. Ein kräftiger Nordwind schob eine Hochnebelschicht über Stadt und Land. Die Sicht darunter war leidlich. Die Flak, die ihren Verbindungsoffizier, Pour le Mérite–Oberst Werner auf den Gefechtsstand der Division entsandt hatte, wartete auf das Zeichen zum ›Leichentuch‹ – die Scheinwerfer auf Streulicht und die Tausenden von Phosphorkörpern schlagartig aufleuchten zu lassen.

Bis zur letzten Minute blieb die Entscheidung fraglich; denn hier und da traten Wolkenlöcher auf, die das helle Licht nach oben durchließen und die Besatzungen blenden könnten. Ich stand mit Schaller-Kalide und dem Meteorologen auf dem Dach des Gebäudes. Der Entschluß wurde gefaßt, dem Flakverbindungsoffizier mitgeteilt.

Schlagartig wurde es taghell am Boden. Jeder Verdunkelungsbefehl wurde Lügen gestraft. Das Licht drang nicht nur in die Nebelschicht ein, sondern wurde auch zum Boden zurückgeworfen, von dort wieder hinauf. Was verströmte in der nächsten halben Stunde an elektrischem Strom, was wurde an Zentnern und Tonnen Phosphor verbrannt! Es war erregend. Wenn nur die Wolken dicht bleiben würden. Die Flak meldete von allen Orten so gut wie geschlossene Bewölkung. Auflockerung bis zu halber Bedeckung hätte den vollen Fehlschlag bedeutet. Nicht einmal Direkterfassungen hätte die Flak den Nachtjägern anbieten können. Anleuchten für ein paar Sekunden würde nicht ausgereicht haben.

Die Jäger waren alle herangeholt. Es ging los. Schlag auf Schlag. 70 Abschüsse wurden gemeldet, ein großer Teil über Berlin und am Rande. Den von Norden aus angreifenden Engländern war ein Rükkenwind von fast 200 km/h zu Hilfe gekommen und hatte sie vor einer noch größeren Katastrophe gerettet; denn mit diesem Schub konnten sie, soweit sie nicht vorher oder seitlich abgeworfen hatten, die Gefahrenzone, das ›Leichentuch‹, schnell überfliegen. Sonst hätten die Jäger noch mehr Angriffe fliegen können. So mußten sie gegen den Sturm mühsam in die Ausgangsstellung zurückstreben.

Am 31. März 1944 waren wir in Norddeutschland und Berlin nicht die Geplagten. Harris hatte sein Bomber Command in einer Halbmondnacht nach Süddeutschland entsandt, weshalb wir von Norddeutschland unsere Jäger zunächst in das Rhein-Main-Gebiet entsandt und der dortigen Jagddivision zur Verfügung gestellt hatten. Über hundert Bomber wurden dort zur Strecke gebracht. Es war gelungen, mit den inzwischen weiterentwickelten Peilgeräten die feindlichen Radar-Flugzeuge auszumachen und den Marsch der Bomber durch unsere Beleuchter-Flugzeuge zu markieren.

Es war der 1. April 1944, als die Trümmer dieser Flugzeuge am Boden gezählt wurden, der Tag, für welchen Luftmarschall Harris seiner Führung versprochen hatte, die Deutschen kapitulationsbereit zu bomben.

Wir hatten Luft. Auch in der 1. Jagddivision brauchte ich mich um schwere Angriffe der viermotorigen Bomber kaum zu sorgen.

Auf der Hut sein mußten wir aber vor den nächtlichen Störern, den ›Mosquito‹-Bombern, die in Höhen von 9000 bis 10 000 m mit Sprengbomben ansehnlichen Kalibers anflogen und überaus gefährlich wurden. Denn die Bevölkerung suchte auf die Rundfunkmeldung ›Anflug von leichten Kampfverbänden‹ nur ungern die Luftschutzräume auf, so daß die wenigen von ›Mosquito‹ abgeworfenen Bomben manchmal mehr Menschenleben kosteten als die hundertfache Last der Großbomberflotte. Vor deren Herannahen war die Bevölkerung immer diszipliniert in die Keller gegangen. Die Einmotorigen, die im Bereich der 1. Jagddivision verblieben waren, dabei mir weiterhin unterstellt, wurden zur Bekämpfung der Plage in einem mit den Scheinwerfern und den Kanonenbatterien ausgeklügelten, seine Wirksamkeit mehr und mehr steigernden System bereitgestellt. Es war das ›Hohe C‹ des Lieds von der ›Wilden Sau‹. Über der Stadtmitte, an der Siegessäule, erhob sich siegesgewiß, ruhig, kerzengerade und geisterhaft ein Riese von Scheinwerfer, um den herum unsere braven ›Me's‹ in 10 000 bis 12 000 m Höhe wie Apfelschimmel-Remonten an der Longe auf dem Hufschlag kreisten, geduldig, gehorsam, bis im Westen, vor der Stadt, drei weitere Leuchten hochschnellten und erstarrten, in Potsdam, in Spandau und bei Oranienburg. Dahin durften sie nun jagen, dahin, wohin auf die Minute errechnet die ›Mosquito‹ einfliegen würden, indes ein paar Jäger an der Siegessäule als Reservisten verharrten.

Da treffen die ›Mosquito‹ an den drei Punkten ein. Jäh erhebt sich aus dem dunklen Nichts, während die Kanonen weiter schweigen, die geschlossene Lichterphalanx der Scheinwerfer, stellt sich den schnellen Bombern entgegen. Alle stechen auf sie ein, lautlos, aber tödlich. Denn in ihrem Genick sitzen jetzt hoch darüber die Einsitzer. Schon stürzen sie herunter, den ›Mosquito‹ nach, die mit Vollgas andrückend die Zone der lauernden Gefahren in rasender Fahrt durcheilen wollen. Der Schnellere überlebt. Wer die Bombenlast in 3 bis 4 Minuten nicht los wird, dem zersplittert das Holz.

Tiefer geht die rasende Jagd. Da legt sich der Flakriegel den ›Mosquito‹ quer. Ich stehe auf dem Dach des Gefechtsstandes am Scherenfernrohr, während Schaller-Kalide drahtig, rollenden Auges und mit vorgewölbter Brust das Orchester der Telefonisten, Radarauswerter, Navigateure und Meteorologen dirigiert, dem rechenschieberdrehenden Oberleutnant Holler laufend Eintreffzeiten bei Punkt 1, 2, 3, möglichen Punkten 4, 5 und 6 abfragt.

Klarer Sternenhimmel über mir. Die ersten ›Mosquito‹ haben Spandau passiert. Da kommt wieder eine. Die Scheinwerfer halten sie, die auf mich zufliegt. Geradeaus hält sie den Kurs, schon zehn Sekunden lang, 15, 20 Sekunden. Nichts passiert. Pennerei, will ich fluchen, doch da reißt die ›Mosquito‹ eine Steilkurve auf Gegenkurs. Also doch! Einer war dran von unseren, den ich nicht gesehen habe, auch nicht die Glimmspur. Daß die Bombe ausgeklinkt war in Richtung Berlin, brauchte mir als Kampfflieger niemand zu sagen. Die landet irgendwo hier, und ihre Fallzeit beträgt 40 Sekunden, und sie rast schneller als der Schall. Ich höre sie nicht, bevor sie hier einschlägt. Ich höre sie auch nicht, wenn sie genau hier einschlägt. Denn dann ist es aus. Das ist ballistisch einwandfrei gedacht, aber dumme Gedanken schließen sich eilig an: Plötzlich soll alles vorbei sein, ohne daß man vorher einen richtigen Schrecken gehabt hätte. Nicht mein Fall. Die letzten paar Sekunden vor dem sicheren Ende möchte ich schnell noch ein wenig nachdenken oder versuchen zu empfinden, ein letztes Mal.

Ein greller Feuerschein, ein Schlag gegen die Brust, ein betäubender Knall, und als ich die Augen öffne, erkenne ich die Holzbaracke, in die Luft gewirbelt und zerrissen, wie die Kiefern anfangen zu brennen und in die zerschmetterten Fenster der Unterkünfte des ›Richthofen‹-Geschwaders hineinflackern.

Verletzte werden geborgen, Verschüttete ausgegraben. Man kann nicht sagen, daß wir hier Etappe sind.

Hatten die ›Mosquito‹ früher nach unseren eigenen Feststellungen selbst über einen längeren Zeitraum hin kaum Verluste, solche, die man nur in Promille ausdrücken konnte, so verloren sie nunmehr fast regelmäßig bei den Einsätzen eine oder zwei Maschinen. Manchmal sogar drei und vier, alle mit der guten Me 109 zur Strecke gebracht. Das war von Null auf meßbare Werte eine verhältnismäßig gewaltige zigfache Steigerung, wenn man sich in Zahlen gefallen will. Sie bezeugte aber, daß nicht allein massenhaftes Aufgebot von Kräften, auch nicht immer der neue Supertyp wie die He 219 die Gefahr meistern mußte, sondern auch Hingabe und Einsatzfreude und ein gesunder Optimismus der Leute am Boden und in der Luft. Um so wirkungsvoller konnten unsere Flugzeugführer in den Herbst- und Wintermonaten 1944/45 auf unserem Düsenjäger, der Me 262, unter dem schneidigen Oberleutnant Welter, der erfolgreichsten ›Wilden Sau‹ bis Ende des Krieges mit über 60 Abschüssen, den Kampf gegen die ›Mosquito‹ führen. Nach diesem Vorgriff und Abschlußbericht zurück zu den Einmotorigen im Tageinsatz ab April 1944.

Nachdem die amerikanischen ›Fliegenden Festungen‹ bereits Anfang des Jahres kriegswichtige Punktziele in der Tiefe des Reiches, bis nach Berlin hin, bombardiert hatten, war Schlimmeres und noch Wirkungsvolleres zu befürchten. Aber wir waren zahlenmäßig zu schwach, allein im Verhältnis zu den feindlichen Begleitjägern, die hätten niedergekämpft oder wenigstens gebunden werden müssen, bevor der Ansturm auf die Bomber gelingen konnte. Gegen diese mehrfache Überlegenheit waren nur bescheidene Erfolge unter Anwendung ausgefeilter Verfahren zu erzielen. Es hatte sich herausgestellt, daß unsere Gefechtsverbände nicht einfach auf Sichtweite an das Bombergros herangeführt werden durften, damit sie sich nach eigener Erkundung zum Angriff bereitstellten. Denn bei einem solchen zeitverschlingenden Umstand strömten die Begleitjäger von der Spitze, aus den Flanken und vom Ende der Bomberkolonne zusammen, um unsere Jäger in wilde Luftkämpfe zu verwickeln, die wir nach der Richtlinie ›Schwerpunkt Bomber‹ zu meiden hatten. So gingen wir – Oberstleutnant Schaller-Kalide war selbst erfahrener Jägerleitoffizier – zu einem gelenkten präzisen Verfahren über, nicht den einzelnen Jäger anzusetzen, sondern den Verbandsführer und mit ihm sein Geschwader. Hingearbeitet wurde auf das Begegnungsgefecht. Bevor unsere Jäger den Feind überhaupt sichten konnten, wurden sie auf dessen weiteren Anflugkurs dirigiert, auf diesen, ihm entgegen, eingesteuert, ebenfalls auf dessen Höhe, so daß der Angriff möglichst geschlossen von vorn durch den mehr oder weniger breiten, in der Höhe gestaffelten Feindverband geführt und möglichst mehrfach hintereinander auf Entgegenkommer gefeuert werden konnte. Dann geschlossen ab und weg. Weitere Anflüge auf die Bomber durften nur auf ausdrücklichen Befehl vom Boden unternommen werden.

Einzeln oder in kleineren Verbänden angreifende Jäger wurden spätestens von den schwerbewaffneten Bombern abgeschossen oder zerschossen.

Die Härte und Unerbitterlichkeit dieser Kämpfe kann ich nur mit den Einsätzen unserer Kampfflieger gegen feindliche, jägergeschützte Flotten und Geleitzüge vergleichen.

Dieses Verfahren war selbst dann geboten, wenn die feindlichen Begleitjäger an der Spitze der Bomberkolonne oder in angemessenem Abstand davon marschierten. Die ›Mustang‹ konnten aus ihrer beträchtlichen Überhöhung und gegen die farbige und Formenvielfalt des Bodens unsere tiefer, in Bomberhöhe fliegenden Jäger schlecht oder nur spät erkennen. Dann mußten sie die Verfolgung, nicht sehr angenehm für sie, durch die Himmelsleiter ihrer eigenen Bomber aufnehmen.

Daß es in der Absetzbewegung unserer Jäger zum Nahkampf mit den ›Mustang‹ kam, war meist unvermeidlich. Dann war es allein der

Führungskraft des Kommodore vorbehalten, seine Männer zusammen- und mit ihnen standzuhalten. Weiterer Rückzug wäre tödlich gewesen.

Um diesen Überraschungsangriffen von weit vorn vorzubeugen, schickten die Amerikaner vielfach ihre Jäger in starken Verbänden 100 bis 200 km voraus, um jeden Angreifer aufzuspüren. Auch setzten sie Seitendeckungen heraus. Dann hatten wir auf dem Gefechtsstand die Marschordnung der gesamten Streitmacht und ihre Bewegungen so genau wie möglich zu erfassen, die zu neuen Ehren kommenden Kammhuberschen Radarstellungen einzusetzen, die Augenbeobachtungen des Flugmeldedienstes auszuwerten, auch die Berichte der vorgelagerten 2. Division, so daß wir, nervlich aufs Äußerste angespannt, unsere Verbände, auch die von den anderen Divisionen geschickten, zum Angriff auf die Bomber in die Lücken manövrieren konnten. Daß dabei die Verbandsführer, insbesondere bei teilweise verdeckter Erdoberfläche, vor nicht leicht lösbare navigatorische Aufgaben gestellt waren, ihre Kurvenradien und die Windversetzungen zu berücksichtigen hatten, liegt auf der Hand.

Soweit wie irgend möglich hatte der Gefechtsstand Schwierigkeiten dieser Art auszuräumen und dem Verbandsführer technisch-navigatorische Arbeit abzunehmen. Immer blieb ich mir eingedenk der räumlichen Enge des Einsitzers und der Notwendigkeit des Verbandsführers, sein Flugzeug ruhig und stetig, im Horizontal- oder Steigflug zu halten, damit auch die jungen Marschierer die Formation wahren konnten. War die Bomberfindung nachts das Problem, so war tags die Aufgabe, den georteten Verband auf die denkbar günstigste überraschende Weise anzugreifen. Der Kampf selbst war bei Tage ungleich schwieriger und mußte mit größter Härte und lockerem, aber unbedingtem Gehorsam geführt werden.

Trotzdem wurden den Jägern Vorwürfe gemacht. Sie wurden als ›laurig‹ von Göring beschimpft. Einzelfälle mögen berechtigten Anlaß gegeben haben. Die allgemeine Beschimpfung aber war empörend. Schmerzlich war es, dies aus dem Munde des Oberbefehlshabers anhören zu müssen. Ich habe diese Vorwürfe an die fliegende Truppe für unaufrichtig gehalten. Denn der mangelnde Erfolg ging hauptsächlich auf fehlende Planung und Vorausschau der Führung zurück. Die Vorwürfe sollten dies vertuschen. Ich habe meinem Ia mein Konzept von 1942 vorgezeigt.

Heute haben wir die Lücke, und die Nachrüstung kommt nicht nach. Heute müsse täglich mit Blut dafür bezahlt werden. Was Speer, jetzt, sehr beachtlich zusätzlich produziere, käme zu spät, als daß gleichgezogen, geschweige denn einigermaßen aufgeholt werden könnte, um unseren Männern annehmbare Kampfbedingungen zu bieten.

Schaller-Kalide und ich wurden fast trübsinnig, doch taten wir dennoch das Mögliche. Der Krieg wurde verzweifelt bitter, und die Jägerproduktion ging nicht allein in die Reichsverteidigung, sondern auch an die langen Fronten. Und es drohte die Invasion. Wie soll da die Jagd vor Englands Haustür bestehen, wenn wir schon in der Tiefe des Reiches erfolglos blieben? Am Kanal wäre die Überlegenheit der anderen eine zehnfache, unsere Wirkung gleich Null!

Ich hielt es für zu bequem und müßig, die überaus schwierige Lage des Frontfliegers nur dem Oberbefehlshaber anzukreiden, dessen Vorwürfen die Fehler der höheren Führung entgegenzuhalten und zu grollen. Fehler der Höchsten hat es in allen Kriegen und auf allen Seiten gegeben. Wir, Führer aller Grade, haben jedoch nicht für unsere saubere Weste zu kämpfen, sondern zum Schutz der Leute auf der Erdoberfläche, zu nichts anderem. So blieb nur übrig, die Löcher des höheren Versagens so gut es ging zu stopfen, die Vorwürfe nicht für bare Münze zu nehmen, sie für das Mittel des armen nackten Mannes zu halten, der nichts Besseres zu geben hat. Ich habe von meinem Kommandierenden General, ›Beppo‹ Schmid, während laufender Einsätze Rügen und Beschimpfungen der härtesten Sorte und in höchster Lautstärke hören müssen, die den Oberstleutnant Schaller-Kalide zu der erstaunten Frage veranlaßten: »Ja, warum schreien Sie den Mann nicht ebenso an? Das ist doch alles nicht wahr, was er sagt!« Schaller meinte zwar, der ›Beppo‹ wolle mich fertigmachen, er habe mich nur als Divisionskommandeur genommen, um mich an die Kette zu legen, damit er um so mehr strahle. Aber ich glaubte das nicht. Ich war vielmehr der Ansicht, daß auch der Kommandierende unter dem Druck der Mängel und der Forderungen stand und die ihm gemäße und zu Gebote stehende Technik der Menschenführung wählte, um dem Ganzen zu dienen. Ob sein Weg richtig war, mich als ›mittlere Flasche‹ zu behandeln, steht auf einem anderen Blatt.

Fast schien es, daß die Amerikaner unsere Jagdwaffe nicht einmal im Kampf niederzuringen brauchten. Sie zielten auf unsere Achillesferse, die Hydrierwerke. Pölitz und Leuna lagen in meinem Bereich. Sie konnten uns aushungern, besser – trockenlegen. Niemand konnte voraussehen, wie weit die Trockenlegung gedeihen würde. Für den Fall des Mangels mußte aber Vorsorge getroffen werden, wenn wir nicht sehenden oder blinden Auges an einer Gefahr vorbeischlittern wollten. Immer heftiger wurden wir in die Ecke geboxt. Was ich ausbrütete, davon wird später die Rede sein.

Zur Verteidigung der Leuna-Werke war mir ein Verband, ausgerüstet mit der Me 163, dem ›Kraftei‹, in Brandis bei Leipzig untergebracht, zur Verfügung gestellt. Hervorragende Flieger befanden sich darunter, zum Teil bestrafte, auch degradierte. Ich habe die Leute besucht und ihnen mangels Orden und Achselstücken schweizerische Uhren verliehen, die mir ein Gönner zur Verfügung gestellt hatte.

Das Flugzeug war fliegerisch hervorragend, aber von zu geringer Reichweite und daher von beschränktem operativen Nutzen. Man hätte bei dem Stand der Dinge an jedem kriegswichtigen Unternehmen einen starken Verband postieren müssen.

Wie soll nun aber die Abwehr der Invasion unter diesen Umständen gelingen?

Nach den Erfahrungen im Reichsgebiet stand uns bei »drohender Gefahr West« (›Dr. Gustav West‹) eine Katastrophe bevor, wenn die Jäger erst dann überführt würden, wenn die Angelsachsen in der Morgendämmerung die Strände betreten würden. Vier Wochen nach Übernahme der 1. Jagddivision, am 21. April 1944, reichte ich auf dem Dienstwege eine Notiz hoch, die wie folgt beginnt:

Bei einem Invasionsversuch im Westen (Dr. Gustav West) ergeben sich für den Einsatz eigener Jagdkräfte (Tag und Nacht) zwei Einsatzmöglichkeiten:
1./ abwartend
2./ präventiv

Den zwei Seiten umfassenden Vorschlag habe ich folgendermaßen abgeschlossen:

Zusammenfassung:
Im ersten abzuwartenden Fall hat die feindliche zahlenmäßige Überlegenheit vollständig Gelegenheit, sich zu entfalten, das heißt feindliche Kampf- und Jagdverbände (britische und US-amerikanische) werfen sich vereint gegen unsere Tagjagdverbände. Die Systematik des feindlichen artilleristischen Trommelfeuers aus der Luft läuft bis zum Sturmangriff der feindlichen Heerestruppen auf die Landungsstellen verhältnismäßig planmäßig weiter.

Im zweiten Fall kann durch kurzfristiges Heranführen an die Absprungplätze mit Überraschung und mit zahlenmäßig starken Kräften (Tagjäger + Zerstörer + Nachtjäger + 300er-Geschwader + eigene Kampfverbände) unter zeitweiser völliger Entblößung des Reichsgebietes ein überraschender Schlag gegen den feindlichen Plan geführt werden.

Ich hatte daran gedacht, die Bomber, Zerstörer und Nachtjäger nach Ausbau ihrer Geräte von Holland aus, die Jäger von Belgien und Nordfrankreich aus auf die Basen der Bomber und Lastensegler in der Hauptsache auf nähergelegene Jägerplätze nur mangels Reichweite fliegen zu lassen, entweder schießen, Bomben werfen zu lassen oder beides. Entweder bei Dämmerung oder einer geeigneten Wolkenwetterlage sollte der Angriff geführt werden, keineswegs wie Anno 1940 im Verfahren ›Reichsparteitag‹. Sabotagetrupps, wie ich sie später eingesetzt habe, und Luftlandeeinheiten habe ich in dem Vorschlag nicht zu erwähnen gewagt, um nicht gleich damit im Papierkorb zu landen. Ich landete dennoch dort. Dabei konnten wir Initiative sehr wohl entwickeln.

Denn der Zeitpunkt der Invasion war hinreichend bestimmbar: Mondschein mußte nach Möglichkeit vorherrschen, wie es auch der Fall war, Dämmerung mußte sein, wie es auch der Fall war, die See mußte ruhig sein, wie es auch der Fall war und die Tide mußte den günstigsten Stand haben, wie es auch der Fall war. Das konnten wir ebenso genau erkennen und berechnen wie Eisenhower. 24 oder 48 Stunden vor diesem Idealfall konnten wir zur Stelle sein. Wie häufig hatten wir in diesem Kriege schon bewiesen, daß wir auch planen und organisieren konnten. Man mag auch zurückdenken an die große Schlacht in Frankreich mit Beginn am 21. März 1918. Unbemerkt vom Feinde vollzog sich erst in der Nacht vor Angriffsbeginn ein ungeheurer Artillerieaufmarsch, aber jede Kanone hatte ihre sorgfältig vermessene, ausgepflockte Stellung, für Räder und Lafette, und zum geplanten Feuerüberfall ihre Werte.

Der Aufmarsch der deutschen Luftwaffe zur Abwehr der Invasion war ein völliger Fehlschlag. Die Führung vermochte weder die Schwierigkeiten auf unserer Seite, die zahlenmäßige Stärke und den Ausbildungsstand, noch unsere einzige Chance zu erkennen, oder sie hatte den Mut und die Schwungkraft verloren, ein Wagnis einzugehen. Nachziehen war Apathie, Weg in die Abnutzung zum Endstand Null.

Mein Kommandierender, der sehr erpicht darauf war, daß ich den Dienstweg einhielt, hat meinen Vorschlag zwar kurz erwähnt, aber nicht mit mir erörtert. Er hatte wohl nicht die Nerven, auf einige wenige Abschüsse über der Heimat zu verzichten. Aber was machte es, die Bomber im Reich einige Male ungeschoren zu lassen, zumal auch wir Federn hätten lassen müssen. In welchem Maße der Präventivschlag, verbissen gewollt und durchgeführt, Erfolg gehabt hätte, war nicht leicht zu schätzen, mit Sicherheit aber weit über Null, von der Störung des feindlichen Aufmarsches, dem mittelbaren, aber wohl wesentlichen Ergebnis, abgesehen. Im Reich konnte man ausnahmsweise allein der Flak das Feld überlassen, wie bei schlechtestem Wetter bisher schon.

Vielleicht hoffte die Führung auch auf das stürmische ›Wunder‹, das einst die spanische Armada auseinandergejagt hatte. Eine Katastrophe hatte ich schon erlebt, die mir ungeheuerlich schien, die in Oslo-Fornebu 1940. Die Normandie war der Abgrund.

Das, was im Juni 1944 im Westen mit unserer Luftwaffe geschah, verdrängte in meiner Erinnerung alles, was ich an Fehlplanung erlebte oder für möglich gehalten hatte.

Also kämpften wir zwischen Ostsee und Thüringer Wald und Erzgebirge weiter, um die Zeit zu überbrücken bis zum Erscheinen von einer Reserve von 2000 Jägern, Hunderten von Düsenjägern und ferngesteuerten Bomben. Von den sonstigen Wundern an V-Waffen hatte ich seit Peenemünde einige Kenntnis, die ich mir im übrigen erbetteln mußte, um zu wissen, wohin der Gegner bei seinen Einflügen würde reisen wollen. Noch im Sommer 1944 hatte meine Division keine Kenntnis, daß in Posen, in meinem Bereich, Flugzeuge gefertigt wurden, so daß Schaller-Kalide sich ebenso wunderte wie ich, was die Amerikaner dahinten wollten! Vielleicht nach Rußland? Nein, sie knallten in die Flugzeugfabrik hinein und flogen nach England zurück. Dennoch, das Zerstörergeschwader des Oberstleutnant Boehm-Tettelbach hat, von Königsberg-Neumark aus startend, mit seinen 5-cm-Kanonen ganz schön aufgeräumt.

In dieser Zeit gab es innerhalb der riesigen vier Wände des Gefechtsstandes auch Unterhaltung. Tanz auf dem Vulkan könnte man es nennen, was nun Spaßiges geschah:

Zwei Sendboten aus segensreichen höheren Sphären standen plötzlich vor meinem Schreibtisch und setzten sich. Der erste, ein Reichsbildhauer, Professor Martin, der aus meinem Kopf erst was Richtiges machen wollte.

Im Anflug auf Bardufoss.

Friedrich Karl Müllers Strichliste auf dem Seitenleitwerk seiner Maschine, heute auf dem Flugplatz Mannheim zu besichtigen.

Göring im Gespräch mit
Bombengeschädigten
des Ruhrgebiets, 1944.
Er traute sich noch
unters Volk.

Schloß Allner an der
Sieg, nahe Hennef.

Unten links: ›Wilde Sau‹
nicht am Spieß, sondern
beim ›Spieß‹, der
›Mutter der Kompanie‹, –
in der Schreibstube. –
Rechts: ›Wilde Sau‹ im
Stall.

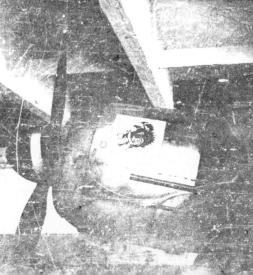

Friedrich Karl Müller, genannt ›Nasenmüller‹ oder ›Felix der Glückliche‹, vor getarnter Flugzeugboxe.

Zur ›Nachtarbeit‹, neuerdings mit Schwimmweste.

Dietrich Peltz (rechts neben Hptm. Baumbach), General der Kampfflieger, im Operativen klug und kühn.

Links: Hermann Göring, Oberbefehlshaber der Luftwaffe und Reichsmarschall, im Gespräch mit Männern der ›Wilden Sau‹.

Rechts: Adolf Galland, General der Jagdflieger, Jäger voller Leidenschaft.

Flugzeugführer der I./JG 300 vor dem Kurhaus Hennef; Kommandeur, Major Stamp (mit Ritterkreuz), in der Mitte.

Die Gegner der ›Wilden Sau‹ auf der Überfahrt von Australien nach Europa. Mit Pfeil: G. Taylor, Abgeschossener, Gefangener, Besucher bei den Alten der ›Wilden Sau‹ in den siebziger Jahren.

Der zweite, ein Reichsschriftsteller, Herr Neher, wollte mehr meine inneren Züge herausarbeiten. Meine Divisionsbefehle wollte er sehen, mein Flugbuch, Schulzeugnisse, Schulaufsätze und Fotografien, die mich im Matrosenanzug zeigten. Auch eine Handschriftenprobe wollte er haben, für seinen Graphologen-Assistenten, nein, nicht das Schöngeschriebene, mit dem ich mich soeben von meiner besten Seite zeigen wollte, nein, den Schmierzettel da!

Kein Gedanke daran, für den Gipskopf stillzusitzen. Statt dessen wurde ich dauernd scharf beobachtet. Mein Schriftsteller indessen wandte sich an andere Leute, um diese über mich auszufragen. Dann kam er triumphierend mit dem Schriftgutachten. Nur die angenehmsten Sachen kamen darin vor. Ich sagte, der Graphologe habe wohl Angst gehabt, von mir eingesperrt zu werden. Eine Eigenschaft aber wurde zweimal in dem Text erwähnt, sozusagen als Hauptsache – ich sei unfähig, unehrenhaft zu handeln. Das aus dem Gekritzel herauszulesen, fand ich genauso verwegen, wie die Zukunft aus dem Kaffeesatz weiszusagen. Ich fand den Passus lächerlich, da selbstverständlich. Ich würde doch niemals silberne Löffel klauen. Mir das Gegenteil zu bestätigen, sei ja fast beleidigend. Später, in unvorhersehbaren, unwahrscheinlichen Situationen, habe ich den Spruch noch einmal näher betrachten müssen.

Kurz und gut: Der Gipskopf war eines Tages fertig, und nachdem aus Gips Bronze geworden war, konnte ich mit meiner kosmetischen Verwandlung nahezu einverstanden sein, zumal ich eins der beiden Stücke übernehmen und zu meinen Angehörigen verfrachten konnte, die mich hoch oben auf dem Bücherschrank aufstellten, um recht schön zu mir aufsehen zu können.

Die vielen Notizen, die Herr Neher aufgeschrieben hat, sind wohl nicht mehr als Druckerschwärze zu gewissem zeitlichen Bestand gediehen. Nach seinem Buch über den Dr. Röntgen, das er mir zu lesen gab, hätte ich ihm und mir gegönnt, die Fertigstellung zu erleben. So mußte ich mich selbst zum Schreiben verurteilen. Die Verbüßung einer Strafe bringt aber nicht nur Ungemach, sondern auch überraschende Erkenntnisse. Ich habe es später im wortwörtlichen Sinne erfahren. Das war auch Nehers Meinung: Er habe der ›Wilden Sau‹ zwar wochenlang eifrig nachgestellt, wäre aber erst beim Schreiben hinter ihre Schliche gekommen.

Der Divisionsgefechtsstand vor den Toren Berlins lockte auch andere Besucher, Diplomaten der Verbündeten und Herren der Ministerien. Der Botschafter Japans, Herr Oshima, der finnische

Attaché, der Ungar, sie alle verweilten andächtig vor dem in der Vitrine des Offizierskasinos aufgehängten Waffenrock unseres Manfred von Richthofen, ehe sie sich zu einer Gesprächsrunde niederließen. Junge Leute vom Lande erschienen mit Körben voll Spargel oder Erdbeeren, oder Lehrlinge mit ihren Meistern, um sich einige Kenntnisse zu verschaffen. In stockfinsterer Nacht schwebte die Gräfin Stauffenberg, Flugkapitän und Erprobungsfliegerin in Rechlin, mit einer Ju 88 in den kleinen Jägerplatz Döberitz, um mir ihr neues Nachtlandeverfahren zu erläutern. Überhaupt blieben mir Entwicklungsleute auf den Fersen, da ich ja manche ihrer Ideen in der Entstehung miterlebt und sie zu weiterem Forschen ermuntert hatte. So setzten mir auch die Zeiss-Leute aus Jena zu, ich sollte endlich ihr Zielgerät für den Schleuderwurf begutachten. Also übernahm ich irgendwo eine entsprechend ausgerüstete Ju 88 mit Zementbomben, kletterte auf Höhe und sauste mit Vollgas hinunter bis in Baumkronenhöhe, um dann heftig hochzuziehen und die Bombe freizugeben, Richtung Ziel auf der Fahner Höhe bei Gotha, meinem frühen Übungsplatz. So flog die Bombe sehr weit, und man sparte sich den Einflug in den Flakschnellfeuerbereich.

Nach Oberleutnant Dr. Karl Holzamer, der sich mit sachkundigen Fragen und als aufmerksamer Zuhörer Kenntnis von unserer Luftverteidigung verschaffen wollte, sprach ein Herr in Zivil vor, namens Härtle, wenn ich mich recht erinnere, um unserem Stabe eine allgemeine politische und militärische Lagebeschreibung vorzutragen, wobei er auch auf die Bombenangriffe einging. Er meinte, ›wir‹ hätten es geschafft, nach der Hamburg-Katastrophe nachts wieder auf die Beine zu kommen – ich verzog keine Miene, als Schaller-Kalide mich anstieß – ›wir‹ würden es auch bei Tage gegen die Amerikaner hinkriegen. Es geschehe etwas. Wenn nichts geschähe, wäre es ein Verbrechen weiterzumachen. Deshalb werde etwas geschehen. »Fassen Sie Mut, haben Sie Vertrauen!«

Eine einstudierte, in Serie produzierte Rede vor uns Leuten vom Fach, die das ›Geschehen‹ machen sollten.

Besonders eifrig-aufdringlich erwies sich der Forschungsrat der Reichspost, der sich nach der Katastrophe von Hamburg für die Verwendung von Ultrarot-Geräten in unseren Einsitzern eingesetzt hatte. Nie ließen die Herren Ermüdungserscheinungen erkennen, auch nicht in der Nacht. Zu Versuchszwecken durfte ich um Mitternacht mit Professor Heymann im PKW ohne jede elektrische Beleuchtung durch das abgedunkelte Berlin fahren. An einer Ecke sahen wir in unserem Rotlicht einen Mann stehen, Luftschutzwart. Wir hielten. »Guten Abend«, sagte ich.

»Mann, Sie sind wohl nich janz bei Troost! Verdunklung, klar, aber'n paar Schlitze möchte man sehen.«

Eines Tages lud der Reichspostminister Ohnesorge einige Herren in seine Hackeburg vor Berlin ein, und ich erlebte die erste Fernsehsendung meines Lebens, als der Schauspieler Rudolf Platte leibhaftig auf der Scheibe erschien und uns freundlich ansprach: »Ich begrüße als Gäste des Ministers Herrn General Galland, Herrn Major Baumbach, Professor Heymann . . .« Wir waren sprachlos. Gesprächig wurde der Minister mir gegenüber zum Abschluß. Seine Absicht war, nach dem Kriege einen Luftpostdienst mit eigenen Flugzeugen zu errichten; kleine Flugzeuge sollten wichtige Post, Dokumente und ähnliches in Windeseile in alle Gegenden Europas befördern, vielleicht auch weiter, schneller als vor dem Kriege die He 70, genannt ›Heinkel-Blitz‹, und, so meinte der Minister, da ich mich, wie er gehört habe, von Tageszeit und Wetter weitgehend unabhängig gemacht habe, na, wer anders als die ›Wilde Sau‹ sollte die Sache dann machen. Sehr erfreut, erwiderte ich, fliegender Postbote, meinetwegen Oberpostbote zu werden, aber zunächst müßten wir ja den Krieg gewinnen. Dem Minister war es ernst; denn später noch hat mich sein Professor, Forschungsrat, deswegen angebohrt.

Auch aus Nordhausen im Harz, meinem Friedensstandort, erhielt ich Besuch. Zwei sorgfältig Gekleidete, mir von Kegelabenden im Offizierkasino bekannt, traten mit Leichenbittermiene vor mich hin und erzählten mir die traurige Mär, daß man den Vorsitzenden des Vorstands ihrer mit der Landwirtschaft befaßten Aktiengesellschaft, einen Parteimann, ins Konzentrationslager gesetzt hätte, wegen eines Wehrwirtschaftsverbrechens. Der aus den Zuckerrüben zu fertigende Sirup sei nicht dahin geflossen, der Zucker nicht dahin gerieselt, wohin er sollte. Nun sei der Ruf der Gesellschaft ruiniert und sie brauchten eine ›Persönlichkeit‹. Ich hätte auch nichts zu tun, gelegentlich nur zu unterschreiben und ich erhielte um die 1000 Reichsmark Gehalt neben meinem jetzigen. Die Herren brauchten also ein Aushängeschild, einen Namen. Die Äußerung machte sie betreten. Doch versicherte ich die Herren meines Beileids anläßlich des Verlustes und versprach, die Sache an hoher Stelle vorzubringen. Ich könne das nicht entscheiden, sie würden von mir hören. Da ich den Reichsmarschall nicht noch einmal bloßstellen wollte, unterbreitete ich seinem Chefadjutanten die Angelegenheit mit der Bitte, die

Auffassung des Chefs zu erkunden, jedoch nicht unerwähnt zu lassen, daß die Leute mir leid täten und ich sehr an Nordhausen hinge. Oberst von Brauchitsch tat mir bald darauf kund: Wenn ich Marmelade verkoofen wolle, müsse ich wohl auch eine Schürze tragen, Orden darauf.

Ich wäre wirklich gern Vorstand einer Aktiengesellschaft geworden. Ich hätte noch nicht einmal zu sagen brauchen »Geld stinkt nicht«, höchstens, es klebt auch nicht.

Sowohl die Tag- wie die Nachtkämpfe hatten es mit sich gebracht, daß die mittleren Führer, insbesondere die Divisionskommandeure, eine Mehrzahl von Verbänden nicht mehr aus der Luft leiten konnten. Sie waren an den gewaltigen Aufklärungs- und Nachrichtenapparat gebunden, der sich über große Gebiete erstreckte, gleichzeitig angewiesen auf die Kurzberichte der Verbände in der Luft und auf die Möglichkeit, jeden von ihnen auf verschiedenen Frequenzen gleichzeitig zu erreichen. Das habe ich um so eher eingesehen, als ich eine gehörige Portion an Fronterfahrungen, sowohl im Angriff wie in der Verteidigung gesammelt hatte. Insoweit hatte ich, nicht viel anders als Galland und Peltz, einiges denen gegenüber voraus, die in diesem Kriege, jedenfalls in den letzten drei Jahren, nur sehr wenig geflogen waren. Mich wurmte jedoch, daß meine Kenntnis von der Tagjagd, was deren fliegerischen und gefechtsmäßigen Einsatz anging, nur mittelbar erlangt war. Ich wollte dem abhelfen, mich als Kettenhund oder Katschmarek an einen erfahrenen Verbandsführer hängen und mitreisen, zuvor aber, zur Einarbeitung, mich in der Aufklärerbekämpfung versuchen. Eine Me 109G – ohne Gondelwaffen – stand mir auf dem Platz Döberitz zur Verfügung. Die Dauermißerfolge in der Bekämpfung der Aufklärer hatten viel zur Verstimmung der höchsten Führung beigetragen. Die anderen bombardierten und fotografierten tagelang so lange, bis sie erkannten, daß die Produktion wieder anlief. Der nächste Teppich war fällig.

Es hatte sich gezeigt, daß die schnellfliegende ›Mosquito‹ eher bei Nacht als bei Tage erfolgreich bekämpft werden konnte. Das lag nicht nur daran, daß die beladene Nacht-›Mosquito‹ im Reiseflug etwas langsamer war als ihr Aufklärertyp – die Bomber-›Mosquito‹ flog ebenso an der Grenze ihrer Höchstgeschwindigkeit durch den Flakbereich –, es lag in der Hauptsache an der Gefechtsführung. Nachts wurde der Kampf aus der Begegnung mit einem auf die Sekunde kalkulierten Einschwenken eingeleitet, tags wurden die Jäger im sogenannten ›Hundekurvenverfahren‹ auf Sicht herangeführt.

Bei gleicher Geschwindigkeit der beiden Zweikämpfer konnte der Jäger theoretisch nie aufholen. Flog er etwa 20 km/h schneller, so brauchte er 30 Minuten, um einen Abstand von 10 km zu überwinden. Dabei zog sich die Verfolgung über eine Strecke von 300 km hin, wenn man bei der ›Mosquito‹ eine Geschwindigkeit von 660 km/h annahm. Sie konnte inzwischen sehr hoch fliegen und war mit einer Druckkabine ausgerüstet.

Ich habe in der Erörterung mit Schaller-Kalide bei dem ungünstigsten Fall angesetzt; bei gleicher oder knapp unterlegener Geschwindigkeit unseres Jägers. Hier bot sich dasselbe Verfahren an, das wir zum Angriff der Gefechtsverbände auf die Bomberformation anwandten – Angriff von vorn. Wir entwickelten daraus den Anflug quer auf Kollisionskurs. Dabei mußte unser überhöhender Jäger den Aufklärer nur schräg rechts voraus wahrnehmen können und ihn in der letzten Phase auch unter dem gleichen Winkel dort erkennen, zumal ihm die sich zwischen beiden vermindernde Entfernung laufend hochgegeben wurde. Sichtete er den Aufklärer, so verfuhr er wie nach dem Verfahren ›Wilde Sau‹ gegen die Bomber-›Mosquito‹. Meiner Erinnerung nach haben wir mehrere Abschüsse erzielt, während ich bei einem Einsatz erfolglos blieb, weil die ›Lightning‹ bei Hannover kehrtmachten. Ich stand in fast 12 000 m Höhe bei Stendal. Ich hätte sie nicht einmal an der englischen Küste eingeholt. Die Bekämpfung der Aufklärung war zu Unrecht hinter die Bomberbekämpfung zurückgetreten. Welches Unheil aus der Vernachlässigung der Aufklärung erwachsen kann, zeigt ein Beispiel schlagend: Über Südostengland konnte kein deutsches Aufklärungsflugzeug erscheinen, um festzustellen, ob aus diesem Abschnitt Invasionsgruppen ablegen würden. Dieses Nichtwissen auf unserer Seite hat den Erfolg der Invasion ermöglicht.

Noch war es nicht so weit.

Im Flugzeug oder im Auto zu sitzen, ist ebenso wenig Sport wie der Sesseldienst. Schaller-Kalide tobte sich zwischen den Einsätzen auf unserem Tennisplatz aus, was mir versagt blieb, da sich niemand mit mir unter seinem Niveau betätigen mochte. Dafür spielte ich auf dem nahen Sportplatz vor unserem Gefechtsstand Fußball, und auf Zuruf aus dem Fenster konnte ich in Sekundenschnelle im Zentrum des Geschehens sein. Unsere Stabsfußballmannschaft war aufsehenerregend gut. Das hatte sich bei der Staatsoper herumgesprochen und den Ehrgeiz der von den Künstlern gebildeten Vereinsmannschaft ›Oase‹ angestachelt, sich mit uns zu messen, wobei ich es als Mittelstürmer hauptsächlich mit Herrn Kammersänger Domgraf-Fassbender zu tun hatte. Die Herren Künstler mußten sich geschlagen bekennen, meinten aber beim Umtrunk, wir hätten nur aufgrund unseres rüpelhaften, wilden, säuischen Spiels gewonnen. Fast täten ihnen die Engländer leid.

6. Juni 1944. Die Invasion war angelaufen. Das Stichwort ›Dr. G. West‹ war auszugeben, und ein jeder wußte, was er zu tun hatte. Bis zuletzt waren die Amerikaner bei uns erschienen, ohne daß wir auch nur annehmbare Erfolge erzielt hätten. Nun sollte der Kampf im Westen unter weit härteren Bedingungen, uns vom Gegner auferlegt, geführt werden. Mir war sehr traurig zumute. Es platzten die faulen Früchte falscher Planung, der Über- und Unterschätzung, und es war mir keine Selbstbestätigung, sondern greuliche Bitterkeit, wenn ich mich meines Aufbegehrens vom Herbst 1942 erinnerte: Mehrzweckflugzeug für Tag und Nacht und für Jäger und Bomber – auch und gerade zur Bekämpfung der Invasion.

Die Decke war zu kurz für alle. Nur einer paßte drunter; andere hatten versäumt anzustricken.

Abgesehen von diesem: Warum hinterherhinken, warum nicht zuvorgekommen? Nie zuvor habe ich Besatzungen gegen den Feind geführt oder fliegen lassen mit einem so drückenden Gefühl des Unheils. Da stand ich mit meinem Stab mit einem Rest von Einheiten und dachte an die, die geblieben sind. Freund Hanke im Nordmeer, mein alter Kommandeur Arved Crüger im Mittelmeer, mit ihm der immer heitere Adjutant Sommer, mein hellgestimmter Frechdachs Weinreich beim Nachteinsatz über Mannheim, der seebesessene Oberleutnant z.S. Friedrich als U-Boot-Fahrer im Atlantik, andere in den Wüsten von Tunis und Algier oder in Rußlands Weiten. Warum mußte der prächtige Peter Holm ins Gras beißen, der uns das ›Lied von der Wilden Sau‹ geschenkt hatte und voller Begeisterung zu uns gestoßen war? Und wie viele der Recken unter den Jägern waren in den mörderischen Kämpfen über dem Reichsgebiet gefallen! Wenn ich im Spiegel meine viel zu grauen Schläfen betrachtete, meinte ich, wirklich alt zu sein. Und ich fühlte Müdigkeit, Hoffnungslosigkeit.

Manchmal hatte ich um die Mittagszeit musiziert. Im Hause des Kommandeurs der ›Richthofen-Leute‹ inmitten des Kiefernwaldes, fünf Minuten vom Gefechtsstand entfernt, stand ein wunderschöner Flügel, und ich hatte meine Wehrbetreuungsgeige, die bei meiner alten Bombergruppe inventarisiert war, aber dort keinen Interessenten gefunden hatte, von Nordnorwegen nach Berlin mitgenommen, und manches kleine Stück hatte ich mit meinem kunstsinnigen Obergefreiten aus dem Stabe zusammen eingeübt.

Er saß auf seinem Drehstuhl und blätterte in den Noten. Aber ich wollte nicht mehr. Ich schenkte ihm ein, wir tranken.

Heiße Sommertage gingen ins Land. Und wieder fielen unsere Jäger mit schwachen Kräften zwischen Ostsee und den Mittelgebirgen amerikanische Bomberverbände mit dem kargen Mut an, den das Pflichtbewußtsein eingibt, und hier und da wurde einer der Dicken herausgeschossen. Und ruhig wurde es am Nachmittag, zum Abend hin. Das Land, der alte Truppenübungsplatz Döberitz, der Flugplatz, zu dem ich so manches Mal durch den Tunnel unter der Reichsstraße Hamburg-Berlin hingefahren war, die vertraute Märkische Heide, der märkische Sand lagen friedlich da, als ich mit Schaller-Kalide aus dem Fenster seines Arbeitszimmers hinausschaute.

Plötzlich knallen Türen. Frauen weinen laut. Ein junger Offizier schreit etwas hinein. Die Erde bebt, meine ich. Schaller und ich, wir starren uns an. Was hatte der Mann geschrien – Attentat auf den Führer – tot?

Wir stürzten hinaus.

»Nicht tot?«

»Was sagt der Rundfunk?«

Wir telefonieren, keine Klarheit.

Dann sickert durch: Bombe im Führerhauptquartier – Heeresoffiziere.

Das Korps verfügt Alarmbereitschaft. Aber gegen was und gegen wen?

Ich werde an das Telefon gerufen. Der Reichsmarschall: »Erkennen Sie meine Stimme?« – »Jawohl, Herr Reichsmarschall!« – »Attentat auf den Führer; er lebt. Lassen Sie, was Bomben tragen kann, sofort beladen; umrüsten.«

»Jawohl, Herr Reichsmarschall.«

»Führen Sie keine Befehle aus, die nicht von mir persönlich telefonisch kommen. Die Verschwörer sitzen in der Bendlerstraße.«

Ich kann kaum denken. »Jawohl«, dieses Wort ist die einzige Rettung.

»Wir haben treu zum Führer zu stehen. Ich verlange Ihren unbedingten Gehorsam. Sichern Sie gegen den Truppenübungsplatz.«

Ich hole Luft. »Sie sind ja bleich, Schaller.« Er sagt: »Sie stottern.«

Ich rufe das Korps an. ›Beppo‹ Schmid ist bereits unterrichtet. Er sagt: »Schmeißen Sie die Gebäude in Klumpen, wenn der Befehl kommt.«

»Jawohl, Herr General.« Ich soll meine eigene Wohnung in Klumpen schmeißen, Lützowufer 11, die kleine, nette Erdgeschoßwohnung mit Balkon zum Landwehrkanal gegenüber der kleinen Brücke, die zur Graf-Spee-Straße führt, über das Tirpitzufer hinweg. Arme, liebe kleine Habseligkeiten.

Schaller und ich rotieren. Wir rufen die Kommandeure unserer Verbände an, die in der Auffrischung stehen, bis nach Thüringen, Mecklenburg, und die Aktiven, bis nach Königsberg-Neumark.

Schaller, dem Sohn eines Infanteriegenerals, ist der Witz verflogen. Jetzt müssen wir uns zerfleischen, mit Bomben in die Luft jagen, und morgen schmeißen die amerikanischen Viermotorigen Tausende von Tonnen Sprengkraft in das Bürgerkriegschaos ihrer Feinde.

Der Boden bebt. Wahnsinn steht vor dem Ausbruch.

Wer war der Brutus, der die Hand gegen den obersten Befehlshaber, ›Führer‹ und Kanzler erhob, das Reich wie Rom zu erschüttern?

Ich erinnerte mich plötzlich des Ausspruchs einer mir verordneten adligen Tischdame, deren Familie einst höchster kaiserlicher Gunst teilhaftig gewesen war. »Lieber Herrmann«, hatte sie mir ins Ohr geschnarrt, höchst leutselig und für einen bürgerlichen Hauptmann voll ausreichend. Dann war sie fortgefahren: Hier im Tiergartenviertel würden höchste Offiziere – ihre Augen deuteten auf ein bestimmtes Gegenüber in dem Rund – auf das nächste Stalingrad warten, um Hitler und die ganze NS-Herrschaft zu beseitigen. Ich sei ein Ahnungsloser.

Kein Tratsch war das also. Bitterer Ernst war es, und ich war tatsächlich ahnungslos.

Kritik an der obersten Führung, auch an Hitler, übte ich selbst. Zu deutlich sah ich frühe Fehlentscheidungen, bestätigt durch späte Mißerfolge. Aber – verflucht und zugenäht – wenn die Herren oben nicht Manns genug sind, Kontra zu sagen, ihren Kopf für die Wahrheit hinzuhalten, oder wenn sie es taten, der Ersatzmann ehrgeizig und willfährig den Posten erkletterte, anstatt ihn abzulehnen und seinen Vordermann ausdrücklich zu bestätigen, wenn die Herren die Orden eines unfähigen ›Führers‹ in Empfang nahmen und damit glänzten, dann schafft auch keine Bombe Änderung. Ich glaubte, die Vorsehung habe alles zum einzig Möglichen gewendet. Sie habe auch die Verschwörer an den Schwächen scheitern lassen, die sie auf seiten der Mächtigen rügten. Der Willensstärke und Tatkraft des einen, hier und da, stand so vieles Halbe gegenüber. Dann mußten wir, fleißig, neunmalklug, dienerisch, ehrgeizig, vorsichtig und tapfer wie wir sind, gemeinsam den Weg gehen, den die Geschichte aus den Charakteren nachzeichnet.

So empfand ich in jenen Tagen, und wie vorher, als ich ihn sah und sprach und mit Pistole umgeschnallt, geladen und gesichert, vor ihm stand. Welche Erwartung bemächtigte sich meiner, der einst mit dem Reclam-Heftchen, Eichendorffs ›Taugenichts‹ in der Hand, durch die Kronen des Buchenwaldes in den Himmel geträumt hatte, der Goethe und Shakespeare liebte und geflügelte Schillerworte im Kopf hatte, vom Kampf fürs Vaterland? Wie sah ich ihn, den Gewaltigen, Verehrten, Einiger aller Deutschen, Geißel der anderen, gehaßt, wie erlebte ich ihn, ich, Soldat im besonderen, straffen Gewaltverhältnis, in der Welt der Befehle und des Gehorsams? – Etwa anders als einen Kaiser, einen Reichspräsidenten, heiße er von Hindenburg oder Ebert, in welcher Staatsform auch immer?

Oberst von Below hatte mich aus dem Führerhauptquartier angerufen und zum Vortrag bestellt. Der ›Führer‹ wollte mich alleine sprechen, so wies mich von Below an.

Für den Bruchteil einer Sekunde, als mein Blick in das Zimmer fiel, empfand ich ihn als fremdartig, zeitlich und örtlich weit weg, wie eine Bühnengestalt aus einem historischen Drama.

Ich schritt hinein und stand vor ihm. Nachdem wir saßen, empfand ich nichts Großes, Magisches mehr, auch nichts Böses; nur Einfachheit und Klarheit. Ich hatte keine Scheu, sprach ziemlich schnell und viel, aus Furcht, unterbrochen zu werden, wollte alles loswerden, was mir wichtig schien und ich schon vielen anderen Persönlichkeiten vorgetragen hatte. Er hörte ruhig und aufmerksam zu. Vor offizieller oder gedrechselter Ausdrucksweise brauchte ich mich nicht zu hüten, um so mehr aber davor, den Bonus des Frontoffiziers allzu frei auszuschöpfen. Bildhaftes konnte ich von jeher schlecht auslassen, so daß meine Kameraden, Vorgesetzte wie Untergebene, oft das Lachen kriegten. Er aber lachte nicht. Doch leuchtete manchmal sein Auge freundlich auf. Ich bemerkte auch nicht, daß er mich von oben bis unten musterte, etwa auf meine Hände sah, an denen, Geschenk meines Nordhäuser Hausgenossen und Uhrmachermeisters Gentzel, ein ziemlich großer Lapislazuli prangte, der die Blicke des Reichsmarschalls geradezu magnetisch angezogen und ihn zur Nachfrage veranlaßt hatte. Ich hatte überhaupt nicht das Gefühl, aus Abstand und mit Vorbehalt geprüft zu werden, wie ich es bei manchen

Führern erlebt hatte, die auch im Gespräch ihren Rang zu behaupten suchten. Wir sprachen von der Sache, und die Sache hatte uns ergriffen, ihn vielleicht mehr als mich. Manchmal schien mir, er sähe durch mich hindurch in die Weite, im Auge allein das, wovon ich sprach. Ich empfand mich zurückgesetzt, fast als Nachrichtenmittel, durch das er sich mit dem Gegenstand beschäftigte. Dann wieder kehrte er zu dem vor ihm Sitzenden zurück, wie um dessen persönliche Meinung zu vernehmen. Ich berichtete von den schwierigen Wetterverhältnissen über Deutschland, durch die die Engländer nicht behindert würden, aber auch von meiner Absicht, selbst bei sehr üblen Bedingungen zu fliegen; die Engländer müßten sehen, daß wir da seien; die Angriffswucht der Engländer müßte gerade über dem Ziel aufgesplittert werden; dort müßte ihnen eingeheizt, Gefahr hingezaubert werden; das sei wichtiger, als fern der Heimat, irgendwo im Vorfeld einige Abschüsse mehr zu erzielen. Dazu konnte ich ihm den letzten Polizeibericht über die verstreute Bombenlage im Raume Berlin erläutern. Das Problem der Nachtjäger sei weniger der Start als die schlechten Sichtverhältnisse bei der Landung. Diese bedrückten die Führung und ließen sie vielfach auf einen Einsatz verzichten.

Hier ergriff Hitler das Wort und schlug vor, die Einsitzer hochzuschicken und ihnen mangels Landemöglichkeit mit Lichtspuckern ein Gelände mit weichem Untergrund, Ackerland oder ähnlichem zu bezeichnen; wenn die Flugzeugführer mit dem Fallschirm herunterkämen, würden sie sich nicht verletzen. Ich habe nicht gesagt, daß ich anläßlich eines besonderen Schlechtwettereinsatzes eine ähnliche Weisung bereits gegeben hatte, nach der glücklicherweise nicht verfahren zu werden brauchte.

Später waren in den Einzelfällen Flugzeugführer tatsächlich so ausgestiegen.

Mich, der ich täglich und unmittelbar mit den Schwierigkeiten befaßt war und mir Gedanken über den Einsatz machen mußte, setzte der Vorschlag des Nichtfachmannes in Erstaunen. Ich mußte jedoch entgegnen, daß die Jagdflugzeuge sehr knapp seien und ich ohnehin Sorge hätte, für die üblichen Verluste Ausgleich zu erhalten.

Wohlweislich vermied ich, auf das Beispiel der Engländer hinzuweisen, die von ihren Handelsschiffen auf der Atlantikroute Jagdflugzeuge katapultierten und die Flugzeugführer nach dem Kampf aussteigen ließen. Die Erwähnung hätte vermutlich einen entsprechenden Führerbefehl zur Folge gehabt. Insgeheim hatte ich mir die englische Betrachtung als Grenz- und Notwert zu eigen gemacht: Was verliert man – was bewahrt man.

Hitler ging nochmals auf die Störung der Bombenangriffe unmittelbar über den Städten ein, vertiefte sich in die Bauweise der Häuser im Reich und führte die brandsichere Ausgestaltung der Dachböden in Wien auf alte Erfahrungen aus der Belagerung Wiens durch die Türken zurück; zur Bekämpfung der Brandgeschosse hätten die Baumeister und Architekten sich Zweckentsprechendes einfallen lassen.

Hitler legte mir die Abwehr der Nachtangriffe dringend ans Herz und schilderte, daß die Soldaten an der Ostfront darunter litten zu hören, daß in der Heimat die Städte dem Bombenterror zum Opfer fielen, ihre Angehörigen in größter Gefahr lebten oder obdachlos würden.

Einmal unterbrach ich ihn in unserer Besprechung, die sich länger hinzog, als ich zu bemerken glaubte, er bewege sich auf falschem Pfade. Er hielt inne, sah mich kurz an, so daß ich meines Lapsus gewahr wurde und er fortfahren konnte. Nachdem er einige weitere Sätze vollendet hatte, wandte er sich mir zu und fragte: »Was wollten Sie sagen?« Dies erstaunte mich ebenso wie seine durchgehend ruhige Art, mit der er Gedanken aufnahm, von denen ich wußte, daß er sie nicht teilte, wie den: Jäger statt Bomber.

Ich würde viel mehr Flugzeuge brauchen, als mir zur Verfügung stünden, ich sei auf Leihflugzeuge bei den Tageinsitzern angewiesen. Das fand er übrigens nicht schlecht. Aber seine Devise ›Terror – Gegenterror‹ erläuterte er mit großer Eindringlichkeit. Ich hatte gesagt, was ich meinte. Ich paßte, nicht, weil ich mich fürchtete. Es war militärische Erziehung. Höhere Herren hatten bereits gepaßt, ohne Konsequenzen zu ziehen, oder waren gar nicht so weit vorgestoßen.

Hitler stellte verschiedene Einzelfragen, Kernfragen, die das System des Bewegungskrieges betrafen, auch das System der Täuschungen und verschiedenartigen Manöver der Engländer.

Dann wurde er romantisch. Er fragte, wer den schrecklichen Ausdruck ›Wilde Sau‹ geprägt und eingeführt habe. Er habe Hochachtung vor den vielen Nachtjägern, die oben über den Städten herumflögen; er könne ein Lied davon singen, er kenne das Trommelfeuer der Westfront aus dem Krieg. Die Japaner hätten für ihre kühnen Flieger den schönen Ausdruck ›Kamikaze‹ – ›Götterwind‹ gewählt. Ähnliches sollte ich auch für die ›Wilde Sau‹ ausdenken.

Ich sagte: »Nein, mein Führer. Das geht nicht mehr. Die wollen ›Wilde Sau‹ heißen und ›Wilde Sau‹ machen.«

Er fragte mich, wie es mir gesundheitlich ginge nach dem letzten Absprung, ebenso, wie die Flugzeugführer die Sache fänden.

Im Gespräch feuchtete er manchmal den Daumen und fuhr damit in den Augenwinkel, wie um den Schlaf daraus zu wischen. Ich nahm an, daß ihn das Sehen ohne Brille anstrengte.

Von Below machte gelegentlich Notizen, ›Blondy‹, seine Schäferhündin, lag in der Ecke, wohlerzogen, hob manchmal den Kopf und zeigte mir gegenüber, wie schon beim Eintritt, freundliches Interesse. Sie hatte offenbar meinen ›Berto-Ingo‹ gewittert.

Schließlich verabschiedete mich Hitler mit den Worten, die er eingangs gebraucht hatte: »Sie haben viel geleistet.« Mir schien, dies sei die bescheidenste Formel, auf die eine Anerkennung zu bringen ist. Mir gefiel sie.

So war es. Nichts war in mir von Aufruhr gegen die Person, Ablehnung in der Sache, teilweise – ja, wie ich es einmal in einem Gespräch mit dem Generalluftzeugmeister Milch halb schnodderig und halb ernst gesagt hatte: Er möge doch einfach in diesem Sinne verfahren, unumkehrbar und unumstößlich. Der Feldmarschall war überhaupt nicht erstaunt über mein Ungehorsamsangebot. Er lachte und spaßte: Zu viele Leute hätten zu viele Hebel in der Hand. Hätte es einen solchen Hebel in seiner Hand gegeben, ich glaube, er hätte ihn betätigt und seinen Kopf hingehalten – für: Jäger statt Bomber.

Etwa Mitte August wurde ich nach Karinhall bestellt, nachdem der Reichsmarschall von der Beisetzung des Feldmarschall von Kluge zurückgekehrt war, der seinem Leben in Frankreich nach der Erfolglosigkeit seiner Bemühungen ein Ende gesetzt hatte. Nachdem der Reichsmarschall seine Meinung über die Verschwörung kundgetan und die Ergebenheitsadresse der Feldmarschälle mit Anerkennung bedacht hatte, ging er zu Einsatzfragen über.

Während der Krieg weiterging, amerikanische Bomber bei Tage die Reichshauptstadt heimsuchten, war uns neben dem deutschen Gruß der Nationalsozialistische Führungsoffizier – NSFO – verordnet worden, der die Truppe auf den richtigen Geist einzuschwören hatte. Der mir beigegebene NSFO erregte das Mißfallen Schaller-Kalides, der verlangte, daß der Herr ihm zuerst vortrüge, bevor er, wenn überhaupt, zu mir vorzulassen sei. Kurz, er verlangte, daß der Führungsoffizier nicht neben ihm, sondern unter ihm seinen Platz hätte, was den Absichten der Stifter dieses Typs nicht entsprochen haben dürfte. Nun war dieser Herr ein Kavalier vom Monokel bis zur Sohle, Offizier des Ersten Weltkrieges und von Beruf Intendant des Bayreuther Stadttheaters. Am Portepee gefaßt, vergaß er jegliches NS-Beiwerk und mauserte sich zurück zu einem ordentlichen Kameraden mit leicht monarchistischem Gehabe. Aber ich wollte ihn auch nicht in Gewissenskonflikte bringen; denn er hatte seinem Oberen, dem NSFO beim Korps, Rechenschaft zu geben. Von diesem wußte ich nur, daß er der Klaviervirtuosin Elly Ney hoffnungslos erlegen war, gelegentlich aber mit eingefärbten und aufgesetzten Sprüchen daherkam. Meinem NSFO gegenüber habe ich demzufolge verschwiegen, daß eines Tages ein Obergefreiter, seines Zeichens Pfarrer und als solcher zu einer Dorfhochzeit in Sachsen ausgeborgt, eine Predigt anstößigen Inhalts gehalten hatte, die einige Gäste dem Chef der Flugmeldekompanie meldeten, in der der Hilfsprediger Dienst tat.

Nun stand der Mann vor mir, und auf meinem Schreibtisch lag der Bericht mit dem anstößigen Inhalt. Ich las die Zeilen vor und fuhr fort: »Wenn das wahr ist, was da steht, dann ist das eine große Schweinerei, und dafür müßten Sie teuer bezahlen. Aber ich will gar nicht wissen, ob Sie das gesagt haben. Wenn Sie aber einen solchen Mist in aller Öffentlichkeit in Zukunft erzählen, dann gibt es keine Schonung. Nach dem Kriege und nach dem Militärdienst können Sie reden, was Sie wollen.«

Ich war dabei ziemlich laut geworden. Was der Pfarrer gepredigt und beim Hochzeitsschmaus weiter ausgeführt hatte, war ganz schlicht übelste Wehrkraftzersetzung nach den damaligen Bestimmungen. Meine Predigt, die ich ihm hielt, dauerte keine fünf Minuten, und der Obergefreite-Pfarrer dampfte mit Eisenbahn ab, zurück in seine Stellung.

Schon seit einiger Zeit lief das Verfahren gegen die Verschwörer des 20. Juli. Die Zeitungsberichte waren unbefriedigend. Daß die Aktiven der Verschwörer Offiziere waren, schien darauf hinzudeuten, daß ihre Beweggründe in der Kritik der militärischen Führung wurzelten. Soweit ich sehen konnte, waren Führungsfehler und -schwächen nicht zu verkennen. So war mein Interesse wie des gesamten Stabes groß, an einer Gerichtsverhandlung teilzunehmen, als uns Anfang September 1944 zwei Einlaßkarten zum Kammergericht zur Verfügung gestellt wurden. Möglicherweise gelangten sie auf dem NSFO-Fachdienstweg zu uns. Am ersten Tage nahm ich an der Gerichtssitzung teil, am zweiten Tage Schaller-Kalide.

Mein Platz war recht weit vorn, so daß ich vor mir das Gericht, zur Linken die Angeklagten, davor deren Verteidiger und neben ihnen die Polizeibeamten im Tschako gut erkennen konnte. Das Licht fiel von rechts durch die großen Fenster ein.

Die Befragung durch Freisler war scharf, meistens aber auf Vorgänge, Besprechungen, Begegnungen und Äußerungen gerichtet, die mir in ihrer Bedeutung nicht verständlich erschienen.

Aus den Äußerungen Freislers hingegen mußte ich entnehmen, daß es den Angeklagten darum ging, gewisse Beziehungen zu Personen oder Besprechungsinhalte in Abrede zu stellen. Soldaten saßen an dem Tag nicht auf der Anklagebank. Über sie war an anderen Tagen verhandelt worden.

Einer der Angeklagten, ein großer, dunkler, gutaussehender Mann, sagte klar und bestimmt, daß er bemängeln müsse, daß so viele Verbrechen geschehen seien. Freisler unterbrach ihn und wurde laut, unangenehm scharf und weitschweifig, redete von Feindpropaganda und ging auf die Kriegsverbrechen der Gegenseite ein.

Ein anderer Angeklagter erklärte, es herrsche hierzulande keine Freiheit. Auch er wurde unterbrochen. Ihm schleuderte Freisler ins Gesicht: »Nennen Sie das Freiheit, wo Christus am Kreuze mit erregtem Gliede gezeichnet oder gemalt werden darf ...« Diese Bemerkung ist mir als besonders obszön haften geblieben. Ob sie inhaltlich zutreffen konnte, wußte ich nicht.

Bis auf diese beiden Auftritte habe ich keine deutliche Erinnerung. Ich habe mich gefragt, und auch Schaller-Kalide zeigte sich am nächsten Tage verwundert, warum die Herren, die das Andere wollten, das große Forum des vollbesetzten Saales nicht wahrgenommen hätten, sich kraftvoller, entschiedener zu äußern. War ich mit einer gewissen Bängnis, die Autorität Adolf Hitlers erschüttert zu sehen, in die Sitzung gegangen, so kam ich heraus mit dem Gefühl: Wir müssen mit ihm durch – was sollen wir sonst tun – bedingungslos kapitulieren? Nein!

Mir blieb nicht verborgen, daß die Verschwörer mit ihrer Kritik auch auf das politische System zielten, in Übereinstimmung mit den Feindmeldungen, die den Divisionskommandeuren zu jener Zeit noch in Auszügen als ›Geheime Kommandosache‹ mitgeteilt wurden. Gelegentlich hatte ich selbst gelauscht. Die Alliierten gaben vor, es ginge ihnen um die Abschaffung des politischen Systems und um die Beseitigung Hitlers. Diese Masche empfand ich als langweilig, als Wiederholung von 1914/18: schafft die Monarchie ab und jagt den

Kaiser davon! Als es soweit war, nahmen sie unsere Kolonien, unsere Märkte, Kohlengruben und Milliarden. Dahin wollten wir es diesmal nicht kommen lassen. Wir kämpften nicht für einen Führer und für ein System, sondern als deutsche Soldaten für Deutschland, auch wenn es sich mehr und mehr in Schwierigkeiten verstrickte oder verstrickt wurde. Was bedeuteten mir NS-Sprüche? Nicht mehr als eine schwache Geräuschkulisse. Mehr war wohl auch der Marxismus den Russen nicht. Das Vaterland bedeutete ihnen sicher mehr.

Ich habe Hoffnung. In der Reserve werden mehr als zwölf Jagdgeschwader aufgebaut, die in wenigen Monaten in den Kampf eingreifen werden, wozu ich meinen Teil beizutragen habe. Hinter ihnen steht die schnelle Kerntruppe der Düsenjäger, die Vorhut der Zukunft, die sämtliche ›Mustang‹ und ›Thunderbolt‹ hinter sich läßt und die Bomber sich vorknöpft. Und dann unsere ferngesteuerten Bomben. Wie haben sie schon gewirkt! Mein treuer Beobachter Schmetz hat mit ihr, einer einzigen, aus 7000 m Höhe – märchenhaft oder höchst modern – das italienische Schlachtschiff ›Roma‹ versenkt, aus der Höhe klein anzuschauen wie ein Lanzettfischchen, aber 35 000 Tonnen Wasser verdrängend.

Im übrigen frage ich mich: Sind Fehler der Führung so eindeutig feststellbar, wie wir es heute, im Spätsommer 1944 wahrnehmen können? Schon die Frage, ob wir mehr Bomber oder mehr Jäger bauen sollten, ist so einfach nicht zu beantworten. Denn Terror wird mit Aussicht auf Erfolg nicht nur durch die Abwehr, sondern auch durch den Gegenterror gebrochen. Ob dieser Erfolg erreicht wird, hängt nur von der Zahl ab. Also wäre es denkbar gewesen, theoretisch mit Macht die Bomberflotte aufzurüsten, wie es dem Oberst Peltz als ›Angriffsführer England‹ von Hitler aufgetragen worden war, und drüben so lange zu wirken, bis der Engländer seine Angriffe aufgegeben haben würde. Die Fehlentscheidung war nicht grundsätzlicher Natur, sondern beruhte auf der Fehleinschätzung der Steigerungsmöglichkeiten und -geschwindigkeiten hüben und drüben. Zur rechten Zeit und am richtigen Punkt mit der Kritik anzusetzen, das ist die Herausforderung an den planenden Führer. Dann erst zur Kritik und zum Widerstand zu schreiten, wenn der Fehler offenbar wird, nimmt der Kritik ihre Glaubwürdigkeit.

Die meisten der in der Reserve befindlichen und aufzufrischenden Geschwader waren in meinem Divisionsbereich untergebracht. ›Beppo‹ Schmid rief alle Verbandsführer und Divisionskommandeure zu sich nach Treuenbrietzen, wohin er inzwischen mit seinem Stab übergesiedelt war, wo der künftige Einsatz ausführlich besprochen wurde. Der General der Jagdflieger war persönlich zugegen. Auch für mich eröffnete sich damit die Möglichkeit, bei Tage mitzufliegen. Mein erster Versuch, zu einem Einsatz nach Oberschlesien mitzufliegen, wohin die Amerikaner von Foggia in Italien verschiedentlich einflogen, wurde von ›Beppo‹ Schmid gestoppt. Ich wurde aus der Luft zurückgerufen.

Den von Speer bewirkten, erhöhten Ausstoß von Jagdflugzeugen – unter Beibehaltung der Bomberproduktion – hatte ich 1942, als ich meine Sorgen niederschrieb, nicht für möglich gehalten. Dennoch konnte die Hoffnung trügerisch sein; denn gegen den Grundsatz, so früh wie möglich stärker gerüstet zu sein, als später – zu spät – besser, war bereits verstoßen worden. Was wäre ein Jahr zuvor, im Oktober 1943 gewesen, wenn wir bei Schweinfurt mit ›nur‹ 800 Jagdflugzeugen über 400 Bomber hergefallen wären? Das hätte nach Entscheidungsschlacht um die Luftherrschaft aussehen können. Nun sollten wir mit 2000 Jägern gegen 3000 Bomber unter der Bedeckung von mindestens 1000 Feindjägern antreten? Zum Unken war aber keine Zeit. Erfreulich war es für mich, daß die ständig wachsende Jägerreserve auf allen möglichen, älteren und neuen Flugplätzen und Feldflughäfen untergebracht wurde und daß ich den ›Großen Schlag‹, der vom General der Jagdflieger mit großer Hingabe materiell und organisatorisch betrieben wurde, zuletzt mit ausführen durfte, hier, im Schwerpunkt Mitteldeutschland, wohin mich Göring gestellt hatte. In mehreren Besprechungen, unter anderem in Treuenbrietzen, wohin ›Beppo‹ Schmid seinen Gefechtsstand verlegt hatte, wurden die Einsatzgrundsätze erarbeitet, und mit einiger Hoffnung gingen die Verantwortlichen in ihre Standorte und Stäbe zurück.

Zu meiner Überraschung wurde ich kurze Zeit darauf zu meinem Kommandierenden ›Beppo‹ Schmid bestellt. Er stand hinter seinem Schreibtisch und erklärte, daß ich als Kommandeur der 1. Jagddivision abgelöst sei. Als kurze Begründung führte er an, daß ich meine Verbände truppendienstlich nicht genügend beaufsichtigt hätte, ich sei als Divisionskommandeur zu jung und unerfahren. Meine neue Verwendung sei ihm nicht bekannt. Er dankte mir für die im übrigen geleistete Arbeit.

Fragen habe ich nicht gestellt. Ich habe kehrtgemacht und bin hinausgegangen. Ich war rausgeschmissen!

Mir war zu Ohren gekommen, daß ›Beppo‹ Schmid seinem Freund Bodenschatz, wie er Blutordensträger, General der Luftwaffe beim

Führer, zugetragen hatte, ich hätte mich in den Abendstunden von Döberitz nach Berlin entfernt, sei in die Oper oder ins Theater gegangen. Zu schrecklich, daß ich mir über eine Zeit von mehr als eineinhalb Jahren erlaubt hatte, einige Aufführungen zu besuchen, unter anderem ›Ein Bruderzwist im Hause Habsburg‹ von Grillparzer, ›Das Leben ein Traum‹ von Calderón und ›Der Widerspenstigen Zähmung‹ von Shakespeare, in der mein früherer Schwarm, Marianne Hoppe, die Rolle spielte. Eine so bescheidene Abgeltung von nicht genommenem Urlaub oder geleisteten Überstunden verursachte mir keine Gewissensbisse und, harmlos wie ich war, erzählte ich meinem Kommandierenden, daß der Kriegslärm mich gegenüber den Musen nicht taub gemacht hätte; es sei doch schön, daß sie bei uns anders als bei den strengen Römern, noch am Sprechen, Singen, Tanzen und so weiter seien. Während der Vorstellungen war ich dennoch ständig erreichbar. Der Portier der Regierungsloge brauchte nur auf meine Schulter zu tippen, und in 15 Minuten wäre ich rechtzeitig auf meinem Gefechtsstand gewesen.

Auch im übrigen hielt ich die Andeutungen meines Kommandierenden für nicht stichhaltig. Verpflegung, Alkoholverbrauch, Bekleidung, Zapfenstreich und Bettruhe der Verbände zu überwachen hätte Zeit gekostet und mich außer Gefecht gesetzt. Auch waren die Jägerkommandeure selbstbewußte und pflichttreue Führer, die ohne meine Ermahnungen zu Sittsamkeit und gesunder, ordentlicher Lebensführung wußten, was sie zu tun hatten. Sie hätten es mit Recht als beleidigend empfunden, wenn ich durch die Unterkünfte ihrer Flieger geschlichen wäre oder den Köchen in den Kochtopf gerochen hätte. Meinem, unserem Stil des fliegenden Frontsoldaten entsprach es gerade noch, wenn ich anläßlich einer Besprechung die Hoffnung aussprach, daß für die körperliche und geistige Frische des fliegenden Personals das Nötige getan werde. Nach ›Beppos Muster‹ wäre ich zur Witzfigur geworden.

Ich mochte nicht glauben, daß andere recht hätten: Ich sei nach Oberst Lützows Weggang gegenwärtig der einzige Divisionskommandeur, der vom Gefechtsstand Reißaus nehmen und an einem fliegenden Einsatz teilnehmen könnte. In der Tat war ich mit meiner Me 109 auf dem Sprung von Döberitz nach Oberschlesien anläßlich eines von Italien aus geführten US-Angriffes vom Kommandierenden zurückgepfiffen worden, obwohl ich am Boden bei Berlin entbehrlich gewesen wäre. Es könnte doch gut sein, so war die Meinung kritischer Geister, daß die Fürsorge des Kommandierenden für meine

Person eher seinem Bedürfnis entsprungen sei, bei dem ›Großen Schlag‹ keinen kämpfenden Divisionskommandeur in den Lüften über sich zu wissen. Ich jedoch wollte nicht glauben, daß ein Führer in dieser schwierigen Lage, die jede Fachkraft unentbehrlich machte, anders als aus rein sachlichen Gesichtspunkten handelte. Ich glaubte vielmehr, daß sich der Kommandierende bei den Besprechungen der Verbandsführer und Divisionskommandeure eher beklommen fühlte, wenn ich das Wort ergriff. Das war das einzige, was ich verstehen konnte. Denn oben in der Luft hat er sich nicht hervorgetan. Immer noch krankte die Luftwaffe an ihrem aus dem Ersten Weltkrieg und aus der ersten Nachkriegszeit ererbten Übel: Die meisten der Herren waren der Technik, der fliegerischen Praxis und dem spannkräftigen Alter so fern, daß sie, wie auch wir Jüngeren, den Abstand spürten.

Als abgemeldeter Divisionskommandeur hatte ich die Geschäfte zunächst weiterzuführen, die im Aufbau befindlichen Verbände zu betreuen und sie mit den bisher im Reich gemachten Erfahrungen zu versehen und nach den Einsatzrichtlinien zu unterrichten, bis sich mein Nachfolger, Generalleutnant Kleinrath meldete, mit dem ich schon 1942 im Führungsstab, Generalquartiermeister (6. Abteilung), zu tun hatte. Er war etwa 12 bis 15 Jahre älter als ich, Fachmann auf dem Gebiete des Nachschubs von Personal und Material, ein aufmerksamer Zuhörer und ein gütiger Mensch, mit der Führung von fliegenden Verbänden jedoch nicht vertraut. Nachdem ich ihn eingeführt hatte, erklärte er, er wolle den Geschwadern im Einsatz größere Freiheit geben, weil er sich davon eine höhere Wirkung verspräche. Nach seiner Darlegung mußte ich höflich, Schaller hingegen mit der gewohnten Deutlichkeit widersprechen: Keiner könnte besser als der Boden die Luftlage übersehen. Selbst wenn wir mit 2000 Jägern aufkreuzen könnten, wäre es fehlerhaft, geschwaderweise Gefechte zu führen oder den Geschwadern in der Luft die Marschrouten und Angriffspunkte freizugeben. Schwerpunkt bilden hieße, alle Kräfte auf einen Punkt lenken, und das sei einzig und allein eine Frage der Navigation aufgrund der am Boden erkannten Feindlage. Umsonst wies ich auf die verschiedenen, durch Flakrauchgranaten zu markierenden Versammlungspunkte hin, auf Lotsenflugzeuge als Himmelsschreiber und Ähnliches. Selbst wenn die Feindjäger dorthin kämen – für Ablenkung war auch gesorgt – so müßte dort auf engem Raum standgehalten werden. Dort hätte sich die Führungskunst der Verbandsführer zu erweisen, vornehmlich aber schon durch die vorhergegangene Ausbildung und Erziehung der Flugzeugführer. Dann, auf diese Weise standhaltend, in Gottes Namen Kampf Jäger gegen Jäger. 2000 deutsche Jäger gegen 400, 500 oder 1000 Feindjäger. Einmal den Schwerpunkt machen und einmal die Bomber sausen lassen.

Eben das wollte auch der General. Nur sein Weg sei ein anderer.

Wenn zwei dasselbe tun, ist es nicht dasselbe. Der Erfolg des richtigen Gedankens hängt von dümmsten Kleinigkeiten ab. Das hieß für mich: Das saumäßige Schaukeln der Kompasse in den Führerflugzeugen durch Sichtzeichen am Himmelszelt zu kompensieren. Bei Königgrätz sorgte der preußische Generalstab in Zusammenarbeit mit der Königlich-Preußischen Eisenbahn dafür, daß die getrennt anreisenden Soldaten gleichzeitig zum vereinten Schlagen auf dem Schlachtfeld erschienen.

So mußte ich fürchten, daß sich das harte, glasklare Richtige in der Lauge aufweichen würde. Mutlos ging ich davon. Wenig später, in der Ferne, erfuhr ich, daß der General dem erfahrenen Oberst i. G. Wittmer gewichen war, dem vormaligen Chef des Stabes des Jagdkorps.

14. KAPITEL

In der Pußta – In der Wüste
Oktober – November 1944

Rückzug der Japaner in Fernost. Verteidigung des Westwalls. Kämpfe in Ungarn.

Schweren Herzens schied ich von meiner Divison, vor entscheidenden Begebenheiten nunmehr arbeitslos, versetzt zur Führerreserve, wie man den Status vornehm umschrieb. Die Arbeitsverwaltung der Ausgemusterten war in Königsberg/Neumark untergebracht, wohin ich mich auf der Stelle begab, um zu erfahren, wer mich gebrauchen könnte. Das dort liegende, mit der Me 410 und 5-cm-Kanone ausgerüstete Zerstörergeschwader 26, mit dem ich so lange in schwerer Zeit zusammengearbeitet hatte, mochte ich nicht besuchen. Trostreiche Worte zu vernehmen, war nicht meine Sache.

Der Arbeitsverwalter gab mir sehr bald meine neue Tätigkeit bekannt: Ich sollte in Ungarn die aus Rumänien durch die Karpatenwälder zurückgehenden deutschen Soldaten listenmäßig erfassen und dem Oberst Fütterer, früher mein oberster Chef der RB-Strecke Berlin-Tempelhof, zur Kenntnis bringen.

Bei diesem, auf den herbstlichen herrlichen Höhen von Buda mit Blick auf das jenseits der Donau gelegene Pest sprach ich ganz gehorsam und zu seinem allergrößten Erstaunen vor, da er mich als Nothelfer in der Heimat wähnte. Nach dem unvermeidlichen, tränentreibenden Barack gedachten wir eines festlichen Abends im Hause der Flieger im Jahre 1936, als der Oberst dort sein Abschiedsessen gab und als Luftattaché nach Ungarn reiste.

Ein in der Heldensammelbranche bereits tätiger Stabsoffizier wies mich ein, und ich begann, die täglichen Neuzugänge zu sichten und in die Listen einzutragen, was der einzelne hatte oder nicht hatte und von welcher Truppe er war. Dabei machte sich bezahlt, daß ich mich als Leutnant mit dem Zählen von Socken und Knobelbechern auf der Kammer sowie mit deren Auflistung und Fehlbestandsermittlung vertraut gemacht hatte. Ich glaube, daß ich meine Arbeit mit einiger Zerknirschung, doch ohne Schaden durchgeführt habe. Allerdings mußte ich mir Mühe geben, nicht zu sehr auf die über die Lautsprecher bekanntgegebenen Luftlageberichte zu hören. Die Viermotorigen flogen sehr häufig von Süden aus auf Wien, in die Tschechei, die Slowakei, nach Oberschlesien und auch auf Industrieanlagen um Budapest an. Ging der Angriff hierhin, tauchte ich mit meinen Mitarbeitern nicht in die Keller hinab, sondern wir krabbelten in die nächsten Weinberge hinauf, von wo aus ich dann, Kerne ausspukkend, das Schauspiel erleben durfte, in welchem unsere Jäger mit den verbündeten ungarischen gegen die ›Mustang‹ den Kampf der Verzweifelten kämpften.

Eine diesbezügliche Äußerung machte ich auch gegenüber dem ungarischen Feldmarschalleutnant, der mich ein halbes Jahr zuvor in Döberitz besucht hatte. Dessen Erstaunen, mich hier zu entdecken, war kein geringes. Da ihm die ungarische Luftverteidigung in einigen Sparten, vornehmlich truppendienstlicher Art, unterstand, gab er dem General der Flieger Deßloch von meinem Hiersein Kunde. Bald darauf machte ich mich zu diesem, Chef der Luftflotte 4, auf die Reise und bestieg, da die Wege in der Pußta zwar breit aber schlammig waren, irgendwo eine Eisenbahn, genauer gesagt, eine einzelne Lokomotive, deren einziger Fahrgast ich neben den rußigen Eisenbahnern sein durfte. Ich erschien, am Ende der Reise halbwegs als Heizer und Pfeifer ausgebildet, in Nyiregyhaza, bei strömendem Regen, wo mich zu meiner Freude mein erster Gehilfe in Sachen ›Wilde Sau‹, Oberst i.G. Kern, empfing, der längst bei dem dortigen Stabe tätig war.

In den nächstfolgenden Tagen bereiste ich mit dem Fieseler ›Storch‹ unsere Jagdverbände, die, zum Teil von der Ostfront hierhergelangt, mit der Bekämpfung der amerikanischen Viermotorigen noch keine längere Erfahrung hatten, sich auch nicht auf eine mit allen westlichen Finessen vertraute Bodenführung abstützen konnten. Auch mit den tapferen, geradezu verwegenen ungarischen Jagdfliegern in Veszprem, nahe dem Plattensee, hatte ich eingehende, anregende und ermutigende Besprechungen. Ihnen stand das Wasser am Halse. Die Sowjets hatten bereits große Teile des Landes besetzt.

Auch bei unseren Nachtjägern in Steinamanger sprach ich vor.

Unter ihnen entdeckte ich einen jungen, gescheiten Flugzeugführer, einen Neffen des Reichsmarschalls.

Überall in der Welt ist Wetter. Zu dieser Jahreszeit ähnelte das Wetter in Ungarn dem über Deutschland. Die Amerikaner starteten bei leidlichem Wetter in Süditalien, überquerten die von Wolken bedeckten Landstriche Kroatiens und Ungarns in großer Höhe, Bomber wie Jäger, erschienen bei Wien, in Böhmen, in der Slowakei oder Oberschlesien, um jeweils dort, bei besserer Sicht, ihre Bomben abzuwerfen.

Die Blindfluglücke in der Ausbildung unserer Jäger war nicht mehr zu füllen. Der gewaltige Flugzeugausstoß fand zwar seine Entsprechung in der Zahl der bereitgestellten Flugzeugführer, jedoch nicht in ihrer Fähigkeit, die mitteleuropäischen Wetterverhältnisse zu meistern. Die schlichten Überführungsflüge vom Reich in den Osten, nach Sizilien oder zuletzt nach Frankreich zur Abwehr der Invasion haben diesen Mangel offengelegt. In der Quantität des Materials und des Personals konnten wir zwar den Abstand verringern, nicht aber bezüglich der fliegerischen Qualität. »Die Wolken sind das Gelände des Fliegers«, so stand der Ausspruch des Generals Wever, des ersten Generalstabschefs der Luftwaffe, an den Wänden unserer Fliegerunterkünfte in Friedenszeiten. Die Bomber beherzigten dies, entledigten sich der Vorstellung, unter blauem Himmel zu kämpfen, sondern belasteten und schindeten jeden einzelnen Flugzeugführer mit der Arbeit des Sisyphus, seine Gewichtstonnen durch den Dreck bergauf zu schieben, und siehe da, sie lernten es, kamen hinauf und Sisyphus wurde überrundet. Nun stand ich hier im Pußtaschlamm und stellte entsagungsvoll fest, daß nichts ging. Warum, fragte ich mich zum hundertsten Male, haben unsere Friedensfürsten in den Jagdgeschwadern, unsere alten Jäger in Flanderns Himmel, Göring eingeschlossen, das wolkige Gelände nicht gesehen, das die Bomber nutzten und nutzen wollten, die eigenen wie die feindlichen? Dies holt im Jahre 1944 kein Mensch mehr auf. Gerade ausgebrütet, kommen unsere Flieger an die Front, während die Amerikaner ihren Männern die zwei- bis vierfachen Flugstunden verpassen, ehe sie auf uns losgelassen werden.

Ein paar vereinfachte Schlechtwetterrichtlinien hatte ich den Geschwadern in der 1. Jagddivision zukommen lassen. Ein Kommodore erklärte mir unumwunden, er habe das Gedruckte nicht zur Unterrichtung seiner Flieger weitergegeben, sondern in den Papierkorb versenkt. Der Kommodore könnte recht gehabt haben: Die Lücke zwischen dem Endstand der Schulen und Ergänzungsgruppen und den Erfordernissen der Front war zu groß, als daß sie unter den Belastungen des Einsatzes noch hätte geschlossen werden können.

»Die Nacht ist nicht der Feind, sondern der Freund des Fliegers«, war eine andere Spruchweisheit, ebenfalls häufig aufgemalt. Im Jahre 1940 begegnete ich den ersten feindlichen Jagdeinsitzern nachts über London, 1941 verfolgten uns Einsitzer von England bis nach Holland, um uns bei der Landung abzuknallen, bei einem Wetter, das nicht viel besser war als das bei unserem Start in Jüterbog im Herbst 1943; auch die Russen, wenn ich den Berichten Ic trauen darf, flogen mit einmotorigen Flugzeugen nachts über Moskau, aber besonders und in rauhen Mengen gegen Erdziele.

So saßen wir abends an Kachelöfen oder Kaminfeuern beim Tokaier zusammen, schimpften, fluchten, berichteten, berieten um festzustellen, was gerade noch vernünftigerweise gehen konnte, obwohl die Mittel unzureichend waren. Murks war es, hochverdiente, erfahrene, menschlich ausgereifte Verbandsführer mit einer Schar tapferer Anfänger den 1000 Begleitjägern in den Rachen zu werfen, die alles fraßen, ohne Ansehen der Person und ihres Ausbildungsstandes. Gegen die Überlegenheit schlug nichts mehr durch. Über die Erfahrungen von Galland und Trautloft anläßlich eines Tageseinsatzes im Bereich der 1. Jagddivisionen konnte ich brühwarm berichten.

Wo ist der Ausweg? Gelingt der große Schlag? Kriegen wir Luft, bis die Me 262 in genügender Zahl da ist? Ich zweifelte und fürchtete. Ich hatte bereits im Spätsommer in Berlin begonnen, mich unabhängig vom Anwachsen der Jägerreserve ernsthaft mit einem Großeinsatz von etwa 1500 Rammjägern zu befassen, die aus den jüngeren Flugzeugführern, damals mit über 20 000 in der Ausbildung, zu rekrutieren waren.

Mittlerweile waren die Sowjets bis zur Theiß vorgedrungen und hatten eine Brücke errichtet, um zum Stoß auf Budapest anzusetzen. Der Stab der Luftflotte erwog den Einsatz der Nachtjäger dazu, einen nächtlichen Tiefangriff auf die vor der Brücke angestauten Truppenmassen, und ich erklärte mich bereit, den Verband zu beraten und am Angriff teilzunehmen. Der Einsatz war schwierig, doch erfolgreich. Ich war mit dem nötigen Brennmaterial versehen, als ›leuchtendes‹ Beispiel vorausgeflogen. Die Erdtruppen hatten ihre Atempause.

Daß ich in diesem Kriege noch an einer seltsamen Kavallerieattacke im fünften Jahr dieser technisierten Auseinandersetzung teilzunehmen Gelegenheit hatte, verdanke ich einem Besuch beim Kommodore Oberst Johannes Steinhoff, der mit seinem Geschwader, von Sizilien kommend, ebenfalls der Luftflotte 4 unterstellt war. Nach dem Frühstück ließ Steinhoff satteln, und da der Himmel trübe und die Jäger am Aufstieg gehindert waren, trabten wir zu zweit auf einem Bogen durchs Gelände, um später auf den Flugplatz zu stoßen. Fast hätten wir über dem Schnaufen unserer Pferde ein verdächtiges Motorengeräusch zu unseren Häupten überhört. Aber es brummte immer deutlicher, bis sich aus Wolken und Dunst ein großer Vogel herabsenkte, einige Kurven tief über der Landschaft beschrieb, eine Wiese anflog, schwebte und aufsetzte. Wir beobachteten das Geschehen von einer buschigen Anhöhe aus und staunten nicht schlecht, in dem Vogel unsere ›alte Tante‹ Ju 52 zu entdecken, die aber, oh Schreck, mit einem fremden Hoheitsabzeichen bemalt war. Kein Mensch war hier weit und breit. Wir, aus der Deckung äugend, unguten Gefühls, mutmaßten einen feindlichen Kommandotrupp und gingen wie elektrisiert in den Steigbügeln hoch, als Ungeheuer von Menschen, mit dicken Mänteln angetan, mehr Türme von Pelz als Köpfe auf den Schultern, aus dem Bauch des Flugzeugs herauskrochen, sich heimtückisch umsahen und offenbar Kriegsrat hielten. Was tun, wenn der Reiterspähtrupp einen einzelnen feindlichen Soldaten sichtet, fragte Friedrich der Große. Angreifen war seine Antwort. Was tun, wenn er drei feindliche oder zehn feindliche sichtet? Immer angreifen, nur angreifen war die Devise des feldherrlichen Königs. Also zückten und entsicherten wir unsere Pistolen, den Pferden die Sporen gegeben und »Hände hoch« gebrüllt. Wie recht hatte der König. Die fünf oder sechs Mann nahmen sofort die Hände hoch, so daß wir, in Schritt fallend, die Gesellschaft näher ansehen konnten. Alle Mann lachten laut und zogen das pelzige Gewuschel vom Kopfe – beim ›Iwan‹ ausgekniffene deutsche Luftwaffensoldaten, die alles zusammengeklaut hatten, Kleidung und Flugzeug. In einer Hölle von Gewitternacht, unter Donnergrollen das Flugzeug angelassen, unter natürlichem Blitzlicht gerollt und gestartet, bei wilden Böen und Regengüssen über den Karpaten durchgeschüttelt – das war ihre Geschichte. Unser deutsches ›Hände hoch‹ konnten sie nur mit wahrster Ergebenheit quittieren.

Der ungarische Feldmarschalleutnant, ein höflicher, aufmerksamer Kamerad, immer mit »bitt' schön, Kamerad« zur Stelle, überbrachte mir den Wunsch des Reichsverwesers, Admiral von Horthy, mich kennenzulernen. Die Begegnung sollte auf dem Gestüt des Bruders Horthy nördlich von Budapest stattfinden. Von diesem wurde ich herzlich und, sehr gut gemeint, mit einem extra starken Regierungs-barack empfangen, der mir die Tränen in die Augen trieb. Da verschwammen sämtliche Tiger-, Löwen-, Zebrafelle, Elefantenfüße und sonstige Trophäen, die dem weiten Raum des Bungalows als Pflaster oder Tapete dienten oder ihn beengten. Der Admiral ließ auf sich warten, später Bescheid geben, daß er verhindert sei. In der Tat hatte es einige Knallerei in der Stadt gegeben, als der Verweser der königlichen Stephanskrone gegen seinen großen Bundesgenossen auf-mucken wollte, doch von unseren ungarischen Parteigängern in die Schranken gewiesen wurde. Der politische Kurs blieb der alte.

Bruder Horthy führte mich voller Stolz durch sein Gestüt, ein Pferd rassiger als das andere, aber über eines konnte ich den Ausruf des Entzückens nicht unterdrücken – Nüstern wie gemeißelt, Hal-tung des Halses und des Kopfes majestätisch, das Auge gelassen fragend.

Horthy: »Gefällt sie Ihnen, die Stute ›Friar-Gin‹? Ich schenke sie Ihnen.«

Jede Abwehr war vergeblich. Das Tier sollte eine kleine Aufmerk-samkeit für meinen Besuch in Ungarn sein. So ist das also. Hat man irgendwann und irgendwo einmal etwas Auffälliges getan, kann man zur Ruhe übergehen. Die Geschenke kommen von selbst. Aber ist der Mann nicht ein Politiker? Wollte man etwas von mir? Andere meinten, als sie mein schönes Pferd sahen, Horthy habe nur ver-schenkt, was sonst die Russen geklaut hätten. Es ist ein Elend. Die bescheidenste Selbsttäuschung zerfällt ebenso wie die größte Hoff-nung. Aber nun, nachdem mein Esel und mein Hund bei den Engländern in Kriegsgefangenschaft geraten waren – mich tröstete deren Tierliebe – hatte ich nun ein herrliches Tier. Steinhoff beförder-te es bald darauf mit seinem Troß per Eisenbahn nach Deutschland, wohin er verlegen mußte. ›Friar-Gin‹ aber blieb bei der Kavallerie in Krampnitz bei Potsdam in guter Pflege und Übung.

Die Sowjets rückten näher an Budapest heran. Unruhig brodelte es in den Straßen. Kriegsgefangene verschiedener Nationen arbeiteten oder marschierten in kleinen Trupps, deutsche und ungarische Solda-ten, Panzer strebten zur Front, ungarische Zivilisten und auch Juden mit aufgenähtem Stern wurden zu Erdarbeiten befohlen, während Verwundete von der Front zurückströmten, in Straßenbahnen. An deren Endstation war nämlich Front. Von dort her grollte Kanonen-donner, während höhere Offiziere, wohlhabende Bürger und Adelige in den Prachthotels ›Ritz‹ und ›Hungaria‹ an der Donau soupierten, jederzeit bereit, die gemieteten Suiten zu verlassen und nach Westen aufzubrechen. Es waren viele nette, freundliche, deutschfreundliche Leute darunter, und ich habe in ihren Gesichtern die Not derer gelesen, die ihre Heimat, ihren Boden und ihre Landsleute verlassen und verlieren müssen. So verworren wie verständlich schien es mir, daß die Freunde noch einmal ihre Oper besuchen wollten, die Gräfin in langem Kleide und mit kostbarem Schmuck, der Graf im Frack, Spazierstock mit Silberknauf. So betraten wir, den Kriegslärm noch im Ohr, das Foyer, um »Iphigenie in Aulis«, ungarisch »Iphigenie Aulisben«, von Willibald Gluck zu erleben. Die Vorstellung wurde in der Pause fortgesetzt: Man grüßte, plauderte, tat sorglos, wahrte großartige Haltung. Letztes Spiel der Verzweifelung, Abschiedsvorstellung einer Kultur. Irgendwo an der Donau wartete eine alte Dienerin mit den Kindern, der Kutscher mit den von langer Flucht erschöpften Pferden und dem Wagen, der mit Hausrat, Wolldecken und einigen Säcken Hafer zur Abfahrt in einer trüben frühen Morgenstunde bereitstand. Das große grauenhafte Gefühl einer kommenden Zeitenwende beschlich mich. Sollte das auch einmal unser Ende sein, das Ende der Deutschen? Ich konnte es nicht glauben. Ich sagte: Nein!

15. KAPITEL

Über Berlin westwärts
November 1944 – Januar 1945

Ardennenoffensive. Konferenz von Jalta. Immer noch: Bedingungslose
Kapitulation.

Ich hatte den Befehl in der Tasche, mich in Berlin zu melden, setzte
mich in meinen ›Storch‹, nahm Kurs Richtung Wien und überholte
zahlreiche auf verschiedenen Wegen und ungeordnet westwärts strö-
mende Ungarn, Deutsche, auch Juden, die, aus Budapest evakuiert,
angeblich zu Schanzarbeiten vor Wien eingesetzt werden sollten. Das
war erstaunlich, ging doch das Gerücht, daß die Juden, soweit nicht
emigriert, aus dem Reich und den besetzten Gebieten nach Osten in
ein eigens für sie geschaffenes Gebiet ausgesiedelt worden seien oder
werden sollten. Warum blieben diese, die sich zu meinen Füßen
donauaufwärts quälten, nicht in Ungarn? Welcher Widerspruch!

1939 hatte ich bei meinem Marinekommando im Hamburger Hafen Hochseedampfer gesehen, auf deren Deck Habe jüdischer Aus-
wanderer kistenweise hochgestaut war. Gleichzeitig wurden die Juden als ›5. Kolonne des internationalen Zionismus‹ verdächtigt, kaum
anders als die Kommunisten, die mit geballter Faust »Heil Moskau«
gerufen und sich so einer feindlichen Macht verschworen gezeigt
hatten. Waren die Haßausbrüche der Politiker Kriegspropaganda
oder dienten sie der Erpressung anderer, der Einschüchterung der
Betroffenen, sie zu kriegswichtiger Arbeit gefügig zu machen? Eine
Inflation von Schmähungen und Drohungen schwemmte sorgsames
Nachdenken hinweg. Untermensch wurde der Russe geschimpft, der
Pole minderwertig, der Jude Ausbeuter, uns nannte man Hunnen
und Barbaren, die man mit Feuer und Schwefel in ihren Wohnheimen
verbrannte und erstickte. Wer fand noch heraus, was hinter allem

diesen steckte? Während ich an der Flügelstrebe meines Fieseler
›Storch‹ vorbei auf die trostlosen Wanderer herabsah, fiel mir jener
Abend ein, bei welchem mich die adlige Dame als ahnungslos und
widerstandsunfähig erkundet hatte. Der Baron von Oppenheim,
Jude, Gastgeber in seinem prächtigen Hause in der Graf-Spee-Straße,
hatte mich 1943 am Schluß des Abends gebeten, seinen Sohn bei der
Flakartillerie in Berlin unterzubringen, wofür ich mich zu verwenden
versprach. Die Bitte hatte mich nicht einmal in Erstaunen versetzt,
hing doch der Göring nachgesagte Spruch in der Luft: »Wer Jude ist,
bestimme ich!« Wessen und welcher Gruppe besonderes Leid sollte
mir nahegehen, wo ich keine Zeit hatte, meinen in deutschen Städten
geplagten und gejagten Verwandten und Freunden tätige Aufmerk-
samkeit zu schenken. Unter der Last der mich selbst bedrückenden
Gefahr und Verantwortung konnte ich es auch nicht. Ich war mit
meinen Kameraden für die Luftverteidigung da, unterschiedslos für
alle, die Gefangenen eingeschlossen. Denken und Empfinden für
einzelne riß ab, sobald sie außer Sicht gerieten. Ich war an der Spitze
der langen dünnen, aus Grüppchen bestehenden Kolonne angelangt.
Ich grübelte nicht über das Ziel, welches sie selbst wohl nicht kannte.
Kriegsmäßige und sicherheitspolitische Maßnahmen und Verwick-
lungen schienen der Sinn oder Unsinn dieser Bewegung zu sein.
Welche Richtung und welche Abwege hätte ich mir vorstellen sollen,
war mir doch mein eigenes Geschick verschlossen. Wir alle waren
eine selbst- und fremdzubereitete Elendsgemeinschaft im alten Europa.

Aber ich hatte nach oben achtzugeben. Nach dem mir vor dem
Start mitgeteilten Luftlagebericht mußte ich auf Angriffe von Tieffli-
gern gefaßt sein, die mit großer Rücksichtslosigkeit gegen die Bevölkerung, kleine Fahrzeuge, Bauern und natürlich auch gegen kleine
verwegene Luftreisende geführt wurden. Mein Begleiter und ich
spähten bis zur Ermüdung unserer Hälse das Himmelsgewölbe aus,
um uns rechtzeitig irgendwo am Waldesrand niederzulassen und in
das Dunkel zu fliehen, wenn eine ›Mustang‹ Anstalten machen würde. Wie tief waren wir gesunken.

General Dieter Peltz war es, der mich heimholte ins Reich. Ihm
hatte Göring aufgegeben, eine beratende Versammlung von Verbandsführern abzuhalten, die im Laufe des Krieges hervorgetreten
waren. Ziel der Veranstaltung war, die Luftwaffe an Haupt und
Gliedern reformieren zu helfen.

Bei der Vorbesprechung hatte Göring Peltz gefragt, wo ich eigentlich sei. Er fand es erstaunlich, daß ich, wie Peltz sagte, vor einiger Zeit in die Karpaten geschickt worden sei. Kein Wort fiel darüber, ob dies mit seinem Wissen geschehen sei. Nun sollte ich also dabeisein, mit tagen auf der Kriegsakademie in Gatow beim Areopag, dessen Name so dicht bei der Aerodynamik liegt.

Personal-, Beförderungsfragen, viel Truppendienstliches, das war alles von Bedeutung. Doch in unserer Lage, Anfang November 1944, gab es nur einen Punkt von Bedeutung, der zu lösen war, wonach alle Schwierigkeiten und Unzulänglichkeiten aus dem Wege hätten geräumt werden können: Der feindlichen Luftmacht, insbesondere der amerikanischen, mußte das Rückgrat gebrochen werden.

Anderes als das Laufende, die Jägerreserve und die Hoffnung auf die Düsenjäger und die einmotorigen ›Volksjäger‹ kam nicht ernsthaft zur Sprache. Mein letzter radikaler Vorschlag lag seit dem Spätsommer in der Schublade des Inspekteurs der Jagdflieger. Solange dieser das Thema nicht aufgriff, hatte ich es zurückzustellen. So hörte ich zu.

Es war eine Versammlung, die den Frontkommandeuren sehr gelegen gekommen sein mußte. In Abwesenheit und ohne Rücksicht auf die höhere Führung, über die sich viele in mancher Hinsicht erhaben dünkten, konnte sich ein jeder seine Qualen und Vorschläge von der Seele reden. Aber die Versammlung hätte früher stattfinden müssen, nicht erst in dem Augenblick, als das Boot vollzulaufen begann. Die Frontkommandeure waren nicht nur schneidige Kerle, sie hatten auch einen gewissen Durchblick. Aber nur wenige, wie Peltz und Galland, hatten das umfangreichere Wissen. Da konnte mein Kriegsschulkamerad Rudi Kiel, inzwischen Kommodore, mit seinem Vorschlag nur Heiterkeit hervorrufen, die Truppe mit klassischer Musik moralisch und einsatzmäßig zu festigen. Laut lachte Galland, der neben mir saß und mich ansteckte. Auf Jahre angelegte Kulturprogramme waren zu nichts nutze.

Wenn die Versammlung etwas klärte, so war es dies: Mit Theorie, mit Sprüchen, mit langwirkenden Konzepten war nichts zu schaffen.

Ende November trat ich zu General Peltz, zum II. Fliegerkorps, dessen Stab in Flammersfeld im Westerwald gelegen, die Ardennenoffensive, die am 16. Dezember 1944 begann, aus der Luft zu unterstützen hatte. Ich vermag nicht zu beurteilen, ob eine Entscheidungsschlacht im Westen mit dem geplanten Durchbruch nach Antwerpen und der Einkesselung von 250 000 alliierten Soldaten eher eine Wendung gebracht hätte als eine Luftschlacht zwischen uns und den alliierten Luftstreitkräften. Diesem Abwehrschlag hätte ich den besseren Erfolg erhofft. Andererseits war die Luftverteidigung über dem Rhein nicht grundsätzlich anders als über Thüringen oder Niedersachsen.

In einem fünf Seiten umfassenden Papier hatte ich nach eingehenden Besprechungen mit Peltz und seinem Stabe die bisher in der Reichsverteidigung in meinem Divisionsbereich gemachten, auch vom General der Jagdflieger bestätigten Erfahrungen und die Gedanken dazu schriftlich niedergelegt. Danach sollten »die eigenen beachtlichen Kräfte« zur Schwerpunktbildung »in einen räumlich scharf umrissenen Kampfraum« geführt werden, um den mittlerweile abgeklapperten Kernsatz zu wiederholen, daß die Schwerpunktbildung eine Frage der Navigation sei. So schrieb ich wörtlich: »Gelingt das Auffinden (des Versammlungs- oder Kampfraumes) nicht, so mißlingt damit auch jede Schwerpunktbildung und jede Voraussetzung zum erfolgreichen und verlustarmen Kampf.« Und dazu die Einzelheiten: Anzufliegende Sender, Rauchkörper, Rauchgranaten, gelegentliche Bodenführung.

Ich suchte einen großen Teil der Verbände auf, sprach die Flugzeugführer unmittelbar an und verlangte und flehte gemeinsam mit den Verbandsführern, die jungen Leute möchten nicht in Panik verfallen, denn sie seien bei Zusammenhalt im Kampfraum stark genug, einen Kampf zu tragbaren Bedingungen durchzustehen, aber sie sollten, wenn Feindjäger auftreten würden, um Gottes Willen nicht nach der Devise ›Rette sich wer kann‹ aus der Kurbelei ausbrechen, um im Parterreflug zu entwischen. Da seien sie eine sichere Beute der Verfolger. Und so war die Wirklichkeit: Gelang der gesammelte Marsch, so mißlang vielfach das Auffinden des Kampfraumes oder das rechtzeitige Eintreffen dortselbst. Dann waren es auf die Minute und die Stunde keine beachtlichen Kräfte mehr, das beanspruchte Feld zu behaupten. Krasses Unterlegenheitsgefühl breitete sich dann aus, und es stoben die jungen, unerfahrenen und weniger harten Flugzeugführer nach kurzer heftiger Kurbelei davon und ließen ihre unentwegten Kameraden allein.

Außerhalb der Bomberbegleitschutzaufgaben traten die Feindjäger keineswegs immer in größeren Gebinden auf. Vielfach waren es Patrouillen, Verbände in Staffel- oder Gruppenstärke, denen wir überlegen hätten entgegentreten können, wie sich das Bild am Boden darstellte und wie ich es nördlich des Ruhrgebietes und am Niederrhein aus einer Me 262 bestätigt fand. Die Kämpfe waren langsames

Sterben; das Aufbäumen der Schar der Tapferen versank in der Unerfahrenheit und in der Panik des Nachwuchses. Ist noch ein Wille, und was vermag er? Fallen wir nach einem Naturgesetz? Der alte Horaz drängte sich mit seiner häufig geschmähten Todesverklärung auf, der die Erkenntnis folgen läßt:

Der Tod verfolgt auch den flüchtigen Mann und schont nicht die Kniekehlen und den Rücken der unkriegerischen Jugend.

Als die Offensive des Heeres zum Stehen gekommen war und der Feind sich auf Gegenstöße besann, schlug ich vor, die verfügbaren Nachtjagdverbände gegen die rückwärtigen Verkehrsverbindungen in Belgien und Nordfrankreich anzusetzen. General Peltz stimmte zu.

Wie eine Märchenlandschaft lagen Westerwald, Siebengebirge, Eifel und Ardennen im Schnee unter dem vollen Licht des Mondes. Es herrschte fast Tageshelligkeit. Da spätestens beim Überflug der Front mit starker Nachtjagdabwehr zu rechnen war, sollte tief, unterhalb der Radarpeilungen, hinübergeflogen werden, durch das beiderseitige Artilleriefeuer und Blitzdonnerwetter hindurch. Die Unsrigen waren als ›Wilde Sau‹-Flieger an Zunder, Funken und Rauch dieser Art gewöhnt.

Unsere Nachtjäger vernichteten etwa 160 Lokomotiven und eine noch größere Zahl von Lastwagen, die in der feindlichen Etappe kaum abgeblendet fuhren. Das erlaubte sich auch der Tanklastzug bei Paris, den ich bequem aufs Korn nehmen konnte. Als Andenken außerdem brachte ich von diesem Fluge ein ansehnliches Stück Lokomotivblech, welches sich im Bauch der Ju 88 verkeilt hatte, mit nach Hause. Meine vier Kanonen hatten den Kessel zum Platzen gebracht. Auf dem Flugplatz Wahn wurde der 1 m lange Fremdkörper herausoperiert. – Weihnachtsfeier 1944.

Kurz darauf wurden Peltz und ich zum Reichsmarschall nach Karinhall bestellt. Wir hatten über den Luftwaffeneinsatz im Westen zu berichten. Erstaunlich war, daß ›Beppo‹ Schmid als übergeordneter Chef des Luftwaffenkommandos West nicht hinzugezogen wurde.

Was konnte der Reichsmarschall uns bei dieser Besprechung anderes bieten als Klagen über das Versagen der Waffe, der Stäbe, der Inspektion, und auf was anderes hoffen als auf neue Besen, die besser kehren würden. Das Niederdrückende dieser Besprechung empfand ich in dem Wissen um Unzulänglichkeiten und Verspätungen, die auch auf Göring selbst zurückfielen. Jetzt meinen Unwillen hervorzukehren, Vorwürfe zu erheben, Widerstand aufzubauen, war mir eine Unmöglichkeit. Nutzlos, lächerlich! Das Schiff durfte nicht sinken.

Nach der Besprechung wurden wir zu einer stimmungsvollen Trauung unter dem herrlich großen Tannenbaum gebeten. Emmy Görings Freundin, Schauspielerin, Kollegin früherer Zeit, wurde einem Herrn, Unteroffizier der Flakartillerie, – fern dem Chaos des Krieges – verbunden.

Im Anschluß an die kleine Feier bat mich Emmy Göring beiseite. Nah stand sie vor mir und sah mich an: »Sagen Sie bitte – das Schlimmste ist doch jetzt überwunden, ja?« Immer noch erstrahlte sie in Schönheit, ernster geworden. Um die Leuchtkraft ihrer Augen lagen die Schatten fragender Sorge. Oh Jammer, einer solchen Frau hier Rede und Antwort stehen zu müssen – auf die Frage, ob sie, ob wir alle, unheilbar krank, dem Tode verfallen wären? Ich mochte weder die Wahrheit sagen noch Lügen auftischen. Die Frage, die ich mir selbst in diesem Augenblick stellte, ging tief: Was glaubst du noch, was willst du noch am Ende des Jahres 1944?

Ich sagte: »Nein, wir sind noch nicht durch. Es wird noch schlimmer. Aber wir kommen durch.«

Indem ich dies sagte, glaubte und wollte ich wieder. Noch vor wenigen Stunden gewahrte ich aus der Ju 88, neben Peltz sitzend, die durch Bomben zerschmetterte Überführung des Mittellandkanals über die Elbe – Wasser ausgelaufen, Kähne auf dem Trockenen. Und Peltz murmelte: »Auch das noch.« Aber hatten wir nicht noch unsere Kampfgeschwader mit blind- und nachtflugerfahrenen Flugzeugführern, die im Begriff waren, sich mit der Me 262 vertraut zu machen, von denen in nicht allzu ferner Zeit einige Hundert am Himmel aufkreuzen würden? Es muß sein, weil anderes nicht sein darf!

Zu dieser Zeit war ein großer Schlag der im Westen versammelten Jagdfliegerverbände gegen die auf belgischem und französischem Boden stationierten taktischen fliegenden Einheiten der Alliierten längst vorbereitet. Diese, Jagd- und Jagdbombenflieger, machten unseren Heeresangriffsspitzen schwer zu schaffen. Sie sollten daher, nach Abstimmung zwischen General Peltz und Feldmarschall Model, in einem überraschenden Tiefangriff in der Morgendämmerung am Boden getroffen werden.

Als General Peltz und Oberst i.G. von Heinemann, Chef des Stabes, mich in den Plan noch vor Beginn der Offensive eingeweiht hatten, habe ich meine Bedenken angemeldet, nicht wegen der Schwierigkeit der Durchführung, sondern wegen des Zieles. Ich hielt die viermotorigen Feindverbände in England für weit lohnendere Objekte, da sie das Hundertfache an Bomben ins Land tragen und am Boden auch leichter außer Gefecht gesetzt werden konnten als in der Luft. In der Tat haben die Viermotorigen bei klarem und bei bedecktem Himmel die Hauptversorgungsstränge des Heeres westlich des Rheins, insbesondere entlang der Engpässe in dem Gebirge, zerschnitten sowie in den Ortschaften mit den Trümmern der Häuser zugeschüttet. Nun konnten nur noch die Nachtjäger und Bomber die feindliche Hauptmacht drüben erreichen. Was im Juni 1944 unter viel günstigeren Voraussetzungen möglich war, mußte jetzt aufgegeben werden. Ich sah ein, daß eine große ›Bodenplatte‹ nicht mehr durchführbar war, daß sich unsere Kräfte auf die kleineren Widersacher vor unserer Haustür werfen mußten, um dem Heer für die Frist von Tagen zum Durchbruch zu verhelfen.

Auch war die kleine ›Bodenplatte‹ aus einem weiteren Grunde die letzte und bessere der uns verbliebenen Möglichkeiten: Sie war präventiv angelegt, als überraschender takischer Angriff gut vorbereitet unter anderem, indem den Jagdverbänden Nachtjäger als Lotsenflugzeug zugeteilt waren, die bis zur Front voranfliegen sollten. So konnten wir auf Wirkung hoffen, die uns im Luftkampf versagt blieb. Die Jäger sollten nicht im Frontbereich als ›Schlächter‹ kämpfen, sondern als Jäger gegen ihresgleichen vorgehen, nicht anders als die amerikanischen Tiefflieger gegen unsere Flugplätze.

Die Bereitstellung war abgeschlossen. Unter besonderer Berücksichtigung der Wetterlage und auf Stichwort konnte die Sache losgehen.

Am 30./31. 12. 1944 wurde ich zum Reichsmarschall nach Kronberg im Taunus befohlen, wohin ich mich von Flammersfeld im Westerwald im geländegängigen VW begab, bei grimmiger Kälte, begleitet vom Fahrer und bewaffnet mit Schneeschaufel. Peltz war bereits dort, als ich eintraf.

In der Frühe des 1. 1. 1945 erreichte uns überraschend die Nachricht, daß ›Beppo‹ Schmid, Befehlshaber des Luftwaffenkommandos, den Einsatzknopf gedrückt hatte und daß die ›Bodenplatte‹ lief, sich dem Ende näherte. Einzelheiten fehlten.

Peltz und ich gingen zum Reichsmarschall und wünschten ihm ein erfolgreiches Neues Jahr. Er dankte und sprach die Hoffnung aus, daß wir ihm zu dem Erfolg verhelfen würden. Jedem von uns gab er sein Bild mit Unterschrift.

Anschließend forderte er mich auf, ihn auf einer Fahrt im PKW zu begleiten. Der Wagen war offen, vorn rechts saß der Reichsmarschall im dicken Pelzmantel und mit Pelzmütze, ich hinter ihm, neben mir Dr. von Ondarza, sein Leibarzt. Nach kurzer Fahrt stiegen wir aus, und während ich neben Göring in Stiefeletten, eisgekühlten Fußes, und unter meinem Luftwaffenledermantel einherstapfte, blieben die anderen 50 Schritte zurück.

Er begann eine lange Rede, ausgehend vom Aufbau der Luftwaffe, sich begeisternd an den herrlichen Siegen seiner Jäger – die Bomber jener Zeit erwähnte er nicht – äußerte sich kritisch über die Jägerführung und über die Person Gallands, was er schon zu anderen Anlässen hatte verlauten lassen. Die Bomber habe er verkannt, diese hätten besser geplant und verstünden blindzufliegen, deshalb habe er ihnen jetzt die Strahler gegeben.

An den Äußerungen des Reichsmarschalls war manches Irrtum, aber auch viel Wahres, und ich hörte still zu. Leute strömten aus der Kirche nach Hause über die harte Schneedecke an uns vorbei, ohne Göring zu erkennen, bis auf einen, dunkel sonntäglich gekleideten, etwa 50 Jahre alten Herrn, der plötzlich die Augen aufriß, den Arm seiner verdutzten Frau fahren ließ und mit Blickwendung und Stechschritt defilierte. Der Reichsmarschall grüßte, seinen Stab senkend, mit feierlich ernster Miene zurück, ohne im mindesten amüsiert oder verblüfft zu sein. Ja, er schien mir dabei abwesend und in seine Gedanken versunken, die er soeben ausgebrütet hatte, während ich mir Mühe gab, das Lachen zu verkneifen, das Lachen über beide.

Dann fuhr er fort: »Peltz wird die Reichsverteidigung übernehmen, und Sie treten die Nachfolge des Generals Galland an.«

Er erläuterte sodann, wie er sich die weitere Zusammenarbeit vorstellte, wobei ich Gelegenheit nahm, die Bedeutung seines Vorschlages zu begreifen und zu ermessen. Vieles war in Trümmer gefallen, und Wehmut beschlich mich, wenn ich bedachte, was alles früher hätte bedacht, beraten und beschlossen sein können. Dann war ich geschaßt worden, ziemlich ruhmlos, ohne ein Wort der Klärung, dann zurückgeholt, wo große Not herrschte, als ob ich, nach dem Muster von 1943, abermals den Karren halbwegs aus dem Dreck ziehen könnte. Ja, so hatte von Brauchitsch mir etwas zugespitzt bedeutet, ich sei ein Mann, der so etwas fertigbrächte, sonst aber für regelrechte Führung nur mit Einschränkung zu gebrauchen. Aha, so einer bin ich.

Eins war mir klar: Unter den Bedingungen von 1945 war nicht mit dem Führungsstil und den Mitteln des Jahres 1943 auszukommen.

382

Hatte man mich damals als wilden Mann mit brutalen Methoden angesehen, so würde man mich nun verfluchen und sich von mir abwenden.

Ich sollte dem Reichsmarschall meine Gedanken und Vorschläge ausarbeiten und vorlegen.

Ins Schloß zurückgekehrt, befahl er von Brauchitsch, meine Ernennung den Verbänden und zuständigen Stellen mitzuteilen. Peltz war bereits abgefahren, um mit seinem Schwimmwagen den Rhein Richtung Eifel zu überqueren, als ich von Schloß Kronberg aufbrach, zurück nach Flammersfeld. Dort packte ich meine Siebensachen, stieg in meine Ju 188 und flog nach Berlin, um dort, wie der Reichsmarschall mich angewiesen hatte, die Geschäfte der Inspektion zu übernehmen. Ich meldete mich telefonisch bei General Galland zum Besuch an. Er erklärte, mich nicht empfangen zu können, er sei fiebrig erkältet.

Brauchitsch beschied mich zu warten. Am nächsten Tag rief ich ihn abermals an und bat um die Abschrift des Fernschreibens, das meine Ernennung betraf. Das Fernschreiben war noch nicht herausgeschickt worden.

Gräßlicher Zustand.

Von anderer Seite hörte ich, daß einige Jägerführer bei Göring vorstellig geworden seien: Sie würden mich als Inspekteur ablehnen, ebenso Peltz in einer maßgeblichen Jägerführungsposition. Sie, als Jäger, fänden es nicht tragbar, daß zwei Kampfflieger die Jagd übernähmen, dazu noch die von allen heiß begehrte Düsenmaschine Me 262. Das Ergebnis der Auseinandersetzungen bekam ich vom Hören-Sagen mit: Oberst Gollob wurde Inspekteur. Erläutert wurde mir diese Ernennung von seiten des Reichsmarschalls nicht.

Abenteuerlich, wie man mit mir umsprang. In welcher Lage muß Göring, der Reichsmarschall, gewesen sein, daß er die mir ausgesprochene Ernennung widerrufen mußte.

Die Jagdflieger versuchte ich bei allem persönlichen Verdruß zu verstehen. Die Frontverbände waren in der Tat die Prügelknaben des Reichsmarschalls geworden, und nun, da der Messerschmitt-Wundervogel in größeren Stückzahlen kommen würde, sollte ihnen entscheidender Einfluß und das Flugzeug genommen werden und zwei ›Bomber‹ das Sagen haben, wobei ich für meine Person bemerken muß, daß ich mich längst als leidenschaftlicher Luftverteidiger fühlte und als solcher dachte, forderte und handelte. Das Gegenteil konnte niemand behaupten. Aber solange Soldaten nach Waffengattungen unterschieden werden, sprießt der Waffenstolz und -ehrgeiz noch über persönliche Laune und Verstimmung hinaus. Daß solche Kräfte dem neuen ›Besenmann‹ nicht gewogen sein würden, hat der Reichsmarschall vermutlich nicht bedacht. Nachdem es jedoch entschieden war, mußten die manchmal hitzigen Streitgespräche, wer besser mit dem Düsenjäger in der Luft umgehen könne, ein Ende nehmen. Auch ich hatte in dieser Sache hart mit den Jägern gestritten, immer wieder auf den bedauerlichen Rückstand in Navigation und Blindflug hingewiesen, auch mit Blick auf die Amerikaner. Aber Männer wie Karlfried Nordmann, ausgezeichnete und hochverdiente Jäger, blieben mir in der Schärfe der Argumentation nichts schuldig.

16. KAPITEL

Der Düsenjäger und letztes Aufbäumen
Januar – April 1945

Angriff auf Dresden. Königsberg in Ostpreußen fällt. Budapest fällt. Flucht und Vertreibung. Briten und Amerikaner setzen über den Rhein.

Gordon Gollob war nunmehr Inspekteur, ein brillanter Jagdflieger, Offizier untadeligen Charakters. Ich wurde zum Kommandeur der 9. Fliegerdivision ernannt, welcher alte erprobte Kampfgeschwader unterstellt waren, auf Plätzen um Prag, Linz und Wels, Landau, Fürstenfeldbruck, Ingolstadt, Neuburg an der Donau, Kitzungen am Main und Giebelstadt und in Pilsen sogar meine alte treue III./KG 30 ›Adler‹. Mein Stab selbst war auf dem Flugplatz Neubiberg bei München untergebracht, später in Wasserburg am Inn. Kurz bevor ich die Division übernommen hatte, war das Kampfgeschwader 54 unter dem Oberstleutnant Freiherr von Riedesel mit dem Düsenjäger Me 262 bereits erfolgreich gewesen. Das Geschwader, noch mit nur wenigen Flugzeugen ausgerüstet, hatte in einem ersten Einsatz gegen zigfache Überlegenheit den Jägerschirm durchstoßen und mit den 3-cm-Kanonen zur großen Überraschung der Amerikaner mehrere Bomber abgeschossen. Riedesel fiel bei diesem Einsatz. Doch kündigte sich mit Donnergrollen die Revolution des Luftkrieges an. Es galt nicht mehr die sture Zahl, sondern das Genie der Erfinder und Konstrukteure. Tausend amerikanische Jäger konnten es nicht mit zehn Düsenjägern aufnehmen, die sich geradewegs auf die Bomber stürzten, die ›Mustang‹ und ›Thunderbolt‹ und ›Lightning‹ hinter sich lassend wie der Autofahrer den Mückenschwarm. Ich brauchte nur hochzurechnen: Wenn alle Geschwader mit diesen Flugzeugen ausgestattet wären, bedeutete dies das Ende der amerikanischen Bomberangriffe auf Deutschland, auf die Städte, auf die Hydrierwerke, die

Verkehrswege und die Fabriken, in denen unsere Panzer hergestellt wurden. Mich beflügelte das Gefühl des ersten Erlebens vom Sommer 1943, als ich mit dem Vogel aufstieg, und ich wurde mir bewußt, daß der Reichsmarschall mich lieber an dieser Stelle, als truppendienstlichen Führer der neuen Waffe und in der Vorbereitung ihres scharfen Einsatzes sah als im Inspektionsstabe. Also hatte ich mich ins Zeug zu legen, daß die Flugzeugführer zunächst mit den wenigen zur Verfügung stehenden Flugzeugen fliegerisch und schießtechnisch vertraut wurden, der Auslieferung größerer Stückzahlen harrend.

Peltz übernahm das Kommando des I. Jagdkorps in Treuenbrietzen. Als Chef des Stabes war ihm Oberst i.G. E. Krafft von Dellmensingen beigegeben, einer der wenigen fronterfahrenen Generalstabsoffiziere, als Bomber schon in Spanien hart, dabei wissend – umsichtig vorankämpfend und organisierend, im Sinne und in Nachfolge eines kühnen Vaters. Dem Korps sollte ich unterdes aus dem Süden mit dem Aufbau der großen Me 262-Reserve zum alsbaldigen Einsatz zuarbeiten.

Gleichzeitig hatte sich Göring bereit gefunden, den großen Koryphäen in der Jagd eine Sonderausstattung von Düsenflugzeugen zur Verfügung zu stellen, wohl in der Absicht, einen edlen Wettstreit mit den Kampfgeschwadern (J) in der 9. Fliegerdivision einzuleiten. Nachdem Johannes Steinhoff bereits in Brandenburg-Briest, wohin er von Ungarn samt meiner treuen ›Friar-Gin‹ verlegt hatte, mit der Umschulung begonnen hatte, übernahm General Galland das Kommando über sämtliche Diamanten, Schwerter, Eichenblätter und Ritterkreuze, ein Primus inter pares von Tapferen. Ende März 1945 gelangten sie in meine unmittelbare Nähe, nach München-Riem, wo sie mit ihrer geringen Zahl glanzvolle Leistungen vollbrachten, wie sie von ihnen auch erwartet worden waren, die sie aber nicht erst zu beweisen brauchten. Nur, der feindlichen Flotte schwerer Bomber das Rückgrat zu brechen und deren Besatzungen tödliches Erschrecken zu lehren, dazu konnte es von Anbeginn an, schon bei den Flügen in Norddeutschland, nicht reichen. Dieses Vorhaben anzusteuern, in zäher, geduldiger und unauffälliger Arbeit oblag jetzt den Kampfgeschwadern (J), wie sie jetzt mit diesem kleinen Zusatz benannt wurden – J wie Jagd. Eine ausreichende Breite von einigen 100 Stück mußte die neue Waffe haben, nicht um die feindlichen Jäger zu binden oder gar aus dem Felde zu schlagen, sondern um im formierten Angriff auf die Bomber deren Feuerkraft zu zersplittern, wie früher gegen Geleitzüge als Kampfflieger geübt.

Somit war nur noch eine Bedingung zu erfüllen, die den Reichsmarschall bewogen hatte, den Kämpfern die Düsenjäger zu geben: die Wetterunabhängigkeit. Sie allein konnte gewährleisten, daß ausreichend starke Verbände in guter Ordnung durch die Wolken hoch und in präziser Navigation an den Feind gelangen würden. Peltz zeigte mir eine Anlage, mit der er dies schon beim ersten Einsatz des Kampfgeschwaders 54 (J) glänzend bewerkstelligt hatte – eine Sendeanlage (UKW) mit gerichtetem Dauerstrahl, nicht fest eingerichtet wie an den Flugplätzen zum Blindlandeverfahren, sondern drehbar, auf den feindlichen Pulk gerichtet und ihm nachfolgend.

Soweit ich sehen konnte, war das operative Konzept nach meiner früheren Tätigkeit in der 1. Jagddivision Berlin ausgereift, das Neuartige des taktischen Einsatzes in den wichtigsten Zügen erfaßt, dabei neuen Erkenntnissen geöffnet. Während unter den alten Jägern noch manche Meinungsverschiedenheiten bestanden, ob der Düsenjäger eine grundsätzliche Änderung oder Beibehaltung früherer Taktiken gebot, waren die Jäger (K) insoweit weniger beschwert, denn mit dem Jagdkampf sollten und wollten sie sich nicht beschäftigen – ich hatte mich am Rhein gehütet, mich an den Mückenschwärmen zu versuchen – die Jäger (K) hatten die Bomber ins Visier zu nehmen wie früher die schwimmenden Pötte.

Zweifellos waren die aus der Propellerjagd hervorgegangenen Jäger den Kämpfern im Kurvenkampf eindeutig überlegen. Da konnte kaum einer mithalten in einer über zehn oder fünfzehn Minuten dauernden Kurbelei unter Belastungen bis zu sechsfacher Erdbeschleunigung, und ich hätte es mir mit meiner angeknacksten Wirbelsäule, durch zwei weitere Fallschirmabsprünge auf hartes Land nur noch mürber geworden, nicht zugetraut durchzuhalten, fühlte mich aber durchaus gesund und tauglich, einen sturen Angriff im Verband gegen ›dicke Autos‹ aufzuführen, wenn ich mich um feindliche Jäger nicht zu sorgen brauchte. Ebenso verhielt es sich mit der Masse der Kampfflieger (J). Das waren zähe, standfeste und ruhige Kerle, denen von jeher das Blei von vorn um die Ohren geflogen war, die in den Feind hineinzufliegen, ihm nicht von hinten beizukommen gewohnt waren. Mehr Lanzenträger in Reih und Glied, weniger Florettfechter wie unsere großen Jagdfliegerasse. Ich fand die Entscheidung Görings daher richtig und habe sie auch herbeiführen helfen. Der Reichsmarschall sah sich bestätigt durch meine ›Wilde-Sau‹-Flieger, die nun, im Dezember 1944, Januar 1945, nachts mit der Me 262 über Berlin flogen und ›Mosquito‹-Bomber abschossen. Da stritten wir uns nun,

Jäger und Bomber, wie feindliche Brüder um die neue Waffe. Niemand konnte ein Recht darauf haben. Aus der Natur der Sache und der Personen war zu entscheiden, nach dem Umfang ihrer Eignung.

Meine Arbeit war wieder einmal Kleinarbeit, und ich fand genügend Kleinigkeiten, darüber zu stolpern, sie aufzuheben und beiseite zu tragen. Mir zur Seite stand als Divisions-Ia Major i.G. Wedderer, wie ich hervorgegangen aus dem Thüringer Geschwader ›General Wever‹, ein aufmerksamer Zuhörer, bescheiden wie arbeitsam und kritisch, der mich auch gelegentlich mit politischen Anmerkungen bereicherte und mir Oswald Spenglers ›Jahre der Entscheidung‹ zu lesen empfahl. Ich begann, mir die politische Großwetterlage anzusehen.

Als erfahrener Jäger wurde mir Oberst Freiherr von Maltzahn zur Seite gegeben, der den Kampffliegern (J) das vermittelte, was ihnen vom Herkommen fehlte. Ich habe von Maltzahn voll vertraut, so daß er mich in jeder Beziehung vertreten konnte. Neben der Ausbildung besorgte er alle truppendienstlichen und kriegsgerichtlichen Sachen. Von letzteren wird noch gesprochen werden.

Die Kleinarbeit, das Exerziermäßige, die blinden Griffe, die ich mir als junger Kampfflieger an den Schuhsohlen abgelaufen hatte und aus denen mir die Schwielen an meinen Händen erwachsen waren, das alles gewann Gestalt und Sicherheit. Das bei Prag unter Oberstleutnant Hogeback liegende Kampfgeschwader 6 (J) hatte zur Umschulung lediglich zwei Me 262 zur Verfügung, auf welchen achtzig Flugzeugführer erfolgreich umschulten, ohne einen Bruch zu hinterlassen. Das war wichtig angesichts der geringen Stückzahlen der anlaufenden Produktion. In dieser Hinsicht brauchten die Kampfflieger (J) den Reichsmarschall auch nicht zu enttäuschen. Ihm war das ja der Hauptgrund dafür, vorrangig die Kämpfer auszustatten. So befand ich mich in einer Lage ähnlich der von 1943, als ich mich nach dem Versuchserfolg von Mönchengladbach auf den Einsatz im Geschwaderverband vorbereitete. Würde der Feind uns auch diesmal das Konzept verderben, uns Hals über Kopf in Kämpfe hineinziehen? Daß er alles dransetzen würde, unser letztes Aufbäumen zu ersticken, war klar. Denn sowohl bei Tage wie bei Nacht hatten die Angelsachsen mit unseren Düsenjägern Bekanntschaft gemacht und waren umsichtig und vorausschauend genug zu erkennen, daß ihnen tödliche Gefahr drohte – Verlust der Luftherrschaft mit der Folge, daß die Produktion unserer Abwehrwaffen ständig zunehmen würde. Wo blieben die US-Armeen ohne die Luftherrschaft? Ein einziger Monte

Cassino wäre das Reich geworden.

So begannen die Amerikaner, unsere Düsenjägerplätze mit ihren Tieffliegern zu belagern, denn nur bei Start und Landung hatten sie die Chance, die Me 262 zu packen. Und es waren vorerst nur wenige Plätze mit Startbahn ausgestattet, die sie zu überwachen brauchten, so lange nicht weitere im Ausbau befindliche fertiggestellt waren. Während verstärkte Flakabwehr dieser Gefahr abhelfen konnte, drohte Unheil von den Angriffen der amerikanischen Viermotorigen. Wo nur eine schlecht getarnte Düsenmaschine gesichtet wurde, erschienen prompt hundert ›Fliegende Festungen‹, um mit einem Teppich den Vogel zu zerschmettern. Über dem Platz Prag-Gbell erschienen sie mit Hunderten von Flugzeugen, um auf die paar Me 262, über die das KG 6 (J) verfügte, 45 000 Splitterbomben auszuschütten, jede im Gewicht von neun Kilogramm, mit hochempfindlichem Zünder versehen und von schrapnellartiger Wirkung. Andere Feindverbände zertrümmerten mit schweren Bomben die Startbahnen, wie zum Beispiel in Zerbst und in Kitzingen. Ich landete am Main zwischen, von Peltz in Treuenbrietzen kommend, um mir den Schaden anzusehen, hatte aber alle Mühe, mit einer kleinen ›Bücker‹ zwischen den Trichtern leicht schlängelnd zu landen. Nach meiner Besprechung mit dem Kommodore, Major Bätcher, stieß ein alter KG 30er zu mir, der Bordmechaniker meines gefallenen Kameraden Weinreich, Feldwebel Fellbaum. Er bat, bei mir bleiben zu dürfen, und ohne Umstände wurde er zum Stab der 9. Fliegerdivision versetzt, holte seine Sachen und stieg bei mir ein. Wäre der gute Kerl doch dort geblieben!

Ich startete nunmehr auf einem geraderen Streifen, an Trichtern und ungezählten bieneneifrig schaufelnden Soldaten vorbei, nicht ohne mich über die Luftlage vergewissert zu haben. Wohl hatte man mir, hier und da, Tiefflieger nördlich und südlich der Donau angegeben, so daß wir die Augen offenzuhalten hatten – Funkausrüstung besaß das Flugzeug nicht – aber von Viermotorigen war die Luft bis zum Start rein.

Also machte ich mich auf den mir nur zu gut aus meiner Ausbildungszeit bekannten Weg nach Süden – Neuburg an der Donau, wo Bätchers weitere Gruppe stationiert war. Auch sie wollte ich besuchen.

Als ich über dem Platz kreiste, war zu meiner Verwunderung kein Mensch zu entdecken, kein Kommandeur, kein Adjutant, kein Pkw. Wie ausgestorben war die Anlage. Also waren die Amerikaner im

Anmarsch, wieder einmal mit kurzer Vorwarnzeit über Italien und die Alpen geflogen, und beschleunigt war das gesamte Personal der Gruppe in sichere Stellungen ausgewichen. Ich beeilte mich mit der Landung, um den Platz im Laufschritt zu verlassen.

Ich rollte schleunigst durch bis zum Platzrand, auf einem Betonweg darüber hinaus, an einigen Me 262 in gut getarnten Splitterboxen vorbei, vorbei auch an einem Erdloch, in dem zwei Flaksoldaten an ihrer automatischen Kanone hockten. Keiner der Stahlhelme drehte sich uns zu. Das Flakrohr stand schräg hoch.

Ich war am Ende des Betonweges, am sogenannten Hammer angelangt, stellte ab und öffnete die Kabine, und im gleichen Augenblick hatte ich den stählernen Baß von Hunderten von Propellern ›Fliegender Festungen‹ oder ›Liberator‹ in den Ohren. Ich sah hoch: Die erste stramm geordnete Formation, in mindestens 6000 Meter Höhe, paradierte heran: Ihr armen kleinen Flaksoldaten mit euren dünnen Spritzen. Schwere Flak hörte ich nicht.

Die Spitze der Bomber ist jetzt auf Wurfweite heran. Gleich klinken sie die Bomben aus, vor der zweiten und dritten Welle, die im Dunst nachfolgen. Fellbaum ist rausgesprungen, ich stehe noch auf der Fläche, schnappe meine Aktentasche mit wichtigen Unterlagen darin und der Broschüre ›Jahre der Entscheidung‹. Weg jetzt von den Flugzeugen, weg auch von meinem kleinen.

In dreißig bis vierzig Meter Entfernung winkt uns ein vierkantiger Haufen Stallmist, keinen Meter hoch, ebenmäßig festgeklopft. Der Bauer hatte Sinn für Schönheit.

Wir sind da, und schon rauscht und orgelt es durch die Lüfte. Wir hauen uns dicht am Boden an die Schräge und bohren unsere Nasen in den Mist, quetschen uns dicht ran, aber kommen nicht rein. Jetzt bebt die Erde, schüttelt uns, bevor der Explosionsknall in unseren Ohren trommelt. Das Beben schmeißt uns hoch und stößt uns nieder, meine Ohren sind taub von der Donnerwalze, die über uns hinweg rollt.

Sie ist hinweg. Kurze Pause, während es in der Höhe wieder heranröhrt. Keine zehn Meter Sicht ist mehr. Pulverdampf, Brandgeruch, Staub umher. Den Mist rieche ich kaum noch. Ich blicke zu Fellbaum. Er liegt in meiner Verlängerung zu meinen Füßen. Er reibt sich den Dreck aus den Augen.

»Weglaufen hat keinen Zweck«, sage ich.

Er pliert zu mir und nickt.

Nächste Feuerwalze. Beben, Rauschen, Tosen. Ich halte meine

Ledertasche dicht hinter Kopf und Nacken. Splitter könnte sie vielleicht abfangen.

Eine Walze nach der anderen, eine halbe Stunde lang. Der Dreck wird immer dicker, der Brandgeruch, Gummi dabei, übler.

Als diese Walze vorbei ist, versuche ich, umherzuspähen nach einer besseren Bleibe. Doch dicht über dem Boden treibt der Qualm. In dem schmalen Schlitz sehe ich nicht weit. Nase runter, rein in den Mist. Wieder geht es los. Es donnert und dröhnt. Fellbaum springt auf und tritt mich, verschwindet im Dunst und Staub. Armer Irrer.

Walze vorbei. Ich peile am Boden entlang, erkenne den trüben Schatten, springe hin. »Fellbaum komm hoch, schnell!« Ich zerre. Keine Bewegung. Das Auge starr. Es trommelt und tost wieder heran von Südosten her zu mir in meine nordwestliche Ecke. Mich schmeißt's wieder hoch. Mein Gott, nimmt das kein Ende?

Da trifft's mich am Bein, kräftig, wie mit einem Knüppel. Dann Schmerz. Jetzt reicht's mir. Ich will ausreißen, bevor ich hier durchsiebt werde von den tausend kleinen Splittern der Tausenden von Spreng- und Splitterbomben. Was ist mit dem Bein? Egal, wie es geht, humpelnd, kriechend oder rollend. Wie wär's mit der Flugzeugsplitterbox? Die da oben sehen ebenso wenig wie ich, was sie vor sich haben.

Zähne zusammengebissen. Ich springe, humpele mit Aktentasche Richtung Nordwest. Als der nächste Teppich rauscht, falle ich vornüber in eine zum Teil mit Wasser gefüllte Grube, darin auf einen feuchten Fleck, auf dem die Landser abgeprotzt haben.

Noch zwei, drei Teppiche, und meine Prüfung ist beendet.

Dreckig, trostlos, stinkig, krieche ich hoch und lege mich auf den Acker. Ein feiner langer Splitter hat meine Hose an meine Wade genagelt. Wieder das rechte Bein.

Dreck und Staub haben sich gelegt. Nur noch die Brände schwelen.

Ich humpele zu Fellbaum. Nichts ist an ihm zu sehen. Ich drehe ihn leicht und erkenne Blut unter ihm. Ein teuflisch kleiner Splitter muß in seinen Unterleib gedrungen sein.

Ich sehe mich um. Hier und da ein zuckender Hase oder ein toter. Wo soll da der Mensch bleiben! Wo soll da ein Flugzeug bleiben. Meines – verbrannt, mit einem Ledermantel und einer Mütze darin, mit Fellbaums Sachen. Ein Häufchen ausgeglühten Schrotts.

Der Kommandeur, der mit seinen Männern aus den Nachbardörfern, Feldern und Wäldern zurückgekehrt war, kam mir entgegen. Nachdem ich Wundspritze und Verband empfangen, Hose und

Uniformrock auf Nimmerwiedersehen abgestoßen hatte, wurde ich mit einer nagelneuen Oberleutnantsausgehuniform behangen. Ein wenig peinlich nur, daß mich der Wachposten draußen sogleich auf diese Stufe degradierte. Ich sah ihm nicht betagt genug aus. »Mann, ich bin hier Divisionskommandeur! Sehen Sie mir das nicht an?«

Kommandeur und Offiziere grinsten im Hintergrund.

Das Fazit der Unternehmung: Nur zwei oder drei Düsenjäger waren in Flammen aufgegangen. Die kleinen Bomben müssen in die Boxen gefallen sein. Weitere zehn Flugzeuge sahen ganz manierlich aus, waren aber bei näherem Hinsehen durchsiebt – Schrott. Totalverlust achtzig Prozent. An zwanzig Prozent konnte mit einigem Aufwand repariert werden.

Diese Waffe, die Me 262 war die letzte Hoffnung, und die Luftherrschaft der Schlüssel. Jedem, der Augen hatte zu sehen und ein wenig Hirn zum Denken, jedem diesen auf zwei Beinen wandelnden, sich Mensch nennenden Wesen mußte aufgehen, daß wir wieder einmal hinterherhinkten, daß die alte Propellerwaffe die Decke nicht bieten konnte, unter der wir die Düse ausbrüten konnten, Stück um Stück, Dutzende, Hunderte, daß alle berauschenden Zahlentabellen verbrannt wurden in den Feuerinitiativen des Gegners, daß sie verkümmerten in der Hetze der Hinterher-Ausbildung und vertrockneten im Mangel an Brennstoff. Wer dies jetzt sehen und denken konnte, ohne auf eine letzte Hilfe vor dem Todesstreich zu sinnen und diese Hilfe zu schaffen, tat das Richtige, wenn er sich im Wald oder hinter dem Ofen verkroch.

Ich forderte, den unnützen Jagdkampf mit Propellermaschinen abzubrechen und 1500 dieser Flugzeuge mit jungen Piloten zu bemannen, die an einem Tag die feindlichen Bomber rammen sollten. Das sollte den Amerikanern den Schrecken in die Glieder jagen, daß sie, wie nach ihrer Niederlage von Schweinfurt, sich für die nächsten Wochen oder Monate nicht mehr trauen würden zu kommen. Endlich einmal Pause, endlich aufholen und voranspringen.

Nachdem ich meine Verbände von Berlin aus an die Invasionsfront hatte abgeben müssen, während die neue Reserve allmählich aufgebaut wurde, hielt ich es für einen Trugschluß, die Rechnung ohne den Wirt zu machen: Der Feind konnte uns überraschend in die Quere kommen – schon war sie da, die Luftlandung bei Arnheim im September 1944; und auch das Oberkommando der Wehrmacht hatte seine Pläne – die Offensive in den Ardennen. So wie es lief ab Sommer 1944, glaubte ich nichts mehr; so wie es lief, konnte ich nur noch hoffen, daß wir mit dem blauen Auge davonkämen, so wie ein Biertischstratege sich die Sache zurechtlegt. Ich wollte aber keineswegs zusehen, wie es lief. Ich wollte mit Gewalt die Decke aufspannen, unter der wir den Düsenjäger würden fertigen können, Stück um Stück, Dutzend um Dutzend, Hunderte.

Da die Weiche früher nicht gestellt war, so drängte sich im September 1944 letztmalig die Frage auf, wie die Decke zu spannen wäre. Seit September 1944 lag der Vorschlag ›Rammeinsatz‹ auch in der Schublade Görings, der Vorschlag, der eintausend bis zweitausend junge Leute Leben und Gesundheit gekostet hätte. Ein blutiger Einsatz wäre das, aber nicht blutiger als das langsame Ausbluten in der Hoffnungslosigkeit der fortwährenden Halbheiten.

So lautete der Entwurf der Unternehmung, hinter die sich General Peltz als der Kommandierende des I. Jagdkorps stellte:

> *Die Zeit bis zur Verbreiterung des Einsatzes mit Me 262 muß überbrückt werden, bevor sich die Jagdwaffe im normalen Einsatz unter den bekannten geringen Erfolgsaussichten und auch am Boden völlig verschleißt. Wir müssen einen zahlenmäßig so hohen Erfolg erringen, daß der Feind Tempo und Methode seiner Angriffe ändert. Wir brauchen die Auswirkung des Erfolges. Die Material- und Personalreserve des Feindes ist bekannt. Aber ein hoher Blutverlust wird dem Feind, der monatelang unter geringen Opfern gekämpft hat und daher jedes Risiko scheut, schwer treffen, besonders angesichts der hohen ideellen Einsatzbereitschaft dieser (unserer) Luftwaffenangehörigen. Mit anderen Mitteln und Methoden ist für die nächsten Wochen keine Änderung zu erwarten und zu erhoffen.*«

Ein stechendes Muß kam hinzu: Die Produktion unseres Flugbenzins versiegte unter den gezielten Bombenwürfen der Amerikaner. Sie sackte von 170 000 Tonnen Anfang 1944 auf 26 000 Tonnen im Dezember und auf 0 im März 1945. Schon längst hatten wir uns in der Umschulung auf die Me 262 vom Ochsengespann an den Start schleppen lassen, um erst dort anzulassen. Das Wenige, das wir noch auf Lager, auf den Flugplätzen und in den Maschinen hatten, war der letzte Schuß, das letzte Pulver. Wer sollte es verschießen? Wie sollte es verschossen werden?

Unter der Decke sollten die erfahreneren Flugzeugführer erhalten bleiben. Daher waren nur junge Flugzeugführer heranzuziehen, die gerade fähig wären, vom Boden hochzukommen, mit geringer Bewaffnung, Munition und Panzerung auf große Höhen, über die feindlichen Jäger hinwegzusteigen und von dort ihr Flugzeug gegen die Bomber zu steuern.

Das Rammen von Flugzeugen ist mehrfach vorgekommen, absichtlich und unabsichtlich. Zwei Mann der ›Wilden Sau‹ haben nachts gerammt, nachdem sie sich verschossen hatten. Der eine sprang mit Fallschirm ab, dem anderen brach der Motor raus, und er blieb eingeklemmt in seiner Kabine, taumelte wie ein welkes Blatt mit seinem Wrack bis zum Boden und blieb gesund. Nach Rücksprache mit der Erprobungsstelle in Rechlin habe ich die Vorgänge ausgewertet. Als wirksamster und schonendster Einsatz war der Rammstoß von hinten oben gegen die Flügelhinterkante bei vollaufendem, als Kreissäge wirkenden Propeller anzusehen. Der Stoß führte zum Abbruch der Fläche, jedenfalls zum Absturz des Bombers, wie später erwiesen.

Der Reichsmarschall wollte wissen, ob sich Freiwillige meldeten. Ich erklärte ihm, daß ich davon überzeugt sei, wenn er als Reichsmarschall des ›Großdeutschen Reiches‹ den Aufruf, den ich entworfen hatte, unterschreiben und an die Stäbe und Verbände herausgehen lassen würde.

Göring zögerte. Ich erklärte, er habe mich auf einen wichtigen Posten gestellt und er erwarte viel von mir. Am Neujahrsmorgen 1945 hatte er zu mir gesagt, ich solle es machen wie 1943, nach Hamburg. Heute, sagte ich, wisse ich nicht weiter – nur noch dies.

»Lassen Sie sehen.«

Er las die halbe Seite durch, blieb eine Weile in Gedanken und entließ mich mit dem Bescheid, daß ich hören würde.

In dem Aufruf stand der Satz: »Der Krieg ist verloren, wenn nicht Ihr . . .«

Mit der Unterschrift hätte Göring die Verantwortung für die katastrophale Lage eingestanden. Nunmehr das Äußerste, Bitterste von seinen jungen Fliegern zu verlangen, mußte ihn mit Schuldgefühl und Reue überwältigen.

Er unterschrieb.

Einige Tage später hatte ich auf meinem Divisionsgefechtsstand in Neubiberg bei München das Fernschreiben in der Hand. Ich verglich es mit meinem Entwurf. Es stimmte Wort für Wort und Satz für Satz – mit einer Ausnahme. Ausgenommen im wahrsten Sinne des Wortes war nur ein kurzer Satz, der etwa lautete: »Vor eurem schweren

Einsatz werde ich euch sehen und sprechen.« Das hätte ich gewünscht, ihm gewünscht und auch den Flugzeugführern. Aber es war zuviel für ihn, den zweiten Mann im Staat, den Reichsmarschall, der immer nur gewohnt war, in der Macht und im Recht aufzutreten; zuviel dieses Mal, da er nicht mit gutem Gewissen der Fordernde sein durfte, der Bittende sein mußte, mehr noch, der Nehmende: Die begeisterungsfähige deutsche Jugend brachte ihm dar, was man wollen mußte, um die Not zu wenden. Göring hätte, weich im Grunde seines Herzens, künstlerisch und romantisch, vor den jungen Männern die Rolle mit dem Marschallstab in der Hand nicht spielen können.

Wenn ich mit eintausend bis zweitausend Flugzeugen eine Marke gesetzt hatte, so war die Frage, ob und in welchem Umfang sie zu bemannen wären. In dem Entwurf des Aufrufes hatte ich das Risiko bewußt höher angegeben, als meine Untersuchungen ergeben hatten. Unter keinen Umständen wollte ich das Risiko verkleinern. Die Selbstprüfung sollte so hart wie möglich sein.

Als Meldestelle hatte ich den Fliegerhorst Stendal gewählt und als Leiter des ›Lehrgangs Elbe‹, so hieß das Tarnwort, den Major Köhnke bestellt, einen erfahrenen, im Einsatz schwer verwundeten Offizier, der mir auch im Stabe in Berlin zur Seite gestanden hatte. Das Ergebnis des Aufrufes wurde bald sichtbar: Im Durchschnitt meldeten sich neunzig Prozent der Befragten zu diesem todesmutigen Einsatz. Dabei hatte ein jeder Bedenkzeit, und Druck durfte unter keinen Umständen ausgeübt werden. Auch späterer Rücktritt war möglich. Ich selbst habe einem solchen Gesuch in dem einzigen Fall, der an mich herangetragen wurde, stattgegeben, im übrigen waren die örtlichen Kommandeure zuständig.

Durch ein Versehen geriet das Fernschreiben des Reichsmarschalls auch an eine aktive Nachtjagdgruppe. Vom Kommandeur bis zum letzten Flugzeugführer meldeten sich alle. In diesem Falle mußte ich abblasen, aber auch die weitere Verbreitung des Aufrufes anhalten, da sich bereits über zweitausend Mann gemeldet hatten.

Ich hatte an einem guten Ergebnis nie gezweifelt, dieses aber hat mich wahrhaftig erschüttert. Es zeigte, was der deutsche Soldat vermochte und wozu er entschlossen war, wenn ihm die Gefahr und die Wahrheit gezeigt und der Weg zum Ziel gewiesen wurde. Man denke nur an die Unternehmung Narvik 1940, an die Luftlandung Kreta und den Dauerheroismus unserer Ostkrieger in Schnee und Schlamm, um nur diese wenigen Beispiele anzuführen.

Es war die Trostlosigkeit des Abnutzungsluftkrieges, die den entschlossenen, bitteren Aufbruch und Ausbruchsversuch erzwang.

Nun ging es um die Flugzeuge. Der Luftwaffenführungsstab, dem der Aufruf des Reichsmarschalls Befehl war, mußte das Letzte hergeben. Eine lange Stunde saß ich in Wildpark-Werder unweit meiner alten Baracke mit dem Chef des Generalstabes, General Koller, und Werner Panitzki, seinem fähigen und sachlich-ernsten Führergehilfen, zusammen, und wir begannen zu rechnen und zu schachern. Wenn er zum ›Führer‹ käme, würde dieser ihn fragen, wieviel Flugzeuge zur Heeresunterstützung bereitstünden, sorgte sich Koller. Ich entgegnete, daß dem Ostheer am besten gedient sei, wenn die Amerikaner nicht mehr die Fertigung von Panzern und Panzerfäusten und die Verkehrsverbindungen zur Front unterbrechen könnten. Im übrigen, wenn ich zu wenig Flugzeuge für den Rammeinsatz erhielte, hätte die ganze Sache keinen Zweck. Der Generalstabschef beschwichtigte: Ich solle mit weniger Leuten die Sache starten. Wenn er sähe, daß es ginge, könnte man nachschieben.

Ich wiederholte, mindestens 1000 Stück, das sei der Wille des Reichsmarschalls. General Koller meinte, der ›Führer‹ wisse es besser; der kenne die Produktionsziffern für Kanonen, Munition und Flugzeuge aus dem eff-eff, bis aufs letzte Stück, einfach genial. Ich sollte erst einmal 350 Flugzeuge nehmen.

Der General kannte mich als Dickkopf von damals, als ich befehlswidrig über die Irische See nach Liverpool geflogen war. Sein Donner aus dem ›Palais du Luxembourg‹ hatte mich nicht erschreckt. Schwieriger war es, mit einem jüngeren Knall fertig zu werden. Vor 14 Tagen hatte mich der General mitten in der Nacht aus tiefstem Schlaf hochgeschreckt: Mein Major Köhnke hätte seine Mitarbeiter im Führungsstab als Flaschen beschimpft, sie hätten sich mal vorne an der Front sehen lassen und meine früheren Vorschläge genauer lesen sollen, da stünde es drin, wie es zu machen sei. Ich entschuldigte mich in aller Form für diesen unglaublichen und unmilitärischen Ausfall des Majors; man könne nicht für alles und für alle geradestehen. Köhnke sei vermutlich von den Pionieren gekommen, und diese seien, international anerkannt, geborene Holzhacker und hinzu komme, daß er Friese sei. Das alles trug dazu bei, daß wir eine Friedenszigarre anzündeten und entspannt zu Ende rauchten. Abwarten, sagte ich mir.

Nun strömten die jungen Leute nach Stendal, und Major Köhnke betrieb die Einweisung, zog Hilfskräfte heran und verteilte alsbald

Planung und Fertigung, ewiges und leidiges Thema. Besprechung bei den Junkers-Werken in Dessau. Außer den Herren Direktoren und Ingenieuren in Zivil v. r. n. l. in Uniform: Oberst v. Below, Oberst i. G. v. Loßberg, Major Baumbach, General Vorwald, Chef des Technischen Amtes, Fliegerstabsingenieur Professor Steinmann, GFM Erhard Milch, Herrmann in Langschäftigen und mit einer Bomber- und Jägerseele in der Brust. – In Zivil: Generaldirektor Dr. L. S. Rothe (1. v. l.) und Direktor Walter Jander (2. v. l.).

Der Gefechtsstand der 1. Jagddivision in Döberitz, fotografiert von der ›Bühne‹ aus. In den aufsteigenden Reihen und Rängen sitzen keine Zuschauer, sondern nur die Darsteller, die mit Mikrofon und Kopfhörer die Luftschlacht auf die Leinwand bringen. In der vierten, hintersten, kleinen Reihe sitzt die Führung, zur Zeit mit kleiner Besetzung, weil nur Aufklärereinflüge gemeldet sind.

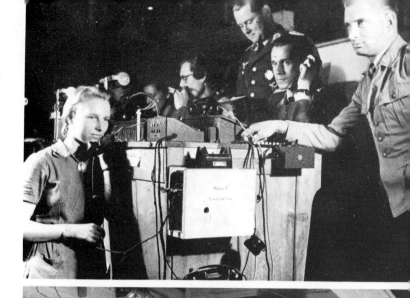

Die Führungsreihe hat die Fäden in der Hand. Obstlt. i. G. Schaller-Kalide im Hintergrund stehend.

Nächtliche Nebenkriegsschauplätze.

Verbündete zu Gast im Offizierskasino der Division, dem Offiziersheim des Jagdgeschwaders ›Richthofen‹. Sie forschen und fragen. Wir lächeln siegessicher. Rechts der Ic der Division, Major Bertram, der im Luftkampf ein Bein verlor.

Links: Peter Holm, gefallen im Luftkampf, Hofkomponist der ›Wilden Sau‹:
»Ist die Luftschlacht in der Steige,
Und die Nacht, die dröhnt und lärmt wie dumm,
Pauke, Pauke! Rums die Geige!
Die Wildsau kurbelt drin herum.«

Rechts: Und unsere Zweimotorigen kurbeln mit – in Konkurrenz! Merkwürdige Greuelpropaganda mitten im Kriege – und das noch unter Freunden!

So sah es in Neuburg/Donau am 21. 3. 1945 aus, nachdem alliierte Bomberverbände gewirkt hatten. Wo blieben die Jäger?

Poststempel: 1. Februar 1972 – gemeinsame Aufschrift der Gegner von einst, deren Fotos in 21 Umschlägen, von Philatelisten begehrt.

Der Konzeptverderber.

Der Bomberchef, der aus dem vollen schöpfte.

die Flugzeugführer auf weitere Plätze in Sachsen und in der Tschechei, derweil ich auf das Einsammeln von Flugzeugen ausging, daneben aber die längst geplante Unternehmung gegen die US-Bomberflotte auf ihren italienischen Flugplätzen voranzubringen suchte. Der Präventivschlag, den ich gegen die Invasionstruppen am Kanal angeregt hatte, sollte in abgewandelter Form aus der Gegend Graz/ Klagenfurt, wenn möglich aus der Po-Ebene mit Kleinflugzeugen gestartet werden.

Über die Adria anfliegend, sollten die Zwei-Mann-Besatzungen in der Dämmerung auf den Bomberplätzen landen, mit Maschinenpistolen bewaffnet auf die Bomber stürzen und Sprengladungen von 1 kg unter die Flächen hängen. Dann ab. Nach 10 Sekunden zündeten die Dinger.

In Neubiberg hatte ich meinem Stabe das Experiment an einer ausgemusterten He 111 vorgeführt. Die in der Fahrwerkhöhle aufgehängte Sprengladung zerstörte das Flugzeug total.

Nach dem Überfall auf die feindlichen Flugzeuge hatten sich die Besatzungen in die Felder zu schlagen und sich demnächst zu ergeben.

Auch dieser Einsatz sollte Entlastung schaffen, insbesondere meinen Me 262-Plätzen in Süddeutschland und Österreich, die hauptsächlich von Italien aus bombardiert wurden.

Freiwillige waren mehr als genug vorhanden, sei es aus dem überzähligen Bestand des ›Kommando Elbe‹, sei es aus den Sammelstellen, die das in Ausbildung befindliche Personal der Fliegerschulen zur Verteilung sogar an Erdtruppen anbot. Die Leute kamen lieber zu mir, zum Kommando ›Bienenstock‹, das ich ebenfalls dem Major Köhnke unterstellt hatte.

Daß es ziemlich leicht war, für diesen Einsatz zu werben, war natürlich. Im Bereich des Chefs des Ausbildungswesens verbreitete sich allmählich die Überzeugung, daß langfristige Ausbildungspläne von der Entwicklung überrollt würden, wenn nicht jetzt etwas geschähe. So kam eine ansehnliche kleine Armada zusammen, und mancher Flugzeugführer stieß mit einem fliegenden Untersatz dazu, woher er den hatte, wußte kein Mensch. Wir näherten uns dem Heerwesen früherer Zeiten, in dem die Krieger ihre Pferde und Waffen von zu Hause mitbrachten.

Daß gerade in dieser Zeit mein alter Kriegsschulkamerad Rudi Kiel, Kommodore des KG 27, im Offizierskasino in Linz einige wohlgezielte Schüsse auf das Hitlerbild abgab, versetzte mich in Wut.

Der Kasino-Unteroffizier hatte Meldung erstattet, und das Schriftstück mit dem Beweismaterial war da, lag auf dem runden Tisch, an welchem von Maltzahn, der Kriegsgerichtsrat und ich sorgenvoll saßen.

Der Kriegsgerichtsrat erklärte, er müsse das Verfahren betreiben. Ich hatte keine Zeit, und auch von Maltzahn stand auf dem Sprung zu einem unserer Plätze. Die Sache wurde noch mehrfach vertagt.

Dann griff ich mir den Herrn Kommodore.

»Bist du wahnsinnig geworden oder warst du besoffen?«

»Weder noch.«

»Entscheide dich für besoffen, oder dir geht es dreckig.«

»Geht nicht. Ein Schuß saß wie der andere. Du weißt es.«

»Du mußt jetzt was tun. Weder Maltzahn noch ich können dir helfen.«

Kiel zuckte die Achseln.

»Sag mir, was der Blödsinn bedeuten sollte.«

»Ich will dich nicht in Verlegenheit bringen.«

»So, so. Du trägst den Dödel am Halse. Wo es jetzt schiefgeht, bist du nicht mehr mit von der Partie. Andersherum wärst du noch mächtig dabei. Aber noch ist es nicht vorbei. Ich finde das zum Kotzen. Löffle das aus.«

Ich stieg in meinen ›Storch‹ und flog mit dem felsenfesten Entschluß ab, weiter zu mauern. Sollte der Kriegsrichter Stunk machen gegen mich und von Maltzahn.

Während die ›Bienen‹ sich an und in den Alpen sammelten, schloß Köhnke die Einweisung der Rammer in Norddeutschland ab. Ich flog hinauf, um den Einsatz vom Korpsgefechtsstand zu leiten. An die 200 Flugzeuge standen bereit, aber Hunderte von Flugzeugführern mußten müßig bleiben. General Koller hatte kräftigen Nachschub für den zweiten, entscheidenden Schlag versprochen, doch alles hing von der kleinen Vorhut ab. Wie würden die Jungs kämpfen, würden sie die geringe Zahl wettmachen mit ihrem Schneid? Als ich auf der Lagenkarte die Bomber heranrücken sah, bemühte ich mich, ruhig zu bleiben, das Vorhaben nüchtern zu überdenken.

Zusehends ging das Benzin aus für jeglichen Flugbetrieb. Was machst du, wenn du das letzte Mal deine Mühle vollgetankt hast? Läßt du sie stehen und läufst davon, wenn der Feind anfliegt? Oder klemmst du dich rein und sagst: »Alles oder nichts!«

Der Feind rückt vor, nimmt dein Land und deine Freiheit: Feuerst du nicht die geladene Waffe?

Überall verteidigten deutsche Soldaten mit dem Mute der Verzweiflung deutschen Boden, auch Volk und Vaterland. Wolltest du, fliegender Soldat, zurückstehen? Keiner gibt auf in höchster Not, weder der ›Streiter für der Tugend Recht‹ noch der Erzbösewicht.

Ich flehe, daß es ein Fanal sei, den Generalstabschef zu überzeugen, ihn Unbeugsamkeit zu lehren. Heute geschehe das tausendste Beispiel der Geschichte, das Beispiel vom rettenden Mannesmut.

Und gab es nicht auch für uns den Retter ›General Zufall‹, von Clausewitz in der Stunde, in der letzten Sekunde der Not beschworen?

Ich gab den Startbefehl. Die Funksprech-Mädchen an den Mikrofonen gaben die Marschrichtung der feindlichen Verbände bekannt. Sie riefen hinauf: »Denkt an Dresden.«

Über dem Teutoburger Wald und über Niedersachsen tobten die Kämpfe. Dann war Ruhe.

Der Wehrmachtbericht meldete zwei Tage später 60 durch Rammen zu Fall gebrachte viermotorige Bomber.

Ich sprach mit einem guten Dutzend erfolgreicher Rammer, die mit dem Fallschirm ausgestiegen waren, zum großen Teil verwundet.

Ich telefonierte mit dem Generalstabschef, bat und bestand darauf, die große Zahl einzusetzen zum letzten verzweifelten Schlage. Ich wurde vertröstet . . .

So stand ich da inmitten einer Halbheit, unwert des Mutes, den Tausende aufgebracht hatten.

Die Jungs erklärten sich bereit, im Unternehmen ›Bienenstock‹ mitzuschwirren, die feindlichen Viermotorigen auf den Plätzen im Süden in die Luft zu jagen. Wir flogen zunächst nach Pocking in Bayern.

Kaum wußten die jungen Leute, was sie getan hatten:

Sie haben auf dem langen deutschen Weg aus dem Dunkel der Geschichte ein Mahnmal gesetzt, zugleich Wegweiser in die Zukunft, eine Nation, Menschen von Fleisch und Blut zu beweisen, die Übermacht niederknüppeln, aber nicht beugen konnte.

Meine Rolle dabei war nebensächlich. Dumm oder verrückt sagten die einen, gewissenlos und ehrgeizig die anderen. Wieder andere »richtig so«. Ich ließ sie.

Köhnke setzte alle nichteingesetzten und nach dem Rammstoß ausgestiegenen Flugzeugführer nach Süden in Marsch, wo die Luftflotte 4 (Deßloch) die Weisung hatte, die ›Festung Alpen‹ aufzubauen. Ich wurde ihm mit dem ›Kommando Bienenstock‹ unterstellt.

Inzwischen fochten unsere alten Jägerasse von München-Riem aus ihren letzten Kampf. Einmal, nach dem Kampfgetümmel, rutschte Johannes Steinhoff mit seiner Me 262 in meinen Stammplatz Neubiberg. Als die Luft wieder rein war, unternahm er es, aus dem kleinen Grasplatz herauszustarten. Ich winkte ihn ein, bis er mit dem Leitwerk am Zaun startbereit stand. Ich drückte ihm beide Daumen. Er wandte sich mir noch einmal zu. Es war das letzte Mal, daß ich den ›alten‹ Steinhoff zu Gesicht bekommen habe.

Der Start gelang. Ein paar Tage später suchte ich Steinhoff im Lazarett auf. Verbrannt war seine Jugendfrische. Mühsam atmete er unter dem weißen Verbandszeug. Da gab es nichts zu erzählen.

Der Brennstoff ging uns im Raume München allmählich aus. Diesbezüglich suchte ich General ›Beppo‹ Schmid auf, der sich mit seinem Stab in einem Walde in Niederbayern eingerichtet hatte. Vor seinem Zelt nahm er an einem Tisch mit seinen Herren Platz. Ich setzte mich hinzu. Wir waren bald zu Rande gekommen. Daß es anschließend bei ›Beppo‹ Schnaps gab, war unvermeidlich. Er sagte, es kämen ernste Zeiten, wir müßten zusammenstehen. »Prost, Hajo«, ließ er sich plötzlich vernehmen. Ich erwiderte: »Ich werde Herrn General nicht duzen.« Er schenkte nochmals ein und wiederholte sein freundliches Angebot. Ich trank aus und verabschiedete mich. Mein Gedächtnis ist zu gut. Manchmal sehr unpraktisch.

Als die Amerikaner sich München näherten, ging ich mit meinem Stab von Neubiberg nach Wasserburg am Inn, um dort in die Nervenheilanstalt einzuziehen, von uns kurz Irrenhaus genannt. Ia-Major Wedderer war in die vornehmste Gummizelle eingewiesen worden, andere Stäbler, gemäß ihrem kleineren Lebens- und Aufgabenzuschnitt, in die engeren. Die Türen blieben zur Sicherheit immer offen. Wo die eine oder die andere einmal zufällig zuklappte, konnte der Insasse lange und laut lostrommeln, ehe sich ihm der Ausgang zur Umwelt wieder öffnete. Was wäre, wenn alle unsere Türen zuschlügen, wir nach hektischer Empörung ermattet in einen langen Schlaf fielen und eines Tages ein gütiger Mensch oder ein Befreier öffnen würde, mit Schokolade in der einen Hand, in der anderen den Palmenzweig, Vogelgezwitscher uns beglückte und Kuh- und Kirchenglockengeläut den Frieden uns verkündeten? Zu schön der Traum. Die Wirklichkeit stand dem im Weg. Die Wirklichkeit war ich, Direktor des Irrenhauses, der frei durch die Gänge wandelte, im übrigen darauf bedacht, die Türen der Zellen offenzuhalten, damit Betriebsamkeit sei und der Krieg weiterginge.

17. KAPITEL

Festung Alpen

Roosevelt stirbt. Hitler erschießt sich. Mussolini wird von seinen Landsleuten erschossen.
Bedingungslose Kapitulation.

Etwa vom 24./25. April 1945 ab hatte ich den Eindruck, daß luftwaffenseitig nur noch mein ›Bienenstock‹ am Wimmeln war. Da der Reichsmarschall inzwischen in Berchtesgaden angekommen war, flog ich im ›Storch‹ nach Salzburg, um ihn aufzusuchen.

Ich wollte erfahren, was es mit der ›Festung Alpen‹ auf sich habe, ob ich den letzten Schlag mit letzten Kräften gegen die Bomber führen sollte. Ein wenig peinlich war mir die Begegnung, hatte doch der Reichsmarschall während unseres gemeinsamen Neujahrsspaziergangs die Wichtigkeit meiner Aufgaben mit dem 20. April in Verbindung gebracht, einem ebenso geschichts- wie beförderungsträchtigen Datum. Aber ich brauchte Klarheit zum Handeln.

Ich landete mit meinem ›Storch‹ in Salzburg, in Begleitung eines der unerschrockenen Flugzeugführer des ›Kommando Elbe‹, der mit seiner kreischenden Kreissäge, über 1000 PS stark, einen Bomber zu Fall gebracht und nur eine Platzwunde an der Stirn davongetragen hatte. Ich hatte ihn zu meinem ständigen Meldeflieger gemacht. Kaum waren wir in Salzburg gelandet, als sich ein sehr freundlicher SS-Offizier näherte und mich nach meinem Anliegen fragte. Seine Freundlichkeit hinderte ihn nicht, mich mit gezückter Pistole am Besteigen eines PKW zu hindern. Wieder einmal schien der Wahnsinn ausgebrochen. Ich durfte weder fahren noch fliegen, obwohl ich dem Herrn erklärte, ich stünde mit meinen Leuten im Fronteinsatz. Das Stück aus dem Tollhaus hätte seine Krönung gefunden, wenn auch ich meine Pistole gezückt hätte. Ich trug sie immer durchgeladen und gesichert. Ich wünschte eine Erklärung. Sie lautete, Hitler hätte Göring aus der Partei ausgeschlossen und seiner Ämter enthoben.

Auf diesen Keulenschlag hin sicherte ich dem SS-Mann zu, daß ich davon Abstand nähme, den Reichsmarschall zu besuchen. Mein Anliegen wollte ich dem Chef des Generalstabes, Koller, vortragen.

Da saß ich nun, jung ergrauter Frontsoldat, dem alten sorgenvollen Chef des Generalstabs gegenüber. Ich glaube, es war am gleichen Platz und am gleichen Tisch, an welchem ich vor fast zwei Jahren dem Generaloberst Jeschonnek Rede und Antwort stand und Erläuterungen gab. Welche Hoffnungen und Möglichkeiten waren seitdem zerronnen?

Koller, soeben knapp der Einschließung Berlins aus Wildpark-Werder entkommen, schilderte mit seinem vollen Baß klar und wahr die Zustände im Hauptquartier: Der Führer wolle dort bleiben, im Kampfe fallen oder, wenn dies ihm nicht vergönnt sei, sich erschießen, er habe gewünscht, daß der Generalfeldmarschall Keitel und andere rausgehen sollten; diese hätten sich aber geweigert; Göring sollte unten aus der Festung Alpen Politik machen. Wieso nun Absetzung Görings, das wisse er nicht.

Der erste Mann des Staates gegen den zweiten. Die Welt birst in Stücke. Fall ins Bodenlose. Wenn das Geschichte ist und Weltgericht, dann Fluch über alles.

Einsam und zerschlagen fühlte ich mich, gottverlassen und hoffnungslos. Und doch, indem wir, ich ihm gegenüber, am Schreibtisch die Nudelsuppe löffelten, letzte Kraft und Wärme gab das Gefühl des gemeinsamen Unterganges, den wir nicht erleiden, sondern, sei es in Verzweiflung, erkämpfen wollten, der Bayer und der Holsteiner.

Das Telefon schrillte, Berlin. Führerbunker.

Der Generalstabschef wurde nach Berlin gerufen. Die Sekretärin war außer sich. Die Suppe blieb stehen. Koller ließ den Wagen kommen, um zu irgendeinem Flugplatz zu gelangen.

Was das noch sollte, fragte ich. Koller fragte nicht. Er sagte zum Abschied: »Vielen Dank für alles.«

Ich sah ihm nach, wie er davonfuhr, mit Sekretärin, zum Flug in die Verzweiflung.

Zusammen mit meinem Rammer fuhr ich in die Residenz des Reichsmarschalls in Berchtesgaden. Generaloberst Loerzer trat mir entgegen. In Zivil? Ich verbarg meine Verwunderung. Ich vernahm, daß die SS Görings Haus auf dem Obersalzberg umstellt habe;

Göring sei nicht nur abgesetzt, sondern verhaftet, zum Tode verurteilt; es sei auch geschossen worden. Edda, Emmy . . . es sei grauenhaft.

Noch eine solche Botschaft, und ich, verschrecktes Kind zwischen streitenden Erwachsenen, fange an zu heulen.

Der Generaloberst sprach von der ›Festung Alpen‹, von den Armeen der Alliierten, die sich in Norddeutschland begegnen und in Kürze bekämpfen würden. Hier in den Bergen sei eine Bastion zu halten. Jetzt müsse politisch gehandelt werden. Von meinem Schlag gegen die Flugplätze erhoffe er sich wenig.

Ich dachte, du merkst auch alles.

Mir war hundeelend. Warum nicht auch die Uniform ausziehen und im Wald verstecken? Nein! Zurück ins Irrenhaus. Der Stab wühlt weiter. Der Kampf geht weiter.

Die Amerikaner setzten ihren Vormarsch fort. Wir verließen Wasserburg, um weiter nach Osten auszuweichen – Flucht aus dem Elend in neues Elend. Befreiung, Erlösung und endlich Ruhe schien mir der Gewaltstreich gegen Foggia zu verheißen. Säße ich doch schon hinterm Knüppel, dicht über der Adria, in Gebirgsstiefeln, im Kommißmantel, das Nötige im Rucksack. Raus im Sprung mit den Sprengladungen. Schluß dann. Soll mir ein jeder und die ganze Welt gestohlen bleiben. Telefoniert, kommandiert, verlegt, kämpft, flieht, so lange ihr wollt. Mir reicht's.

Die Luftflotte 4, inzwischen an einem der Seen im Salzkammergut in aufblühender und grünender Landschaft, unterhalb der schneeigen Riesen eingerichtet, gebot, den Angriff auf die Basen der Viermotorigen in Italien abzublasen und mit den Sprengladungen sowjetische Nachschublinien zu zerstören. Ich sagte, »jawohl, Herr General!«.

Unsere emsigen ›Bienen‹ summten am Nordrand der Alpen herum, während ich auf dem kleinen Platz Prien am Chiemsee zwischenlandete. Die Familie Braun fand ich in gedrückter Stimmung. Der Familienvater, Luftwaffenoffizier, hatte sich die Pistole an die Schläfe gesetzt. Er konnte den Niedergang nicht ertragen.

Nach der kargen Abendmahlzeit hörte ich mit Mutter und Tochter, einer tüchtigen Segelfluglehrerin, die Nachrichten. Admiral Dönitz verkündete: »Der Führer in Berlin gefallen.« Die Frauen weinten. Ich weinte nicht. Ich hielt dieses Ende für unausweichlich, notwendig; fühlte mich selbst in einer schwer zu beschreibenden Gemütsverfassung, zwischen dumpf und erschöpft. Luftholen. Umherschauen. Ich sehe Dirndlkleidchen durch zartes Maiengrün schimmern. Was war das Reich ohne ihn? Es blieb das Reich. Wir sind noch da. Also weitermachen!

Die Sonne stand schon tief, als ich mich zum Abflug nach Salzburg rüstete. Da bat mich Frau Braun, in den Keller zu sehen. Dorthin habe Generaloberst Loerzer, Freund des Hauses, vor einigen Tagen eine große zugenagelte Kiste schaffen lassen. Sie fürchte, daß Waffen darin seien; sie käme in große Gefahr, wenn die Amerikaner das Haus durchsuchten.

Ich folgte ihr in den Keller, versuchte die Kiste zu heben, um die Gewichtigkeit des Inhalts zu schätzen. Da meine angeknacksten Wirbel größere Anstrengung verbaten, brach ich den Deckel auf.

Ich war sprachlos, sie war sprachlos. Konserven über Konserven, Ölsardinen, Corned beef, Gulasch!

Das war Bruno Loerzers Festung Alpen, die im Zivilanzug er sich zu verteidigen anschickte!

Nett von Bruno Loerzer, daß er seine Freunde für den traurigen Fall so reichlich bevorratet habe, sagte ich.

Frau Braun sah mich ungläubig an. »Ja, nehmen Sie nur«, ermunterte ich sie. »Es ist mein Ernst. Lassen Sie ihm aber eine Büchse übrig, falls er zu Besuch kommt.«

Ich flog hin in den Abend, unter einem zerrissenen Himmel, über Trümmer einstiger Gläubigkeit. Indem ich an den dunklen Tannenhängen zu meiner Rechten entlangzog, schien mir auch die Natur entstellt und fade. Die Schönheit der Landschaft leidet unter der Kläglichkeit der Menschen, die dort wohnen. Schönheit, Herbheit, Fruchtbarkeit und Weite der Landschaft tönten mir immer als Zuruf, ihrer wert zu werden.

Gegen Salzburg rissen die Wolken auf, und über dem unteren Dunkel erhob sich, wie von der Hand Goyas gezaubert, der alpenglühende Watzmann. Die Welt kann keine ganz andere geworden sein. Mist können wir verkraften, solange so viele Menschen treu arbeiten und kämpfen oder, wie unsere Rammer, ihr Leben gegen das Schicksal einsetzen.

Ich freute mich, wieder bei ihnen zu sein. Da roch es frisch.

Köhnke war mit dem größten Teil der ›Bienen‹ auf Plätze in Kärnten und in der Steiermark aufgebrochen und hatte bereits die ersten Einsätze der Luftflotte gemeldet. In den ersten Maitagen landete ich auf einem Feldflugplatz bei Klagenfurt.

Solches hatten inzwischen meine ›Bienen‹ und Teufelskerle weisungsgemäß angestellt: Weit hinter den sowjetischen Angriffsspitzen waren sie, mit Zusatzkanistern versehen, gedeckt an den Haupteisenbahnlinien gelandet, hatten sich wie Indianer angeschlichen und ihre Ladungen an die Schienen gelegt, gezündet jedoch erst, als die Lokomotiven nicht mehr bremsen konnten. Dann auf und davon, ehe sich die Russen vom Schrecken des Eisenbahndesasters erholt hatten. Andere hatten sich nachts in einen Verschiebebahnhof eingeschlichen und unter je einen Waggon singender, summender oder schwatzender Soldaten eine Sprengladung geheftet und aus nächster Nähe den dissonanten Übergang in Jammer und Wehklagen und in wilde Schießerei anhören müssen. Die von den Sowjets bekannt gewordenen Greueltaten ließen in unseren Fliegern keine Bedenken aufkommen.

Auf dem Hof, meinem mit Funkstation ausgerüsteten Stützpunkt, erschien eines Abends ein Parteigenosse, um vom Bauern den Beitrag für Mai 1945 zu kassieren. Der Bauer fragte, ob das noch sein müsse. »Freilich, dös g'hört sich.« Heilige Einfalt!

Andere Parteigenossen, kleine Blockwarte oder auch Bürgermeister fanden sich ein und baten um eine Luftwaffenuniform. Nun gut, dann aber ab in die Berge, in die Wälder. Ein Soldbuch auf falschen Namen wollte ich nicht ausstellen.

Sogar das Auswärtige Amt sprach bei mir vor; zwei vornehme, sehr zivil und mitteleuropäisch gekleidete Herren aus Berlin baten mich zu einer Unterredung, die in einem nahegelegenen Schloß, ursprünglich für den ›Duce‹ nach dem Abspringen Italiens aus dem Bündnis eingeräumt, stattfinden sollte. Nun, Mussolini residierte dort nicht, erklärten mir die Herren, wohl aber der Großmufti von Jerusalem, der sich mit seiner antienglischen Haltung in Berlin beliebt gemacht hatte und nicht gern in die Hände der Alliierten fallen wollte. Abends am Kamin und ohne jeden Alkohol, erläuterte der Großmufti seinen Wunsch, in den Mittleren Osten geflogen zu werden, wo die Engländer ihn nicht greifen könnten. Die Herren des Amtes unterstützten sein Anliegen und baten darum, daß ich etwas täte; das Reich sei dem Mufti sehr verpflichtet.

Ich zweigte eine leichte zweimotorige Reisemaschine vom Typ Siebel Si 204 D ab, stellte dazu einen mit dem Ritterkreuz ausgezeichneten und sprachkundigen Offizier als Flugzeugführer zur Verfügung, und am nächsten Tag flog der Würdenträger mit zwei arabischen Begleitern in die Schweiz. Wir empfingen per Funk die Meldung zum Landeanflug »wie befohlen«, das heißt auf freiem Felde.

Als die Verbindung abriß, betrachtete ich das Abschiedsgeschenk des Muftis, eine kunstvoll ausgeführte, goldverzierte Pistole mit arabischen Gravierungen. Sie bedeuteten, wie mir versichert worden war, etwa ›In ewiger Freundschaft zum deutschen Volk‹.

Berlin gefallen. Von Süden rückten die Amerikaner heran, von Südosten Tito-Leute, von Osten die Russen, Richtung Graz. Die ›Bienen‹ flogen eifrig weiter.

War das ein Wiedersehen nach drei Jahren! Theo Blaich im Tarnanzug, mit Maschinenpistole im offenen VW-Geländewagen, Führer einer Karawane bedenklich klappriger Fahrzeuge, alle mit frischem Grün geschmückt – getarnt.

»Theo Africanus! Was hast du vor?«

»So'n bißchen Andreas Hofer!«

»Gegen wen?«

»Vorläufig gegen alle.«

Theo war ein entschiedener Westler. In Afrika hatte er mit der britischen Verwaltung keine schlechten Erfahrungen gemacht, mit den Leuten die besten. Er war älter und welterfahrener als ich, wußte mehr vom Kommunismus und vom Kapitalismus, und ihm kochte der Grimm über, wenn er auf den englischen Premier und den amerikanischen Präsidenten zu sprechen kam. – Wahnsinnige, Stümper, Trottel, die nicht wüßten, was sie täten. Mit denen? Vielleicht einmal; das hinge von deren Reue und Einsicht ab.

Seiner Karawane konnte ich mich nicht anschließen. Ich merkte mir aber ihr Marschziel. Vielleicht käme ich nach, wenn der Krieg zu Ende ist.

Ich rief die Luftflotte an, jetzt Luftwaffenkommando Ost, bevor die Telefonleitungen gekappt würden und fragte, was es mit dem Teilwaffenstillstand mit den Amerikanern auf sich habe, ob sie uns gegen die Russen fliegen lassen oder uns hindern oder gar bekämpfen würden. General Deßloch sagte, daß er sich um Klärung bemühen wolle.

Darauf, daß ich einwandte, wir könnten in den nächsten Stunden überrollt werden, konnte er sich nur wiederholen.

Meine Hoffnung, unser aller Hoffnung, von der Reichsregierung, auch der jetzigen genährt, war fast unausrottbar, daß die Westmächte, wenn wir sie nicht bekämpften, uns gegen die Sowjets gewähren ließen. Könnte es nicht sein, daß Roosevelts Tod vor drei Wochen einen Sinneswechsel drüben eingeleitet hätte? Ich sagte dem General, daß ich mir aus der Sache keinen Vers machen könne, ich würde meinen Stab und meine Flieger voll verproviantiert in die Berge entlassen und, soweit Flugzeuge ausreichten, in die Heimat. Nein, ich sollte, solange es ginge, gegen die Russen fliegen lassen. Schluß des Gesprächs.

Hörte ich jetzt die feindlichen Sendungen, so mußten vor der Einheitsfront des Westens und des Ostens sämtliche Hoffnungen zusammenbrechen. Das faschistische Untier – gemeint waren wir – müßte ein für allemal in seiner Höhle erschlagen und aus der Welt vertilgt werden, damit die Menschheit endlich und für alle Zeit in Ruhe und Frieden, frei von Hunger und Drohung leben könnte. Wäre das nicht nur ein Spruch, sondern wahr, so sollte die Feinde die Seuche packen!

Das Oberkommando der Luftwaffe (OKL) schien mit der Regierung Dönitz Verbindung zu haben. Ich rief Oberst i.G. Kern, meinen erfahrenen ›Wilde Sau‹-Mann bei der Luftflotte an und erfuhr, soweit ihm erkennbar, die neueste Lage und erhielt Zielanweisungen.

»Schön und grün«, sagte ich, »was aber, wenn der Ami mit seinen Panzern auf den Plätzen herumfährt?« »Dann Übergabe machen. Schließen Sie sich denen gegen die Russen an!« »Sind Sie wahnsinnig? Gehen die überhaupt gegen die Russen? Und wenn sie gehen, müssen wir dann mit? Sind wir Heloten? Die stampfen uns zusammen, dann sollen wir für sie gen Osten tippeln.«

Kern erklärte, daß er nichts anderes sagen könne als das OKL und die Regierung, klar oder unklar.

Wut und Verzweiflung mußten raus: Alle, die mich an die Morgenthau-Leute vermieten wollen, können mir den Buckel runterrutschen. Eher mache ich Fliege, gehe auf die Alm mit Rucksack, bereits gepackt, und mit Bergstiefeln, gegen Stiefeletten bereits getauscht, und sehe mir von oben an, wie die lieben Verbündeten miteinander auskämen, noch lieber, wie sie nicht miteinander auskämen.

Kern wollte seine roten Generalstabshosen nicht ausziehen und nicht in Bergstiefel einsteigen. Kern blieb, wo er war. Ich auch, im Dienst.

Das Wunschdenken grassierte auch in meinem Stab und bei den Flugzeugführern. Ich wurde wütend: warum den Amis helfen! Die Amis würden die Russen auch allein 'raushauen, sehr schnell, meiner Ansicht nach. Gegen die Bomberflotte hätten die Russen nichts zu setzen. Nur wünschte ich, die Amis blieben im russischen Schlamm stecken, drei Jahre lang, wie wir. Daß sie siegen, sei nicht unsere

Chance; unsere Chance sei, daß sie im Osten steckenblieben. Dann würden wir gebraucht, dann ließen wir uns bei entsprechenden Gegenleistungen bitten.

Natürlich sähe ich es lieber, daß die Westmächte die Russen zurückdrängten und Deutschland besetzten. Das können und wollen sie aber allein machen. Das müssen sie wollen. Dabei hätten wir ihnen nicht zu helfen. Mist wäre das. Ob die einen oder die anderen mehr von uns ausrotten würden, auf verschiedene Weise, daß wüßten wir alle nicht. Die Blutrünstigkeit von Dresden widere mich ebenso an wie die Bestialitäten in Ostpreußen und Schlesien oder sonstwo.

Ganz plötzlich hatte ich die Grenze vom Soldatischen zum Politischen überschritten, eine gefährliche Grenze, aber ganz deutlich und konkret hatte sie sich aufgetan: Militärischer Auftrag gegen den Feind im Osten und ein fragwürdiges Angebot an den Gegner im Westen, zu welchem dieser sich kaum fragwürdig, eher ablehnend erklärt hatte. Und dabei Teilwaffenstillstand?

»Mit dem Ami marschieren« – ich konnte es nicht mehr hören. Ich wehrte mich gegen das ›mit‹. Wer mich in die Jauche stößt und am nächsten Tag meine Hilfe will, beleidigt mich. Ich, der ich meine Hilfe anbiete, entehre mich selbst. Noch niederschmetternder, angeboten zu haben, wie die neue Regierung, aber höhnisch zurückgewiesen worden zu sein. Unsere Offiziere und Führer wurden in Massen gefangengenommen, der Feldmarschall Keitel, Spitze des Oberkommandos der Wehrmacht, mußte sich selbst in Gefangenschaft begeben.

Einer meinte, wir sollten russische Uniformen anziehen und auf die Amerikaner schießen, oder amerikanische Uniformen anziehen und auf die Russen schießen. Dann wäre der Krach da und die Russen flögen raus. Sowas wie die amerikanische Luftwaffe hätten die Russen noch nie erlebt.

Am 8. oder 9. Mai 1945 drang der Befehl durch, daß die Wehrmacht kapituliert habe. Ich erhielt die Bestätigung vom Chef des Luftwaffenkommandos Ost.

Oberst von Maltzahn, ebenso niedergedrückt wie ich, meinte, das einzig Gute sei, daß der Parteiklüngel ausgespielt habe. Er berichtete von einigen Schikanen, denen seine Familie ausgesetzt gewesen sei. Meine Familie und mein weitester Bekanntenkreis hatten mir nichts dergleichen zugetragen. Wohl hatte ich gelegentlich spöttische, manchmal beißende Bemerkungen vernommen. Jetzt interessierte mich die Sache überhaupt nicht.

Alles ging in unseren Köpfen herum: Zu den Amis, zu den Engländern, in den Mittleren Osten, in die Schweiz, nach Schweden, Kanada, Südamerika. Keiner dachte an Rußland außer mir. Kämpfen? Für diesen oder jenen? Wenn nicht für uns, dann für niemanden! Sehen, hören, beraten, falsch beraten, nur tun, was uns Deutschen im Chaos eine Chance brächte. Zu den Russen? »Quatsch, das«, hörte ich. »Die stellen Sie an die Wand, wegen der Sabotage-Trupps.« »Ich weiß nicht«, sagte ich, »vielleicht denken sie, ich würde ihnen helfen. Sie sind doch hoffnungslos unterlegen, landen in den nächsten sechs Monaten hinter dem Ural, wenn die Amerikaner zuschlagen.« – »Quatsch, die wissen, wer Sie sind. Ihre eigenen Offiziere haben sie kaltgemacht.«

Nun gut, also rundum dösen, bis die lieben Gegner beschließen, wie lange wir noch zu jappen haben. Unseren Rat und unser Wissen quetschten sie dann gebührenfrei aus uns raus. Ich war, was mir durch die Absichtserklärung der Westalliierten verbürgt, vielleicht auch durch die deutsche Propaganda bestärkt schien, überzeugt, daß wir keine Zukunft mehr hätten, daß wir in einem Über-Versailles russifiziert, polonisiert, tschechisiert, slowakisiert, slowenisiert, französiert, im übrigen dezimiert würden, das verbleibende, vom Kartoffelacker lebende Zehntel, amerikanisiert würde, daß es nicht einen Deut besser wäre, würden die Amerikaner nach Niederwerfung der Russen frei schalten und walten können.

Spenglers Buch ›Jahre der Entscheidung‹ hatte ich ausgelesen und Major Wetterer zurückgegeben. Jetzt war Rußland oder Amerika das Thema. Wir keines mehr? Ameisen unter fremdem Kommißstiefel?

Der treue Reservist Fiedler, Oberschlesier, Gärtner von Beruf, mit einem Gesicht voller angearbeiteter Falten, packte seinen Rucksack, darein meine Göringschen Brillanten, meine wichtigsten Aufzeichnungen und die Nachricht an meine Eltern, daß ich mich in den Alpen versteckt hielte.

»War alles umsonst«, sagte mit erstickter Stimme Fiedler. Er schien mich zu bemitleiden. Er käme schon zurecht, meinte er. Mich jammerte es, daß ich ihn jammerte. Elendes Häuflein war ich nur noch.

Ich ließ die Marketenderware verteilen, Kleidung, Schuhzeug, Schreibmaschinen, Kräder, PKW, teilte Flugzeuge zu für Reisen in die Heimat oder ins gewünschte Ausland. Irgendwie können die Sachen zu Geld gemacht werden.

Auf der nach Norden führenden Hauptstraße rollten amerikanische Panzer. Im Dorf versteckten die Einwohner die Literatur und Embleme des Dritten Reiches. Ich konnte nicht mit ansehen, daß eine Frau die Bücher auf den Misthaufen werfen wollte. Es waren drei, vier schön eingebundene. Ich sah sie mir an. Adolf Hitlers ›Mein Kampf‹ war darunter, und vorn in den Deckel war mit schönster Handschrift eingetragen, daß dieses Werk vom heutigen Hochzeitstage an die Eheleute begleiten möge. Das Buch sah neu aus, und mir schien, daß kaum darin geblättert worden sei. Ich bat es mir aus. Ich hoffte, Zeit zum Lesen zu finden.

Mein Stab war angetreten. Ich sah in die vertrauten Gesichter. Frauen waren dabei, auch mein Meldeflieger, der Rammer. Er sah mich freundlich, erwartungsvoll und gläubig an, mich, einen seiner Führer auf der Bahn ins Verderben. So viel Tapferkeit herausgefordert, so viel Blut und Leid heraufbeschworen zu haben, das müssen die Forderer und Beschwörer in der Hölle büßen für das Verbrechen des Mißerfolges.

Ich begann, von unserem großen gemeinsamen Kampfe zu sprechen und daß jetzt Abschied voneinander zu nehmen wäre. Mitten im Satz stockte ich. Ich machte kehrt, weil ich weinen mußte, lief tief in den Wald hinein und warf mich auf den Boden.

Mir schien, daß das Heute nicht mehr Menschenwerk war, eher blinder Zufall, Schicksal, schreiendes Unrecht. Oder war es – eine schmale schmerzliche Genugtuung beschlich mich – Strafe für unsere Schwächen und falschen Einblicke, Strafe dafür, daß wir nicht mit einem Bombenschlag nach Hamburger oder Dresdner Muster die Engländer hatten heimsuchen können, daß wir zu plump und dumm waren, Zwist und Verrat, Spionage und Attentate zu schüren? Hilf mir, Himmel, zu verstehen, was ich verabscheue.

Um den Sieg hatten wir gekämpft in Polen, aus Überzeugung und gegen das Unrecht. Danach kämpften wir notgedrungen und gezwungen gegen die Gefahr, schließlich nur noch gegen die Niederlage, gegen Haß und Vernichtungswillen. Solche Gefühle waren mir fremd, auch meinen Kameraden. Nie glaubte ich, daß wir – siegend – fremde Staatsmänner an den Galgen würden bringen können, wie schon Lloyd George im Ersten Weltkrieg gefordert hatte: »Hängt den Kaiser.« Unmöglich war mir vorzustellen, daß wir so niederträchtig sein könnten, dem anderen Volk die Ehre zu nehmen, wie uns in Versailles geschah und jetzt angedroht wurde. Ich hielt alle Deutschen für gut und anständig. Mich überzeugte nicht die zigfache

Übermacht der Welt, die sich gegen uns zusammengefunden hatte, daß wir die Bösen seien. Sie lehrte mich eher das Gegenteil: Daß wir kräftig, tüchtig, tapfer, fleißig und erfinderisch seien, daß wir es mit jedem einzelnen unserer Gegner hätten aufnehmen können, um unseren Teil an den Gütern der Welt zu behaupten, daß wir unsere Leistungen auf allen Gebieten in die Völkergemeinschaft einbringen könnten. Dächten aber auch die anderen so, einem unergründlichen Schöpfungsgebot gehorchend, so war es richtig und gut, fechtend standzuhalten und das Gottesurteil zu empfangen: Siegesfreude oder Not und Grauen. Not und Grauen fielen auf uns. Vergeblich, das Geschehen und seinen Beginn vom bitteren Ende aus zu verfluchen; hilfloses Stammeln wäre es vor der Geschichte, unwürdiger Wegwurf unserer frühen Begeisterung, unseres Glaubens an unser Recht, und es wäre Schmähung unserer gefallenen Kameraden. Besiegt sind wir zwar, aber nicht zerbrochen. Der Wille lebt noch. Ich sinne auf Tat.

Zwei Tage war ich allein auf der Alm, schlief im Freien auf Tannenreisig. Am 11. Mai 1945 kam Hauptmann Schmidt zurück von Budapest, dem Sitz des sowjetischen Armeeoberkommandos, wohin ich ihn zur Erkundung – vorsichtigerweise, wie ich geglaubt – geschickt hatte. Sehen und hören wollte ich. Wenn der Zwist zwischen Ost und West bald ausbrechen würde, so wäre es von Vorteil, wenn Deutsche sowohl hüben wie auch drüben das jeweils Vorteilhafte kennen oder tun könnten. Nur nicht aufgeben. »Wo sind die beiden anderen der Besatzung, Königs und Götz?«, fragte ich.

»Die Russen haben sie drüben behalten. Herr Oberst sollen rüber kommen. Innerhalb von zwei Tagen.«

»Was heißt das, innerhalb von zwei Tagen? Was wenn ich nicht käme?«

»Das heißt, daß es den beiden dreckig geht. Sie sind jetzt hinter Gittern. Ein Tag der Frist ist schon fast um.«

Ketten fremder Macht waren es nun, die mich zerrten. Elendes Gefühl, die Freiheit zu sehen und nicht frei zu sein. Warum bin ich nicht mit dem Hauptmann Paulsen hinauf nach Schleswig geflogen, die Maschine auf dessen Acker an der Schlei hinzuschmeißen, Tagelöhner zu sein; warum bin ich nicht mit dem Mufti ins Morgenland geflogen, zu den versprochenen goldenen Bergen, warum nicht hinaufgekraxelt auf die Hütte zu Theo Blaich?

Ins Flakfeuer, in die Jägerschwärme, in die Bomberkolonnen, ins Gewitter und in die Nächte bist du geflogen, wie du wolltest, nun fliege dahin, wohin du mußt.

Im ›Storch‹ flogen wir beide hin. Irgendwo schoß uns ein Russe ein Loch in die Fläche.

Nach der Landung in Budapest führte uns der russische Offizier an ein außerhalb des Platzes alleinstehendes Gebäude. Über die Schulter des Russen hinweg, durch die aufgestoßene Tür, fiel mein Blick auf die geblendeten, trostlosen und verängstigten Gesichter meiner Kameraden. Dann erkannten sie mich. Nie werde ich das plötzliche Aufleuchten ihrer Augen vergessen, ihren Freudenruf, und ich erschrak über mich selbst: Geschwankt zu haben, ihnen und denen, die in ihren Einsätzen in Ungarn hängengeblieben waren, nachzufliegen oder irgendwohin, in ein weniger heimgesuchtes ruhiges Land zu schwirren. Ich schämte mich des abtrünnigen Gedankens. Und sie sagten, sie hätten gewußt, daß ich käme. Ich atmete auf, nicht mit einer Schande leben zu müssen.

Schnell verblaßte die Wiedersehensfreude. Immer weiter und schneller ging es bergab, bis stählerne Gefängnistore hinter mir zuknallten. Bis Handschellen in meine Gelenke einschnitten, Tataren mich gegen den Boden drückten und mir die Kehle quetschten, um mich ungestört kahlzuscheren. Verbrecher – durch nichts – war ich geworden.

Vor mir zehn Jahre, in denen Himmel und Erde, matt und grau und zerschnitten durch Gitter und Stacheldraht, den Augen weh taten. Verhallt war mein Stoßgebet, an der Spitze tausend mutiger Rammer ein zweites und letztes Mal Nothelfer der Nation sein zu dürfen, Trotz zu bieten der Überzahl der fliegenden Unheilbringer. Aber zu gläubig und zu säumig waren wir gewesen, zu kraft- und gedankenlos waren wir miteinander geworden, die Not zu wenden. Hunger und Kälte, Frohn und Hohn waren nun der Lohn. An mir selbst zweifelnd, rührte mich kaum noch, was mir geschah. Was ich zu tun hätte, wußte ich bald nicht mehr. Ich wußte nur, was ich nie tun würde. Das war meine Schuldigkeit denen gegenüber, die ihr Leben gaben.

417

Abkürzungen und Begriffe

a. D.	außer Dienst
A-Schein	Flugzeugführerschein für einmotorige Flugzeuge
B-Ausbildung	Fortgeschrittenenausbildung für Flugzeugführer
BBC	British Broadcasting Corporation – britischer Rundfunk
Bf	Bayerische Flugzeugwerke (später Messerschmitt-Werke)
BMW	Bayerische Motoren-Werke
Bola	Bodenlafette (MG-Stand in Kampfflugzeugen)
›Bügeleisen‹	Flakgranaten
BV	Blohm & Voss Flugzeugwerke
BZA	Bombenzielanlage
C-Schule	Flugzeugführerschule für mehrmotorige Flugzeuge
EK	Eisernes Kreuz (Orden)
FT	Funkentelegrafie (im übertragenen Sinne: Funk)
GL	Generalluftzeugmeister
He	Heinkel
HQu	Hauptquartier
Ia	1. Generalstabsoffizier (Führung, Einsatz)
Ia Flak	Referat Flakeinsatz
Ia op	Gruppe Operationen/Einsatz
Ic	3. Generalstabsoffizier (Feindlage)
i. G.	im Generalstab
Ju	Junkers
Jumo	Flugmotor des Junkers-Motorenbau
KB	Kriegsberichterstatter
›Kettenhund‹	in der taktischen Kette Mitfliegender
KG	Kampfgeschwader, Kommandierender General
›Kiste‹	Flugzeug
km/h	Kilometer pro Stunde
›Kringel‹	Kurve
›Kugel‹	Libelle im Wendezeiger
›Kurbelei‹	Luftkampf, Abwehr-/Ausweichbewegungen
LKW	Lastkraftwagen
LM	Luftmine
LMG	leichtes Maschinengewehr
Lotfe	Lotfernrohr – Bombenzielgerät für den Horizontalabwurf
Me	Messerschmitt
MG	Maschinengewehr

418

›Mühle‹	Flugzeug
›Pantinen-flugzeug‹	Schwimmer-/Wasserflugzeug
PKW	Personenkraftwagen
PQ	nordwärts laufende alliierte Geleitzüge
›Pulle‹	Gashebel
›Quirl‹	Propeller
QBI/qbi	»Schlechtwettervorschriften in Kraft«
QDM/qdm	»Der mißweisende Kurs zu mir ist . . . Grad«
RB-Strecke	›Reichsbahn-Strecke‹ – getarnte Blindflugausbildung der Luftwaffe
Revi	Reflexvisier (Bordzielgerät)
SC	Bombentyp (Splitterbombe – cylindrisch)
T. O.	Technischer Offizier
›Topf‹	herauskurbelbarer Beobachter-/Abwehrstand unter der Ju 52 und Ju 86
UKW	Ultrakurzwelle
›Unzucht, fliegerische‹	Verstoß gegen Flugvorschriften (»fliegerische Zucht und Ordnung«)
›Vogel‹	Flugzeug
z. b. V.	zur besonderen Verwendung
Zebo	Zement(übungs)bombe
›Zwölfender‹	altgedienter Soldat mit mehr als 12 Dienstjahren
ZZ-Verfahren	Anflugverfahren unter Schlechtwetter-/Blindflugbedingungen

Namenverzeichnis

422

Fliegerasse in Bildern und Dokumenten

Wer wie Sie vom Fliegen fasziniert ist,
will wissen, was sich in diesem Bereich tut.
FLUG REVUE informiert über die Fortschritte
der Technik, berichtet über aufregende
Ereignisse und unterhält mit Persönlichem
aus der Fliegerei.

FLUG REVUE – Das internationale Luft- und
Raumfahrt-Magazin.
Die Nr. 1 im deutschsprachigen Europa.

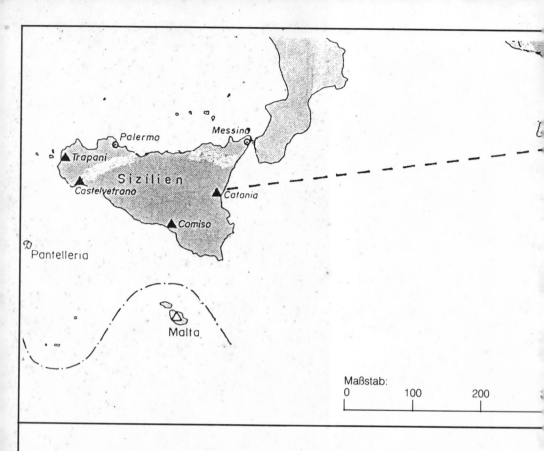

Maßstab:
0   100   200

Zum Kapitel ›Kleine Odyssee‹ – dem Angriff auf Piräus mit gefährlicher,

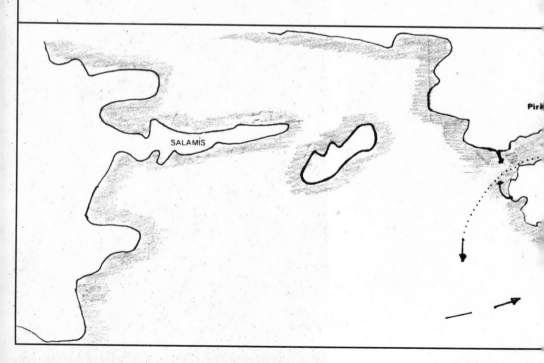